KB087121

펴낸이 김기훈 ┃ 김진희

펴낸곳 (주)쎄듀 ┃ 서울특별시 강남구 논현로 305 (역삼동)

발행일 2016년 12월 5일 초판 1쇄

내용문의 www.cedubook.com

구입문의 콘텐츠 마케팅 사업본부

Tel. 02-6241-2007

Fax. 02-2058-0209

등록번호 제 22-2472호

ISBN 978-89-6806-081-6

첫단추
BASIC

독해편 2

저자

김기훈   現 (주)쎄듀 대표이사
現 메가스터디 영어영역 대표강사
前 서울특별시 교육청 외국어 교육정책자문위원회 위원
저서   천일문 / 천일문 Training Book / 천일문 GRAMMAR
첫단추 BASIC / 어법끝 / 문법의 골든룰 101 / Grammar Q
어휘끝 / 쎄듀 본영어 / 절대평가 PLAN A / 독해가 된다
The 리딩플레이어 / 빈칸백서 / 오답백서 / 리딩 플랫폼 / 거침없이 Writing
첫단추 / 파워업 / 수능영어 절대유형 / 수능실감 등

쎄듀 영어교육연구센터
쎄듀 영어교육센터는 영어 콘텐츠에 대한 전문지식과 경험을 바탕으로
최고의 교육 콘텐츠를 만들고자 최선의 노력을 다하는 전문가 집단입니다.

마케팅	콘텐츠 마케팅 사업본부
영업	문병구
제작	정승호
인디자인 편집	올댓에디팅
내지디자인	디자인인트로
표지디자인	윤혜영
일러스트	조성호
영문교열	Eric Scheusner

이 책을 내며

중학교에 들어가 영어 학습을 하다 보면 초등학교 때 배웠던 영어와는 많이 다르다는 걸 느끼게 되고, 중학교 2, 3학년이 되면서부터는 고등학교 영어, 더 나아가 수능 영어에 대한 걱정과 두려움도 들기 시작합니다. 바로 이때 수능 영어에 대한 기본기를 다져 둔다면, 고등학교에 진학하여 더 어려운 수준의 지문을 보아도 충분히 소화해낼 수 있고, 수능 영어에 대한 자신감도 붙을 것입니다. 문제를 아무리 많이 풀어도 성적이 오르지 않는 것은 기본기가 충분히 다져져 있지 않다는 뜻이고, 뒤늦게 기본기부터 다시 학습하려 한다면 그만큼 많은 시간이 소요될 것입니다.

〈첫단추 Basic 독해편〉은 영어 지문이 어떻게 구성되는지, 글의 주제란 무엇이고 어떻게 찾아야 하는지, 글의 구성을 이해하고 주제를 찾는 게 어떻게 문제 풀이에 도움이 되는지를 보여주고, 더 나아가 문제를 집중적으로 풀어보면서 수능 영어 독해를 위한 기초 실력을 탄탄히 다질 수 있도록 구성했습니다.

☝ 글에 대한 이해와 수능 유형에 대한 이해

1권에서는 글의 구조에 대한 기본적인 개념을 먼저 이해하고, 그 개념을 토대로 수능 유형에 대한 이해도 할 수 있도록 했습니다.

✌ 수능 유형에 대한 집중 연습

2권에서는 1권에서 이해한 글에 대한 개념과 수능 유형에 대한 이해를 바탕으로, 수능 유형을 더욱 자세히 학습하고 많은 문제를 풀어보면서 익숙해질 수 있도록 했습니다.

첫 번째 단추를 잘못 끼우면 나머지 단추들도 잘못 끼워지고 결국 뒤늦게 단추를 전부 풀고 처음부터 다시 끼우는 수고를 해야 합니다. 처음 끼우는 단추부터 제 위치를 찾아야 이후가 순조롭듯이, 본 교재가 수능 영어 학습의 올바른 시작을 제시하는 '첫단추'가 되고자 합니다. 영어 학습에 있어서 여러분이 원하는 목표를 이루시기를 진심으로 기원합니다.

저자 일동

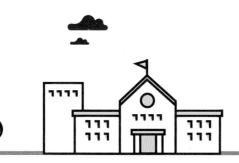

How to Use This Book

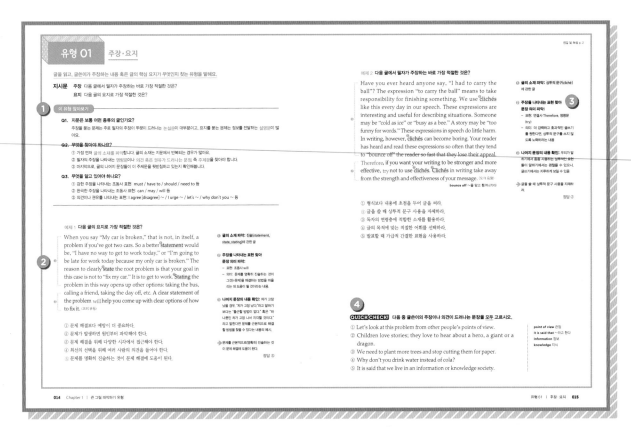

17가지 유형, 이해부터 적용까지 한 번에!

Point

1 각 유형의 특징과 풀이 방법을 알아봐요.

2 기출 문제로 배운 내용을 적용해요.

3 단계적인 풀이 방법으로 더욱 쉽게 이해할 수 있어요.

4 Quick Check!로 유형을 미리 맛볼 수 있어요.

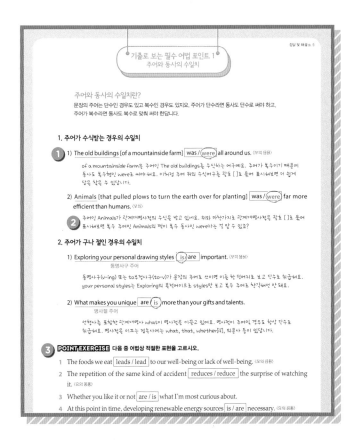

기출로 보는 필수 어법 포인트

Point

1 기출 문장으로 수능에 꼭 나오는 문법만 확인해요.

2 쉬운 설명으로 문법과 빠르게 친해질 수 있어요.

3 Point Exercise로 학습 내용 점검!

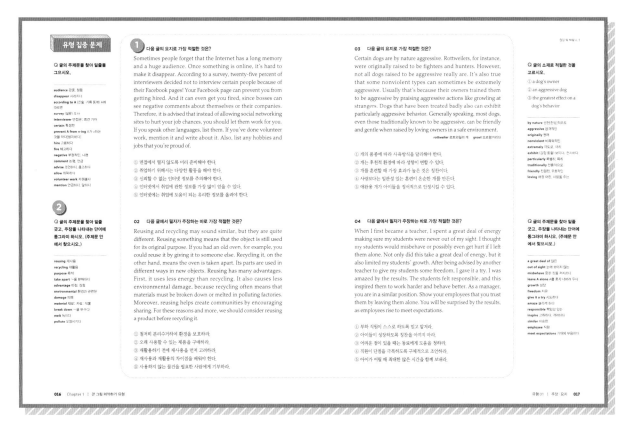

유형 한꺼번에 맛보기!

미니 모의고사 4회
배웠던 내용을 한데 모아 실전처럼 시간 내에 풀어 봐요.

정확한 번역과 자세한 해설!

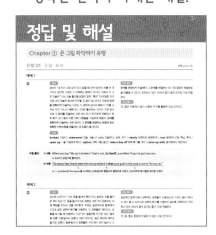

정답 및 해설
혼자 공부하기에 어려움이 없도록 해석, 해설, 구문풀이까지 담았어요.

학습을 도와주는 부가자료!

쎄듀북 홈페이지에서 어휘리스트 / 어휘테스트 / 어휘 출제 프로그램 / 지문 MP3 자료를 무료로 다운로드 받으실 수 있습니다.

www.cedubook.com

유형별 집중 연습으로 실력 쑥쑥!

Point

① 앞서 배운 유형의 문제를 집중적으로 풀어, 스스로 문제 푸는 방법을 쉽게 익혀요.

② Q 문제를 풀어 답에 한층 빨리 다가갈 수 있어요.

수능 영어 독해, What&How?

시험 시간과 시간 분배

안녕하세요, 여러분.

'**수능**'은 아직 생소하죠? 멀게만 느껴지는 수능이지만, 지금부터 차근차근 준비한다면 수능을 볼 때 훨씬 더 편안한 마음으로 시험을 치를 수 있을 거예요.

본격적으로 수능 영어 독해를 공부하기 전에, 수능 영어는 어떤 시험인지 알아보려고 해요.

수능 영어는 점심을 먹은 후 3교시인 오후 1시 10분부터 2시 20분까지, 총 **70분간** 치러집니다. 먼저 약 25분 동안 듣기 평가를 본 후, 나머지 **약 45분 동안 독해 평가를** 보게 되는데요.

듣기는 17문제, 독해는 28문제이기 때문에 **독해 문제**는 평균적으로 **한 문제당 1분 30초 내에** 풀어야 한다는 계산이 나옵니다.

하지만 난도가 높은 문제도 있기 때문에 **쉬운 문제는 40초에서 1분 이내로 풀어야** 어려운 문제에 시간을 더 투자할 수 있다는 점도 기억해야 해요.

유형별 문제 해결 방법

수능 영어 독해 공부를 해보니까 '**유형 파악**'이 참 중요하더라고요. 유형을 파악하고 공부하면 내가 어떤 유형을 자주 틀리고 어려워하는지 알 수 있어서 시간 분배도 잘 할 수 있고, 체계적으로 시험에 대비할 수 있어요.

푸는 방법이 비슷한 유형끼리 묶어서 간단하게 설명해볼게요.

① 〈**주장, 요지, 주제, 제목**〉은 **큰 그림을 파악**해야 하는 유형이에요.
즉, 글의 핵심 소재를 파악하고 그 핵심 소재는 무엇을 말하기 위해 언급이 됐는지, '**이 글이 하고자 하는 말이 결국 무엇인지**' 끊임없이 생각하고 풀어야 하는 유형들이죠.

② 〈흐름 무관, 문장 삽입, 글의 순서, 연결어〉는 글의 흐름을 파악해야 하는 유형이에요.
전체적인 문맥도 물론 중요하지만, 문장과 문장 간의 연결 고리를 꼼꼼히 살펴본 후 '글의 흐름이
논리적으로 전개되고 있는지' 파악할 줄 아는 게 중요해요.

③ 〈요약문, 빈칸 추론, 지칭 파악, 심경·분위기, 목적〉 유형은 '추론하기'가 핵심입니다.
글에 직접적으로 드러나지 않은 부분을 추론해야 해요. 요약문 유형은 요약문을, 빈칸 유형은 빈칸
문장을 먼저 읽고 글의 맥락을 예측할 줄 안다면 문제 해결에 도움이 돼요. 심경·분위기 문제는 말하는
사람의 기분이나 글에서 느껴지는 분위기를 추론하는 내용인데, 중요한 어휘를 미리 정리해두면 푸는
데 어렵지 않아요.

④ 〈내용 불일치, 도표·실용문〉은 본문과 선택지를 꼼꼼히 비교하며 풀어야 하는 문제예요. 실수만
줄인다면 어렵지 않게 풀 수 있답니다.

⑤ 〈장문〉 유형은 맨 마지막에 위치한 데다, 길이도 길고 제목, 빈칸, 순서 배열, 지칭 추론 등의 유형에서
2~3가지를 한꺼번에 물어보기 때문에 집중력을 잃지 않는 것이 무엇보다 중요해요.

⑥ 〈어법, 어휘〉는 특히 어렵게 느껴질 수 있지만, 반복해서 풀어보면 문제가 묻고 있는
포인트를 금방 익힐 수 있답니다. 틀린 문제의 어법, 어휘 포인트를 정리해 오답 노트를
만들어 두는 것이 좋아요.

유형이 매우 다양하죠? 유형에 대해서는 이 책에서 하나하나 자세히 공부할 수 있어요.
저도 처음에는 어려웠지만, 이렇게 하나씩 공부하니까 실력이 쑥쑥 오르더라고요.
여러분들도 할 수 있어요!

글의 여러 가지 종류

수능 영어 독해 지문을 읽다 보면 일기나 편지처럼 친근한 글, 여러
쟁점이나 대상에 대해 설명하는 글, 강하게 주장을 드러내는 글 등 다양한
문제를 볼 수 있어요.

보통 문제는 글이 쓰인 '이유나 목적'에 따라 결정돼요. 수능 지문 역시
문제의 유형에 따라 글의 종류가 비슷하게 제시되기 때문에, 문제를
익혀두면 유형에도 쉽게 익숙해질 수 있을 거예요.

수능 영어 독해, What&How?

① 설명문·논설문

수능 영어 독해에서 가장 많이 등장하는 문제는 **설명문**이에요. 글쓴이의 생각은 배제하고, 읽는 사람이 잘 이해할 수 있도록 **있는 그대로의 사실을 설명**하는 글을 말합니다.

논설문은 **글쓴이의 생각이나 주장이 뚜렷이 드러나는 글**을 말해요. 자기 생각을 주장할 때는 근거도 있어야겠죠? 논설문에는 주장을 뒷받침할 증거나 사례도 함께 제시되곤 합니다. 그럼 설명문과 논설문의 특징이 뚜렷이 드러난 기출 문제의 지문을 한번 살펴볼까요?

> Several studies have found that pet owners have lower blood pressure, a reduced risk of heart disease, and lower levels of stress. Pets can also be a plus in the workplace. A study found that in the course of workday, stress levels decreased for workers who brought in their dogs. (…) Having a dog in the office had a positive effect on the general atmosphere, relieving stress and making everyone around happier. Pet presence may serve as a low-cost wellness solution readily available to many organizations.

> As adults, we have a responsibility to teach children to respect and interact with animals in a positive way. (…) Children must be taught not to chase the family dog or cat, or the wild birds and rabbits at the park. Such lessons help to establish a strong love and respect for all living things — animals can play a huge role in the development of compassion and understanding for our fellow human beings.

왼쪽 글과 오른쪽 글의 차이점이 보이나요? 왼쪽은 'Several studies have found ~, A study found ~'와 같이 연구 결과를 나열하면서 '애완동물을 키우는 사람들이 더 나은 삶의 질을 누리고 있다'고 설명하고 있어요.

오른쪽 글은 어떤가요? 첫 번째 문장부터 강한 어조로 '우리는 성인으로서 아이들이 동물을 존중하고 동물과 상호 소통할 수 있도록 가르칠 책임이 있다'고 말하고 있어요. 글쓴이의 주장이 드러나고 있지요?

'논설문'은 특히 〈주장·요지〉와 같이 글쓴이가 말하고자 하는 바를 파악해야 하는 유형에서 자주 나타나곤 해요. 그래서 이러한 유형의 문제를 풀 때는, 글에서 글쓴이가 주장하는 바가 직접적으로 제시되어 있는지 찾으면 문제를 쉽게 해결할 수 있답니다.

② 편지글·실용문(광고문, 안내문 등)

편지글이나 광고문, 안내문과 같은 실용문은 독해 유형에서 자주 볼 수는 없지만, 주로 〈목적〉 유형에서 볼 수 있어요. 상대방에게 말하고자 하는 바를 명확히 드러내려면 글을 쉽게 써야 하기 때문이죠.

My dear Harriet,
I was so delighted to receive your letter and to learn that you have been accepted to Royal Holloway. (…) I'm so proud of you. Well done, Harriet! I send you my best wishes for a happy time at university.

With my love,
Elaine

Poster Contest
Design a poster for the 2014 Science Film Festival!
The competition is open to anyone.

To Enter:
Entries should be the size of 8.5″11″ paper.
The poster should not include any words.

Prizes:
1st Place Winner: Digital Camera
2nd Place Winners: MP3 Player

왼쪽은 〈목적〉 유형에서 출제됐던 모의고사 기출 문제로, 상대방의 대학 합격을 축하하려고 쓴 글이에요. 오른쪽은 〈실용자료 일치·불일치〉 유형 문제인데요, 진짜 안내문과 같은 형태로 되어 있죠? 이 유형은 항상 이렇게 간단한 자료로 나오기 때문에 자료와 선택지를 잘 비교하면 풀기 어렵지 않을 거예요.

③ 일화·이야기 글
필자가 글에 직접적으로 드러난 일기, 일화 형식의 글도 수능 독해에서 출제되고 있어요. 주로 〈심경·분위기〉를 파악하는 유형, 〈지칭 파악〉 유형, 또 〈장문〉 유형에서도 이런 문제가 자주 나와요.

My twelve-year-old son and I were returning home after a trip. When we entered the side door leading to the kitchen, I immediately knew that something was wrong.
(…)
The window above the sink was broken, and hundreds of pieces of glass made a mess on my kitchen floor. My legs were trembling so badly that I could hardly stand still. I held my son by the arm and whispered, "Someone broke in and might still be inside." We ran to a neighbor's.

When Gandhi was fifteen, he stole a piece of gold from his brother's bracelet. Gandhi was so troubled by his guilt that one day he decided to tell his father what he had done. He wrote a letter asking his father to punish him. Then, Gandhi handed the letter to his father who was lying ill in bed. (…) A little later, his father tore up the letter. Through his father's action of tearing up the letter, Gandhi knew he was forgiven. From that day on, he always kept his father's tears and love in his heart and went on to be a great leader.

왼쪽의 글은 〈심경〉 유형, 오른쪽 글은 〈지칭 파악〉 유형에서 출제되었던 기출 문제예요. 왼쪽은 글쓴이 'I'가 직접적으로 드러난 일기 같은 글인데, 무서웠던 당시 상황을 묘사하고 있어요.

오른쪽은 간디의 일화를 소개하고 있는 글이에요. 이런 이야기 글은 보통 말하는 사람의 깨달음이나 교훈을 전달해주곤 해요. 이 글도 간디가 아버지의 눈물을 통해 잘못을 뉘우치게 되는 이야기를 담고 있어요.

자, 문제 유형에 따라 문제도 조금씩 달라진다는 것, 이젠 아시겠죠?

수능 영어 독해, What&How?

문법 용어 정리하기

▶**명사** (→ 기출로 보는 필수 어법 포인트 14)
우리 주변에 있는 모든 물건은 이름을 가지고 있어요. 이렇게 모든 것의 이름을 가리키는 단어들을 '명사'라고 한답니다.
① 셀 수 있는 명사 = 가산 명사
가산 명사는 이름만 쓰면 안 돼요. 하나만 있으면 a[an]와 함께 써야 하고, 여러 개 있으면 복수형 -s[es]를 붙여 써야 한답니다. ※ a book, books, a pen, pens, an idea, ideas, a calendar, calendars 등
② 셀 수 없는 명사 = 불가산 명사
불가산 명사는 단수, 복수형으로 쓸 수 없어요. ※ information, evidence, water, coffee, bread, furniture, America 등

▶**부정대명사** (→ 기출로 보는 필수 어법 포인트 15)
부정대명사는 정해지지 않은 일반적인 것을 가리킬 때 쓰는 대명사예요. 특히 이런 부정대명사는 명사 앞에 쓰여 '형용사'처럼 쓸 수 있는 것도 있어요. ex) another boy, other people, some philosophers 등
※ one, other, another, some, all, both, each, either, neither, none, any, somebody, something, anybody, anything 등이 있는데, 각각의 쓰임새가 다르니까 주의해야 해요.

▶**자동사와 타동사** (→ 기출로 보는 필수 어법 포인트 3)
① 자동사: 목적어를 필요로 하지 않는 동사로, 목적어가 없어 수동태로 나타낼 수 없어요. ※ appear, arise, arrive, disappear, emerge, exist, fall, happen, laugh, lie, look, occur, remain, rise, seem, stay, wait 등
② 타동사: 목적어를 필요로 하는 동사로, 타동사는 능동태의 목적어를 주어로 삼아 수동태로 나타낼 수 있어요. ※ regret, resemble, mention, approach, raise, attend, reach, discuss, marry 등

하지만 대부분의 동사가 문맥에 따라 자동사, 타동사 둘 다로 사용될 수 있기에 각각의 동사의 쓰임을 명확히 알아두는 것이 중요합니다.

▶**조동사** (→ 기출로 보는 필수 어법 포인트 16)
조동사는 일반 동사를 도와 문법 형식이나 의미를 더하는 역할을 해요. ※ 의문문, 부정문을 나타내는 do, 진행형을 나타내는 be, 완료형 have, 수동태 be, can, could, will, would, may, might, must, should 등

▶ **전치사** (→ 기출로 보는 필수 어법 포인트 10)
전치사는 명사(구)를 목적어로 취해요. 동명사 역시 전치사의 목적어가 될 수 있어요. 시간, 장소, 방향 등을 나타내며, 문장 안에서 형용사나 부사의 역할을 한답니다.

▶ **접속사** (→ 기출로 보는 필수 어법 포인트 10)
접속사는 단어와 단어, 구와 구, 절과 절을 연결하는 역할을 해요.
① 등위접속사: 단어와 단어, 구와 구, 절과 절을 대등하게 연결합니다. 등위접속사로 연결되는 단어나
구는 문법적으로 같은 형태여야 하고, 이를 '병렬 구조'를 이룬다고 말합니다. ※and, but, or 등
② 종속접속사: 종속접속사는 절을 이끌고, 주절과 종속절을 연결하는 역할을 해요.
※ that, whether[if], 관계대명사 what, 의문사 who, why, what, which 등

▶ **구/절** (→ 기출로 보는 필수 어법 포인트 10)
① 구: 둘 이상의 단어가 모여 하나의 품사 역할을 하는 어구를 '구'라고 해요. 단어만 모여 있으니까
하나의 문장을 이루지는 못한답니다.
② 절: 문장을 이루는 필수 성분인 〈주어+동사〉를 포함하는 것을 말해요.
– 등위절: 등위접속사로 연결되는 절을 뜻해요.
– 종속절: 종속접속사가 이끄는 절을 뜻해요. 종속접속사가 이끄는 절은 문장의 필수 요소를 모두 갖춘
완전한 절이랍니다. 하지만 종속절만으로는 완전한 문장을 이룰 수가 없어서, 주절이 반드시 있어야
합니다.

▶ **준동사** (→ 기출로 보는 필수 어법 포인트 4, 5, 6)
to부정사, 원형부정사, 분사, 동명사를 준동사라고 불러요. 동사에서 나왔지만, 동사의 역할을 하지 않고
대신 명사, 형용사, 부사 역할을 한답니다.
① to부정사: 동사원형 앞에 to를 붙인 형태인데, to 없이 동사원형만 있는 형태는 원형부정사라고 해요.
문맥에 따라 명사, 형용사, 부사 역할을 할 수 있어요.
② 분사: 현재분사(v-ing), 과거분사(p.p.)의 형태가 있어요. 명사를 수식하는 형용사 역할을 해서
주격보어나 목적격보어가 될 수 있어요. 또, 분사구문을 만든답니다.
③ 동명사: 현재분사(v-ing)와 형태는 같지만, 쓰임이 달라요. 동명사는 주어, 보어, 목적어로 쓰입니다.

▶ **선행사** (→ 기출로 보는 필수 어법 포인트 11, 12)
I will meet my friend. She(=my friend) is a teacher.
→ I will meet my friend who is a teacher.
관계대명사 who가 이끄는 관계대명사절의 수식을 받는 my friend를 '선행사'라고 해요.
※관계대명사 what: 관계대명사 what은 선행사를 포함하는 관계대명사예요. 그래서 앞에 선행사가
나오지 않는답니다.

'기출로 보는 필수 어법 포인트'에서 나오는 어법 용어를 몇 가지 정리해봤어요. 이제 각 유형과 함께
어법 공부도 본격적으로 시작해요!

Contents

Chapter ①
큰 그림 파악하기 유형

글을 읽고, 글쓴이가 주장하는 내용 혹은 글의 핵심 요지가 무엇인지 찾는 유형을 말해요.

지시문 **주장** 다음 글에서 필자가 주장하는 바로 가장 적절한 것은?

요지 다음 글의 요지로 가장 적절한 것은?

이 유형 알아보기

Q1. 지문은 보통 어떤 종류의 글인가요?

주장을 묻는 문제는 주로 필자의 주장이 뚜렷이 드러나는 논설문이 대부분이고, 요지를 묻는 문제는 정보를 전달하는 설명문이 많아요.

Q2. 무엇을 찾아야 하나요?

① 가장 먼저 글의 소재를 파악합니다. 글의 소재는 지문에서 반복되는 경우가 많아요.

② 필자의 주장을 나타내는 명령문이나 의견 혹은 권유가 드러나는 문장, 즉 주제문을 찾아야 합니다.

③ 마지막으로, 글의 나머지 문장들이 이 주제문을 뒷받침하고 있는지 확인해봅니다.

Q3. 무엇을 알고 있어야 하나요?

① 강한 주장을 나타내는 조동사 표현: must / have to / should / need to 등

② 완곡한 주장을 나타내는 조동사 표현: can / may / will 등

③ 의견이나 권유를 나타내는 표현: I agree[disagree] ~ / I urge ~ / let's ~ / why don't you ~ 등

예제 1 **다음 글의 요지로 가장 적절한 것은?**

When you say "My car is broken," that is not, in itself, a problem if you've got two cars. So a better **statement** would be, "I have no way to get to work today," or "I'm going to be late for work today because my only car is broken." The reason to clearly **state** the root problem is that your goal in this case is not to "fix my car." It is to get to work. **Stating** the problem in this way opens up other options: taking the bus, calling a friend, taking the day off, etc. A clear **statement** of the problem will help you come up with clear options of how to fix it. ⟨모의 응용⟩

① 문제 해결보다 예방이 더 중요하다.

② 문제가 발생하면 원인부터 파악해야 한다.

③ 문제 해결을 위해 다양한 시각에서 접근해야 한다.

④ 최선의 선택을 위해 여러 사람의 의견을 들어야 한다.

⑤ 문제를 명확히 진술하는 것이 문제 해결에 도움이 된다.

❶ **글의 소재 파악:** 진술(statement, state, stating)에 관한 글

❷ **주장을 나타내는 표현 찾아 문장 의미 파악:**

– 표현: 조동사 will

– 의미: 문제를 명확히 진술하는 것이 그것(=문제)을 해결하는 방법을 떠올리는 데 도움이 될 것이라는 내용.

❸ **나머지 문장의 내용 확인:** 차가 고장 났을 경우, "차가 고장 났다."라고 말하기보다는 "출근할 방법이 없다." 혹은 "하나뿐인 차가 고장 나서 지각할 것이다."라고 말한다면 문제를 근본적으로 해결할 방법을 찾을 수 있다는 내용의 예시.

➡ 문제를 근본적으로(명확히) 진술하는 것이 문제 해결에 도움이 된다.

정답 ⑤

예제 2 **다음 글에서 필자가 주장하는 바로 가장 적절한 것은?**

Have you ever heard anyone say, "I had to carry the ball"? The expression "to carry the ball" means to take responsibility for finishing something. We use clichés like this every day in our speech. These expressions are interesting and useful for describing situations. Someone may be "cold as ice" or "busy as a bee." A story may be "too funny for words." These expressions in speech do little harm. In writing, however, clichés can become boring. Your reader has heard and read these expressions so often that they tend to "bounce off" the reader so fast that they lose their appeal. Therefore, if you want your writing to be stronger and more effective, try not to use clichés. Clichés in writing take away from the strength and effectiveness of your message. 〈모의 응용〉

bounce off ~을 맞고 튕겨나가다

① 형식보다 내용에 초점을 두어 글을 써라.
② 글을 쓸 때 상투적 문구 사용을 자제하라.
③ 독자의 연령층에 적합한 소재를 활용하라.
④ 글의 목적에 맞는 적절한 어휘를 선택하라.
⑤ 발표할 때 가급적 간결한 표현을 사용하라.

❶ **글의 소재 파악:** 상투적 문구(cliché)에 관한 글

❷ **주장을 나타내는 표현 찾아 문장 의미 파악:**
  – 표현: 연결사 Therefore, 명령문 (try)
  – 의미: 더 강력하고 효과적인 글쓰기를 원한다면, 상투적 문구를 쓰지 않도록 노력하라는 내용

❸ **나머지 문장의 내용 확인:** 우리가 말하기에서 종종 사용하는 상투적인 표현들이 말하기에서는 괜찮을 수 있으나, 글쓰기에서는 지루하게 보일 수 있음

➡ 글을 쓸 때 상투적 문구 사용을 자제하라.

정답 ②

QUICK CHECK! **다음 중 글쓴이의 주장이나 의견이 드러나는 문장을 모두 고르시오.**

① Let's look at this problem from other people's points of view.
② Children love stories; they love to hear about a hero, a giant or a dragon.
③ We need to plant more trees and stop cutting them for paper.
④ Why don't you drink water instead of cola?
⑤ It is said that we live in an information or knowledge society.

point of view 관점
it is said that ~라고 한다
information 정보
knowledge 지식

Q 글의 주제문을 찾아 밑줄을 그으시오.

audience 관중, 청중
disappear 사라지다
according to A (진술·기록 등에) A에 따르면
survey (설문) 조사
interviewer 면접관; 회견 기자
certain 특정한
prevent A from v-ing A가 v하는 것을 막다[방지하다]
hire 고용하다
fire 해고하다
negative 부정적인, 나쁜
comment 논평, 언급
advise 조언하다, 충고하다
allow 허락하다
volunteer work 자원봉사
mention 언급하다, 말하다

01 다음 글의 요지로 가장 적절한 것은?

Sometimes people forget that the Internet has a long memory and a huge audience. Once something is online, it's hard to make it disappear. According to a survey, twenty-five percent of interviewers decided not to interview certain people because of their Facebook pages! Your Facebook page can prevent you from getting hired. And it can even get you fired, since bosses can see negative comments about themselves or their companies. Therefore, it is advised that instead of allowing social networking sites to hurt your job chances, you should let them work for you. If you speak other languages, list them. If you've done volunteer work, mention it and write about it. Also, list any hobbies and jobs that you're proud of.

① 면접에서 떨지 않도록 미리 준비해야 한다.
② 취업하기 위해서는 다양한 활동을 해야 한다.
③ 신뢰할 수 없는 인터넷 정보를 주의해야 한다.
④ 인터넷에서 취업에 관한 정보를 가장 많이 얻을 수 있다.
⑤ 인터넷에는 취업에 도움이 되는 유리한 정보를 올려야 한다.

Q 글의 주제문을 찾아 밑줄 긋고, 주장을 나타내는 단어에 동그라미 하시오. (주제문 안에서 찾으시오.)

reusing 재사용
recycling 재활용
purpose 목적
take apart ~을 분해하다
advantage 이점, 장점
environmental 환경과 관련된
damage 피해
material 재료; 자료; 직물
break down ~을 부수다
melt 녹이다
pollute 오염시키다

02 다음 글에서 필자가 주장하는 바로 가장 적절한 것은?

Reusing and recycling may sound similar, but they are quite different. Reusing something means that the object is still used for its original purpose. If you had an old oven, for example, you could reuse it by giving it to someone else. Recycling it, on the other hand, means the oven is taken apart. Its parts are used in different ways in new objects. Reusing has many advantages. First, it uses less energy than recycling. It also causes less environmental damage, because recycling often means that materials must be broken down or melted in polluting factories. Moreover, reusing helps create communities by encouraging sharing. For these reasons and more, we should consider reusing a product before recycling it.

① 철저히 분리수거하여 환경을 보호하라.
② 오래 사용할 수 있는 제품을 구매하라.
③ 재활용하기 전에 재사용을 먼저 고려하라.
④ 재사용과 재활용의 차이점을 배워야 한다.
⑤ 사용하지 않는 물건을 필요한 사람에게 기부하라.

03 다음 글의 요지로 가장 적절한 것은?

Certain dogs are by nature aggressive. Rottweilers, for instance, were originally raised to be fighters and hunters. However, not all dogs raised to be aggressive really are. It's also true that some nonviolent types can sometimes be extremely aggressive. Usually that's because their owners trained them to be aggressive by praising aggressive actions like growling at strangers. Dogs that have been treated badly also can exhibit particularly aggressive behavior. Generally speaking, most dogs, even those traditionally known to be aggressive, can be friendly and gentle when raised by loving owners in a safe environment.

rottweiler 로트와일러 개   **growl** 으르렁거리다

① 개의 품종에 따라 사육방식을 달리해야 한다.
② 개는 후천적 환경에 따라 성향이 변할 수 있다.
③ 개를 훈련할 때 가장 효과가 높은 것은 칭찬이다.
④ 사랑보다는 일관성 있는 훈련이 온순한 개를 만든다.
⑤ 애완용 개가 아이들을 정서적으로 안정시킬 수 있다.

Q 글의 소재로 적절한 것을 고르시오.

① a dog's owner
② an aggressive dog
③ the greatest effect on a dog's behavior

---

by nature 선천[천성]적으로
aggressive 공격적인
originally 원래
nonviolent 비폭력적인
extremely 극도로, 극히
exhibit (감정 등을) 보이다; 전시하다
particularly 특별히, 특히
traditionally 전통적으로
friendly 친절한, 우호적인
loving 애정 어린, 사랑을 주는

04 다음 글에서 필자가 주장하는 바로 가장 적절한 것은?

When I first became a teacher, I spent a great deal of energy on making sure my students were never out of my sight. I thought my students would misbehave or possibly even get hurt if I left them alone. Not only did this take a great deal of energy, but it also limited my students' growth. After being advised by another teacher to give my students some freedom, I gave it a try. I was amazed by the results. The students felt responsible, and this inspired them to work harder and behave better. As a manager, you are in a similar position. Show your employees that you trust them by leaving them alone. You will be surprised by the results, as employees rise to meet expectations.

① 부하 직원이 스스로 하도록 믿고 맡겨라.
② 아이들이 성장하도록 칭찬을 아끼지 마라.
③ 어려운 점이 있을 때는 동료에게 도움을 청하라.
④ 직원이 단점을 극복하도록 구체적으로 조언하라.
⑤ 아이가 어릴 때 최대한 많은 시간을 함께 보내라.

Q 글의 주제문을 찾아 밑줄 긋고, 주장을 나타내는 단어에 동그라미 하시오. (주제문 안에서 찾으시오.)

---

a great deal of 많은
out of sight 눈에 보이지 않는
misbehave 못된 짓을 저지르다
leave A alone A를 혼자 내버려 두다
growth 성장
freedom 자유
give it a try 시도하다
amaze 놀라게 하다
responsible 책임감 있는
inspire 고취하다, 격려하다
similar 비슷한
employee 직원
meet expectations 기대에 부응하다

Q 글의 주제문을 찾아 밑줄을 그으시오.

give birth to A A를 출산하다
kitten 새끼 고양이
advertisement 광고 (= ad)
read (~라고) 적혀[쓰여] 있다
run (신문·잡지에) 싣다
shy 수줍음을 타는

05 다음 글의 요지로 가장 적절한 것은?

When my brother and I were little, our cat gave birth to seven kittens. Mom and Dad said we couldn't keep them, so when they were old enough, we placed an advertisement in the local newspaper. It read, "Free to a good home: seven lovely kittens." After three weeks, however, we still had all of the kittens. So, we decided to run another ad. It read, "Free to a good home: one very ugly and shy kitten; six lovely ones." In just two days, the "ugly and shy" kitten had been chosen seven times! The world is full of kind people who love to help those who aren't loved. When we look for the good in others, we usually find it.

① 솔직한 느낌을 주는 광고가 더 성공적이다.
② 사람과 애완동물은 서로 도움을 주고받는다.
③ 사람들은 약한 존재를 도와주기를 좋아한다.
④ 애완동물을 기르면 정서 함양에 도움이 된다.
⑤ 사람들은 천성적으로 도움을 받고 싶어 한다.

Q 글의 주제문을 찾아 밑줄 긋고, 주장을 나타내는 단어에 동그라미 하시오. (주제문 안에서 찾으시오.)

take off 이륙하다
shoot 쏘다, 발사하다
break apart 산산이 부서지다
tragedy 비극
expert 전문가
disaster 참사, 재난
engineer 기술자
speak up 거리낌 없이 밝히다
face 직면하다

06 다음 글에서 필자가 주장하는 바로 가장 적절한 것은?

On January 28, 1986, thousands of people watched the *Challenger* space shuttle take off on television. *Challenger* stood on the launch pad, and then it shot up into the blue sky. We watched. Then, just over a minute later, *Challenger* broke apart. People experienced a tragedy that day, and experts wanted to learn what went wrong. The disaster was caused by something called an O-ring. Cold weather that morning stopped the O-ring from working. Actually, engineers knew the O-ring had problems, but these weren't reported. The *Challenger* disaster teaches us to speak up. Problems must be faced, not avoided, even if talking about them is not easy. When people are afraid to say anything but "yes," terrible accidents can happen.

space shuttle 우주 왕복선   **launch pad** (우주선 등의) 발사대   **O-ring** 패킹용 고무

① 작은 일부터 천천히 시작해야 한다.
② 거절의 의사를 밝힐 줄 알아야 한다.
③ 문제를 발견하면 피하지 말고 밝혀야 한다.
④ 실패를 겪어도 빨리 극복할 줄 알아야 한다.
⑤ 중대한 일은 철저히 준비한 후 실행해야 한다.

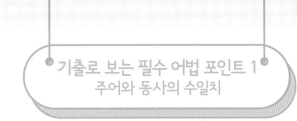

기출로 보는 필수 어법 포인트 1
주어와 동사의 수일치

주어와 동사의 수일치란?

문장의 주어는 단수인 경우도 있고 복수인 경우도 있지요. 주어가 단수라면 동사도 단수로 써야 하고,
주어가 복수라면 동사도 복수로 맞춰 써야 한답니다.

1. 주어가 수식받는 경우의 수일치

1) The old buildings [of a mountainside farm] was /(were) all around us. 〈모의 응용〉

   of a mountainside farm은 주어인 The old buildings를 수식하는 어구예요. 주어가 복수이기 때문에
   동사도 복수형인 were로 써야해요. 이처럼 주어 뒤의 수식어구를 괄호 [ ]로 묶어 표시해보면 더 쉽게
   답을 찾을 수 있답니다.

2) Animals [that pulled plows to turn the earth over for planting] was /(were) far more
   efficient than humans. 〈모의〉

   주어인 Animals가 관계대명사절의 수식을 받고 있네요. 위와 마찬가지로 관계대명사절을 괄호 [ ]로 묶어
   표시해보면 복수 주어인 Animals의 짝이 복수 동사인 were라는 걸 알 수 있죠?

2. 주어가 구나 절인 경우의 수일치

1) Exploring your personal drawing styles (is)/ are important. 〈모의 응용〉
   <small>동명사구 주어</small>

   동명사구(v-ing) 또는 to부정사구(to-v)가 문장의 주어로 쓰이면 이를 한 덩어리로 보고 단수로 취급해요.
   your personal styles는 Exploring의 목적어이므로 styles만 보고 복수 주어로 착각해선 안 돼요.

2) What makes you unique are /(is) more than your gifts and talents.
   <small>명사절 주어</small>

   선행사를 포함한 관계대명사 what이 명사절을 이끌고 있어요. 명사절이 주어인 경우도 단수로 취급해요.
   명사절을 이끄는 접속사에는 what, that, whether[if], 의문사 등이 있답니다.

POINT EXERCISE 다음 중 어법상 적절한 표현을 고르시오.

1 The foods we eat leads / lead to our well-being or lack of well-being. 〈모의 응용〉

2 The repetition of the same kind of accident reduces / reduce the surprise of watching
   it. 〈모의 응용〉

3 Whether you like it or not are / is what I'm most curious about.

4 At this point in time, developing renewable energy sources is / are necessary. 〈모의 응용〉

---

mountainside 산비탈　　**plow** 쟁기; 경작하다　　**turn over** 뒤집다　　**plant** (나무, 씨앗 등을) 심다　　**far** 훨씬
efficient 효율적인　　**explore** 탐구하다; 탐사하다　　**personal** 개인의　　**gift** 재능
Point Exercise **well-being** 행복, 안녕　　**lack of** ~의 부족, 결핍　　**repetition** 반복　　**curious** 궁금한, 호기심 있는

글을 읽고 글의 핵심 내용, 즉 주제를 찾는 유형을 말해요.

지시문　다음 글의 주제로 가장 적절한 것은?

이 유형 알아보기

Q1. 지문은 보통 어떤 종류의 글인가요?

크게 두 가지 유형의 지문으로 나뉘어요. 글쓴이의 주장 혹은 견해가 주제로 쓰인 **논설문**과 하나의 주제와 그 주제를 뒷받침하는 보충 설명으로 이루어진 **설명문**이에요.

Q2. 무엇을 찾아야 하나요?

① 주장, 요지 유형과 마찬가지로 가장 먼저 **글의 소재를 파악**합니다.

② **주제문을 찾고**, 글의 나머지 문장들이 이 주제문을 뒷받침하고 있는지 확인해봅니다.

③ 주제문이 따로 없는 글도 있어요. 그런 글에서는 각 문장에서 **공통적으로 다루는 내용을 종합해 핵심 내용을 파악**하거나 글의 교훈이나 시사점을 생각해봅니다.

예제 1 다음 글의 주제로 가장 적절한 것은?

"Art does not solve problems, but makes us aware of their existence," a sculptor once said. Arts education, on the other hand, does solve problems. Years of research show that it is closely linked to almost everything that we want for our children. By studying the arts, you can gain math, reading, critical thinking, and verbal skills. Learning the arts can also improve motivation, concentration, confidence, and teamwork. A report about the visual arts argues that the pleasures and stimulation of the art experience do more than sweeten a person's life. According to the report, they "can connect people more deeply to the world and open them to new ways of seeing," creating the foundation to build up social bonds. 〈모의 응용〉

verbal 언어의　　**stimulation** 자극

❶ **글의 소재 파악:** 예술 교육(arts education, studying the arts, learning the arts)에 관한 글

❷ **주제문을 찾아 문장 의미 파악:** 예술은 문제를 해결하지 못하지만, 예술 교육은 문제를 해결할 수 있다는 내용.

❸ **나머지 문장의 내용 확인:** 예술을 배움으로써 학과 과목에 대한 실력과 집중력, 자신감 등도 향상된다는 내용.

➡ 예술 교육의 이점들

정답 ②

① the value of social interactions
② the advantages of arts education
③ ways to promote critical thinking
④ the characteristics of successful artists
⑤ the significance of intelligence in problem-solving

예제 2 **다음 글의 주제로 가장 적절한 것은?**

Storing medications correctly is very important because many drugs will lose their effects if they are not stored properly. The bathroom medicine cabinet is not a good place to keep medicine because the room's moisture and heat spoil drugs. Storing medication in the refrigerator is also not a good idea because of the moisture. Some drugs do require refrigeration, but these should be kept separately. Light and air can also affect drugs, but dark bottles and air-tight caps can keep these effects to a minimum. A closet is probably the best place for your medications, as long as you keep them out of the reach of children. 〈모의 응용〉

medication 약, 약물

① 냉장의 다양한 목적
② 약을 보관하는 적절한 방법
③ 시기적절한 치료의 중요성
④ 음식을 밀폐 보관하는 것의 이점
⑤ 신약을 개발하는 것의 어려움

❶ **글의 소재 파악:** 약 보관(Storing medications)에 관한 글

❷ **주제문을 찾아 의미 파악:** 약을 제대로 보관하는 게 매우 중요하다는 내용

❸ **나머지 문장의 내용 확인:** 약을 제대로 보관하는 것에 관한 구체적인 내용. 욕실과 냉장고는 습도와 온도 때문에 적절하지 않다고 했고, 빛과 공기도 약에 영향을 주기 때문에 아이의 손만 닿지 않는다면 장롱이 가장 좋은 장소라고 함.

➡ 약을 보관하는 적절한 방법

정답 ②

QUICK CHECK! **다음 글의 주제로 알맞은 것을 고르시오.**

In Finland, school hours are short and students have a 15-minute outdoor free-play break every hour of every day. Fresh air, nature, and regular physical activity breaks are considered engines of learning. In class, children are allowed to have fun, giggle, and daydream from time to time. Finns put into practice the cultural slogans: "Let children be children," "The work of a child is to play," and "Children learn best through play."

giggle 킬킬거리다, 피식 웃다   **daydream** 공상에 잠기다

① the way Finland approaches education
② the benefits of combining study and play
③ the origin of several popular sayings

Finland 핀란드
cf. **Finn** 핀란드 사람
break 휴식
regular 규칙적인
physical 신체의
consider ~로 여기다
engine 동력, 엔진
be allowed to-v v하도록 허용되다
from time to time 이따금, 가끔
put into practice 실행에 옮기다, 실천하다
cultural 문화의, 문화적인
slogan 슬로건, 구호

[선택지 어휘]
approach 다가가다
benefit 혜택, 이득
combine 결합하다

Q 글의 소재로 적절한 것을 고르시오.

① left-handedness
② Netherland's culture
③ elementary school teachers

---

left-handedness 왼손잡이
cf. left-handed 왼손잡이의
right-handed 오른손잡이의
routinely 관례적으로
discourage 좌절시키다
particularly 특히
forced 강요된
painful 고통스러운
unnecessary 불필요한
worldwide 전 세계적인
in general 전반적으로; 보통
be likely to-v v할 가능성이 있다

[선택지 어휘]
stereotype 고정 관념
feature 특징

Q 글의 소재로 적절한 것을 고르시오.

① comedians
② situation comedies
③ laughter

---

laughter 웃음
instant 즉각적인
frequently 자주, 흔히
channel (텔레비전·라디오의) 채널
genre (예술 작품의) 장르
cast 출연자들, 배역진
episode 사건, 에피소드
witty 재치 있는
dialogue (책·연극 속의) 대화
embarrassing 난처한, 쑥스러운
insert 끼우다; 넣다
highlight 강조하다
occur 일어나다, 발생하다
atmosphere 분위기; 대기

---

01   다음 글의 주제로 가장 적절한 것은?

Left-handedness has been routinely discouraged. China and the Netherlands were particularly famous for "Hand Reorientation" until the twentieth century. And until the 1960s in the U.S., elementary school teachers punished children for trying to write with their left hands. However, forced change has come to be seen as painful and unnecessary. Worldwide, societies are becoming more accepting of left-handedness, and this is a result of the world becoming more open in general. In fact, a society that accepts both left-handed and right-handed people is also likely to accept many other differences. The percentage of left-handedness in a society may actually be one of the best signs of how open a society is.

reorientation 재교육, 방향 전환

① social stereotypes against left-handed children
② culturally different views towards left-handedness
③ the relation between left-handedness and success
④ the features of a society accepting left-handedness
⑤ when left-handedness was ignored in the 20th century

---

02   다음 글의 주제로 가장 적절한 것은?

"Laughter is an instant vacation," said the comedian Milton Berle. So it's not surprising that situation comedies, or sitcoms, are frequently shown on many TV channels. A sitcom is a genre of comedy where a small cast of characters shares a common environment. Though each episode has a short but complete story, there is also a larger story, which develops over a season. Witty dialogue creates most of the laughs, but characters are also put in funny and embarrassing situations. Some sitcoms are filmed in front of a live audience, but recorded laugh tracks can also be inserted. This highlights the moment when a joke occurs and provides a comedic atmosphere.

① characteristics of a studio audience
② popular ways to create a good laugh
③ various features of situation comedies
④ benefits of watching comedy programs
⑤ common methods of sitcom production

03 다음 글의 주제로 가장 적절한 것은?

When we read, we are sometimes not sure what the words and sentences mean. When this happens, we look back over previous sentences to check and make sure of what we are reading. Your eyes don't move ahead in a steady, organized way. Controlled by your brain, they jump around the page to get the information necessary for you to understand the whole passage. This habit also makes it hard for you to keep in mind the author's intention. You can't see the forest because you're lost among the trees and bushes. A lot of readers keep going back over their reading even when they understand everything, and this slows them down.

① how the brain works while reading
② the habit that limits our reading speed
③ what your reading habits say about you
④ the best way to improve your vocabulary
⑤ unusual but highly effective reading habits

Q 글의 주제문을 찾아 밑줄을 그으시오.

look back 되돌아 보다
previous 이전의
make sure of 확실히 하다
move ahead 앞으로 나아가다, 전진하다
steady 일정한, 꾸준한
organized 조직화된
whole 전체의
passage (책의) 구절; 통로
keep in mind 마음에 담아두다
author 저자
intention 의도, 목적
bush 덤불

[선택지 어휘]
vocabulary 어휘
unusual 특이한
highly 대단히, 매우
effective 효과적인

04 다음 글의 주제로 가장 적절한 것은?

Why are igloos built in the shape of a dome rather than in the shape of a square? And how do suspension bridges manage to support the weight of trains and cars when there is nothing below the decks to hold them up? The answer is arches. We have long used them in construction because they look attractive and are incredibly strong. Arches are strong because they push both vertically and horizontally to resist the pressure of heavy loads. Even the pointed end of an egg can support the weight of many books because the egg's curved surface shares the burden of the load.

igloo 이글루 ((눈덩이로 지은 집))
suspension bridge 현수교 ((양쪽 언덕에 줄이나 쇠사슬을 매달아 놓은 다리))
dome 반구형 지붕

① scientific principles of igloos
② artistic functions of squares
③ the development process of arches
④ reasons why we use arches in construction
⑤ the similarity between igloos and suspension bridges

Q 글의 소재로 가장 적절한 것을 고르시오.

① igloo
② arches
③ suspension bridge

manage (간신히, 어떻게든) 해내다
deck (배의) 갑판
hold A up A를 떠받치다
arch 아치형 구조물
construction 건축[구조]물
attractive 매력적인
incredibly 믿을 수 없을 정도로, 엄청나게
vertically 수직으로
horizontally 수평으로
resist 견디다; 저항하다
pressure 압박, 압력
load 무게; 짐
curved 굽은, 곡선의
burden 부담; 짐

[선택지 어휘]
artistic 예술적인

Q 글의 주제문을 찾아 밑줄을 그으시오.

---

seem to-v v인 것 같다
possibly 아마
be made up of ~로 구성되다
chemical 화학 물질
injured 다친
warning 경고
cf. warn 경고하다
nearby 인근의
talk to oneself 혼잣말하다
accident 우연
listen in 엿듣다

[선택지 어휘]
cooperate 협력하다
harm 손상시키다
benefit 이점
newly 최근에
discover 발견하다

05 다음 글의 주제로 가장 적절한 것은?

Do you think plants can communicate with each other? They don't have mouths or ears. However, they seem to feel, smell, and possibly even hear signals from other plants. The sweet summer smell of cut grass is actually made up of chemicals sent out by the injured grass. It's a warning to let other nearby plants know to protect themselves. Why would a plant want to warn others? Some scientists think that plants aren't actually talking to each other but to themselves. It's just an accident that other plants can listen in. There are a lot of questions left to answer, but it's clear that plants have a lot to say!

① the ways plants cooperate
② how we're harming grasses
③ the benefits of talking to oneself
④ newly discovered plant chemicals
⑤ some facts about plant communication

Q 글의 소재로 가장 적절한 것을 고르시오.

① the price of a candy bar
② production cost
③ inflation

---

penny 페니 ((영국의 화폐 단위))
inflation 인플레이션, 물가 상승률
pretty 어느 정도, 꽤
expert 전문가
production 생산
go up 올라가다
wage 임금
tax 세금; 세금을 부과하다
track 추적하다
goods 제품, 상품

[선택지 어휘]
reasonable 합리적인

06 다음 글의 주제로 가장 적절한 것은?

I remember when a can of Coke was 25 cents. My parents could buy candy for a penny! Today you might pay a dollar for a soda, and nothing costs a penny. So what happened? Inflation, that's what. It's when the prices of pretty much everything rise. Experts have different views on why inflation happens. One cause of inflation is a rise in production costs. The price of a candy bar may go up if nuts are suddenly more expensive or if wages rise. Higher taxes can also cause inflation. When items are taxed, people who produce goods raise their prices. There's no simple answer. Track the prices of some goods you are interested in, and see if you can understand why they've changed over time.

① inflation and its causes
② how to control inflation
③ reasonable prices in the past
④ problems that inflation causes
⑤ ways to track products' prices

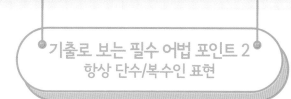

기출로 보는 필수 어법 포인트 2
항상 단수/복수인 표현

단수/복수 취급하는 표현

항상 단수로, 혹은 항상 복수로 취급해야 하는 표현들이 있어요. 여러 가지 표현이 있기에 미리 알아두어야
시험에서 당황하지 않을 수 있어요.

1. 항상 단수로 취급하는 표현

1) Each [of us] need / needs people in our lives who encourage us so that we can feel confident. 〈모의 응용〉

   each는 단독으로 쓰이거나 다른 명사구와 함께 쓰일 때, 혹은 수식어구를 받을 때 언제나 단수로 취급해요.
   every도 마찬가지로 단수로 취급하지만, every는 단독으로 쓰일 수는 없고, 언제나 다른 명사구와 함께
   쓰여요. everything, everyone 역시 항상 단수로 취급하고요.

2) One [of the biggest problems when starting a diet] is / are that motivation rapidly decreases. 〈모의 응용〉

   문장의 주어가 One이므로 단수동사 is가 와야 합니다. [of ~ a diet]는 One을 수식하고 있는
   수식어구임을 잊지 마세요.

2. 항상 복수로 취급하는 표현

1) Both eye and camera have / has a means of adjusting the focus of images. 〈모의 응용〉

   both는 단독으로 쓰이거나 다른 명사구와 함께 쓰일 수 있어요. 여기서는 형용사처럼 사용되어 명사구 eye
   and camera와 같이 쓰였고요. both는 항상 복수 취급하기 때문에 복수 동사를 받습니다.

2) The rich are / is getting richer - the poor are / is getting poorer.

   〈the+형용사〉가 '~하는 사람들'이라고 해석될 때는 항상 복수로 취급해요. the rich는 '부자인
   사람들', the poor는 '가난한 사람들'로, 모두 복수형이기에 뒤의 동사도 모두 are가 와야 해요. the
   young(젊은 사람들), the old[elderly](노인들), the sick(아픈 사람들) 등처럼 쓰여요.

POINT EXERCISE 다음 중 어법상 적절한 표현을 고르시오.

1 Visit your town and notice how each building fits / fit into the view. 〈모의 응용〉

2 Both males and females tend / tends to be more motivated to win when they play on a team. 〈모의 응용〉

3 Research shows that the elderly is / are still working to support themselves. 〈모의 응용〉

---

encourage 용기를 북돋우다, 격려하다　　**confident** 자신 있는　　**motivation** 동기; 자극　　**rapidly** 빠르게, 순식간에
decrease 줄다, 감소하다　　**means** 수단, 방법　　**adjust** 조절하다　　**focus** 초점　　**image** (카메라, 화면 등에 나타난) 상, 모습
Point Exercise **fit into** 어울리다　　**view** 전망　　**male** 남성 **cf. female** 여성　　**tend to-v** v하는 경향이 있다
motivate 동기부여 하다　　**the elderly** 노인들　　**support** 부양하다

유형 03 제목

글의 주제를 함축적으로 가장 잘 표현한 제목을 고르는 유형을 말해요.

지시문 다음 글의 제목으로 가장 적절한 것은?

이 유형 알아보기

Q1. '주제' 유형과는 어떤 점이 다른가요?

비슷한 점이 많아요. 글의 종류도 설명문, 논설문이 나온다는 점, 글의 소재와 주제를 찾아야 답을 고를 수 있다는 점이 같죠. 하지만 제목 유형은 글의 주제를 함축적으로 표현하기 때문에 주제를 분명히 이해하고, 선택지의 의미도 정확히 파악해야 답을 고를 수 있어요.

Q2. 선택지는 어떤 식으로 나오나요?

① 문장 형식 (예: Don't Hesitate to Take Hold of Opportunities)
② 의문문 형식 (예: Does Your Brain Get Enough Water?)
③ '주제: 부제' 형식 (예: Nature: What Children Need)

예제 1 **다음 글의 제목으로 가장 적절한 것은?**

You would think all bicycles must have brakes. But the bicycles used for track racing are built without brakes. A track racing bicycle has only essential parts to keep its weight down. So, how do you stop it? This is where the gloves come in. The racer back-pedals, and then holds the front wheel tight with his hands. This stops the wheel from spinning, and the bicycle comes to a stop. No wonder track bicycle racers wear gloves! If they didn't, their hands would get terribly hurt every time they tried to stop. 〈모의 응용〉

back-pedal 페달을 뒤로 돌리다

① Gloves to Stop the Bicycle
② Track Racing: A Popular Sport
③ Hard Training for a Bicycle Racer
④ Basic Structure of a Bicycle Brake
⑤ Bicycle Gloves: A Symbol of Wealth

❶ **글의 소재 파악:** 경륜용 자전거(track racing bicycles)에 관한 글

❷ **주제문을 찾아 문장 의미 파악:** 경륜용 자전거는 브레이크가 없고, 멈추기 위해 장갑을 쓴다는 내용.

❸ **나머지 문장의 내용 확인:** 경륜용 자전거는 페달을 뒤로 돌리고 앞바퀴를 손으로 잡아 멈추며, 이때 손을 보호하기 위해 장갑이 필요함.

❹ **정답 선택:** 주제가 가장 잘 드러나는 제목을 고른다. 장갑을 끼고 자전거를 세운다는 내용이므로 '자전거를 멈추기 위한 장갑'이 제목으로 가장 적절.

정답 ①

예제 2 다음 글의 제목으로 가장 적절한 것은?

If you're too busy to do laundry, don't worry about it. At least your jeans will stay clean, depending on your definition of "clean." After wearing a pair of unwashed jeans for fifteen months, Josh Le, a student at the University of Alberta, handed them to Dr. McQueen, a textile scientist. She sampled the bacteria living on the jeans. Next, Le washed the jeans. He wore the jeans for only two weeks this time and Dr. McQueen took a sample again. The results? Whether fifteen months or two weeks, the bacteria growth was about the same. Now what about the smell? Le did air out his jeans three times a week and he still had lots of friends. 〈모의 응용〉

textile 직물, 옷감　　**air out** (옷에) 바람을 쐬다

① Doing Laundry Is Bad for the Environment
② Is Doing Laundry Necessary That Often?
③ Are Bacteria the Cause of Bad Smells?
④ Unwashed Jeans: Home For Bacteria
⑤ New Jeans: A Must for Teens

❶ **글의 소재 파악:** 세탁(laundry)에 관한 글

❷ **주제문을 찾아 의미 파악:** 주제문이 따로 없어서 글을 종합해 주제를 유추해야 함. 15개월 동안 세탁하지 않은 청바지와 2주에 한 번 세탁한 청바지의 박테리아 증식은 거의 같았다고 했으므로 '옷을 자주 세탁할 필요는 없다'는 것이 주제.

❸ **정답 선택:** 주제가 가장 잘 드러나는 제목을 고른다. '세탁을 그렇게 자주 하는 게 필요한가?'가 제목으로 가장 적절.

정답 ②

QUICK CHECK! 다음 글의 제목으로 적절한 것을 고르시오.

Many pregnant women suffer from nausea and vomiting. They can get help from ginger. A study has confirmed that ginger is very useful in reducing the nausea and vomiting of pregnant women.

pregnant 임신한　　**nausea** 메스꺼움

suffer from ~으로 고통받다
vomiting 구토
ginger 생강
confirm 확인하다
reduce 줄이다

① Ginger: A Pregnant Woman's Best Friend
② The Reason for Nausea and Vomiting

Q 글의 주제로 적절한 것을 고르시오.

① how dogs speak to us
② what makes dogs angry
③ differences between dogs and people

anger 화, 분노
frightened 겁먹은
tail 꼬리
expose 드러내다
friendly 다정한; 친한
curious 호기심이 많은
invitation 초대, 초청
constantly 계속해서, 끊임없이

01   다음 글의 제목으로 가장 적절한 것은?

When we show our teeth, we call it a smile. For dogs, it's a sign of anger. Frightened dogs will have their tails between their legs. They will also have flat ears, exposed teeth, and may be sitting close to the ground. Friendly, curious dogs act a lot like humans. Their eyes are wide open, and their ears are pointing up. Their mouths may be open with no teeth showing. This is like a doggy version of a smile. Most dogs love to play. The invitation to play is clear. They stretch their front legs out low in front of them. Then they raise their back legs straight up in a standing position. This says, "Come on, play with me!" If you think animals have nothing to say, think again. They are constantly talking!

① When Do Dogs Smile?
② How to Tell If a Dog Is Angry
③ Listening to Man's Best Friend
④ Doggy Speak vs. Human Speak
⑤ Training a Dog: First Learn Its Language

Q 글의 주제문을 찾아 밑줄을 그으시오.

get rid of ~을 없애다
prevent A from v-ing A가 v하는 것을 방해하다[막다]
apply for ~에 지원하다
-free ~이 없는 ((연결형))
face 직면하다; 향하다
end up 결국 ~에 처하다
unchanging 불변의
aimless 목적[방향]을 잃은
ultimately 결국
deal with 처리하다; 다루다

[선택지 어휘]
enemy 적
harmful 해로운
positive 긍정적인
key 비결; 핵심
response 반응

02   다음 글의 제목으로 가장 적절한 것은?

Until recently, it was generally believed that, in order to be healthy, we have to get rid of all the stress in our lives. But avoiding all stress prevents us from trying new things, meeting new people, and applying for new jobs. In any case, it's impossible to live a completely stress-free life—each one of us will probably have to face the death of our parents, for example. If we don't invite a certain amount of stress into our lives, we will end up unchanging and aimless, which is bad for us. Ultimately, you should learn to accept stress, and deal with it as it comes. It can hurt, but it can also be good, and having it is all part of being human.

① Stress: The Enemy of a Healthy Life
② Is All Stress Really Harmful?
③ Positive Thinking: The Key to Relieving Stress
④ A New Understanding of the Stress Response
⑤ The More Challenges You Face, the Stronger You Become

03　다음 글의 제목으로 가장 적절한 것은?

Research suggests that increasing the amount of school time that kids spend in math instruction improves math scores. Researcher Tom Loveless said that schools with longer math classes had students with higher scores. He said that although ten minutes extra time may not sound like much, it actually makes a big difference for students, especially in math. One successful example is charter schools. A charter school day goes from 7:30 a.m. to 5:00 p.m. — three hours longer than other schools. Students at these schools are scoring well above average on state math tests.

charter school ((미)) 자율형 공립학교

① How To Score Well on a Math Exam
② How Much Do Teachers Affect Test Scores?
③ Longer Hours in School Achieves Nothing
④ The Secret to the Success of Charter Schools
⑤ More Time in Class Brings About Better Math Skills

Q 글의 주제문을 찾아 밑줄을 그으시오.

----

instruction 설명; 지시
researcher 연구원
make a difference 영향을 주다,
차이를 만들다
average 평균의

[선택지 어휘]
affect 영향을 미치다
achieve 성취하다
bring about ~을 초래하다

04　다음 글의 제목으로 가장 적절한 것을 고르시오.

The Rosetta Stone was discovered in lower Egypt in 1799, and it eventually made its way to the British Museum, where it remains to this day. It is a flat piece of black stone from 196 B.C. A story about Ptolemy Ⅴ(an Egyptian king) is written in three different languages on it. Thomas Young and Jean François Champollion worked together to uncover the meaning of the new symbols by comparing them with the known Greek text. From this tiny starting point, it was eventually possible to understand the entire body of ancient Egyptian writings. Until the Rosetta Stone was discovered, nobody had been able to unlock the mysteries of ancient Egyptian history.

① Discovering Ancient Greek Writing
② The Decline of Egyptian Civilization
③ The Importance of the Rosetta Stone
④ The Invention of Ancient Egyptian Scripts
⑤ The Discovery of King Ptolemy Ⅴ's Remains

Q 글의 소재로 적절한 것을 고르시오.

① an Egyptian king
② two historians
③ the Rosetta Stone

----

discover 발견하다
eventually 결국
make one's way to A A로 나아가다
remain 남다; 여전히 ~이다
cf. **remains** 유적; 나머지
uncover 알아내다; 뚜껑을 열다
entire 전체의
ancient 고대의
unlock 드러내다; 열다

[선택지 어휘]
decline 쇠퇴; 줄어들다
civilization 문명
script 문자; 글씨(체)

Q 글의 소재로 적절한 것을 고르시오.

① a brilliant inventor
② a useful luggage idea
③ a stressful airport experience

---

luggage (여행용) 짐, 수하물
stressful 스트레스가 많은
safe and sound 무사히, 탈 없이
equipped with ~을 갖춘
enable A to-v A가 v할 수 있게 하다, A가 v하는 것을 가능하게 하다
alert 알리다; 경고하다
approach 다가오다
blink 깜빡거리다, 반짝이다
spot 발견하다

[선택지 어휘]
keep an eye on ~을 감시[주시]하다
track 추적하다
boredom 지루함
alternative 대안
outdated 구식의, 진부한

Q 글의 주제문을 찾아 밑줄을 그으시오.

---

common 흔한
passionate 열정적인
photography 사진 촬영
opportunity 기회
keep A up 계속 A하다(유지하다)
take advantage of ~을 이용하다
take A along A를 가지고 가다
grocery store 식품점
pleasant 유쾌한, 기쁜

[선택지 어휘]
technique 기법, 기술
beginner 초보자
motivation 동기 부여
professional 전문적인

05 다음 글의 제목으로 가장 적절한 것은?

Waiting at an airport luggage carousel for your bag to appear is both stressful and boring. Seeing your luggage arrive safe and sound is great, but the time it takes to get there seems to last forever. You can't sit down, you can't walk away, you have to keep watching and waiting. That's why Nate Lynch invented the "Bluebird" luggage tag. Equipped with Bluetooth technology, the Bluebird enables your luggage to send signals to your mobile phone. Your phone alerts you when your luggage is approaching the carousel, and the Bluebird's LED blinks with bright blue light until you pick up your luggage. You no longer have to stand there constantly watching and waiting and hoping to spot your luggage among everyone else's.

carousel (공항에서 화물을 나르는) 회전식 원형 컨베이어
Bluetooth 《컴퓨터》 블루투스((개인 휴대기기 사이의 무선 데이터 통신을 가능케 하는 기능 또는 그 상표명))

① Bluebird Keeps an Eye on Your Luggage
② Track Your Lost Luggage on the Internet
③ Ways of Relieving Boredom at the Airport
④ What to Do While Waiting for Your Luggage
⑤ Bluebird: An Alternative to Outdated Mobile Phones

06 다음 글의 제목으로 가장 적절한 것은?

Here's a common story: one day you become passionate about photography, and find yourself jumping at every opportunity to take photos. You keep this up for a while, but then you slowly lose interest. How can you become excited about photography once again? Try to have at least one camera with you at every waking moment. This way, you can take advantage of every photo opportunity. This is becoming easier every day as camera phones continue to improve, but a real camera is still better. Also, make sure 'everywhere' really means everywhere. This means taking your camera along to the dentist's office, the grocery store, or even on a short car ride. Seeing the perfect photo opportunity but not having a camera with you is not a pleasant feeling.

① Photography: A Creative Tool for Your Life
② Useful Photography Techniques for Beginners
③ Why Camera Phones Still Aren't Good Enough
④ Motivation Problems? Carry a Camera at All Times!
⑤ Get Professional Photographs from Your Old Camera!

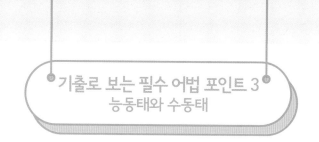

기출로 보는 필수 어법 포인트 3
능동태와 수동태

언제 능동태와 수동태를 사용할까?

누군가가 스스로 동작하는 것을 표현할 때, 동사는 능동 형태를 사용해요. 반대로 무언가에 의해 동작을 하게
될 때는 수동태(be+p.p.) 형태의 동사를 사용하고요.

1. 목적어의 유무

Research should (be evaluated)/ evaluate by other professors before it makes /(is made)
public. 〈모의 응용〉

동사 뒤에 목적어가 없다면, 동사는 수동태일 가능성이 커요. 수동태에서는 목적어였던 명사가 주어로
바뀌거든요. 'Other professors should evaluate research ~.'에서 목적어인 research가 주어로
나오고, 동사가 〈be+p.p.〉 형태로 바뀐 거죠. 뒤에서도 역시 makes의 목적어가 없으니까 수동태 형태인 is
made가 적절해요.

2. 수동태가 될 수 없는 자동사

Carol was arrived /(arrived) early and was standing on the corner waiting for her friend. 〈모의 응용〉

뒤에 목적어가 없다고 해서 반드시 동사 자리에 수동태 형태가 오는 것은 아니에요. 원래 목적어를 취하지
않는 동사도 있기 때문이죠. 이런 동사를 '자동사'라고 하는데, arrive, appear, disappear, seem, arise,
look, happen, remain 등 다양한 자동사가 있기에 꼭 알아둬야 해요.

3. 수동태 뒤에 있는 명사

The piano teacher gave /(was given) the task of organizing a piano concert. 〈모의 응용〉

수동형 동사 뒤에 목적어가 있을 수도 있다는 것에 유의해야 해요. 목적어를 두 개 취하는 4형식 동사
문장에서, 목적어 하나는 주어 자리로 오고 나머지 목적어는 그대로 남아있을 수 있거든요. 〈give A B〉〈A에게
B를 주다〉의 능동형이 〈A is given B〉〈A는 B를 받다〉의 수동태 형태로 바뀔 수 있답니다.

POINT EXERCISE 다음 중 어법상 적절한 표현을 고르시오.

1 A river seems / is seemed to be ideal in establishing boundaries, but in fact it isn't,
   because its course can change. 〈모의 응용〉

2 In the interview, she asked / was asked some questions about herself.

3 Some babies might calm / be calmed by noise and activity, whereas others might prefer
   quiet. 〈모의 응용〉

---

evaluate 평가하다   **professor** 교수   **make public** 공표하다   **task** 임무, 과제   **organize** 조직하다

Point Exercise **ideal** 이상적인   **establish** 설정하다, 수립하다   **boundary** 경계; 국경   **course** (강의) 흐름, 방향; 강좌
calm 진정시키다; 차분한   **whereas** ~인 반면

1 다음 글의 요지로 가장 적절한 것은?

These days, we can say a lot using only basic symbols: emoticons. But do emoticons really mean the same things to everyone? Cultures aren't the same in how they express themselves. Different cultures focus on different parts of the face. How do you express "happy" in an emoticon? In the West, it's something like this: :). The focus is on the mouth: smiling means happiness. However, if you live in East Asia, you're more likely to use something like this: (^_^). The focus is on the eyes because East Asians see emotion in the eyes. For another example, here's the West's emoticon for "surprise": >:o. Eyebrows up and mouth open, but the same eyes as in the happiness emoticons. "Surprise" in East Asia? *_*.

① 점점 더 다양한 이모티콘이 사용되고 있다.
② 대부분의 이모티콘은 우리의 표정과 비슷하다.
③ 이모티콘은 하고 싶은 말을 간단히 표현하기에 좋다.
④ 이모티콘의 모양은 각 문화권의 방식대로 만들어진다.
⑤ 이모티콘은 다른 나라 사람들과 의사소통하는 데 유용하다.

2 다음 글의 주제로 가장 적절한 것은?

In the 1820s and 1830s, American painting added a new chapter to the story of its development. Before the 1800s, portraits and paintings of historic events were the only types of American art. However, throughout the 1800s, some of America's painters began to paint landscapes and the daily activities of ordinary people. The nation's Declaration of Independence brought wealth, and wealth provided the opportunity for painters to appreciate their environment. They left the nation's first cities, such as Boston and Philadelphia, and began to explore the countryside. The American scenery was different from anything they had seen before, and they quickly fell in love with it.

Declaration of Independence 미국 독립 선언서

① unique types of American paintings
② a change in 19th-century American painting
③ the effects of increasing wealth
④ the relation between American history and painting
⑤ reasons portraits are no longer popular

3 다음 글의 제목으로 가장 적절한 것은?

Every year around the start of summer, the warnings start coming: wear sun cream. However, many experts think that we should be wearing sun cream year-round. That's because sunburns can cause long-term damage. Whether at home, in the car, or at school, the sun is always shooting dangerous rays at us. When these rays make contact with the skin, they can cause damage that leads to the growth of cancer. Skin cancer is the fastest-growing cancer worldwide. Luckily, there may be a simple, easy, and effective solution. New research from the University of Oslo found that using high-factor sun cream every day — SPF 15 or higher — can decrease the risk of skin cancer by as much as 33 percent.

SPF(Sun Protection Factor) 자외선 차단 지수

① How to Prepare for Summer
② Wear Sun Cream Every Day!
③ Choosing the Right Sun Cream
④ New Hope for Treating Skin Cancer
⑤ The Sun Is Becoming More Dangerous

4 Art Contest에 관한 다음 안내문의 내용과 일치하는 것은?

Art Contest

Submit your drawing or painting to the 2016 Ash Lake Art Contest!

The competition is open to all children 13 and under.

Rules:
Pictures must be no larger than 8 inches by 11 inches.
The picture must be an original creation.
Only one entry per child.

Prizes:
1st place - $200 gift certificate
2nd place - $100 gift certificate

Deadline: Saturday, July 23rd, 2016
For more information, visit www.ashlakeart.com.

---

① 연령과 관계없이 참가할 수 있다.
② 출품작의 크기는 자유롭다.
③ 한 사람이 여러 작품을 제출할 수 있다.
④ 1등은 현금으로 200달러를 받는다.
⑤ 제출 마감 기한은 7월 23일이다.

5 (A), (B), (C)의 각 네모 안에서 어법에 맞는 표현으로 가장 적절한 것은?

One of the largest mammals that ever walked the Earth (A) was / were the steppe mammoth. It was 4.7 meters tall, and it weighed about nine tons. During the last ice age, it mainly grazed on the grasses that grew in the steppe plains, (B) where / which were characterized by huge differences in temperature and little rain. It is thought that the species survived until as late as 11,000 years ago. To really appreciate just how huge this animal was, (C) considering / consider the modern elephant. To state it simply, double everything to picture how much bigger the steppe mammoth really was.

steppe (유럽의 동남부, 시베리아의) 스텝 지대

	(A)		(B)		(C)
①	were	…	which	…	considering
②	was	…	where	…	considering
③	was	…	which	…	consider
④	was	…	where	…	consider
⑤	were	…	which	…	consider

6 밑줄 친 부분이 가리키는 대상이 나머지 넷과 다른 것은?

Patrick finished his shopping in the supermarket of his home village. He walked slowly in the midday sun into the car park behind the shopping center to put his bags into his car. As he moved towards his car, he observed ① a young boy wearing a red baseball cap, struggling with the lock of a car. Patrick watched him for a few moments before speaking. "② You seem to be having trouble," he said. "Oh, it's alright," ③ he replied brightly, "the key sometimes gets stuck in the lock." "Perhaps you would like to try my key," suggested Patrick helpfully. "Why would ④ I want to do that?" asked the boy rudely. "Because it's ⑤ my car," Patrick replied.

7 다음 빈칸에 들어갈 말로 가장 적절한 것은?

Twitter, a big social media website, has an important role. Twitter is now both breaking and making the news. To break the news means to publish a news item first. But how can Twitter do that? Mostly, Twitter makes news by helping people _____. During gatherings around the world, people could tell others where to go while they were already in the streets. People used Twitter to tell each other where traffic was, or where an open street was, or where police might be. Using Twitter helped them move more effectively. They could not have organized so well or so quickly without it. People say information is power. Twitter may be the fastest way to put power in the hands of the public.

① become popular
② spread the word
③ make new friends
④ read many articles
⑤ change their attitudes

 고난도

8 다음 글의 빈칸 (A), (B)에 들어갈 말로 가장 적절한 것은?

It has long been accepted that it's essential for children to bond with parents at a young age. ____(A)____, many people believe that separating a baby from its mother for extended periods of time can harm the baby's proper development. And some researchers suggest that short-term gaps — for example, children placed in childcare facilities while parents go to work — have similarly damaging effects. ____(B)____, short-term separation may cause only temporary anxiety as long as the child is cared for well by loving adults. Even children who have been left alone for long periods may suffer no lasting damage if in the end they are given enough love and attention.

	(A)		(B)
①	That is	……	Therefore
②	That is	……	Nevertheless
③	That is	……	Moreover
④	On the other hand	……	Nevertheless
⑤	On the other hand	……	Therefore

9 주어진 문장 다음에 이어질 글의 순서로 가장 적절한 것은?

Yangshuo County in China has some truly unique rock formations. The land is covered with what are called "karsts."

(A) It is located in the area where the Li and Taohua rivers meet. The arch looks like an elephant that has come to drink from the river.

(B) A few of the karsts are quite famous. The first of them is called Nine Horse Mural Hill. This landmark is a giant stone cliff that faces the Li River.

(C) It got its name from the fact that some people can see nine horses in the rock patterns. Elephant Trunk Hill is another famous karst formation in Yangshuo County.

rock formation 바위 층 **karst** 카르스트 지형 **mural** 벽화

① (A) - (C) - (B)　　② (B) - (A) - (C)
③ (B) - (C) - (A)　　④ (C) - (A) - (B)
⑤ (C) - (B) - (A)

10 다음 글에서 전체 흐름과 관계 <u>없는</u> 문장은?

Have you heard of "kite-surfing"? Kite-surfing is an adventure watersport. It consists of using a large kite to pull yourself around on a board on top of the water. The principles behind kite-surfing are simple. ① By using the power of the wind, the kite is able to pull the surfer across the waves. ② His or her feet are attached to the surfboard, and a bar attached to the kite by ropes allows the surfer to control the kite. ③ The surfer is also tied to the bar, so there's no worry about letting go. ④ Kite-surfing has become a popular watersport despite the high cost of learning. ⑤ Once the kitesurfer is able to control the board and the kite, he or she can learn tricks, like spinning, jumping, and board grabbing.

kite-surfing 카이트서핑 ((큰 연에 매달린 채 하는 파도타기))

11 글의 흐름으로 보아, 주어진 문장이 들어가기에 가장 적절한 곳은?

> When you hear a new slang word, it is often possible to figure out its meaning from its context.

Language is a dynamic means of expressing thoughts. (①) When something new arises in a culture, people create new words or consider existing words in a new way to use in that context. (②) This is the culture's slang. (③) As it is known for both being colorful and having a hidden meaning, it can entertain us while serving its purpose. (④) If the meaning is unclear, however, there are plenty of slang dictionaries to help you, both in print and online. (⑤) They will not only give you information about each slang word, but also track the changes in meaning of the term.

고난도

12 다음 글의 내용을 한 문장으로 요약하고자 한다. 빈칸 (A)와 (B)에 들어갈 말로 가장 적절한 것은?

By the time he turned six, Mozart was already a noted musical genius; Marie Curie taught herself to read French and Russian when she was four. Many other great historical people were brilliant as children, but many brilliant children never succeeded as adults. Very young children can show remarkable talent but can never be truly creative, because true creativity involves changing a way of doing things, or a way of thinking. Naturally, doing this requires complete understanding of the old ways. That's impossible for very young children, no matter who they are. Mozart at 17 might have been more accomplished than any other musician, but he could not have changed musical history until he was taken seriously. For that to happen, Mozart had to spend many years deeply studying and imitating the works of earlier composers.

↓

> Brilliant children have the ___(A)___ to become great, but greatness can only be achieved through years of ___(B)___.

	(A)		(B)
①	potential	·····	effort
②	background	·····	struggle
③	potential	·····	patience
④	background	·····	practice
⑤	opportunity	·····	patience

Watching sad movies can be just what the doctor ordered. A study shows that sad movies may boost our ability to handle pain. Researchers say that sad movies can increase the amount of endorphins released by the brain. These chemicals are our body's _____. They relieve physical or emotional hurt. Dr. Robin Dunbar said that the pain people get from tragedy activates the endorphin system and relieves our pain. Dr. Dunbar carried out tests to find out the effect sad stories have on us. One group of people watched a sad movie about a man fighting homelessness, drugs, and alcohol. Another group watched a film on Britain's geology. The ability to handle pain of those who watched the sad film increased by 13.1%. Meanwhile, the ability to handle pain of those who watched the documentary decreased by 4.6%. One reason we like sad movies is the good feeling we get from the endorphins.

endorphin 엔도르핀 ((뇌에서 분비되는 호르몬))　**geology** 지질학

13 윗글의 제목으로 가장 적절한 것은?

① Let's Watch Sad Movies!
② Feeling Bad? Tell a Story
③ What Makes Us Sad or Happy?
④ Dr. Dunbar's Surprising Treatment
⑤ Why Documentaries Are Unpopular

14 윗글의 빈칸에 들어갈 말로 가장 적절한 것은?

① biggest enemy
② strength center
③ sensory systems
④ stress containers
⑤ natural painkillers

Chapter ②
흐름 파악하기 유형

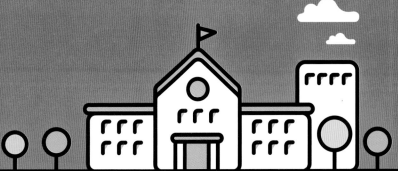

주어진 글에서 흐름을 방해하거나 주제에서 벗어난 문장을 찾는 유형을 말해요.

지시문 다음 글에서 전체 흐름과 관계 <u>없는</u> 문장은?

이 유형 알아보기

Q1. 가장 먼저 무엇을 해야 하나요?

이 유형은 선택지 번호가 달려 있지 않은 첫 부분에 주제가 드러나는 경우가 많아요. 그러니까 처음 한두 문장을 읽으면서 글의 소재와 주제를 파악하고, 이어질 내용을 예상해보는 게 중요해요.

Q2. 주의할 점이 있나요?

무관한 문장이라도 얼핏 보기엔 주제와 관련 있어 보이는 경우가 있어요. 글의 핵심어를 언급하면서 혼란을 유발하는 것이지요. 따라서 각 문장이 주제문과 정말 관련이 있는지 반드시 확인해야 해요.

예제 1 다음 글에서 전체 흐름과 관계 <u>없는</u> 문장은?

When you are in danger and feel afraid, your body automatically produces a chemical, called adrenalin, in your blood. ① With adrenalin in the blood system, you actually feel stronger and are ready to fight. ② However, when you are absolutely terrified, your body can produce too much adrenalin. ③ When this happens, your muscles become very hard and you find out that you can't move at all. ④ That's why you do exercise to build up your muscles. ⑤ You are so frightened that you become like a stone. 〈모의 응용〉

adrenalin 아드레날린 ((흥분·공포·분노 등의 감정을 느낄 때 분비되는 호르몬))

❶ **글의 소재 파악:** 우리가 위험에 처해 두려움을 느낄 때(When you are in danger and feel afraid)에 관한 글

❷ **주제 파악:** 주제문이 따로 없는 글이지만, 첫 문장을 보면 우리가 위험에 처해 두려움을 느낄 때 아드레날린이 분비된 다고 했으므로 아드레날린이 분비될 때 생기는 변화에 관한 글임을 유추할 수 있다.

❸ **각 문장이 주제와 관련 있는지 확인:** ①, ②, ③, ⑤는 모두 아드레날린이 분비될 때 몸에 나타나는 현상을 서술하고 있지만, ④는 주제와 관련 없는 문장이다. 바로 앞에 나온 문장에 쓰인 muscles를 활용해 혼란을 일으키려고 한 것이므로 주의해야 한다.

정답 ④

예제 2 **다음 글에서 전체 흐름과 관계 <u>없는</u> 문장은?**

A Scottish company developed a new security device called an "electronic sniffer dog." The device uses lasers to identify explosive materials in gases in the air. ① The purpose is to identify explosives that may be hidden on a person's body. ② The machine looks similar to the metal detectors now used at airports. ③ Passengers walk through the machine as the lasers test the surrounding air. ④ Many dogs are trained to sniff and detect explosive materials in passengers' luggage. ⑤ Officials at this company say the machine can process one person per second and produce almost immediate results.

〈모의 응용〉

❶ **글의 소재 파악:** 새로운 보안 장비 (a new security device)인 electronic sniffer dog에 관한 글

❷ **주제 파악:** 레이저를 이용해 폭발물을 찾아내는 장치가 개발되었다는 내용. 이 장치에 관한 자세한 서술이 이어질 것으로 예측할 수 있다.

❸ **각 문장이 주제와 관련 있는지 확인:** ①, ②, ③, ⑤는 모두 이 장치의 목적과 모양, 작동 원리를 설명하고 있지만, ④는 폭발물을 감지하는 개에 관한 문장이다. 글의 소재인 장비의 이름이 sniffer dog이라는 점을 이용해 sniff와 dog이 들어간 문장으로 혼란을 야기하고 있으므로 주의해야 한다.

정답 ④

QUICKCHECK! **다음 문장은 어떤 글의 주제문이다. 이 주제문을 뒷받침하는 문장이 <u>아닌</u> 것을 고르시오.**

There have been many young inventors whose ideas made the world a better place.

① As a 14-year-old boy, Farnsworth drew his first sketch of what would later become the electronic television.
② When Alexander Graham Bell started to develop the telephone, he was only 18 years old.
③ Young children need to eat healthy foods because their bodies are growing rapidly.

inventor 발명가
sketch 스케치, 밑그림
electronic television 전자식 텔레비전
rapidly 빠르게

Q 글의 소재로 적절한 것을 고르시오.

① falling snow
② glacier formation
③ making strong glaciers

---

glacier 빙하
stream 개울; (물의) 흐름
survive 살아남다
form 형성하다
compact 단단히 다지다
rough 거친
outer 바깥 표면의, 외부의
layer 층
upper 위쪽의
melt 녹다
polar 북극[남극]의
cf. pole (지구의) 극
extinction 멸종, 소멸
species 종(種)
dense 밀도가 높은
slightly 약간
a mass of (수·양이) 많은
drift 기류; 이동
freezing rain 진눈깨비

Q 글의 주제문을 찾아 밑줄을 그으시오.

Swedish 스웨덴의
discover 발견하다
unused 사용하지 않은
ability 능력
regulate (온도 등을) 조절하다
tight 팽팽한; 단단한
gain and loss 증감
cost (값·비용이) ~이다; 비용
set up 설치하다
expect 기대[예상]하다

01   다음 글에서 전체 흐름과 관계 없는 문장은?

Glaciers are moving streams and plains of ice that have survived year after year. ① They are formed by snow falling, collecting over time, and compacting into "neve." ② Neve is the rough outer layer of the upper end of a glacier that has survived one or more melting seasons. ③ Melting polar glaciers means the extinction of many kinds of species. ④ The collection of neve changes into large ice crystals that become several centimeters tall, making the neve dense and slightly blue in color. ⑤ Falling masses of snow, wind drifts, and freezing rain are all necessary to form a strong glacier.

plain 평원   neve 만년설

02   다음 글에서 전체 흐름과 관계 없는 문장은?

As oil and gas become harder to find, companies are working to find new ways to save energy and money. ① A Swedish company has discovered how to use an energy source that is all around us yet unused — the heat from the human body. ② Our human body has an excellent ability to regulate its temperature by keeping a tight balance between heat gain and loss. ③ They built a heating system that uses the collected body heat in a subway station to heat up large water tanks. ④ When it's hot enough, the water is pumped 100 yards across the street and used to heat another office building. ⑤ The system cost only US$30,000 to set up, and it is expected to reduce energy costs by 30 percent every year.

03 다음 글에서 전체 흐름과 관계 <u>없는</u> 문장은?

Beijing is in danger, and the threat is coming from the Gobi Desert. Every year, the Gobi Desert gets about 15 kilometers closer to Beijing. If this rate continues, Beijing will be touching desert within eight years. The Chinese government has decided to fight nature with nature. ① The Green Wall of China is a government program that aims to build a huge barrier of trees to protect China's cities from desertification. ② Its goal is to plant a 4,430 km wall of trees by 2050. ③ By then, they expect forests to cover 42 percent of China. ④ The expansion of the Gobi Desert caused a lot of damage to the growth of China. ⑤ This huge project will also help fight against global warming.

the Gobi Desert 고비 사막   **desertification** 사막화

Q 글의 주제문을 찾아 밑줄을 그으시오.

be in danger 위험에 빠지다
threat 위협
close 가까운; 닫다
within 안에, 이내에
aim 목표로 하다; 목표
huge 거대한
barrier 장벽
expansion 확장
damage 손해, 피해
growth 성장
global warming 지구 온난화

04 다음 글에서 전체 흐름과 관계 <u>없는</u> 문장은?

Over the last few decades, the entire world has become connected; global communication has made it impossible to be culturally separated. ① People are also becoming more and more willing to move across the globe, whether it's for a job, marriage, or simply a better quality of life. ② When considering the history of human migration from Africa, it can be estimated that humans first arrived in Australia about 50,000 years ago. ③ As a result of this widespread international migration, fusion cuisine is becoming ever more common. ④ When people settle in a new place, they often bring a piece of their culture with them. ⑤ It should come as no surprise that the food and cooking styles common to one particular place often mix with those of another.

fusion cuisine 퓨전 요리

Q 글의 소재로 적절한 것을 고르시오.

① communication
② human migration
③ a result of globalization

decades 수십 년
cf. decade 10년
entire 전체의
connect 연결하다
separate 분리하다; 나누다
willing 기꺼이 하는
globe 세계
marriage 결혼
quality 질; 양질
consider 고려하다
migration 이주
estimate 추정하다
as a result of ~의 결과로서
widespread 광범위한
common 흔한
settle 정착하다
come as no surprise 놀라운 일이 아니다
particular 특정한

Q 글의 주제문을 찾아 밑줄을 그으시오.

continent 대륙
landmass 땅덩어리, 대륙
apart 떨어져, 따로
last 지속하다; 오래가다
plenty of 많은
evidence 증거
fossil 화석
ancient 고대의
discovery 발견
a couple of 둘의
prove 증명하다

05 다음 글에서 전체 흐름과 관계 <u>없는</u> 문장은?

Three hundred million years ago, all seven continents were joined together in one huge landmass called Pangaea. ① Before it began to break apart, it had lasted for around 100 million years. ② At this point, you may be wondering how we know about something that happened so long ago, but there is plenty of evidence. ③ Fossils of ancient species of plants and reptiles have been found on continents that are now separated by thousands of kilometers of ocean. ④ Fossil discoveries show that the human family tree has deeper roots than we knew about even a couple of decades ago. ⑤ This proves that these continents were joined in the past and that species were able to walk freely from one to another.

Pangaea 판게아 ((현재의 대륙들이 과거 하나의 대륙을 이루고 있을 때의 이름))   **reptile** 파충류
family tree 가계도

Q 글의 소재로 적절한 것을 고르시오.

① fires
② natural gas
③ the Gate to Hell

look like ~처럼 보이다
hell 지옥
be known as ~로 알려지다
entirely 완전히, 전적으로
drill (드릴로) 구멍을 뚫다
site 장소, 현장
accidentally 우연히
break into ~로 침입하다
underground 지하의
fall away 서서히 줄어들다, 사라지다
operation 작업, 활동
prevent 막다
poisonous 유독한
escape 새어[빠져] 나가다; 달아나다
atmosphere 대기
burn off 태워서 제거하다
burn out 다 타다
to this day 지금[이날]까지도

06 다음 글에서 전체 흐름과 관계 <u>없는</u> 문장은?

Near the Derweze village in Turkmenistan, a huge hole burns bright red. It looks like Hell has opened up; thus, it's known as 'the Gate to Hell.' It is not an entirely natural event. ① In 1971, Russians were drilling at the site and accidentally broke into a huge underground pocket of natural gas. ② One of the most important uses of this natural gas is to heat buildings and homes. ③ The ground fell away, and the entire operation fell into the hole. ④ To prevent the poisonous gas from escaping into the atmosphere, Russians tried to burn it off. ⑤ They thought the gas would burn out in a few days, but the fires are still burning to this day.

Derweze 다르바자 ((투르크메니스탄의 지역))

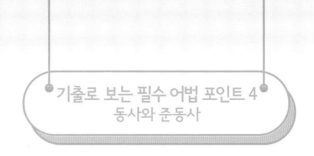

기출로 보는 필수 어법 포인트 4
동사와 준동사

준동사란?

준동사는 동사가 살짝 변한 모습을 가지고 있어요. 크게 '부정사, 동명사, 분사'를 준동사라고 한답니다.
준동사는 목적어를 취할 수 있고, 시제와 태에 따라 형태가 변하는 등 동사와 매우 닮았어요.

1. 동사와 준동사의 구분

Keep / Keeping a proper amount of distance between people is important. 〈모의 응용〉
동사

한 문장에서 동사는 반드시 하나만 나올 수 있어요. 동사가 한 문장에 두 개 이상이 나오기 위해서는,
접속사나 관계사가 필요하답니다. 동사 is가 뒤에 있고, 접속사나 관계사가 보이지 않으니 동사가 또 나올
수는 없어요. 그래서 동명사 형태인 'Keeping'이 올바릅니다.

2. 준동사의 동사적인 성격

1) Companies sometimes advertise a product without offer / offering any features of the
product. 〈모의 응용〉
목적어

전치사는 목적어로 명사형을 취해요. 그래서 전치사 without의 목적어 자리에는 명사와 동명사 모두 올
수 있지만, 목적어(any features ~ product)를 취할 수 있는 것은 동명사뿐이기에 offering이 와야
합니다. 전치사의 목적어로 명사와 동명사 형태를 고르는 문제를 풀 때는 꼭 목적어가 있는지 확인해야
하는 것, 잊지 마세요.

2) The ads in magazines have a better chance of remembering / being remembered than
those in newspapers. 〈모의 응용〉

앞에서 수동형에 대해 배웠죠? 동사처럼 준동사 역시 의미에 따라 능동, 수동형이 될 수 있어요. 동명사는
〈being p.p.〉, to부정사는 〈to be+p.p.〉로 수동형을 표현할 수 있지요. 준동사의 의미상 주어인 The ads는
사람들에게 '기억되는 것'이라는 문맥이 올바르니까 수동형 being remembered가 정답이랍니다.

POINT EXERCISE 다음 중 어법상 적절한 표현을 고르시오.

1 A young man won a $5 million lottery, but fell into the bad habit of wasting / waste
money. 〈모의 응용〉

2 Art does not solve problems, but makes / making us aware of their existence. 〈모의 응용〉

3 When you read books, you create pictures in your mind to go / go along with the story. 〈모의〉

---

proper 적절한　　distance 거리　　advertise 광고하다 cf. ad 광고 (= advertisement)　　product 제품, 생산물
offer 제안하다, 권하다　　feature 특징　　magazine 잡지　　have a better chance of v-ing v할 가능성이 더 크다
Point Exercise lottery 복권　　fall into the habit of v-ing v하는 버릇이 생기다　　aware of ~을 아는, 깨달은　　existence 존재
go along with 따라가다

글을 읽고, 주어진 문장을 적절한 곳에 넣어 문단을 완성하는 유형을 말해요.

지시문 　글의 흐름으로 보아, 주어진 문장이 들어가기에 가장 적절한 곳은?

이 유형 알아보기

Q1. 무엇을 찾아야 하나요?

① 가장 먼저, **주어진 문장을 읽고 내용을 파악**합니다.

② 글을 읽어 내려가면서 **흐름이 갑자기 바뀌거나 어색한 부분**이 있다면 그곳에 주어진 문장을 넣어서 읽어봅니다. 주어진 문장에서 명사가 **정관사**(the)와 함께 쓰이거나 **대명사**가 나오면 그게 가리키는 게 무엇인지 앞 내용을 통해 드러나야 해요. **연결어**도 글의 흐름을 파악하는 데 중요한 역할을 하니까 주목해서 봐야 하고요.

Q2. 무엇을 알고 있어야 하나요?

연결어의 의미를 정확히 알지 못하면 글의 흐름이 자연스러운지 아닌지 판단하기 어려우니 연결어의 의미와 쓰임을 잘 알고 있어야 해요.

예시: for example, for instance / **비교:** in comparison, likewise, similarly

대조: in contrast, on the contrary, however / **결과:** as a result, hence, therefore

환언: in other words, in short, that is

예제 1 글의 흐름으로 보아, 주어진 문장이 들어가기에 가장 적절한 곳을 고르시오.

> **❶** ❷ **However**, shoppers should understand that using any of ❷ **these sources** of information has costs.

Shoppers usually have a limited amount of money to spend and a limited amount of time to shop. (　①　) It is important to realize that shopping is really a search for information. (　②　) You may get information from an advertisement, a friend, a salesperson, a label, a magazine article, the Internet, or several other sources. (　③　) You may also gain information from actual use of the product, such as trying on a dress, test-driving a car, or taking advantage of a promotion at a fitness center. (　④　) ❷ **These costs** may include transportation costs and time. (　⑤　) Only you can decide whether to accept the costs or not.

promotion 판촉 행사

❶ 주어진 문장의 내용 파악: 쇼핑하는 사람들은 이러한 정보를 이용하는 데 비용이 든다는 걸 이해해야 함.

❷ 정관사, 대명사, 연결어에 주목:
- 주어진 문장이 However로 시작하므로, 이전의 내용은 주어진 문장과 반대되는 내용일 것임을 알 수 있다.
- 주어진 문장의 these sources: 밑줄 친 an advertisement ~ several other sources, actual use ~ a fitness center
- 끝에서 두 번째 문장의 these costs: 주어진 문장의 costs

❸ 주어진 문장의 적절한 자리: these resources에 해당하는 어구 이후에 와야 하고, These costs보다는 앞에 와야 한다.

정답 ④

예제 2 **글의 흐름으로 보아, 주어진 문장이 들어가기에 가장 적절한 곳을 고르시오.**

❶ ❷This is not the case for people who live in the suburbs.

❸ For the most part, people who live or work in cities walk throughout the day — to go from the parking lot to the office, to shop, and to run errands. (①) It's often easier and cheaper to walk a few blocks than to wait for a taxi or subway. (②) In this way, exercise can become part of the daily routine. (③) Because the suburbs are spread out, it's too far to walk to the office or run to the store. (④) Walking to the bus stop used to provide at least some movement, but now most public transportation is limited, so suburban people drive everywhere. (⑤) The price they pay is limited physical movement during the day.

suburb 교외 cf. **suburban** 교외의   **run errands** 용무를 보다

❶ **주어진 문장의 내용 파악:** '이것'은 교외에 사는 사람들에게는 해당하지 않음.

❷ **정관사, 대명사, 연결어에 주목:**
  – 주어진 문장의 This가 무엇을 가리키는지 파악: 문맥상 밑줄 친 It's often easier ~ the daily routine 을 가리킴.

❸ **흐름이 끊기거나 어색한 부분:** ③의 앞에서는 가까운 거리는 택시나 지하철을 기다리는 것보다는 걷는 게 더 쉽고 저렴하며, 이러한 방식으로 운동이 일상이 된다는 내용이 나오지만, 뒤에서는 교외는 넓게 퍼져 있어서 걷기엔 너무 멀고 대중교통이 한정적이어서 자가용을 많이 이용한다는 내용이 갑자기 나와 매끄럽게 이어지지 않는다.

❹ **주어진 문장의 적절한 자리:** This가 가리키는 부분 다음에 주어진 문장이 와야 하고, ③의 앞뒤로 흐름이 어색하므로, 주어진 문장이 들어가야 자연스러워진다.

정답 ③

QUICK CHECK! [1~2] 다음 글을 읽고 물음에 답하시오.

Have you imagined swimming with beautiful fish among the coral under the sea? As 70% of the Earth is water, scuba diving allows you to see what you're missing. (A) Of course, you need to have training before you dive into the sea. (B) These include diving suits, gloves, boots, hoods, and much more.

coral 산호
scuba diving 스쿠버 다이빙
allow A to-v A가 v하는 것을 가능하게 하다
dive into ~로 뛰어들다
include 포함하다
diving suit 잠수복
hood (외투 등에 달린) 모자

1. 위의 (A), (B) 중 글의 흐름이 끊기는 부분을 고르시오.

2. 위 글에서 흐름을 자연스럽게 하기 위해 1의 답에 들어갈 내용을 고르시오.
① 안전한 다이빙을 위해서 반드시 착용해야 하는 장비가 있다.
② 다이빙 교육을 받는 데 걸리는 시간이 그리 길지 않다.

Q 글의 소재로 가장 적절한 것을 고르시오.

① 설치 미술
② 조각의 개념
③ 예술품 감상

---

convey 전달하다, 전하다
thought 생각
reach out 다가가다
bond 유대
cover 뒤덮다, 씌우다; 걸치다
ceiling 천장
sculpture 조각품
turn A inside out A를 뒤집다
in a sense 어떤 의미에서는, 어느 정도
canvas 캔버스

01   글의 흐름으로 보아, 주어진 문장이 들어가기에 가장 적절한 곳은?

> However, in the case of installation art, the art piece is all around us.

We use art to convey our thoughts, opinions, and experiences. It's something that can help us reach out and form bonds with other people. But why should art be limited to pen and paper? Why can't it cover four walls and a ceiling, or grow to the size of a building? (①) Well, with installation art, it can. (②) Think of installation art as taking the idea of sculpture and turning it inside out. (③) Usually, when we look at a sculpture, we are on the outside looking in. (④) In a sense, we become the sculpture. (⑤) Anything is possible when the world is your canvas.

installation art 설치 미술

Q 글의 소재로 가장 적절한 것을 고르시오.

① benefits of solar energy
② a huge network of highways
③ a new environment friendly road

---

lead to A A로 이어지다
development 개발, 발전
consider 생각하다; 고려하다
huge 거대한
network (도로 등의) 망
highway 고속도로
much-needed 매우 필요한
consumer 소비자
state (미국의) 주(州)
block 차단하다, 막다; 구역, 블록
creative 창의적인
belong to A A의 소유[것]이다, A에 속하다
green 환경 친화적인

02   글의 흐름으로 보아, 주어진 문장이 들어가기에 가장 적절한 곳은?

> This led to the company's development of American roads with solar panels.

America has begun to consider how it can use its huge network of highways to produce much-needed energy for consumers. (①) Some states have built large solar energy farms on the side of the roads. (②) Others are considering using solar panels as walls to block sound. (③) Perhaps the most creative plan of all belongs to a small company called The Solar Roadways. (④) Its story began when CEO Scott Brusaw learned the fact that solar panels could produce all of the energy America needs. (⑤) It might be a chance to show the world that roads can be green, too.

solar panel 태양 전지판

03 글의 흐름으로 보아, 주어진 문장이 들어가기에 가장 적절한 곳은?

> For these reasons, it's not a good place for most animal or plant species.

The taiga is a large area of forests that covers Eurasia and northern North America from coast to coast. The scenery is beautiful, but the climate is extreme, with large differences between winter and summer temperatures. (①) It has winters which are long, snowy, and amazingly cold. (②) Cold arctic air brings temperatures down to –54 degrees Celsius! (③) The taiga is below freezing for more than half the year. (④) However, some strong ones can live there. (⑤) Some of the animals that are capable of surviving in the taiga are types of bears, wolves, rabbits, and foxes.

taiga 타이가 ((북반구 냉대 기후 지역의 침엽수림))

Q 주어진 문장의 'these reasons'가 가리키는 것이 무엇인지 고르시오.

① hot weather

② the extreme climate

③ lots of animals

---

species 종(種)
Eurasia 유라시아
from coast to coast 전국적으로
scenery 경치, 풍경
climate 기후
extreme 극단적인, 극심한, 극도의
amazingly 놀랄 만큼, 놀랍게도
arctic 북극의
Celsius 섭씨의
below freezing 영하의
be capable of ~할 수 있다
survive 생존하다, 살아남다

04 글의 흐름으로 보아, 주어진 문장이 들어가기에 가장 적절한 곳은?

> Five judges from the audience give their scores at the end of each reading.

In 1986, at a bar in Chicago, American poet Marc Smith decided he needed some help with his poetry reading. (①) He asked the audience to rate his poems from 1 to 10, and it became an instant success. (②) It marked the start of poetry reading competitions where poets read their work in front of a group of judges. (③) Most poetry contests last several rounds and have five poets performing one poem in each round. (④) Their scores are based on whether the poet made them feel emotion or not. (⑤) This requires not only good poetry writing skills, but also the ability to deliver the poem in a dramatic way.

Q 글의 소재로 가장 적절한 것을 고르시오.

① reading books

② famous poets

③ poetry reading competitions

---

judge 심사위원, 판사
audience 청중
bar 술집
poet 시인 **cf. poetry** (집합적) 시
rate 점수를 매기다, 평가하다; 비율
instant 즉각적인
competition 대회
last 계속하다; 마지막의
perform 공연하다, 해 보이다
emotion 감정, 정서
require 필요하다, 요구하다
ability 능력
deliver 전달하다
dramatic 극적인

Q 주어진 문장의 twenty large paintings를 가리키는 대명사를 찾아 밑줄을 그으시오.

create 만들어 내다, 창조하다
native 태어난 곳의
serious 진지한; 심각한
earn (돈을) 벌다
advertisement 광고
influence 영향을 주다; 영향(력)
despite ~에도 불구하고
respect 존경; 존중
academic 학구적인, 학업의
affect 영향을 미치다

05 글의 흐름으로 보아, 주어진 문장이 들어가기에 가장 적절한 곳은?

> Thus, he created twenty large paintings that told the story of his native Czechoslovakia.

Alphonse Mucha, born in 1860, entered art school in 1884 to become a serious artist. To earn money, Mucha made illustrations for books, magazines, and advertisements. Most of the designs included natural symbols and patterns. (①) Many were influenced by Asian silk-screen paintings. (②) Despite his success, Mucha wanted respect as an academic painter. (③) Then he gave them to his country. (④) Mucha produced many paintings later in life, but they were never as popular as his earlier work. (⑤) Still, his influence has been great, affecting many of the advertisements we see today.

Czechoslovakia 체코슬로바키아 **illustration** 삽화 **silk-screen** 실크 스크린 날염법의

Q 글의 소재로 가장 적절한 것을 고르시오.

① space
② the Sun's light
③ eclipses

globe 천체, 지구본
shadow 그림자
solar 태양의
lunar 달의
normally 보통
reflect 반사하다; 반영하다
process 과정
outer 바깥쪽의
occur 일어나다, 발생하다

06 글의 흐름으로 보아, 주어진 문장이 들어가기에 가장 적절한 곳은?

> When the Sun, the Moon, and the Earth are in a straight line, the globe in the middle creates a shadow.

When the Moon moves between the Sun and the Earth, it creates a shadow on the Earth. (①) Those in the shadow see the Sun as being covered by all or part of the Moon, and we call it a "solar eclipse." (②) In a lunar eclipse, the Earth moves between the Sun and Moon, causing a shadow on the Moon. (③) Normally, the Moon shines because it reflects the Sun's light, but in an eclipse, the Earth blocks that light. (④) Whether it's a solar or a lunar eclipse, however, the process is the same. (⑤) As the outer globe moves into that shadow, an eclipse occurs.

eclipse (일식, 월식의) 식(蝕)

기출로 보는 필수 어법 포인트 5
준동사 ① to부정사와 동명사

to부정사와 동명사를 목적어로 취하는 동사

to부정사만 목적어로 취하는 동사도 있고, 동명사만 목적어로 취하는 동사가 있어요. 또 to부정사와 동명사
모두 목적어로 취하는 동사도 있으니 유의하세요.

1. to부정사를 목적어로 취하는 동사

After much thought, they decided <u>adopting / to adopt</u> four children from other countries.

〈모의 응용〉

decide는 to부정사만 목적어로 취하는 동사예요. ※ decide, want, hope, wish, manage, learn, need, offer, plan, refuse, hesitate, fail, afford, tend, pretend, expect, ask, choose, agree

2. 동명사를 목적어로 취하는 동사

After World War I, Edith Wharton finished <u>to write / writing</u> *The Age of Innocence* in France.

〈모의 응용〉

finish는 동명사만 목적어로 취하는 동사예요. ※ finish, enjoy, consider, deny, keep, mind, suggest, imagine, practice, stop, avoid, postpone, admit, involve, include, give up, put off, prevent

3. to부정사, 동명사를 모두 목적어로 취하는 동사

1) We regret <u>to inform / informing</u> you that it has been decided to postpone the conference.

regret은 to부정사와 동명사를 모두 목적어로 취하는 동사지만 각각 의미가 다르답니다. 〈regret to-v〉는 'v하게 되어 유감이다', 〈regret v-ing〉는 '과거에 v한 것을 후회하다' 라는 의미이기에 이 문장에서는 to부정사가 오는 것이 자연스러워요. ※ remember to-v(v할 것을 기억하다), remember v-ing(v했던 것을 기억하다), forget to-v(v할 것을 잊어버리다), forget v-ing(v했던 것을 잊다), try to-v(v하려고 노력하다), try v-ing(시험 삼아 v해보다)

2) On arriving at the bus stop, I started <u>searching / to search</u> for my purse. 〈모의 응용〉

start 역시 to부정사, 동명사를 모두 목적어로 취할 수 있어요. 그리고 의미 차이도 거의 없어서, 위 문장에서는 start 뒤에 searching, to search 둘 다 올 수 있어요. ※ start, begin, like, love, hate, prefer, intend, continue

POINT EXERCISE 다음 중 어법상 적절한 표현을 고르시오.

1 While feet stop <u>to grow / growing</u> in length by age 20, most feet gradually widen with age. 〈모의 응용〉

2 Avoid <u>buying / to buy</u> shoes in the morning, as feet expand during the day. 〈모의 응용〉

---

adopt 입양하다 **postpone** 연기하다, 미루다 **conference** 회의 **on v-ing** v하자마자
Point Exercise **length** 길이 **gradually** 서서히 **widen** 넓어지다 **with age** 나이 먹음에 따라 **expand** 늘어나다, 확장하다

유형 06 글의 순서 배열

주어진 문장을 읽고, 그 뒤에 이어질 문장들의 순서를 정하는 유형을 말해요.

지시문 주어진 글 다음에 이어질 글의 순서로 가장 적절한 것은?

이 유형 알아보기

Q1. 주로 어떤 글이 어떤 순서로 나오나요?

크게 세 가지로 나눌 수 있어요.

1) 〈주제문(주어진 문장) – 부연설명((A), (B), (C))〉이 논리적으로 이어지는 글

2) 이야기 글: 시간 순서로 배열되는 글 / 문제 발생 → 문제 해결[원인] → 결론 순으로 배열되는 글

3) 주제문이 명확히 드러나지 않고, 논리 관계로만 배열되는 글

Q2. 어떤 순서로 문제를 풀어야 하나요?

① 가장 먼저, **주어진 문장을 읽고** 위의 1), 2), 3) 중 어떤 종류의 글에 해당하는지 파악하고, **이어질 글의 내용을 예상**해봅니다.

② (A), (B), (C)를 읽으면서 **정관사, (대)명사, 연결어에 주목**하며 논리적으로 순서에 맞게 배열해봅니다.

③ 배열한 글이 자연스럽게 이어지는지 읽어봅니다.

예제 1 **주어진 글 다음에 이어질 글의 순서로 가장 적절한 것을 고르시오.**

❶
> I took a job on the night shift because the money was much better.

❷
(A) I took a slightly longer break than usual and my boss wasn't too happy about that. So, we couldn't do **it** very often, but I loved it when **they** came.

(B) Unfortunately, working at night meant I could no longer have dinner with my wife and kids. A sandwich in the cafeteria isn't exactly the same thing as a hot meal at home.

(C) One night, my wife surprised me by packing up the kids and dinner and coming to see me at work. The five of us sat around the cafeteria table and it was the best meal I'd had in a long time.

night shift 야간 근무

① (A) - (C) - (B)
② (B) - (A) - (C)
③ (B) - (C) - (A)
④ (C) - (A) - (B)
⑤ (C) - (B) - (A)

❶ **주어진 문장을 읽고 이어질 내용 예상:** 보수가 더 좋아서 야간 근무를 하기로 함. 이야기 글이므로 시간 순서대로 배열될 것을 예상할 수 있음.

❷ **정관사, (대)명사, 연결어에 주목하며 글의 순서 배열:**

– 주어진 문장에 있는 the night shift 와 같은 의미를 가진 말이 (B)의 working at night이며, 둘을 이어서 읽어봤을 때 자연스럽게 이어짐.

– (A)에 있는 it과 they가 가리키는 것: 평소보다 긴 휴식 시간을 가졌고, 그것(it)을 자주 하지는 못한다고 했으며, 그들(they)이 오는 것이 좋다고 했음. 따라서 it은 가족들이 와서 함께 저녁을 먹는 것((C)의 밑줄 친 부분)을 가리키며, they는 가족들임을 알 수 있음.

❸ **정답 선택:** 주어진 문장 다음에는 (B)가 이어져야 하고, (A) 앞에는 (C)가 와야 하므로 (B) - (C) - (A)로 배열해서 읽어보니 자연스럽다.

정답 ③

예제 2 **주어진 글 다음에 이어질 글의 순서로 가장 적절한 것을 고르시오.**

Detective work is a two-part process. First, **a detective must find the clues**. But the clues alone don't solve the case.

(A) **The same sort of process** takes place in reading. You need to look for clues and then draw conclusions based on those clues.

(B) What is the writer trying to say? Good conclusions come from good observations. To be a better reader, be more like Sherlock Holmes: be more observant.

(C) The detective must also draw conclusions based on those clues. These conclusions are also called inferences. Inferences are conclusions based on reasons, facts, or evidence.

observant 관찰력이 있는

① (A) - (C) - (B) ② (B) - (A) - (C)
③ (B) - (C) - (A) ④ (C) - (A) - (B)
⑤ (C) - (B) - (A)

❶ **주어진 문장을 읽고 이어질 내용 예상:** 탐정 일은 두 부분으로 된 과정이며, 그 중 첫 번째가 단서를 찾는 일이라는 내용. 두 부분 중 한 부분에 관해서만 언급되었으므로 두 번째 부분도 자연스럽게 이어지도록 배열해야 한다.

❷ **정관사, (대)명사, 연결어에 주목하며 글의 순서 배열:**
 – 주어진 문장에서 a detective must find ~.라고 했고, (C)에서 The detective must also ~.라고 했으므로 이 둘은 자연스럽게 이어진다. 또한, 주어진 문장에 나온 the clues가 (C)에 those clues로 다시 언급된다.
 – (A)의 The same sort of process가 가리키는 것은 (C)의 밑줄 친 부분. (B)에서는 앞에 나온 절차를 요약하고 있으므로 마지막에 오는 것이 자연스럽다.

❸ **정답 선택:** 주어진 문장 다음에는 (C)가 이어져야 하고, 그 뒤에 (A)가, 마지막에 (B)가 오도록 하여, (C) - (A) - (B)로 배열해서 읽어보니 자연스럽다.

정답 ④

QUICK CHECK! 주어진 글 다음에 이어질 내용으로 알맞은 것을 고르시오.

Many people think that eating fat makes us fat. However, recent studies suggest that we can lose more weight by eating more fat.

① 지방 섭취가 살을 빼는 데 방해가 되는 이유
② 지방 섭취를 늘려 살이 빠진 사람들의 사례

fat 지방; 살이 찐
recent 최근의
lose weight 살이 빠지다

Q 글의 주제문을 찾아 밑줄을 그으시오.

swine flu 돼지 독감, 돼지 인플루엔자
virus 바이러스
seasonal 계절적인
normally 보통
affect 병이 나게 하다
-related ~와 관련된
infect 감염시키다
rare 드문, 희귀한
die from ~으로 죽다
despite ~에도 불구하고
media 언론, (대중) 매체
according to A A에 따르면
the World Health
Organization(WHO) 세계 보건 기구
death 사망(자), 죽음
worldwide 전 세계적인
moreover 게다가

Q 이 글에 쓰인 전개방식이 아닌 것을 고르시오.

① 분류   ② 대조   ③ 요약

complex 복잡한 (= complicated);
복합 건물
process 과정
correctly 바르게, 정확하게
on the other hand 반면에
acquired 후천적인, 습득한
trauma 외상; 트라우마
lack 부족
oxygen 산소
form 유형, 종류
developmental 발달상의
cf. development 발달
occur 일어나다
naturally 선천적으로
growth 성장
responsible 책임지고 있는, 책임 있는
communication 의사소통

---

01   주어진 글 다음에 이어질 글의 순서로 가장 적절한 것은?

> The swine flu virus is a seasonal influenza that normally only affects pigs. An animal-related virus sometimes infects humans, but this is rare.

(A) While this may seem like a large number, it's really not, since 240,000 to 500,000 people die from the ordinary, seasonal flu each year.

(B) Despite this fact, swine flu is often reported as something much more dangerous than it actually is in the media. According to the World Health Organization, by 2010, there had been about 12,220 deaths caused by the swine flu worldwide.

(C) Moreover, most of the deaths caused by the swine flu were people who already had serious health problems.

influenza 인플루엔자, 유행성 감기 (= flu)

① (A) - (C) - (B)   ② (B) - (A) - (C)   ③ (B) - (C) - (A)
④ (C) - (A) - (B)   ⑤ (C) - (B) - (A)

---

02   주어진 글 다음에 이어질 글의 순서로 가장 적절한 것은?

> The way that our body hears, understands, and produces speech is very complex. Like any other complicated process, it can sometimes fail to work correctly.

(A) On the other hand, acquired language disorders can happen to anyone, no matter one's age. They are most often caused by head trauma or a lack of oxygen to the brain.

(B) This is called a language disorder. Language disorders come in two forms: developmental and acquired. Developmental language disorders occur naturally in some children when they are growing up.

(C) They can cause problems to the growth of speech-related body parts such as the vocal chords, or the development of parts of the brain that are responsible for communication.

language disorder 언어 장애   vocal chord 성대

① (A) - (B) - (C)   ② (A) - (C) - (B)   ③ (B) - (A) - (C)
④ (B) - (C) - (A)   ⑤ (C) - (B) - (A)

03 주어진 글 다음에 이어질 글의 순서로 가장 적절한 것은?

> The Palace Museum, the world's largest palace complex, lies in the center of Beijing. The Museum consists of 980 surviving buildings and covers a huge area.

(A) They can enjoy its beautiful buildings and artwork and other wonderful treasures. The Forbidden City is listed by UNESCO as a World Cultural Heritage Site.

(B) It was the royal palace during the Ming and Qing dynasties and is also known as "The Forbidden City." "Forbidden" refers to the fact that no one was allowed to enter or leave the palace unless the emperor said it was okay.

(C) Today, however, it is certainly not forbidden. It is open to tourists from all around the world.

World Cultural Heritage Site 세계문화유산   **Ming and Qing dynasty** 명 왕조와 청 왕조

① (A) - (C) - (B)   ② (B) - (A) - (C)   ③ (B) - (C) - (A)
④ (C) - (A) - (B)   ⑤ (C) - (B) - (A)

Q 글의 소재로 적절한 것을 고르시오.

① a museum
② a Chinese dynasty
③ the biggest building

---

lie 있다, 위치해 있다
consist of ~으로 구성되다
surviving 잔존한, 살아남은
cover 걸치다; 덮다
artwork 미술품
treasure 보물
forbidden 금지된
list 목록에 포함하다
royal 국왕[여왕]의
dynasty 왕조
refer to A A를 나타내다
unless ~하지 않으면
emperor 황제
certainly 틀림없이, 분명히
tourist 관광객

---

04 주어진 글 다음에 이어질 글의 순서로 가장 적절한 것은?

> The Amazon rain forest covers five million square kilometers of South America in dense jungle. It is home to millions of species of plants and animals. Unfortunately, this rich rain forest is being lost to deforestation.

(A) The problem with this is that Amazon soil isn't rich. The land can support only a few harvests. After a year, the nutrients in the soil are gone. After that, there is just empty land where rain forests once stood.

(B) Farmers are the largest cause of the problem. Many cut down trees and clear land with fires to make room for their crops.

(C) The deforestation has been caused by the actions of people cutting trees for wood, farmers, and settlers. Since the 1970s, 20% of the rain forest has been cut down.

deforestation 삼림 벌채

① (A) - (C) - (B)   ② (B) - (A) - (C)   ③ (B) - (C) - (A)
④ (C) - (A) - (B)   ⑤ (C) - (B) - (A)

Q 글의 주제문을 찾아 밑줄을 그으시오.

---

rain forest (열대)우림
square 제곱[평방]의
dense 빽빽한, 밀집한
millions of 수백만의
species 종(種)
unfortunately 불행하게도
rich 풍부한, 풍성한; 비옥한; 부유한
soil 토양, 흙
support 지탱하다; 지원하다
harvest 수확
nutrient 영양분
cause 원인; 야기하다, 초래하다
cut down 자르다
room 공간; 방
crop (농)작물
settler 정착민

Q 글의 소재로 적절한 것을 고르시오.

① a growing population
② the history of Geneva
③ the Geneva Park District

---

district 구역, 지구
locate in ~에 위치하다
consider 여기다, 생각하다
attraction 명소
local 지역의
provide 제공하다, 주다
earn 얻다, 받다
reputation 명성
community 지역 사회
recreational 오락의
facilities 편의 시설
quality 질, 양질
resident 거주민
expand 확장시키다
population 인구
athletics 운동 경기
in addition 게다가

05 주어진 문장 다음에 이어질 글의 순서로 가장 적절한 것은?

> The Geneva Park District, located in Geneva, Illinois, is considered a wonderful attraction by the local people.

(A) It started with 4 parks and a few sports projects in 1953, but it now has 50 parks and provides 3,000 programs for 40,000 people every year.

(B) It's earned this reputation by providing everyone in the community with recreational programs, facilities, and open spaces that improve the quality of life of residents. Over the years, it has expanded to have enough room for the growing population around it.

(C) These include dance, athletics, and adult educational classes. In addition, a swimming pool with water slides and community centers have been added.

① (A) - (C) - (B) ② (B) - (A) - (C) ③ (B) - (C) - (A)
④ (C) - (A) - (B) ⑤ (C) - (B) - (A)

Q 글의 주제로 적절한 것을 고르시오.

① the uses of scandium
② rare earth elements
③ problems in mining elements

---

essential 필수적인
take A for granted A를 당연시하다
refrigerator 냉장고
common 흔한
dig out 파내다
thinly 얇게, 드문드문
throughout 전체에, 도처에
amount 양
even so 그렇기는 하지만
aspect 측면
modern 현대의
technology (과학) 기술
jet 제트기
satellite (인공)위성
system 시스템, 체계

06 주어진 글 다음에 이어질 글의 순서로 가장 적절한 것은?

> Rare earth elements (REEs) such as scandium are, in fact, not rare at all.

(A) They are also essential for making things we take for granted, like smartphones and refrigerators.

(B) Many of them are as common as copper, and the rarest are 200 times more common than gold. While they are common in the earth, they are hard to dig out because they are usually spread out thinly throughout the earth.

(C) They are, therefore, difficult to find in large amounts, and so are called rare. Even so, they are an essential part of many aspects of modern technology, from batteries and lamps to jet engines and satellite systems.

rare earth elements(REEs) 희토류 원소   scandium 스칸듐   copper 구리

① (A) - (C) - (B) ② (B) - (A) - (C) ③ (B) - (C) - (A)
④ (C) - (A) - (B) ⑤ (C) - (B) - (A)

기출로 보는 필수 어법 포인트 6
준동사 ② 현재분사와 과거분사

수식받는 명사와의 관계

'수식받는 명사와 분사'를 '주어와 동사'의 관계로 생각해보는 게 중요해요. 수식받는 명사가 '~하다'라는
의미라면 현재분사를, 수식받는 명사가 '~하게 되다'라는 의미라면 과거분사를 써야 하는 거죠.

1. 현재분사, 능동형(v-ing)

He continued his career as a flutist performed / performing together with his son. 〈모의 응용〉

flutist 플루트 연주자

먼저 동사가 있는지 찾아야겠죠? 앞에 동사 continued가 있으니까 네모에는 준동사가 들어가야 함을 알
수 있어요. 그다음, 수식받는 명사(a flutist)와 분사의 관계를 알아봐야 해요. a flutist는 '연주하는'
사람이기에 능동형태 performing이 적절해요. 만약 performed가 온다면, 연주될 수 있는 'music'과
같은 명사가 앞에 와야 해요.

2. 과거분사, 수동형(p.p.)

If our body is short of water, our brain releases a hormone called / calling cortisol. 〈모의 응용〉

분사의 수식을 받는 명사는 a hormone이고, a hormone이 cortisol이라고 '불리는' 문맥이
자연스러우니까 과거분사 called가 오는 것이 적절해요.

3. 분사구문의 태

Seeing / Seen a woman's growing sadness, a soldier was moved and decided to help her.

〈모의 응용〉

분사구문도 마찬가지로 분사의 주어가 되는 명사와 분사의 관계를 살펴봐야 해요. soldier가 a woman을
'보는' 것이 자연스러우니까, 현재분사 Seeing이 적절하답니다.

POINT EXERCISE 다음 중 어법상 적절한 표현을 고르시오.

1 English is the most commonly speaking / spoken language in official public life.

2 Impressed / Impressing by the music of the band, he went to see the band's concert.

3 People lived / living in this area recently complained about the noise from cats at night.

〈모의 응용〉

4 The amount of platinum used / using for jewelry varies from year to year.

platinum 백금

career 직업　　**perform** 연주하다; 수행하다　　**be short of** ~이 부족하다　　**release** 분비하다; 풀어주다　　**hormone** 호르몬
soldier 군인

Point Exercise **commonly** 흔히, 보통　　**official** 공식적인　　**impress** 감명[감동]을 주다　　**jewelry** (집합적) 보석류 cf. **jewel** 보석
vary 달라지다, 변동하다　　**from year to year** 해마다, 매년

글에 있는 두 개의 빈칸에 흐름에 맞는 적절한 연결어를 넣는 유형을 말해요.

지시문 다음 글의 빈칸 (A), (B)에 들어갈 말로 가장 적절한 것은?

이 유형 알아보기

Q1. 문제는 어떤 식으로 풀어야 하나요?

① 이 유형의 문제는 글의 전체 내용을 토대로 문장 사이의 관계를 파악해야 해요. 따라서 다른 유형들과 마찬가지로 글의 소재와 주제를 먼저 파악해야 합니다.

② 글을 앞에서부터 순서대로 읽으며 빈칸 (A) 앞뒤 문장의 관계를 파악해 적절한 연결어를 선택지에서 찾아봅니다.

③ 빈칸 (A)에 들어갈 수 없는 선택지에는 X표시를 해 제외하고, 빈칸 (B)에 들어갈 연결어도 같은 방법으로 선택지에서 찾아 (A)와 (B)를 모두 만족하는 선택지를 고릅니다.

Q2. 무엇을 알고 있어야 하나요?

연결어의 의미를 정확히 알지 못하면 어떤 상황에서 어떤 연결어가 적절한지 찾아낼 수 없겠죠? p. 44에 나온 연결어를 다시 한 번 확인하면서 기억해두도록 합시다.

예제 1 **다음 글의 빈칸 (A), (B)에 들어갈 말로 가장 적절한 것은?**

Does parents' physical touch communicate their love to the teenager? The answer is yes and no. It all depends on when, where, and how. ____(A)____, a hug may be embarrassing if it's done when a teenager is with his friends. It may cause the teenager to push the parent away or say, "Stop it." ____(B)____, massaging the teenager's shoulders after he comes home from a game may deeply communicate love. A loving touch after a disappointing day at school will be welcomed as true parental love.

	(A)		(B)
①	In addition	……	However
②	In other words	……	In short
③	For instance	……	However
④	For instance	……	In short
⑤	In addition	……	Similarly

❶ 글의 소재와 주제:
소재 – 부모의 신체접촉(parents' physical touch)에 관한 글
주제 – 부모가 십 대 자녀들에게 신체접촉을 하는 것은 상황에 따라 자녀들이 좋아하기도 하고 싫어하기도 한다.

❷ 빈칸 (A) 앞뒤 문장의 관계 파악:
(A) 앞은 글의 주제문이며, (A) 뒤는 십 대 자녀가 당황스러워 할 만한 상황의 예시이다. 따라서 예시를 나타내는 연결어 For instance가 적절.

❸ 빈칸 (B) 앞뒤 문장의 관계 파악:
(B) 앞은 십 대 자녀가 부모의 신체 접촉을 싫어할 만한 상황의 예시이고, (B) 뒤는 좋아할 만한 상황의 예시이다. 대조되는 내용이므로 However가 적절.

정답 ③

예제 2 **다음 글의 빈칸 (A), (B)에 들어갈 말로 가장 적절한 것은?**

What's happening when we're actually doing two things at once? It's simple. Our brain has channels, and so we're able to process different kinds of data in different parts of our brain. ___(A)___, you can talk and walk at the same time. There is no channel interference. But you're not really focused on both activities. One is happening in the foreground and the other in the background. If you were trying to explain on the cell phone how to operate a complex machine, you'd stop walking. ___(B)___, if you were crossing a rope bridge over a valley, you'd likely stop talking. You can do two things at once, but you can't focus effectively on two things at once.

	(A)		(B)
①	However	……	Thus
②	However	……	Similarly
③	Therefore	……	For example
④	Therefore	……	Similarly
⑤	Moreover	……	For example

❶ **글의 소재와 주제:**
소재 – 동시에 두 가지 일을 하는 것 (doing two things at once)에 관한 글
주제 – 동시에 두 가지 일에 효율적으로 집중할 수 없다.

❷ **빈칸 (A) 앞뒤 문장의 관계 파악:**
(A) 앞은 우리 뇌에 통로가 있어서 뇌의 부위마다 다른 정보를 처리한다는 내용이고, (A) 뒤는 말을 하면서 걷는 게 가능하다는 내용이다. (A) 앞은 원인, 뒤는 결과에 해당하므로 (A)에는 Therefore가 적절.

❸ **빈칸 (B) 앞뒤 문장의 관계 파악:**
(B) 앞에서는 복잡한 기계를 작동하는 법을 전화로 설명한다면 걸음을 멈출 거라고 했고, (B) 뒤에서는 밧줄로 된 다리로 계곡을 건널 때 말을 멈출 거라고 했다. 둘 다 무언가에 집중해야 하는 경우에는 한 가지만 하게 된다는 내용으로 서로 비슷한 예이다. 따라서 (B)에는 Similarly가 적절.

정답 ④

QUICK CHECK! 다음 글의 (A)와 (B)를 이어주는 연결어로 가장 적절한 것을 고르시오.

(A) In American culture, time is considered to be a limited resource. Time can be saved, wasted or spent wisely. "Time is money," is a well known proverb in American culture.
(B) Many other cultures hold a different view of time. For Mexicans, South Americans, Africans, and Arabs, time is loose and relaxed.

① For example　　② In contrast　　③ In short

consider 여기다
limited 한정된, 제한된
resource 자원
wisely 현명하게
proverb 속담
view 견해
loose 자유로운; 느슨한
relaxed 여유 있는

01 다음 글의 빈칸 (A), (B)에 들어갈 말로 가장 적절한 것은?

Amelia Earhart fell in love with flying at an air fair in Toronto. She took her first flight in 1920 at age 23. _____(A)_____, she went on to a life of breaking records. Earhart had some accidents at first, either through her error or faults in the plane. So, other pilots sometimes doubted her skills. _____(B)_____, after only about a year of lessons, Earhart broke the women's record for highest flight. In 1923, she got her pilot's license. In 1937, Earhart attempted to fly around the world along the equator. However, between New Guinea and Howland Island, something went wrong. Earhart and her plane disappeared. She was never found, but her legend lives on.

fair 박람회, 전시회 *equator* (지구의) 적도

	(A)		(B)
①	Thereafter	……	Furthermore
②	Thereafter	……	However
③	Hence	……	As a result
④	In contrast	……	However
⑤	In contrast	……	As a result

02 다음 글의 빈칸 (A), (B)에 들어갈 말로 가장 적절한 것은?

In 1958, instant noodles were invented in Japan. They were given a name of Chinese origin — "Ramen." Ramen noodles are a kind of noodle used in the soup. Because it has a rich flavor and is very easy to make, ramen noodle soup quickly became popular around the world. _____(A)_____, ramen didn't stay the same as it traveled. As different cultures discovered ramen noodles, each added its own unique style and flavor. _____(B)_____, the idea of putting ramen noodles in a convenient cup was brought to the market. Just as the world began to develop a "taste" for ramen noodles, the goal of improving them became the next natural step.

	(A)		(B)
①	For example	……	Therefore
②	Instead	……	Nevertheless
③	Similarly	……	As a result
④	In fact	……	In other words
⑤	However	……	In addition

03 다음 글의 빈칸 (A), (B)에 들어갈 말로 가장 적절한 것은?

English is one of the languages that is forever changing and absorbing outside influences. One of the last additions to Old English was when the Normans came to Britain in 1066 and brought the French language with them. _____(A)_____, French words like "liberty," "continue," and "journey" were all absorbed by English during this period. The Middle English era lasted from 1100 to 1500. It was a period when the elites spoke French but the common people spoke English. _____(B)_____, Middle English grammar was made simple, and it lost many of the complex rules that once existed in Old English. Vowel sounds also became simple between 1350 and 1500.

the Normans 노르만족

(A)	(B)	(A)	(B)
① However	…… In fact	② As a result	…… In fact
③ Moreover	…… So	④ For instance	…… So
⑤ Fortunately	…… In other words		

Q 이 글에 쓰인 전개방식이 아닌 것을 고르시오.

① 예시 ② 대조 ③ 인과관계

---

absorb 흡수하다
influence 영향
last 마지막의; 계속되다
addition 추가, 부가; 덧셈
liberty 자유
journey (멀리 가는) 여행
period 기간, 시기; 시대
era 시대
elite 엘리트 (계층)
common people 서민
grammar 문법
complex 복잡한
exist 존재하다
vowel 모음 cf. consonant 자음

---

04 다음 글의 빈칸 (A), (B)에 들어갈 말로 가장 적절한 것은?

When you're sitting without thinking, you're meditating. It may seem that meditating is doing nothing. _____(A)_____, it involves many actions that help to calm you. We can meditate by sitting comfortably, breathing slowly, and clearing our minds of thoughts. Recently, doctors and scientists have been able to measure the effects of meditation, and they've found that meditation is good for the brain. A study in Wisconsin showed that meditation changed brain waves and reduced stress. _____(B)_____, it showed that meditation can even decrease signs of aging in the brain. However, in order to experience these benefits you need to practice meditation daily. If you create this habit, you will be much better at dealing with surprises, staying focused, and remaining calm.

meditate 명상하다 cf. meditation 명상

(A)	(B)	(A)	(B)
① Likewise	…… However	② In fact	…… Moreover
③ Likewise	…… In fact	④ In fact	…… In short
⑤ In contrast	…… Nevertheless		

Q 글의 소재로 적절한 것을 고르시오.

① meditation

② breathing

③ aging

---

involve 포함하다, 수반하다
calm 진정시키다; 침착한
comfortably 편안하게
clear A of B A에서 B를 치우다
thought 생각
measure 측정하다
brain wave 뇌파
decrease 줄이다
aging 노화
benefit 혜택, 이익
deal with ~에 대처하다; ~을 다루다
focused 집중한

Q 글의 소재로 적절한 것을 고르시오.

① 요오드의 순기능
② 건강의 불균형
③ 적절한 요오드 섭취

---

essential 필수적인
development 발달, 발전
lifetime 평생, 일생
bit 조금, 약간
normal 정상적인
disability 장애
lack 부족
depression 우울(증)
extreme 극도의
tiredness 피로
prevent 막다, 방해하다
growth 성장
luckily 다행히도
including ~을 포함하여

05 다음 글의 빈칸 (A), (B)에 들어갈 말로 가장 적절한 것은?

Iodine is essential to our development, but we only need to eat about a teaspoon of it over our lifetimes. _____(A)_____, getting that bit at the right time can make the difference between normal development and serious disability. A lack of iodine can have terrible results. It can cause depression, extreme tiredness, weight gain, and low body temperature. In young children, a lack of iodine can even prevent normal growth. _____(B)_____, we don't need much, but a small amount of iodine is very important to a healthy life. Luckily, tiny amounts of iodine can be found in many of the foods we eat, including fish, eggs, yogurt, and even bananas.

iodine 요오드

	(A)		(B)
①	Moreover	......	In fact
②	However	......	In short
③	For example	......	Therefore
④	In contrast	......	As a result
⑤	Thus	......	In other words

Q 글의 주제문을 찾아 밑줄을 그으시오.

---

vocabulary 어휘
discuss 논하다; 상의하다
nuclear 핵의; 원자력의
physics 물리학
cf. physicist 물리학자
English-speaking 영어를 말하는
expand 확장하다; 확장되다
a variety of 여러 가지의
century 세기; 100년
demand 요구
suit ~에게 편리하다[맞다]

06 다음 글의 빈칸 (A), (B)에 들어갈 말로 가장 적절한 것은?

Not all languages have the same vocabulary. It is true that some languages have developed vocabularies to deal with topics that are not discussed in some other languages. And 'developed' is the important word in this matter. _____(A)_____, English has many words for talking about nuclear physics, but these words didn't always exist. They were added to the language when English-speaking nuclear physicists needed them. In this way, English has expanded its vocabulary in a variety of ways over the centuries to meet new demands. _____(B)_____, it seems that languages can expand their vocabulary to suit their speakers.

	(A)		(B)
①	In contrast	......	Similarly
②	For example	......	In short
③	However	......	In addition
④	Therefore	......	Otherwise
⑤	Thus	......	Nevertheless

기출로 보는 필수 어법 포인트 7
준동사 ③ 목적격보어

목적격보어로 쓰이는 준동사

앞에서 배운 다양한 준동사 모두 목적격보어 자리에 올 수 있어요. 먼저 목적어와 목적격보어가 능동 관계인지 수동 관계인지 파악하고, 각 동사에 따라 준동사의 형태를 결정하면 된답니다.

1. 목적어와 목적격보어가 능동 관계일 때

1) Breathing properly will make you (feel)/ to feel relaxed and keeping /(keep) you in shape.
   사역동사 〈모의 응용〉

   make, have, let 사역동사는 원형부정사를 목적격보어로 취해요. 목적격보어 feel과 keep이 and로 연결된 병렬 구조랍니다. ※ 주의해야 할 동사는 지각동사(feel, see, watch, look at, notice, observe, hear, listen to 등)인데, 지각동사는 원형부정사와 현재분사(v-ing) 둘 다 목적격보어로 취할 수 있어요.

2) She had a high fever, which caused her (to become)/ become deaf and blind. 〈모의〉

   cause는 to부정사를 목적격보어로 취하는 동사예요. ask, want, allow, force, expect, encourage, persuade, enable, require, convince 등의 동사도 to부정사를 목적격보어로 취해요. ※ 주의해야 할 동사는 help인데, help는 to부정사와 원형부정사 둘 다 목적격보어로 취할 수 있어요.

3) When Evan was at the bus station as usual, he found himself sit /(sitting) next to an old woman. 〈모의 응용〉

   〈find+목적어+v-ing〉는 '목적어가 v하고 있는 것을 발견하다' 라는 의미예요. keep, find, leave, catch 등도 목적어와 목적격보어가 능동 관계일 때 목적격보어로 현재분사(v-ing)를 취한답니다.

2. 목적어와 목적격보어가 수동 관계일 때

His eyes scanned until he finally found his name (written)/ writing on a list.

   '그의 이름'이 리스트에 '적힌' 것이 자연스러우니까 네모에는 과거분사인 written이 들어가는 것이 적절해요. 사역동사, 지각동사도 목적어와 목적격보어가 수동 관계일 때는 항상 과거분사를 취한답니다.

POINT EXERCISE 다음 중 어법상 적절한 표현을 고르시오.

1 Having a full stomach makes people to feel / feel satisfied and happier. 〈모의〉

2 If you see people wandered / wandering around near cars, please file a report.

breathe 호흡하다 cf. **breath** 호흡   **relaxed** 느긋한, 여유 있는   **keep in shape** 건강을 유지하다   **fever** 열
deaf 귀가 먹은   **as usual** 평상시처럼, 늘 그렇듯이   **scan** (무언가를 찾느라고) 유심히 보다, 살피다
Point Exercise **stomach** 위(胃), 배   **satisfied** 만족하는   **wander around** (이리저리) 돌아다니다   **file** (소송 등을) 제기하다

1 다음 글에서 필자가 주장하는 바로 가장 적절한 것은?

Did you know that the world's biggest landfill isn't on land? It's the Great Pacific Garbage Patch, a collection of ocean trash in the waters between Japan and California. It gets bigger and bigger because the plastic in the garbage patch is not going away. Many plastics just simply break into tiny pieces. The smaller these pieces get, the easier it is for fish and other sea life to mistake them for food. This means that the next fish you eat may have eaten some LEGO pieces in the Great Pacific Garbage Patch. If we really want to clean up our oceans, we need to stop using so much plastic and to recycle whenever we can.

landfill 쓰레기 매립지
Great Pacific Garbage Patch 태평양 거대 쓰레기 지대

① 바다에 쓰레기를 버리지 마라.
② 플라스틱 분해 기술을 개발하라.
③ 플라스틱의 사용을 줄이고 재활용하라.
④ 해양생물에게 위험한 음식을 주지 마라.
⑤ 새로운 쓰레기 매립지로 바다를 이용하라.

2 다음 글의 주제로 가장 적절한 것은?

Many of the world's most dangerous animals live in the sea. There is a jellyfish that is only about three centimeters long, and its venom can kill a person in less than three minutes. Though it can be treated with vinegar, the venom acts so quickly that most people die in the water before reaching the shore. There's also an octopus that's only the size of a golf ball, but it is one of the world's most dangerous animals. Its bite has enough venom to kill 26 humans. However, you might not even realize you've been bitten as its bite is often too small to feel. Its venom is so powerful that most people die within minutes.

venom 독   **vinegar** 식초

① different kinds of venom
② treatment of animal bites
③ how to survive a jellyfish sting
④ reasons why we need to avoid water
⑤ ocean creatures with dangerous venom

3 다음 글의 제목으로 가장 적절한 것은?

"Drink your milk. It's good for you!" You've probably heard that many times, and it's true. Milk contains calcium, which is a necessary nutrient for keeping bones and teeth healthy and strong. The U.S. government even requires milk as part of the National School Lunch Program. Recently, however, a group of doctors asked the government to remove milk from the program. The Physicians Committee for Responsible Medicine(PCRM) says, "Milk is high in sugar and fat," both of which can be harmful. The PCRM says there are better and healthier ways to get calcium. These include eating beans, broccoli, cereals, and tofu.

① Is Milk Really a Healthy Food?
② Milk: The Best Way to Get Calcium
③ How to Keep Bones and Teeth Healthy
④ A Nutritious Lunch Is the Key to Healthy Life
⑤ Popular Wisdom Wins When It Comes to Milk!

4 다음 글의 목적으로 가장 적절한 것은?

Luge is the name of a high-speed sled and the sport of riding it down a hill. Without a doubt, it's one of the fastest ways to get to the bottom of an icy hill, and also one of the most dangerous winter sports. If you're brave enough to try, here are a few things to remember. First of all, No Helmet, No Ride! Helmets must be worn at all times when riding a luge because of the high speeds. Also, do not let your feet touch the ground unless it is stopped, or you might crash. Make sure that you are in good health, are free from motion sickness, and have no other physical limitations. With these safety guidelines in mind, you are now prepared to become an amateur luger!

luge 루지 ((한 사람이 타는 경주용 썰매)) **cf. luger** 루지 선수

① 루지 경기의 기원을 설명하려고
② 루지 스포츠의 위험성을 경고하려고
③ 효과적인 루지 훈련법을 소개하려고
④ 루지를 함께 할 사람들을 모집하려고
⑤ 루지를 타기 전에 주의사항을 알리려고

5 (A), (B), (C)의 각 네모 안에서 문맥에 맞는 표현으로 가장 적절한 것은?

Recently, amphibian species have been dying off more rapidly than before. It seems that this (A) loss / growth of amphibians is being caused by several factors. One of these is the destruction of natural habitats. As humans continue to tear down forests and build houses instead, we (B) maintain / change the balance of relationships between animals, people, and the environment. Global warming is also adding to the damage. Frogs and other amphibians have developed in a special way in order to live in specific habitats. Even small changes in global temperatures can

(C) hurt / improve their ability to survive. It's not just humans who are the problem. A deadly disease caused by fungus has destroyed amphibian populations in the Americas and Australia.

amphibian 양서류 **fungus** 곰팡이류, 균류

	(A)	(B)	(C)
①	growth	change	hurt
②	loss	maintain	improve
③	loss	change	hurt
④	loss	change	improve
⑤	growth	maintain	hurt

6 Sand paintings에 관한 다음 글의 내용과 일치하지 않는 것은?

For Navajo Indians, sand paintings are essential elements in traditional healing rituals. In the rituals, the great spirits are called upon for their help to heal sick people. Seen as paths connecting humans and spirits, the paintings show figures that are symbolic representations of many stories from Navajo myths. They may show the sacred mountains where the spirits live, describe a legendary vision, or illustrate the dance performed in a ritual. There are estimated to be anywhere from 600 to 1,000 unique sand painting designs. For any given ritual, one design will be selected by a healer who has served an apprenticeship and gotten permission to select paintings as cures for ills.

Navajo Indian 나바호족 인디언 ((가장 큰 북미 인디언 부족))
apprenticeship 수습(과정), 도제

① Navajo 인디언의 치료 의식에서 사용된다.
② 인간과 영혼이 상호작용하는 통로 역할을 한다.
③ Navajo 신화의 상징적 표현이 묘사된다.
④ 다양하고 많은 그림 디자인이 있다.
⑤ 의식에 사용되는 그림은 환자가 선택한다.

7 다음 글의 빈칸에 들어갈 말로 가장 적절한 것은?

Having tracked down a bear during a hunting trip in 1902, President Theodore Roosevelt refused to shoot it; instead, he set it free. His act of kindness moved many Americans, and a famous newspaper published a cartoon of Roosevelt saving the bear. When a store owner in Brooklyn saw the cartoon, he decided to make toy bears to sell in his shop. He asked the President for permission to use the name "Teddy Bear" for his toys because Theodore Roosevelt was often called Teddy. Nowadays, everyone knows these toys as teddy bears, but few people know that _____.

① they have threatened traditional hunters
② they first appeared in a newspaper cartoon
③ bears were already endangered in the 1900s
④ President Theodore Roosevelt was a good bear hunter
⑤ they got their name from a famous American president

👍 고난도

8 다음 글의 빈칸 (A), (B)에 들어갈 말로 가장 적절한 것은?

Many kids' food makers advertise products that are rich in vitamins and minerals. This appeals to families who want to eat healthy. ___(A)___, more isn't always better. A research institute studied 1,556 breakfast cereals and 1,025 snack bars and found large amounts of vitamin A and zinc. Among the products, 114 cereals contained 30% more of these nutrients than recommended amounts. So, kids are getting more nutrients than they need. ___(B)___, children typically eat more than one serving of cereal or snack bars a day. Eating large amounts of these nutrients can be dangerous to kids' health. Too much vitamin A can cause liver damage, and high levels of zinc can harm the body's power to fight diseases.

zinc 아연

	(A)		(B)
①	In addition	……	As a result
②	In addition	……	For example
③	However	……	Moreover
④	However	……	As a result
⑤	Therefore	……	Moreover

9 다음 글에서 전체 흐름과 관계 <u>없는</u> 문장은?

"Cultural industry" refers to all the business efforts connected to the culture of an area or country. One country that is proud of its growing cultural industry is Finland. ① In the early 2000s, Finland's cultural industry grew faster than other types of commercial businesses due to an increase in leisure time of the consumer. ② The citizens of Finland take time to satisfy their interest in the world around them through their country's newspapers. ③ Newspaper publishing is Finland's largest cultural industry, with over 100 national newspapers. ④ A variety of leisure activities are listed in the local newspapers. ⑤ Local and national broadcasting provide more ways to spend free time, making broadcasting the second largest cultural industry.

10 주어진 글 다음에 이어질 글의 순서로 가장 적절한 것은?

> A psychologist giving a presentation stood on a stage holding a glass. She asked her audience, "how heavy is this glass of water?"

(A) A girl answered first. She guessed it was about 50 grams. Then a boy guessed 100 grams. The students looked at each other and then at the psychologist.

(B) She continued, "The stresses and worries in life are like the glass of water. Think about them for a while and nothing happens. But if you think about them all day long, you will feel that even simple things are impossible."

(C) She replied, "The absolute weight doesn't matter. It depends on how long I hold it. If I hold it for a minute, it's not a problem. If I hold it for a day, my arm will feel like it's dying."

① (A) - (B) - (C)　　② (A) - (C) - (B)
③ (B) - (C) - (A)　　④ (C) - (A) - (B)
⑤ (C) - (B) - (A)

11 글의 흐름으로 보아, 주어진 문장이 들어가기에 가장 적절한 곳은?

> This information will be offered at no charge to any interested city or organization.

A nonprofit organization will begin studying the trash bins of residents and businesses. Why? (①) Because it turns out that we don't actually know much about food waste. (②) It will help us to understand the truth behind our food waste habits. (③) A report will detail how much wasted food could instead be recovered to feed the hungry. (④) They can use the data to attempt to feed the needy in their communities with leftover food. (⑤) "I expect it's a first step that people will be working from for years," says Dana Gunders, senior scientist and food waste expert.

 고난도

12 다음 글의 내용을 한 문장으로 요약하고자 한다. 빈칸 (A)와 (B)에 들어갈 말로 가장 적절한 것은?

The "latte factor" is a popular money-saving strategy. It involves saving money by cutting down on small things — like your daily cup of caffe latte. There's no doubt that saving $5 a day adds up. But a lot of people don't put this strategy into practice. Why? The problem is what you're giving up. The "latte factor" of course refers to coffee — something that's not necessary. Yet, for some people, a latte a few times a week is a major part of their happiness. You rely on that rich flavor, and that caffeine can lift you through challenging days. The key is figuring out what really does improve your life — and what doesn't. What you'll find if you really search is that, surprisingly, it's the small things in life that bring real happiness.

↓

> ___(A)___ small, everyday purchases is a common money-saving strategy, but it can ___(B)___ if it makes you unhappy.

　　(A)　　　　　　(B)
① Stopping　……　succeed
② Continuing　……　change
③ Preventing　……　succeed
④ Stopping　……　fail
⑤ Continuing　……　fail

(A)

Archimedes was a Greek scientist. (a) He lived more than 2,000 years ago. At that time, the king of Greece wanted a golden crown. So, he gave some gold to a goldsmith. After a few days, the goldsmith brought the finished crown to the king. The crown was then weighed to make sure it was real. The weight of the crown was equal to the weight of the gold used to make it.

goldsmith 금세공인

(B)

Archimedes was surprised by this, and then suddenly he had an idea. (b) He jumped out of the bath, shouting, "Eureka! Eureka!" *Eureka* in Greek means "I have found it." Archimedes realized that different metals have different weights. This meant that two different metals of the same weight would take up different amounts of space. Finally, (c) he could measure this in water! He took two bowls and filled them with water.

(C)

Still, the king didn't trust the goldsmith. He thought the goldsmith had stolen from him. He asked Archimedes to find out the truth. Archimedes thought about the problem day and night. One day, he was busy thinking about the problem while filling his bath. (d) He thought and thought as the bath filled completely with water. When he got in, water flowed onto the floor.

(D)

Then he placed the crown in one bowl and gold in the other. The weights were the same, but the amounts of water were different. Therefore, the crown wasn't pure gold! Archimedes reported this finding to the king. (e) He returned to the goldsmith and asked for the truth. The goldsmith then admitted his lie. He had stolen some gold, and he had added some other metals to hide the truth.

13 주어진 글 (A)에 이어질 내용을 순서에 맞게 배열한 것으로 가장 적절한 것은?

① (B) - (D) - (C) ② (C) - (B) - (D)
③ (C) - (D) - (B) ④ (D) - (B) - (C)
⑤ (D) - (C) - (B)

14 밑줄 친 (a) ~ (e) 중에서 가리키는 대상이 나머지 넷과 다른 것은?

① (a) ② (b) ③ (c) ④ (d) ⑤ (e)

15 윗글의 내용과 일치하지 않는 것은?

① 왕은 왕관이 진짜 금인지 알기 위해 무게를 쟀다.
② 아르키메데스는 아이디어를 떠올렸을 때 유레카를 외쳤다.
③ 아르키메데스는 왕관을 물에 넣었다.
④ 왕은 진실을 찾기 위해 아르키메데스에게 자문했다.
⑤ 금세공인은 자신의 거짓말을 시인하지 않았다.

Chapter ③
추론하기 유형

유형 08　빈칸 추론

주어진 빈칸에 들어갈 단어나 어구를 찾아 글을 완성하는 유형이에요.

지시문　다음 글의 빈칸에 들어갈 말로 가장 적절한 것은?

이 유형 알아보기

Q1.　보통 어떤 부분이 빈칸이 되나요?

빈칸은 주제문이 될 수도 있고, 세부 사항이 될 수도 있어요. 보통 지문에서 가장 핵심적인 내용을 담은 부분이 빈칸이 된답니다.

Q2.　어떻게 정답을 찾아야 하나요?

① 빈칸이 있는 문장을 먼저 읽어요. 빈칸을 읽고 글의 내용을 추측할 수 있고, 어떤 단서를 찾아야 하는지도 알 수 있거든요.

② 빈칸 이외의 부분에서 빈칸을 추론할 단서를 찾아야 해요. 대부분 빈칸은 주제문이므로, 세부 내용이 단서가 돼요. 세부 사항의 내용을 종합적으로 표현한 것을 빈칸으로 찾으면 된답니다.

③ 빈칸이 세부 사항일 때는 주제문을 찾고, 이를 뒷받침하는 내용을 빈칸으로 고르면 돼요.

예제 1 **다음 빈칸에 들어갈 말로 가장 적절한 것은?**

❶ Judgements about flavor are often influenced by predictions based on the ＿＿＿＿＿＿ of the food. For example, strawberry-flavored foods would be expected to be red. However, if colored green, it would be difficult to identify the flavor as strawberry unless it was very strong. Color intensity also affects flavor perception. A stronger color may cause perception of a stronger flavor in a product. Texture also can be misleading. A thicker product may be perceived as tasting richer or stronger simply because it is thicker, and not because the thickening agent affects the flavor of the food.

〈모의 응용〉

thickening agent 농후제 ((육수나 소스를 걸쭉하게 농도를 내며 풍미를 더해주는 것))

❸
① origin　　　　　　② recipe
③ nutrition　　　　 ④ appearance
⑤ arrangement

❶ **빈칸 문장의 내용 파악:** 우리가 맛을 판단하는 데 음식의 '어떤' 것이 영향을 준다는 내용. 빈칸 문장 바로 뒤에 예시를 나타내는 For example이 보이므로, 빈칸 문장이 글의 내용을 대표하는 주제문이다.

❷ **빈칸을 추론할 단서 파악:** red, colored green 등 '색'과 관련된 어구가 자주 등장한다. 우리가 맛을 인식하는 데 색이 영향을 미친다고 말하고 있다. 이어 '질감' 역시 우리가 맛을 추측하는 데 영향을 준다고 언급한다.

❸ **정답 추론:** '색'과 '질감'을 한 단어로 가장 잘 나타낸 선택지를 찾는다. 음식의 appearance(겉모습)가 가장 적절함을 알 수 있다.

정답 ④

예제 2 **다음 빈칸에 들어갈 말로 가장 적절한 것은?**

Teachers at Stone Mountain State College(S.M.S.C.) give higher grades than teachers at other colleges in the state college system. More than one-third of the undergraduate grades awarded in the spring semester 2005 were A's, and only 1.1 percent were F's. The percentage of A's awarded to graduate students was even higher; almost two-thirds were A's. The students, of course, may be happy because they received high grades. However, evidence suggests that this trend is _____. When they applied to a graduate or professional school, they had a disadvantage because the admission offices believed an A from S.M.S.C. was not equal to an A from other universities. Grade inflation, therefore, may hurt a student from S.M.S.C. who intends to apply to a graduate or professional school. 〈모의 응용〉

undergraduate 학부생, 대학생　**graduate student** 대학원생

① decreasing the quality of higher education
② causing students to neglect their studies
③ attracting more foreign students
④ having negative consequences
⑤ spreading to other states

❶ **빈칸 문장의 내용 파악:** 이러한 경향이 '어떠하다'는 증거가 있다는 내용. However가 있는 것으로 보아 빈칸 문장을 기점으로 앞뒤 내용이 상반될 것임을 추측할 수 있다.

❷ **빈칸을 추론할 단서 파악:**
– 빈칸 앞에서 high grades와 연관된 어구가 반복된다. 한 학교에서 너무 많은 학생들에게 높은 점수를 주고 있다는 것이 빈칸 문장 앞부분의 내용이다. 이것이 빈칸 문장에서 말한 this trend임을 알 수 있다.
– 빈칸 뒤에서는 이러한 점수 인플레이션으로 인해 학생들이 대학원에 지원할 때 '불이익(disadvantage)'을 당했으며, '피해를 입을 수도(may hurt a student)' 있다고 말하고 있다.

❸ **정답 추론:** 단서를 통해, 높은 점수를 받은 S.M.S.C 학생들은 기뻐할지도 모르지만, 오히려 점수 인플레이션이 '나쁜 결과'를 불렀다는 내용이 되어야 함을 알 수 있다.

정답 ④

QUICK CHECK! 다음 빈칸에 들어갈 말로 가장 적절한 것은?

There are _____ in adolescents' satisfaction with their bodies. Compared with boys, girls are usually less happy with their bodies. Also, as puberty proceeds, girls often become even more dissatisfied with their bodies. This is probably because their body fat increases. In contrast, boys become more satisfied as they move through puberty, probably because their muscle mass increases.

adolescent 청소년　**puberty** 사춘기

① age differences
② gender differences
③ weight issues

satisfaction 만족감
cf. satisfied 만족하는
(↔ **dissatisfied** 만족하지 않는)
compared with ~와 비교하여
proceed 진행되다
probably 아마
increase 증가하다
muscle mass 근육량

[선택지 어휘]
gender 성별
issue 문제

Q 글의 소재로 적절한 것을 고르시오.

① Daylight Saving Time
② traffic accidents
③ the history of clocks

---

daylight 낮
throughout 내내; 도처에
argue 주장하다; 다투다
reduce 줄이다
disagree 동의하지 않다
positive 긍정적인
(↔ **negative** 부정적인)
the United States 미국
cf. **state** (미국 등의) 주; 상태
area 지역
within ~ 이내에[안에]

[선택지 어휘]
controversial 논란이 많은
confusing 혼란스러운
flexible 유연한
efficient 효율적인; 유능한

Q 글의 주제문을 찾아 밑줄을 그으시오.

---

attractive 매력적인
(↔ **unattractive** 매력적이지 못한)
experiment 실험
capture 사로잡다; 포획하다; 포획
average 일반적인; 평균의
researcher 연구원
by v-ing v함으로써
identify 알아보다[확인하다]
participant 참가자
thought 생각
pay attention 관심을 갖다
only have eyes for 오직 ~만을 바라보다
truthful 진실한, 정직한

[선택지 어휘]
familiar 친숙한
feedback 피드백

---

01 다음 빈칸에 들어갈 말로 가장 적절한 것은?

Daylight Saving Time(DST) is the idea of changing the clocks to move an hour of daylight from the morning to the evening during summer. And it has been _____ throughout its history. People have argued that it saves energy and reduces traffic accidents. Others disagree, and studies over the past 10 years have found positive and negative results. The United States moves its clocks forward an hour at 2 a.m. on the second Sunday in March and back an hour on the first Sunday in November. Some states, however, still do not use DST. In the past, even some areas within a state would not follow DST, while the rest of the state did.

Daylight Saving Time 일광 절약 시간, 서머타임

① popular   ② controversial   ③ confusing
④ flexible   ⑤ efficient

02 다음 빈칸에 들어갈 말로 가장 적절한 것은?

Attractive faces _____. Experiments have shown that the more attractive a face is, the more it captures the attention of the average viewer. But what would happen if the viewer was in love? Florida State researchers tested this by flashing pictures of faces in front of people and then having them quickly identify shapes. However, before viewing the faces, half of the participants were asked to write about their love for their partner. And the other half were asked to write about a happy experience. Those who had written about love actually took their attention away from the attractive faces. On the other hand, those who had been focused on happy thoughts paid more attention. So if your partner tells you, "I only have eyes for you," the words could be more truthful than you think.

① are familiar faces in most cases
② hold no power over people in love
③ are more likely to get positive feedback
④ are more balanced than unattractive faces
⑤ capture the attention of the average viewer

03 다음 빈칸에 들어갈 말로 가장 적절한 것은?

In the mid-1980s, a Japanese researcher named Atsumu Ohmura found something surprising. According to his data, the amount of solar radiation reaching the earth's surface had dropped by 10% over the past 30 years. He had found what scientists call "global dimming." Global dimming is when less sunlight reaches the earth's surface, and less sunlight means less heat. Scientists believe that certain pollutants in the earth's atmosphere, like carbon, cause global dimming. They create clouds that are bigger, and bigger clouds can reflect more sunlight back into space. Simply put, harmful pollution in our atmosphere may have been _____ for hundreds of years.

solar radiation 태양 복사열

global dimming 지구 흐려짐 현상 ((지구 표면에 도달하는 태양광선 양이 점진적으로 감소하는 현상))

① cooling down the planet
② damaging the earth's surface
③ creating other harmful pollutants
④ increasing the amount of sunlight
⑤ causing global warming to worsen

according to A A에 따르면
data 자료[정보]
sunlight 햇빛, 햇살
pollutant 오염 물질
cf. pollution 오염
atmosphere 대기
carbon 탄소
reflect 반사하다; 비추다
simply put 간단히 말해서
harmful 해로운

[선택지 어휘]
cool down 식히다
planet 행성
damage 손상을 주다; 피해
global warming 지구 온난화
worsen 악화시키다; 악화되다

04 다음 빈칸에 들어갈 말로 가장 적절한 것은?

Mozart is not only one of the greatest ever composers, but he may also hold the key to a medical wonder. Older studies talked about the positive impact that Mozart can have on healthy brains. They claimed that his music makes babies more intelligent and adults better at studying. Music companies made money from the claims, selling millions of Mozart CDs made especially for babies. And now it seems that Mozart's music — notably Piano Sonata K448 — can also _____.
Forty patients with serious epilepsy were played the sonata while attached to a brain monitor, and all except three showed a significant reduction in epileptic activity. The patients' doctor said the sonata had a similar effect to epilepsy medication.

epilepsy 간질 cf. epileptic 간질병의; 간질 환자

① calm the mind
② treat a disease
③ inspire productivity
④ prevent a rare disease
⑤ replace dangerous medicines

composer 작곡가
medical 의학의
wonder 놀라움, 경이
impact 영향
claim 주장하다; 주장
intelligent 똑똑한
make money 돈을 벌다
notably 특히
patient 환자
attach A to B A를 B에 붙이다
except ~ 외에는
significant 의미 있는
reduction 감소
activity 증상; 활동
similar 비슷한
medication 약, 약물

[선택지 어휘]
calm 진정시키다; 침착한
inspire 고무하다; 영감을 주다
productivity 생산성
prevent 예방하다
rare 희귀한
replace 대체[대신]하다

Q 글의 주제문을 찾아 밑줄을 그으시오.

scale 규모
work 그림; 작품
cf. artwork 미술품
massive 거대한
available 이용할 수 있는
gallery 미술관
other than ~외에
carry out ~을 수행하다
professional 전문가; 전문적인
product 결과물; 상품
creation 창작품
as long as ~하는 한
certain 확신하는; 확실한
direction 지시; 방향
to the letter 정확히 그대로

[선택지 어휘]
respect 존중하다; 존중
material 재료; 천
consider 고려하다
original 원래의; 독창적인

05　다음 빈칸에 들어갈 말로 가장 적절한 것은?

Drawing is often viewed as a small-scale activity. Many artists, however, have had their works drawn on massive scales. Such projects might fill the available wall space in a gallery or be placed on the side of a building. Sol LeWitt, an artist, says that _____ is most important when the drawing itself is done by someone other than the artist. He says, "The artist plans the wall drawing, but then the plans are carried out by a professional at drawing things large-scale." The final product comes from the hand and eye of the person who draws it, but the artwork itself is forever the artist's. The drawing on the wall is the artist's creation, as long as we can be certain that the artist's directions were followed to the letter.

① respecting the professional's skills
② planning the work for a long time
③ choosing the right material for the work
④ considering the professional's experience
⑤ following the artist's original idea

Q 글의 주제문을 찾아 밑줄을 그으시오.

consumer 소비자
product 상품 cf. production 생산
unfair 부당한
policy 정책
reject 거부[거절]하다
involve 관련시키다; 포함하다
method 방법
British 영국의[영국인의]
objection 반대, 이의
western 서양의; 서부의
tuna 참치
net 그물
worldwide 전 세계적인

[선택지 어휘]
purchase 구매; 구매하다
encourage 권장하다; 장려하다
brand-name 유명 상표
willing to-v 기꺼이 v하는
punish 응징하다; 처벌하다

06　다음 빈칸에 들어갈 말로 가장 적절한 것은?

Consumers are sometimes _____ .
They can choose not to buy products from a country with unfair policies. Or they can reject items or animals involved in a method of production or capture that they oppose. At various times, British shoppers have boycotted apples and wine from France as an objection to actions by the French government. Western consumers have also chosen not to buy tuna because tuna nets were killing dolphins. There have also been actions worldwide against fast food companies such as McDonald's and Nestlé.

boycott 구매[사용]를 거부하다

① unhappy about their purchases
② asked to pay too much for products
③ encouraged to buy brand-name products
④ willing to avoid products to punish policies
⑤ worried about buying foods from other countries

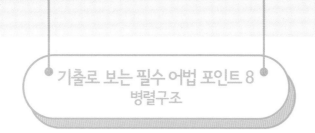

기출로 보는 필수 어법 포인트 8
병렬구조

대등한 형태의 연결

등위접속사(and, but, or 등)와 상관접속사(both A and B, not A but B, B as well as A 등)는 문법적으로 대등한 형태의 단어, 구, 절을 연결하는 역할을 해요. 먼저 접속사를 찾고, 앞에서 연결될 수 있는 대상의 형태가 무엇인지 살펴보면 네모에 들어갈 알맞은 형태를 쉽게 찾을 수 있어요.

1. 등위접속사

1) I was delighted <u>to receive</u> your letter and | learning / <u>to learn</u> | that you have been accepted to the university. 〈모의 응용〉

〈be delighted to-v〉(v해서 기쁘다)에서 to receive와 to learn이 and로 연결되는 병렬구조예요. 등위접속사는 문법적으로 같은 형태를 연결하는데, 앞에서 to부정사가 나왔으니까 뒤에도 to부정사가 나와야 해요. 뒤에 나오는 to는 생략될 수 있어요.

2) Wheat, a symbol of fertility, <u>was carried</u> in the bride's hand or | wearing / <u>worn</u> | around her neck in Roman times. 〈모의 응용〉

등위접속사 or 앞에 수동태 형태인 was carried가 나왔어요. 그러니까 뒤에도 수동태 형태인 worn이 이어지는 게 자연스러워요. worn 앞에 was가 생략되었답니다.

2. 상관접속사

The new system has not only <u>improved</u> workers' lives, but also | <u>built up</u> / build up | the company's brand. 〈모의 응용〉

상관접속사 〈not only A but (also) B〉(A뿐만 아니라 B도)에서 B의 형태를 물어보고 있어요. A에 과거형 동사인 improved가 나왔으니까, B 자리에도 과거형인 built up이 적절하답니다.

POINT EXERCISE 다음 중 어법상 적절한 표현을 고르시오.

1 All shoes you donate will be repaired and | giving / given | to children in need.

2 People tend to see what they want to see or | are trained / training | to see. 〈모의 응용〉

3 Stevens enrolled at Cornell University but | to left / left | Cornell without a diploma. 〈모의 응용〉

4 Touching babies can spread germs and | made / make | the babies weak. 〈모의 응용〉

---

delighted 기쁜, 즐거운 **wheat** 밀 **fertility** 풍요, 다산; 비옥함 **bride** 신부 **build up** 강화하다, 증강하다
Point Exercise **donate** 기증하다 **repair** 수리하다, 보수하다 **in need** 어려움에 처한, 궁핍한 **tend to-v** v하는 경향이 있다
enroll 입학하다, 등록하다 **diploma** 졸업장; 수료증 **germ** 세균

글의 내용을 요약한 문장이 주어지고, 그 문장에 있는 두 개의 빈칸을 완성하는 유형이에요.

지시문 다음 글의 내용을 한 문장으로 요약하고자 한다. 빈칸 (A)와 (B)에 들어갈 말로 가장 적절한 것은?

이 유형 알아보기

Q1. 요약문은 어떤 특징이 있나요?

글의 핵심 내용, 즉 **글의 주제**를 나타낸 것이 요약문이라고 할 수 있어요. 또한, 요약문만 읽어도 글의 내용을 완전히 파악할 수 있어야 하기 때문에 요약문은 글의 **핵심 세부 내용**을 담기도 해요.

Q2. 무엇을 찾아야 하나요?

① 가장 먼저 **요약문**을 읽고, 지문의 내용을 추측해요.

② 요약문은 주제문을 다른 말로 말바꿈하는 경우가 많아서, **주제문**을 찾는 것이 중요해요.

③ 지문을 읽으며 **반복되는 내용이나 어구**가 있는지 살피고, 있다면 표시해 둬요. 주제문이 없는 지문은 요약문이 핵심 어구나 그와 관련된 어구로 이루어지는 경우가 많아서 이렇게 표시해 두는 게 문제 푸는 데 도움이 된답니다.

예제 1 다음 글의 내용을 한 문장으로 요약하고자 한다. 빈칸 (A)와 (B)에 들어갈 말로 가장 적절한 것은?

People have a tendency to adopt the attitudes of those they spend time with — to pick up on their mind sets, beliefs, and approaches to challenges. When someone on a team is rewarded by his good deeds, ❷others are likely to display similar characteristics. When a leader keeps her hope in the face of discouraging circumstances, ❷others admire that quality and want to be like her. When a team member displays a strong work ethic and begins to have a positive impact, ❷others imitate him. ❸Attitude is catching: People become inspired by the good examples of their peers.

↓

❶ A positive attitude is likely to _____(A)_____ when it is _____(B)_____ others.

      (A)   (B)

① spread ...... criticized by

② spread ...... exposed to

③ change ...... exposed to

④ change ...... criticized by

⑤ develop ...... criticized by

❶ **요약문을 읽고 글의 내용 추측:** '긍정적인 태도는 다른 사람을 B할 때 A하는 경향이 있다'는 것이 요약문의 내용. 따라서 '긍정적인 태도의 영향과 특성'에 대한 글임을 추측할 수 있음.

❷ **반복되는 내용이나 어구 파악:** 누군가 좋은 태도를 보이면, 다른 사람들도 '비슷한 특성(similar characteristics)'을 보이려고 하며, '그 사람처럼 되고 싶어 하고(want to be like her)', '그 사람을 모방한다(imitate)'는 내용. 사람들은 다른 사람의 긍정적인 태도를 따르려는 경향이 있다는 것을 반복적으로 보여주고 있음.

❸ **주제문 확인:** 태도의 전염성 때문에 사람은 다른 사람의 좋은 행동에 분발하게 된다는 내용.

❹ **정답 선택:** 세부 내용과 글의 주제를 모두 포함하는 선택지 선택. '긍정적인 태도는 다른 사람에게 (B) 노출될 때, (A) 확산되는 경향이 있다'는 것이 적절.

정답 ②

예제 2 다음 글의 내용을 한 문장으로 요약하고자 한다. 빈칸 (A)와 (B)에 들어갈 말로 가장 적절한 것은?

Do animals have a sense of fairness? Researchers decided to test this by paying dogs for "giving their paw." Dogs were asked repeatedly to give their paw. Researchers measured how fast and how many times dogs would give their paw if they were not rewarded. Once this baseline level of paw giving was established, the researchers had two dogs sit next to each other and asked each dog in turn to give a paw. Then one of the dogs was given a better reward than the other. In response, the dog that was being "paid" less for the same work began giving its paw more reluctantly and stopped giving its paw sooner. This finding raises the very interesting possibility that dogs may have a basic sense of fairness, or at least a hatred of inequality.

paw (동물의) 발

↓

The dog that was rewarded less than the other for the same act showed _____(A)_____ responses, which suggests that dogs may have a sense of _____(B)_____.

	(A)		(B)
①	willing	……	shame
②	willing	……	direction
③	normal	……	achievement
④	unwilling	……	belonging
⑤	unwilling	……	equality

❶ **요약문을 읽고 글의 내용 추측:** '개는 다른 개보다 더 적은 보상을 받으면 A하는 반응을 보이며, 이는 개가 B의 감각을 가지고 있기 때문이다'가 요약문의 내용. 개가 적은 보상에 대해 어떤 반응을 보이며, 이것이 무엇을 의미하는지에 대한 글임을 추측 가능.

❷ **요약문과 관련된 핵심 내용 파악:** 더 적은 보상을 받는 개에 대한 부분에서 개는 다른 개보다 더 적은 보상을 받을 때 발을 주기를 꺼렸으며, 발을 주는 것을 더 빨리 그만두기도 함.

❸ **주제문 확인:** 이 실험은 개가 '공평성'에 대한 개념을 가지고 있을지도 모른다는 사실을 보여줌.

❹ **정답 선택:** 핵심 세부 내용과 주제문을 모두 포함하는 선택지 선택. '개는 다른 개보다 더 적은 보상을 받으면 (A) 마지못해 하는 반응을 보였고, 이것은 개들이 (B) 평등에 대한 개념을 가지고 있을 수도 있음을 암시한다'는 내용이 적절.

정답 ⑤

Q 글의 소재로 적절한 것을 고르시오.

① the temperature of the sun
② effects of sunspots
③ climate change

sunspot 태양의 흑점
surface 표면
surrounding 주위의
unclear 불확실한
link 관계; 연결
recent 최근의
atmosphere 대기
affect 영향을 미치다 (= **influence**)
be due to A A 때문이다
greenhouse gas 온실가스
myth 근거 없는 믿음, 신화
research 연구, 조사
theory 이론
exact 정확한

[선택지 어휘]
limited 제한된
rainfall 강우량

01   다음 글의 내용을 한 문장으로 요약하고자 한다. 빈칸 (A)와 (B)에 들어갈 말로 가장 적절한 것은?

Sunspots are dark spots on the surface of the sun. They can be tiny or thousands of miles wide. They're dark because they're cooler than the surrounding areas. It's unclear if there's a link between sunspots and changes in the Earth's weather, but recent studies show there might be. Energy from sunspots heats parts of the atmosphere, affecting high-level winds. This leads to a chain reaction that increases rain in warm areas. Some have taken this to mean that any warming of the Earth is due to sunspots rather than greenhouse gases in our atmosphere, but this is a myth. Still, there is much research to be done on whether or not these theories are true.

chain reaction 연쇄 반응

↓

Sunspots may influence the Earth's ＿＿(A)＿＿, but the exact effect is still ＿＿(B)＿＿.

	(A)		(B)
①	temperature	……	small
②	land	……	limited
③	structure	……	unknown
④	rainfall	……	small
⑤	climate	……	unknown

Q 글의 소재로 가장 적절한 것을 고르시오.

① 유아 발달 과정
② 기억력 향상법
③ 어린 시절의 기억

memory 기억(력)
long-term 장기적인
discover 발견하다
childhood 어린 시절
psychologist 심리학자
disagree 동의하지 않다
loss 상실
focus on ~에 초점을 맞추다
theory 이론
born 탄생한; 태어난

02   다음 글의 내용을 한 문장으로 요약하고자 한다. 빈칸 (A)와 (B)에 들어갈 말로 가장 적절한 것은?

Most of us have clear memories of our lives from about age three to our present ages. These memories are stored in our "long-term memory." What about before age three? Sigmund Freud first discovered the fact that we forget most of our early childhood. Psychologists disagree on what causes this memory loss, and a lot of research has focused on it since Freud's time. A very good theory, born from the results of studies with toddlers, is that lack of language ability at the time of an event stops us from describing it to others. The memory exists in our minds, but words were not connected with it when it happened. Therefore, it doesn't become a subject in our life story.

toddler 걸음마를 배우는 아이

↓

According to a theory, we usually don't ____(A)____ much from our early years because we hadn't yet developed the ability to ____(B)____ what's happening.

	(A)		(B)
①	forget	......	recognize
②	forget	......	ignore
③	share	......	understand
④	remember	......	explain
⑤	remember	......	predict

lack of ~의 결핍, 부족
ability 능력
describe 말하다, 묘사하다
exist 존재하다
connect 연결하다
develop 발달시키다; 발전하다

[선택지 어휘]
recognize 인식하다
ignore 무시하다
predict 예측하다

03 다음 글의 내용을 한 문장으로 요약하고자 한다. 빈칸 (A)와 (B)에 들어갈 말로 가장 적절한 것은?

After the end of the Spanish-American War in 1898, New Orleans was flooded with musical instruments as military bands broke up and went home. Lots of these instruments ended up in the hands of the city's poorer black citizens. As a result, jazz music was born, which is one of America's most loved creations. Jazz music can claim that it influenced several other styles that emerged from New Orleans. Fats Domino and Dr. John were influenced by jazz when they created the rhythm-and-blues style. What's more, both jazz and rhythm-and-blues later went on to influence the birth of rock and roll, a cultural phenomenon that is still popular.

↓

Thanks to ____(A)____ military band instruments, jazz music was born in New Orleans and later ____(B)____ into other popular musical styles.

	(A)		(B)
①	plenty of	......	developed
②	lack of	......	opened
③	plenty of	......	declined
④	lack of	......	developed
⑤	short of	......	declined

Q 글의 소재로 가장 적절한 것을 고르시오.

① the Spanish-American War
② jazz music
③ musical instruments

flood 넘치게 하다; 홍수
musical instrument 악기
military 군대의
break up 해산하다, 해체하다
end up 결국 ~이 되다
in the hands of ~의 수중에
citizen 시민
creation 창조물
claim 주장하다
influence 영향을 주다
several 몇몇의
emerge 나타나다
cultural 문화의
phenomenon 현상
thanks to A A 덕분에

[선택지 어휘]
plenty of 많은
short of ~이 부족한
decline 쇠퇴하다, 기울다

juicy 즙이 많은
satisfying 만족감을 주는
cf. satisfied 만족하는
argue 주장하다
benefit 혜택, 이득
lab 연구실 (= laboratory)
stem cell 줄기 세포
muscle 근육(의)
tissue 조직
amazingly 놀랍게도
currently 현재, 지금
production 생산
major 주요한
cause 원인
environmental 환경의
damage 피해
threaten 위협하다
ecosystem 생태계
solution 해결책
shortage 부족
development 개발, 발전
provide 제공하다

[선택지 어휘]
keep fit 건강을 유지하다
increase 증가; 증가하다
(↔ decrease 감소; 감소하다)
storage 저장

04 다음 글의 내용을 한 문장으로 요약하고자 한다. 빈칸 (A)와 (B)에 들어갈 말로 가장 적절한 것은?

Hamburgers are great. They're tasty, juicy, and satisfying, but no one would argue that they're healthy. But one day soon, hamburgers that taste great without making you fat may be in stores everywhere. And health is just one of the benefits of growing meat in vitro (in a lab), instead of killing an animal for it. Meat from a lab comes from stem cells that are grown into muscle tissue. Amazingly, it tastes just like real meat. Currently, meat production from animals is one of the major causes of environmental damage threatening our global ecosystem. Scientists believe in vitro meat could help greatly with this. It's also a possible solution to global food shortages.

in vitro meat 배양육 ((살아있는 동물의 세포를 배양하여 축산농가 없이 고기를 배양하는 기술로 만든 식용 고기))

↓

The development of in vitro meat may help to keep us ＿＿(A)＿＿ while providing solutions to both environmental problems and our ＿＿(B)＿＿ of food.

	(A)		(B)
①	fit	……	increase
②	special	……	decrease
③	healthy	……	lack
④	satisfied	……	storage
⑤	fat	……	production

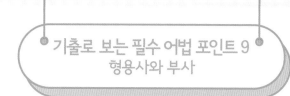

기출로 보는 필수 어법 포인트 9
형용사와 부사

형용사와 부사의 차이점

형용사는 명사를 수식하고, 보어 역할을 할 수 있어요. 그런데 부사는 명사를 수식할 수 없고, 동사, 형용사나
다른 부사, 문장 전체를 수식하며, 보어 역할을 할 수 없답니다.

1. 형용사와 부사 자리

1) Feathers help to keep a bird warmly / (warm) by trapping body heat. 〈모의 응용〉

네모는 목적격보어 자리에 부사와 형용사 중 어떤 것이 들어가야 하는지 묻고 있어요. 보어 역할은
형용사만 할 수 있다고 했죠? 그러니까 warm이 정답이랍니다. 우리말로 '따뜻하게'라고 해석된다고 해서
부사 warmly를 골라서는 안 돼요.

2) Pigs were (traditionally) / traditional associated with dirtiness, while cats were believed
to be clean. 〈모의 응용〉

동사 were associated with를 수식할 수 있는 것은 부사 traditionally예요. 형용사는 명사만 수식할 수
있다는 것 꼭 기억하세요.

2. 헷갈리는 형용사와 부사

1) There was hard / (hardly) any traffic, so we could enjoy the beautiful scenery. 〈모의 응용〉

hard는 '어려운, 단단한'이라는 형용사 뜻도 있지만, '열심히'라는 부사로도 쓰여요. hardly 역시
부사로, '거의 ~하지 않다'라는 뜻이고요. 이렇게 모두 부사인 형태가 나올 경우에는, 문장의 의미를
파악해서 답을 찾아야 합니다.

2) Paul Klee had created near / (nearly) five thousand paintings during his lifetime. 〈모의 응용〉

near 역시 형용사, 부사의 뜻을 모두 가지고 있어요. near의 부사 뜻은 '가까이'이고,
nearly는 '거의'라는 의미이니까 위 문장에서는 nearly가 의미상 자연스럽다는 것을 알 수 있죠?

POINT EXERCISE 다음 중 어법상 적절한 표현을 고르시오.

1 Your recent / recently article on air pollution was very impressive to me. 〈모의 응용〉

2 Why do you expect our computers to run normally / normal without care? 〈모의 응용〉

3 Our thoughts are highly / high affected by the advertising images around us.

4 Greg realized that he didn't have to be perfectly / perfect at everything. 〈모의 응용〉

---

feather 깃털　**trap** 가두다; 덫　**be associated with** ~와 관련되다　**dirtiness** 더러움, 불결　**hardly any** 거의 ~ 없는
lifetime 일생, 평생
Point Exercise **article** 기사　**air pollution** 대기오염　**expect A to-v** A가 v하기를 기대하다　**run** 작동하다
normally 정상적으로 cf. **normal** 정상적인　**care** 관리, 보살핌　**highly** 대단히, 매우　**advertising** 광고; 광고업

글쓴이가 글을 쓴 의도를 파악하는 유형이에요.

지시문 다음 글의 목적으로 가장 적절한 것은?

이 유형 알아보기

Q1. 지문은 보통 어떤 종류의 글인가요?

목적 유형은 대체로 광고문, 편지, 안내문, 홍보글 등 간결한 지문이 나와요.

Q2. 무엇을 찾아야 하나요?

① 글을 쓴 의도가 가장 잘 드러난 부분을 찾아야 해요. 즉, 글의 주제문을 찾는 거죠.

② 글쓴이가 처음에는 본론을 꺼내지 않고, 마지막에 의도를 드러낼 때도 있어요. 글을 끝까지 읽고 진짜 의도를 파악해야 한답니다.

③ 주제문과 선택지가 다르게 표현될 수도 있기 때문에 선택지를 고를 때 유의해야 해요.

예제 1 **다음 글의 목적으로 가장 적절한 것은?**

Dear Ms. Franklin,

I am writing regarding your company's job offer. I am very grateful for this opportunity and am strongly considering accepting it. However, I have concerns regarding your request for an answer by December 1, 2015. As you know, accepting this offer would require moving my family across several states. I have a child in elementary school and my wife needs to care for her mother who lives here. As a result, I would like to ask if you might consider giving an additional week to consider your offer. Please let me know if this extension can be made. Thank you.

Sincerely,
Bradley Markle

〈모의 응용〉

① 직장을 옮겨야 하는 이유를 알리려고
② 직장을 소개해 준 것에 대해 감사하려고
③ 취업을 위한 기본 자격 조건을 문의하려고
④ 어려운 업무를 맡아달라는 부탁을 거절하려고
⑤ 일자리 제안에 대해 더 생각할 시간을 요청하려고

❶ **글쓴이의 상황 파악:**
– 일자리를 제안받아 고마움을 표현.
– 일자리 제안에 대한 몇 가지 걱정거리가 있음.
– 가족의 이주 문제가 있음.

❷ **글쓴이의 의도 파악:** 글쓴이의 의도가 가장 잘 드러난 문장을 찾는다. 제안을 조금 더 생각할 시간을 달라고 요청하고 있다.

❸ **정답 파악:** 일자리를 제안받았으나 가족 문제 때문에 제안에 대해 더 생각할 시간을 요청하고 있음을 알 수 있다. 첫 부분의 grateful, However 등과 같은 어구로 인해 목적을 ②나 ④로 착각하지 않도록 한다.

정답 ⑤

예제 2 다음 글의 목적으로 가장 적절한 것은?

❶Writers aged over thirteen from all countries are encouraged to enter the East India Press Short Story Writing Contest. ❷You should submit your story by March 1, 2017. There is no entry fee, and they accept fiction in any genre. The contest is sponsored by *East India Press*, specializing in the publishing of books in multiple formats. *New York Times* bestselling author, David Farland, with over fifty published novels, will be the judge. For more information, please visit www. nightingalenovel.com. 〈모의 응용〉

❸
① 신문 구독을 권유하기 위해
② 백일장 심사를 부탁하기 위해
③ 출판사 직원 모집을 홍보하기 위해
④ 작품집 발간 후원을 설득하기 위해
⑤ 단편소설 공모전을 안내하기 위해

❶ **글쓴이의 의도 파악:** 13세 이상의 작가들에게 백일장에 참여하라고 권하고 있다.

❷ **세부 사항 파악:** 백일장의 참가비, 참가작 장르, 후원사, 심사위원 등 대회에 대해 자세히 안내하고 있다.

❸ **정답 파악:** 백일장에 참여하도록 권하면서 대회와 관련된 자세한 사항을 안내하고 있다. '~을 안내하겠습니다'와 같이 직접적으로 표현하지 않더라도, 한걸음 나아가 의도를 이해할 수 있어야 한다.

정답 ⑤

QUICK CHECK! 글쓴이의 의도가 가장 잘 드러난 문장에 밑줄 그으시오.

Dear Sir,

I came to learn that the clothes hanger we sent to you last week was received by you in bits and pieces. As per your request, we are sending you another one. Please return the broken product to the driver at the time of delivery. I am sincerely sorry that this unfortunate incident occurred.

hanger 옷걸이
in bits and pieces 흩어져서; 부분적으로
request 요청
delivery 배달
sincerely 진심으로
unfortunate 유감스러운
incident 사건
occur 발생하다

01 다음 글의 목적으로 가장 적절한 것은?

You're at a restaurant celebrating your birthday with your closest friends. However, no one is paying any attention to you. Instead, everyone is too busy playing with their smartphones. Has this social nightmare happened to you? And if you're being honest, have you been one of the ones on your smartphone? Regardless of how you feel, keep in mind that some people get upset when you look at your screen instead of their face. Even leaving your smartphone on the table can show you are more focused on it than on the people you are with. Remember what's important and give others your full attention. Technological progress has been amazing, but we must not let it replace basic manners.

① 과학기술의 발전에 대해 설명하려고
② 친구에게 정직해야 함을 강조하려고
③ 상대방에게 먼저 다가가는 법을 알려주려고
④ 공공장소에서의 스마트폰 사용을 비판하려고
⑤ 스마트폰보다 사람에게 집중하라고 충고하려고

02 다음 글의 목적으로 가장 적절한 것은?

Recently, humans have become more aware of our technological limitations. Instead of trying to invent new solutions to our problems, we're looking to the natural world for guidance. One major problem is clean water. The solution to protecting our water resources may be the wettest areas of ground: wetlands. Wetlands may not look great. However, they perform an amazing role. They can filter and clean water. Dirty water enters a wetland, passes through its parts, and emerges cleaner on the other side. They're like natural machines for cleaning water. Around the world, people are creating wetlands instead of building huge, dirty tanks to clean their waste water. Then the water can be used again.

wetland 습지

① 습지 생태 공원 조성을 건의하려고
② 습지 주변의 토양 개선을 요구하려고
③ 습지의 정화 기능에 대해 설명하려고
④ 수자원 보호 프로그램 참여를 권장하려고
⑤ 새로운 물탱크 설치와 이용에 대해 안내하려고

03 다음 글의 목적으로 가장 적절한 것은?

Dear Sir,

I am writing this letter to bring your attention to an important matter. I am talking about the services I received on November 24th, and want to let you know my feelings about your staff's performance. The service was slow, and the staff showed little care. No customer would have been satisfied. I was a regular client of your restaurant, but now I am completely disappointed. I expect quality service from you and request that you deal with this issue immediately. I hope to receive a refund and look forward to your reply within a short time.

Yours sincerely,

① 식당의 위치를 물어보려고
② 친절한 직원을 칭찬하려고
③ 환불을 요청하려고
④ 단골손님으로서의 혜택을 요청하려고
⑤ 다른 회사 서비스의 모범사례를 제안하려고

04 다음 글의 목적으로 가장 적절한 것은?

Is a double-click to open an e-book good enough to replace paper? The answer just might be yes. The most recent improvements to ink on paper have not been so impressive, until now. The Amazon Kindle has a display that requires no back lighting and actually closely resembles a real, printed page. This has made it comfortable to read for hours at a time. The device can access a cell-phone network for instant purchase and download of books, and there are more than 300,000 books to choose from. This wonderful e-reader's many benefits are likely to surprise you. Give it a try!

Amazon Kindle 아마존 킨들 ((아마존이 개발한 전자책 서비스 및 기기))

① 전자책 이용 방법을 안내하려고
② 전자책 서비스 가입을 독려하려고
③ 전자책에 대한 선호도를 조사하려고
④ 전자책 기기의 편리함을 소개하려고
⑤ 전자책과 종이책의 장단점을 설명하려고

Q 글쓴이의 의도가 가장 잘 드러나는 문장을 찾아 밑줄을 그으시오.

bring attention to A A에 관심을 가져오다
performance 실행(력); 성과; 공연
staff 직원
customer 손님, 고객
satisfied 만족하는
regular client 단골 고객
completely 완전히, 전적으로
disappointed 실망한, 낙담한
quality 고급의; 질
request 요청하다; 요청
deal with (문제 등을) 처리하다, 다루다
issue 문제; 쟁점
immediately 즉시, 즉각
refund 환불(금)
look forward to A A를 기다리다, 고대하다
reply 답장; 응답하다
within (특정한 기간) 이내에

recent 최근의
improvement 개선, 향상
impressive 인상적인
display 디스플레이; 전시
require 필요로 하다; 요구하다
closely 꼭 맞게; 접근하여
resemble 닮다
at a time 한 번에
device 장치, 기구
access 접속하다, 접근하다
instant 즉각적인
purchase 구매
benefit 이익; 이익을 얻다; 유익하다
be likely to-v v할 것 같다
give it a try 한번 해보다, 시도하다

05 다음 글의 목적으로 가장 적절한 것은?

Your body is constantly under attack from viruses and bacteria, and inflammation is its first line of defense. Unfortunately, this natural response can sometimes do more harm than good. Luckily, there's a simple solution. Many foods contain vitamins and nutrients that help to reduce unwanted inflammation. For example, fatty types of fish, such as salmon and tuna, can be quite effective because of the fatty acids they contain. Then there are healthy fruits like papayas, which contain high levels of vitamins C, E, and A, as well as enzymes that reduce inflammation. Cranberries and blueberries are two other delicious inflammation-fighting fruits. By including these in our diets, we can all feel a lot healthier.

inflammation 염증 **fatty** 지방이 많은 **cf. fatty acid** 지방산 **enzyme** 효소

① 염증의 원인을 설명하려고
② 염증을 줄이는 음식을 소개하려고
③ 신체 자극을 줄이는 방법을 알리려고
④ 다양한 비타민과 영양소 섭취를 권장하려고
⑤ 음식물을 통해 감염되는 바이러스 종류를 알리려고

06 다음 글의 목적으로 가장 적절한 것은?

Dear Emily,

It has been a long time since I joined the family of Automatic Data. I've really enjoyed working in this organization. I have worked here for over 5 years and have benefitted both personally and professionally. I've also learned a great deal about marketing and management. I now believe I have the knowledge and required skills and abilities to handle a senior role in my department. I understand current market trends and customer demands. I would like to take what I have learned and use it to benefit the company. I hope you will take all of this into consideration when reviewing my request for the open position of Marketing Department Supervisor.

Sincerely,
Cynthia Rylant

① 승진을 요청하려고   ② 일자리 제안을 거절하려고
③ 팀원들에게 감사함을 전달하려고   ④ 업무 관련 교육을 제안하려고
⑤ 다른 부서와의 긴밀한 협업을 독려하려고

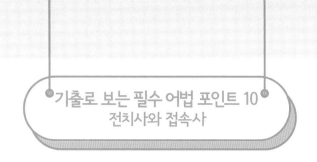

기출로 보는 필수 어법 포인트 10
전치사와 접속사

전치사와 접속사의 차이점

전치사와 접속사, 특히 종속접속사 중 하나를 고르는 문제도 자주 출제돼요. 전치사는 뒤에 '명사(구)'가 오고, 종속접속사는 뒤에 〈주어+동사〉 형태의 '절'이 와요. 뒤에 이어지는 내용의 형태를 살펴보는 것이 중요하답니다.

1. 전치사와 접속사의 구별

1) (During) / While ┃ this period, the number of bicycle trips has tripled, and travel by public
　　　　　　　　　　명사구

　transport has doubled. 〈모의 응용〉

> 네모 뒤에 명사구 this period가 이어지고 있어요. 따라서 뒤에 절이 이어져야 하는 접속사 While이 아닌,
> 전치사 During이 적절해요.

2) Most children drop in IQ each summer vacation ┃ (because) / because of ┃ they aren't
　exercising their brains. 〈모의 응용〉　　　　　　　　　　　　　　　　주어　　동사

> 네모 뒤에 주어(they), 동사(aren't exercising)가 있는 절이 이어지고 있죠? 그러니까 접속사 because가
> 알맞아요.

3) (Although) / Despite ┃ rewards sound so positive, they can often lead to negative
　　　　　　　　　　　　주어　　동사

　consequences. 〈모의 응용〉

> 네모 뒤에 주어(rewards), 동사(sound)가 이어지고 있어요. 따라서 전치사 Despite이 아닌, 접속사
> Although가 적절해요.

POINT EXERCISE 다음 중 어법상 적절한 표현을 고르시오.

1　Many Joshua trees have been planted in urban areas, ┃ despite / even though ┃ a very low rate of survival. 〈모의 응용〉

> **Joshua tree** 조슈아 트리 ((미국 남서부 사막 지대에 자라는 유카의 일종))

2　The leopard shark got its name ┃ because of / because ┃ its spots, which are similar to those found in leopards. 〈모의 응용〉

> **leopard shark** 레오파드 상어

3　┃ In spite of / Although ┃ *kid* today is an accepted word, it was once considered slang. 〈모의 응용〉

---

period 기간　　triple 세 배가 되다; 세 배의 cf. double 두 배가 되다; 두 배의　　public transport 대중교통　　reward 보상
positive 긍정적인 (↔ negative 부정적인)　　lead to A A로 이어지다　　consequence 결과
Point Exercise　plant 심다　　urban 도시의　　despite ~에도 불구하고 (= in spite of)　　rate 비율　　survival 생존　　spot 점
leopard 표범　　accepted 일반적으로 인정된　　consider 여기다　　slang 속어, 은어

글에 나타난 글쓴이의 심경을 파악하는 유형이에요.

지시문   다음 글에 드러난 ○○의 심경으로 가장 적절한 것은?

다음 글에 드러난 ○○의 심경 변화로 가장 적절한 것은?

이 유형 알아보기

Q1. 지문은 보통 어떤 종류의 글인가요?

소설 같은 **문학 작품**이나, **일상생활을 그린 이야기** 글이 자주 나오는 유형이에요.

Q2. 무엇을 찾아야 하나요?

① 글쓴이의 심경이 **직접적으로 드러난 표현**을 찾아요. 특히 형용사, 부사를 유의 깊게 봐야 해요.

② 글쓴이의 심경이 직접적으로 드러나지 않을 수도 있어요. 하지만 글쓴이가 처한 **상황을 떠올려보면** 심경을 쉽게 이해할 수 있습니다.

Q3. 무엇을 알아야 하나요?

① 긍정적인 심경을 나타내는 어휘: delighted, satisfied, grateful, excited, thrilled, amused, relaxed, pleased, relieved 등

② 부정적인 심경을 나타내는 어휘: jealous, worried, angry, nervous, depressed, disappointed, frightened, scared, ashamed, regretful 등

예제 1 **다음 글에 드러난 'I'의 심경으로 가장 적절한 것은?**

Sunset was late in coming. It had been a hot sunny day and the air was heavy and still. I saw a large fountain in the middle of the town square, but there was no water. The square was empty except for a black cat staring at me with a scary, sharp look. The shops were closed and there was no one about. I started to grow anxious as it got dark. I walked across to a cafe and sat down at a table, putting my bag on the seat beside me. The cafe was empty except for two rough-looking men at a table next to the window. They observed me threateningly and suddenly started to approach me. I really wanted to escape. 〈모의 응용〉

① fearful   ② pleased

③ relieved   ④ curious

⑤ indifferent

❶ **심경과 관련된 어휘 파악:** scary, grow anxious, observed me threateningly, wanted to escape 등을 통해 'I'가 두려워하고 있음을 알 수 있다.

❷ **정답 파악:** 글쓴이의 심경을 가장 잘 드러낸 선택지를 고른다. pleased 와 relieved는 긍정적인 심경을 나타내며, curious는 '호기심이 많은', indifferent는 '무관심한'이라는 의미이다.

정답 ①

예제 2 **다음 글에 드러난 Daniel의 심경 변화로 가장 적절한 것은?**

Now Daniel had to make the final decision. "Should we stay or leave? What if we get caught?" he thought. He was deeply concerned about the safety of his family. He finally made up his mind to fly to England in a tiny airplane. The plane took off, but he was still nervous as he was not sure of the success of the flight. He thought that if the plane were discovered by the German troops, he and his family might lose their lives in the air. As he almost reached England, the plane suddenly made a strange noise and began to shake, but somehow he managed to land safely in England, together with his wife and two daughters. His eyes were full of tears of joy when he saw the British soldiers waiting for them. 〈모의 응용〉

① bored → amused
② ashamed → proud
③ happy → depressed
④ worried → relieved
⑤ excited → disappointed

❶ **문제 파악:** '심경 변화'를 묻고 있으므로 상황에 따라 글쓴이의 심경이 변할 것임을 알 수 있다.

❷ **글쓴이의 상황 파악:**
– 다니엘은 떠나야 하는지, 머물러야 하는지 고민하고 있다. nervous, might lose their lives와 같은 어구를 통해, 다니엘은 자신과 가족이 목숨을 잃을까 봐 걱정하고 있음을 알 수 있다.
– 비행기가 safely(무사히) 착륙했고, 그의 눈이 tears of joy(기쁨의 눈물)로 가득 찼다고 했으므로, 안도하고 있음을 알 수 있다.

❸ **정답 파악:** 독일 군인에게 붙잡혀 목숨을 잃을까 봐 걱정했으나(worried), 영국에 무사히 착륙해 안도하고 (relieved)있다.

정답 ④

QUICK CHECK! 다음 글에 드러난 'I'의 심경 변화로 적절한 것은?

I couldn't sleep last night because of my excitement at touring London for the first time. I've always wanted to visit London, and I'm finally here. First, I wanted to get tickets to a show for the evening. However, the clerk said the tickets were already sold out. Disappointed, I made my way to the London Eye. When I got there, I knew I'd have to wait in line, but I didn't think it would be 2 hours! I was really hungry and tired.

London Eye 런던 아이 ((런던에 있는 회전 관람차))

① excited → relaxed
② tired → pleased
③ thrilled → depressed
④ pleased → scared

excitement 흥분
clerk 직원
sold out 매진된
disappointed 실망한
make one's way to A A로 나아가다
wait in line 줄 서서 기다리다

[선택지 어휘]
relaxed 편안한
thrilled 아주 흥분한
scared 무서워하는

crisp 상쾌한; 바삭한
gentle 잔잔한; 온화한
deer 사슴
silently 조용히
toss 던지다
lock 잠그다
along with ~와 마찬가지로
trap 가두다; 덫
for hours 몇 시간 동안

[선택지 어휘]
cheerful 활기찬
relieved 안도하는
greedy 욕심 많은
confident 자신감 있는

01 다음 글에 드러난 'I'의 심경으로 가장 적절한 것은?

A few years ago, I drove deep into the mountains on a snowy winter day. The air was fresh and crisp, and the gentle snowfall was beautiful. I even saw a deer crossing the road silently and got out of the car to watch. Returning to the car, I tossed my wet jacket inside and prepared to return home. That's when I heard a "click." The car was locked! My jacket and phone, along with the keys, were trapped inside. Not a sound could be heard as I stood in the falling snow. I shook from the cold as I watched the sun sink behind the mountain. I hadn't seen another car for hours, and I was miles from home.

① cheerful   ② worried   ③ relieved
④ greedy   ⑤ confident

---

assignment 과제, 임무
approach 다가오다
on time 제시간에, 정각에
turn off (전기·가스 등을) 끄다
fall asleep 잠들다
curtain 커튼
pile 더미, 쌓아 놓은 것
unfinished 완료되지 않은
sigh 한숨을 쉬다

[선택지 어휘]
indifferent 무관심한
relieved 마음이 놓이는
touched 감동받은
joyous 기쁜

02 다음 글에 드러난 Jin의 심경으로 가장 적절한 것은?

There had been so many assignments, but as 11 p.m. approached, it looked like Jin was going to finish everything on time. He smiled to himself and thought "I've really done it, and I did a good job too." Turning off the lamp on his desk and getting into bed, he started to fall asleep. Suddenly, he was woken up by the sound of his mom. "Wake up, Jin, it's time for breakfast," she said as she opened the curtains. Light came in through the window and shined upon piles of unfinished work. It had all been a dream! It was only Monday morning. Jin put his head down on his desk and sighed.

① indifferent   ② relieved   ③ touched
④ joyous   ⑤ disappointed

정답 및 해설 p. 60

03 다음 글에 드러난 Jayden의 심경 변화로 가장 적절한 것은?

"This is taking too long!" said Jayden. He and his mother were stuck behind a long line of cars at a toll gate and had hardly moved forward in 10 minutes. "I'll be late for my team's grand final match!" Jayden cried. His mother felt terrible, but there was nothing she could do to get Jayden to the stadium any faster. But suddenly, the line of cars ahead started moving — fast! Five cars drove straight through the toll booth, and then it was Jayden's mother's turn. She already had her $5 toll fee ready to pay, but the toll booth worker said, "Go on through: a driver up ahead paid the toll for the next ten cars." Jayden cheered with delight as he and his mom sped off towards the stadium.

① sorry → uneasy
② happy → satisfied
③ sad → confused
④ irritated → pleased
⑤ worried → shocked

be stuck 꼼짝도 못 하다
toll gate 톨게이트, 통행료 징수소
hardly 거의 ~ 아니다
grand final match 결승전
stadium 경기장, 스타디움
toll booth 통행료 받는 곳[부스]
turn 차례; 돌다
toll fee 통행료
delight 기쁨
speed off 빨리 가다

[선택지 어휘]
uneasy 불안한
satisfied 만족하는
confused 혼란스러운
irritated 짜증난
shocked 충격을 받은

04 다음 글에 드러난 'they'의 심경으로 가장 적절한 것은?

They changed course and continued their search. The rain stopped, the clouds left the heavens, and the moon came out, but they saw nothing familiar in their surroundings. The only sound in the great woods was that of falling water. They stopped again, worn out and worried at last. All their walking had only served to confuse them more. Neither had any idea of where to go, and both were afraid to be lost in the wilderness. They realized two things at the same time. First, their strength was going to run out sooner or later. Second, they could walk for a thousand miles or more and never find a single road or human being. They leaned against a tree and looked down at the ground.

① energetic
② bored
③ miserable
④ satisfied
⑤ lonely

continue 계속하다
search 수색; 찾아보다
heaven 하늘
familiar 익숙한, 친숙한
surrounding 주위의
woods 숲
wear out 지치다
at last 마침내
confuse 혼란시키다
neither (둘 중) 어느 것도 아니다
wilderness 황야, 황무지
realize 깨닫다
run out (힘이) 다하다
sooner or later 조만간
single 단 하나의
lean against ~에 기대다

[선택지 어휘]
energetic 활기찬
miserable 비참한

05   다음 글에 드러난 Min의 심경으로 가장 적절한 것은?

Min tapped his finger rapidly on his leg. He'd swam in competitions before, but the waiting never gets easier. Adding to the pressure that he already felt, Min knew he needed to finish in the top four of this race. His mind wandered. He thought back to a race from one month before. On that day, he had jumped in the water before the starting whistle and lost because of it. Min tried to shake those thoughts out of his head. He jumped up and down to use up some extra energy. Just a few more minutes and he'd be in the water. Then the horrible thinking would stop, and the swimming would begin.

① nervous   ② grateful   ③ angry
④ calm   ⑤ ashamed

06   다음 글에 드러난 'I'의 심경 변화로 가장 적절한 것은?

One day I was in the middle of sewing something when I accidentally knocked a box full of pins off my sewing table. I spent the next 40 minutes down on the floor picking pins out of the carpet, yet couldn't help worrying that I hadn't found them all. Then a few days later I noticed some magnets at a store, and a light went on in my head: a magnet would pick up pins faster than fingers could! Now I always keep one handy when I'm sewing. It's not only good for getting pins off carpet, but also out of little places in furniture and sewing machines.

① anxious → satisfied
② irritated → furious
③ sad → relaxed
④ delighted → angry
⑤ interested → bored

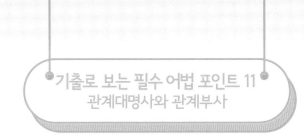

관계대명사, 관계부사?

관계대명사는 '접속사+대명사'의 역할을, 관계부사는 '접속사+부사(구)'의 역할을 해요. 둘 다 '접속사'의 기능을
해서 절과 절을 연결할 수 있어요.

1. 절과 절을 연결하는 역할

1) You can massage your hair with *coconut oil*, (which)/ it can help you to reverse gray hair.
   = and it 〈모의 응용〉

> 절과 절은 반드시 접속사로 연결되어야 해요. 대명사는 절과 절을 연결할 수 없답니다. 접속사가 따로
> 보이지 않으니까, 〈접속사+대명사〉의 역할을 하는 관계대명사가 와야 해요. which는 앞의 coconut 이을
> 선행사로 해서 내용을 덧붙이고 있어요.

2) Johnson moved to *London*, there (where) he supported himself through journalism.
   = and there 〈모의 응용〉

> 역시 접속사가 보이지 않아요. 절과 절이 연결되기 위해서는 접속어의 역할을 하는 관계부사 where가
> 와야겠죠? where의 선행사는 앞의 London이고요. 여기서 where는 and there로 바꿔 쓸 수도 있어요.

2. 관계대명사와 관계부사의 구분

1) He opened *stores* (where)/ which poor people can buy goods with small payments.
   〈모의 응용〉

> 관계대명사와 관계부사는 뒤에 오는 절의 형태에 따라 구분할 수 있어요. 관계대명사 뒤에는 필수 성분이
> 빠진 불완전한 문장이, 관계부사 뒤에는 완전한 문장이 와요. 네모 뒤는 poor people can buy goods
> ~로, 문장의 필수 성분이 모두 있죠? 따라서 관계부사 where가 선행사 stores를 수식해야 해요.

2) *A brain* where (that) is fully fueled solves problems faster.

> 역시 관계대명사와 관계부사의 구분을 묻고 있으니까 뒤의 문장 구조를 봐야겠죠? 뒤에 주어가 빠진
> 불완전한 구조가 왔어요. 그래서 관계사절 내에서 주어 역할을 하는 주격 관계대명사 that이 적절해요.

POINT EXERCISE 다음 중 어법상 적절한 표현을 고르시오.

1 Some naturalists believed there was a good reason that / why birds lay eggs. 〈모의 응용〉

   naturalist 동식물 연구가

2 We need more organizations that / where give helping hands to the poor.

3 There will be times which / when there is no one around to cheer you on. 〈모의 응용〉

---

reverse 뒤집다; 뒤바꾸다   **gray hair** 흰머리   **support oneself** 생계를 잇다   **journalism** 저널리즘 ((신문, 방송 등의 기사거리를
쓰고 기사를 쓰는 일))   **goods** 물건, 제품   **payment** 지불금; 지급   **fully** 완전히, 충분히   **fuel** 연료를 공급하다
Point Exercise lay (알 등을) 낳다; (조심스럽게) 놓다   **helping hand** 도움, 원조   **the poor** 가난한 사람들   **cheer A on** A를 격려하다

제3회 미니 모의고사

1 다음 글의 요지로 가장 적절한 것은?

The value of a person should never be judged based on his or her interests or desires alone. Furthermore, in this increasingly multicultural world, it's more important than ever before to have a wide group of friends. Still, we must place slightly more importance on our own dreams than those of others. So, a friend who shares the same goal as you can be helpful. This is because all that time you spend together will likely involve time progressing toward your goal. A friend who understands your dream will be able to encourage you to keep growing. And when one of you feels like giving up, the other can keep you both on track.

multicultural 다문화의

① 내면의 목소리에 귀를 기울여야 한다.
② 같은 목표를 공유하는 친구를 만들어라.
③ 포기하고 싶을 때 한 번만 더 시도해 보라.
④ 관심사가 다양한 친구들을 두루 만나야 한다.
⑤ 사람을 나의 가치관에 따라 판단해서는 안 된다.

2 다음 글의 주제로 가장 적절한 것은?

Doctors want perfumes to be removed from hospitals and clinics. They say perfumes contain chemicals that cause asthma and allergies. Over half of asthma attacks are caused by strong smells, such as perfumes. Two doctors from McGill University wrote about the dangers of smells in hospitals. They said all hospitals should remove artificial scents to promote the safety of patients, staff, and visitors alike. About one third of people say they are physically affected by smells. For the many people at risk, it is important for doctors to take this issue seriously.

asthma 천식

① why doctors should wear perfume
② perfumes that are dangerous to health
③ research on curing asthma and allergies
④ why some people are strongly affected by smell
⑤ a reason for removing perfumes from hospitals

3 다음 글의 제목으로 가장 적절한 것은?

Some researchers in Britain are now saying there is too much focus on sitting in classrooms to pass exams. They say outdoor learning is important for students' social skills, health, and development. So, the researchers want Britain's government to put outdoor learning on the curriculum. They say there are many benefits of outdoor learning. One advantage is that it builds confidence in children as they experience things like climbing trees. Another is that it teaches children to respect nature. It also allows children to exercise rather than sitting in a classroom or playing video games. With so many benefits, this may be something that both educators and students can agree on.

① What Nature Has to Teach Us
② Not In a Classroom, Go Outside!
③ UK Schools: Embracing the Outdoors
④ Respect Yourself by Respecting Nature
⑤ Recent Changes to British Curriculums

4 다음 글에 드러난 Jane의 심경 변화로 가장 적절한 것은?

After visiting three cities in three days, it seemed to Jane that every muscle in her body was sore. As a sales representative for a major company, traveling was normal, but this last trip had been especially difficult. Her feet were screaming at her to take off her shoes, and her arms begged her to set down her luggage. But finally, she was back in the peace and quiet of her own apartment. She took a long shower, changed into some comfortable clothes, and sank into the soft cushions of the sofa. She closed her eyes and just breathed. It was good to be home.

① pleased → worried
② horrified → delighted
③ excited → sad
④ tired → comfortable
⑤ proud → disappointed

5 다음 글의 밑줄 친 부분 중, 문맥상 낱말의 쓰임이 적절하지 <u>않은</u> 것은?

Today's "fast-fashion" trend is not ① <u>friendly</u> to the environment. Fast-fashion clothing is designed and manufactured quickly and cheaply to allow consumers to purchase the latest fashions at ② <u>reasonable</u> prices. Because they can get the clothing cheaply, throwing it away is ③ <u>painful</u>. That is, purchasers tend to get rid of it without hesitation when they become ④ <u>tired</u> of it. This fast-fashion culture leaves a ⑤ <u>pollution</u> footprint, generating potential environmental problems. One of the biggest problems is that thousands of toxic chemicals are used mainly by fast-fashion manufacturers.

fast-fashion 패스트 패션((최신 유행을 즉각 반영하여 빠르게 제작하고 유통시키는 의류 사업))

6 밑줄 친 부분이 가리키는 대상이 나머지 넷과 <u>다른</u> 것은?

In a small town lived a kind and wealthy merchant. Unfortunately, ① <u>his son</u> had made some bad friends and was misbehaving. So, the father sent his son to visit a wise man in the mountains. There, he gave a rose to the boy and asked ② <u>him</u> to smell it. ③ <u>He</u> then placed the rose near an old bag of wheat. After an hour, he asked the boy to smell both the rose and the bag. "Is there any change?" he asked. "The rose smells as fresh as before, and the bag smells better," ④ <u>he</u> replied. Then the wise man said, "Boy, you should be like this rose — spreading your good qualities but not letting bad ones affect ⑤ <u>you</u>. You should not lose them in bad company." He understood and left to apologize to his father.

7 다음 글의 빈칸에 들어갈 말로 가장 적절한 것은?

In England in the early nineteenth century, Ned Ludd and his supporters went around destroying new machinery because they believed that the machines would take jobs away from workers. They were punished severely for their actions; they were sentenced to death. Looking back, however, their punishment wasn't the surprising thing. The real mystery is why they attempted to stop technology from changing industry. It's as if Ludd and his men were engaging in a battle against the future. Obviously, their struggle was going to end in failure. Their only lasting impact was their name — Luddites — which is still used today as a term for those who _____.

sentence (형을) 선고하다

① hopelessly fight against technology
② support traditional methods of punishment
③ believe that the future is completely digital
④ have no knowledge of that period of history
⑤ earn their living from the sale of their labor

8 다음 글의 빈칸 (A), (B)에 들어갈 말로 가장 적절한 것은?

Envy is represented by green, anger by red, and sadness by blue. We definitely link colors with emotions, but the links themselves are flexible. They depend on personal experience. ___(A)___, a feeling of calm might remind you of the quiet blue of the sky. But for someone else, blue might produce anger and fear. Perhaps it reminds him of the jacket of a bad kid from his childhood. The culture we live in also affects how we see certain colors. We often think of white as representing purity and innocence. ___(B)___, in some cultures, it's the color of sadness from loss. How do colors relate to feelings in your own life and culture?

	(A)	(B)
①	In fact	As a result
②	In fact	However
③	In contrast	Similarly
④	For example	However
⑤	For example	Similarly

9 주어진 글 다음에 이어질 글의 순서로 가장 적절한 것은?

Diplomacy is a fine profession when it is done well, but it has its disadvantages. Take, for example, physical security.

(A) Without carefulness, they would not understand other people's interests, moods, and characters. The good diplomat needs to create a balance.

(B) Some countries are more dangerous than others; you will travel only by car for fear of kidnapping, and must lock yourself in your house at night with guards, dogs, and an alarm system.

(C) Regardless of the physical environment, diplomats must be bold and careful in their work. Without boldness, they would not survive the everyday work of international politics, nor the necessary changes of location, climate, and culture.

diplomacy 외교 **cf. diplomat** 외교관

① (A) - (C) - (B)　　② (B) - (A) - (C)
③ (B) - (C) - (A)　　④ (C) - (A) - (B)
⑤ (C) - (B) - (A)

10 다음 글에서 전체 흐름과 관계 없는 문장은?

Socotra is a small island that lies about 380km south of the Arabian Peninsula in the Indian Ocean. ① It has been separated from the mainland for a long time, which has allowed Socotra to become one of the world's most unique places. ② It has such interesting plant life that it is often described as "the most alien-looking place on Earth." ③ Over 300 plant species on Socotra only live on the island. ④ It is strictly prohibited to export any materials, like seeds, tree branches, roots, and so on, from this island. ⑤ The dragon blood tree, for example, with its upward-sprouting branches that create a dense covering resembling a lawn, is found nowhere other than Socotra.

Arabian Peninsula 아라비아 반도

고난도

11 글의 흐름으로 보아, 주어진 문장이 들어가기에 가장 적절한 곳은?

> The researchers also said that being around humans too much makes animals less cautious.

Every year, millions of people visit protected natural areas to observe rare species, which is called ecotourism. It may sound environmentally-friendly, but a new report suggests that ecotourism is more damaging than helpful to nature. (①) Researchers believe tourists are disturbing animals in their natural habitats. (②) They talked about a recent event where sea turtles in Costa Rica had problems laying their eggs because of the tourists who had come to watch them. (③) This puts the animals in greater danger when real predators approach. (④) The researchers said it was essential to get a better understanding of how different species respond to humans. (⑤) Then we can avoid the situations that put animals at risk.

ecotourism 생태 관광

12 다음 글의 내용을 한 문장으로 요약하고자 한다. 빈칸 (A)와 (B)에 들어갈 말로 가장 적절한 것은?

Did you know that you make some very powerful smells? These ones don't smell bad. These smells are called pheromones. Dogs and horses are especially sensitive to pheromones. If you are afraid, dogs and horses know that you are. This is because fear makes our bodies produce a special pheromone. We can't smell it, but they can. So it's true when people say that dogs and horses can 'smell your fear.' It's also true that many women can smell sadness or happiness! In several experiments, women were asked to say whether a person had just watched a sad movie or a funny one. Most of the women gave the correct answer without seeing or hearing the person. Instead, they could do this by smelling the shirt that the person had worn. Pheromones communicated the feelings to the women.

pheromone (생물) 페로몬, 동종 유인 호르몬

↓

> Pheromones are smells produced by various ____(A)____, and they send powerful ____(B)____ to others.

	(A)		(B)
①	people	......	messages
②	animals	......	energy
③	animals	......	warnings
④	emotions	......	messages
⑤	emotions	......	warnings

[13–14] 다음 글을 읽고, 물음에 답하시오.

A 2010 study from the University of California found that heavy backpacks are causing back pain for students. The same study says that 33% of kids aged 11 to 14 report back pain. Other research from 2011 came to a similar conclusion. Like the frame of a house, the spine is what holds the body up. Putting too much weight on this frame while a young body is still developing could change a child's posture and slow growth, says Rob Danoff, a spine doctor. "It also might lead to other injuries later in life," he says. Danoff says _____ is important to relieve pressure on the spine and shoulders. You need a backpack that's made for your size. Soft shoulder straps and a cushioned back will also prevent pain. Furthermore, kids should only be carrying what they need.

spine 척추

13 윗글의 제목으로 가장 적절한 것은?

① What Kids Are Carrying
② Poor Posture Equals Pain
③ Designing the Perfect Pack
④ How to Choose a Backpack
⑤ Big Backpacks, Big Problems

14 윗글의 빈칸에 들어갈 말로 가장 적절한 것은?

① good posture
② a lighter bag
③ proper design
④ a strong frame
⑤ healthy development

Chapter ④
세부 내용 이해 및
기타 유형

글을 읽고, 다섯 개의 밑줄 친 대명사 중 나머지 넷과 다른 하나를 고르는 유형을 말해요.

지시문   밑줄 친 부분이 가리키는 대상이 나머지 넷과 <u>다른</u> 것은?

Q1. 지문은 보통 어떤 종류의 글인가요?

짧은 이야기 글이나 흥미로운 일상적인 글이 대부분이에요.

Q2. 이 문제는 어떻게 풀어야 하나요?

① 우선 밑줄 친 대명사가 가리키는 것이 무엇인지 파악해야 해요.

② 파악한 지칭 대상을 대명사에 대입해보고 흐름이 자연스러운지 확인해봐야 해요.

Q3. 어떤 점을 조심해야 하나요?

① 가리키는 대상의 후보가 되는 인물은 주로 **두 명**이 나오지만, **세 명**일 경우도 있어요. 이런 경우는 헷갈릴 수 있으니 지칭 대상을 정확히 파악해야 해요.

② 하나의 대상을 **다양한 지칭**으로 표현할 수 있으니 조심해야 해요. (예: 한 대상을 my father, he, a kind man 등으로 표현.)

예제 1 밑줄 친 부분이 가리키는 대상이 나머지 넷과 다른 것은?

When Paul Dver was a high school student, he met comedian Soupy Sales and became friends with him. ① He even sometimes talked to the comedian on the telephone. Paul would tell his fellow high school students that ② he was friends with Soupy Sales, and of course they didn't believe him. One day, ③ he asked Soupy for a favor. Paul and his friends were appearing in a play, and ④ he asked Soupy to record an advertisement for him because if it were recorded in Soupy's voice, the local radio station would play it. Soupy did more than just record the advertisement as written. ⑤ He threw in some ad-libs and made it funny. Of course, Paul's high school friends were amazed to hear Soupy's voice on the radio advertising Paul and his friends' play. 〈모의 응용〉

❶ **등장인물 파악:** Paul Dver, Soupy Sales, Paul Dver의 학교 친구들

❷ **대명사가 가리키는 대상 파악:** ①, ②, ③, ④는 Paul Dver를 가리키고, ⑤는 Soupy Sales를 가리킴.

❸ **대명사가 가리키는 대상을 대입하여 읽음:** ① ~ ④에 Paul Dver를 대입해서 읽으면 문맥상 자연스러움. 하지만 ⑤에 Paul Dver를 대입하면 문맥상 자연스럽지 않고, Soupy Sales를 대입하여 읽으면 문맥상 자연스러움.

정답 ⑤

예제 2 밑줄 친 부분이 가리키는 대상이 나머지 넷과 <u>다른</u> 것은?

"I found my baby sister!" I proudly said, pushing a stroller around so that my mother could see the newest member of our family whom I had just taken. At that time I was not quite three years old, and the toddler was only a few months younger than that, with ① her hair tied tightly behind her little head. I remember that ② she was smiling up at me. I must have taken ③ her smile as permission to take the unwatched stroller. "No, you haven't!" my mother gasped in shock, putting a hand over ④ her own mouth. The child was quickly returned to ⑤ her worried mother, despite my tearful protests. 〈모의 응용〉

stroller 유모차

❶ **등장인물 파악:** 나, 아기, 나의 엄마, 아기의 엄마

❷ **대명사가 가리키는 대상 파악:** ①, ②, ③, ⑤는 '아기'를 가리키고, ④는 '나의 엄마'를 가리킴.

❸ **대명사가 가리키는 대상을 대입하여 읽음:** ①, ②, ③, ⑤에 '아기'를 대입해서 읽으면 문맥상 자연스럽지만 ④에 '아기'를 대입시키면 문맥상 자연스럽지 않음. 따라서 ④에는 '나의 어머니'를 대입하여 읽어야 문맥상 자연스러움.

정답 ④

QUICK CHECK! 밑줄 친 부분이 가리키는 대상이 나머지 넷과 <u>다른</u> 것은?

Alex had a terrible day fishing. So on ① his way home, he stopped at the market and ordered four trout. ② He told the clerk, "Pick four large ones out and throw them at me, will you?" "Why do you want ③ me to throw them at you?," asked the clerk. "I want to honestly tell ④ my wife I caught them," said Alex.

trout 송어

on one's way home 돌아가는 길에
order 주문하다
clerk 점원
pick A out A를 고르다
honestly 솔직히

get out of ~에서 나가다
notice (보거나 듣고) 알다
reply 대답하다
offer 권하다, 제안하다
grave 무덤, 묘
afterward 후에, 나중에
pick up (어디에서) ~을 찾아오다

01 밑줄 친 부분이 가리키는 대상이 나머지 넷과 다른 것은?

A man stopped at a flower shop to send some flowers to his mother in another city 200 miles away. As he got out of his car, ① he noticed a young boy crying. ② He asked him what was wrong, and the boy replied, "I don't have money to buy a rose for my mom." The man smiled and said, "I'll buy you a rose." ③ He bought the little boy his rose and ordered his own mother's flowers. As they were leaving, he offered the boy a ride home. ④ He said, "Yes, please! You can take me to my mother." ⑤ He drove to a cemetery, where the boy placed the rose on a grave. Afterward, the man decided to pick up his flowers instead and drive 200 miles.

cemetery 묘지

Q 문제 2의 정답이 가리키는 대상을 본문에서 찾아 동그라미 치시오.

suggest 제안하다
dish 음식, 요리
ethnic 민족 전통적인
community 지역 사회; 공동체
be glad to-v 기꺼이 v하다
mash 으깨다
spice 향신료, 양념
and so on 기타 등등
success 성공

02 밑줄 친 부분이 가리키는 대상이 나머지 넷과 다른 것은?

Amy's school needed to have a fundraiser to buy more computers. Amy knew that many of her classmates' families were from different countries around the world. So, ① she suggested that every student could bring in their favorite dish and hold an ethnic dinner night. ② She knew parents and members of the community would be glad to pay money to try foods from all over the world! Amy's teacher loved it, too. Amy brought in ③ her favorite meal — chicken with mashed potatoes. ④ Her friend Amina was from Ethiopia, an African country. ⑤ She brought in meat with spices over rice. Ibrahim, from Morocco, brought a different spicy dish. Juan brought Mexican food, and so on. The fundraiser was a great success! Everyone enjoyed seeing, smelling, and tasting foods from so many different cultures.

fundraiser 모금 행사

03 밑줄 친 부분이 가리키는 대상이 나머지 넷과 <u>다른</u> 것은?

An old moneylender wanted to marry a farmer's beautiful daughter. So, ① <u>he</u> suggested a game. He would let the daughter pick one of two stones from a bag. If she picked the black stone, she would become ② <u>his</u> wife; but if she picked the white stone, she need not marry him and the farmer's debt would be forgiven. As they talked, the moneylender bent over to pick up two stones. As ③ <u>he</u> picked them up, the girl noticed that he had picked up two black stones and put them into the bag. With only seconds to think, the girl reached into the bag, picked a stone, and pretended to drop it. "Oh, how foolish of me!" she said. "But it's okay. Check the other stone to know which one ④ <u>I</u> picked." "Then I have no choice but to admit ⑤ <u>my</u> fault; I'm sorry," he said. The farmer and his daughter were saved.

moneylender 대금업자

marry 결혼하다
debt 빚
bend over 몸을 구부리다
reach into ~ 안에 손을 넣다
pretend ~인 척하다
foolish 바보 같은, 어리석은
have no choice but to-v v할 수밖에 없다
admit 인정하다
fault 잘못, 책임

04 밑줄 친 부분이 가리키는 대상이 나머지 넷과 <u>다른</u> 것은?

An old man was unhappy. His three sons fought all the time. One day, the old man said to ① <u>his</u> sons, "Bring me a bundle of sticks." The sons asked their servant to do it. The servant did so. After a few minutes, ② <u>he</u> returned with a bundle of sticks. The old man then called his sons to him. ③ <u>He</u> said to them, "Here is a bundle of sticks in front of you. Break it." They tried to break the bundle of sticks. They failed. ④ <u>The old man</u> then said, "Now untie the bundle. Take one stick at a time. Break it." Each son took one stick. The sticks broke easily. ⑤ <u>He</u> said, "Now learn a lesson. Do not fight with one another. Live together. You will be happy and strong. United we stand, and divided we fall."

bundle 묶음, 꾸러미

all the time 줄곧[내내]
servant 하인; 관리인; 종업원
untie (매듭 등을) 풀다
at a time 한 번에
lesson 교훈; 수업
united 뭉친, 단결한
divide 나뉘다[갈라지다]

05 밑줄 친 부분이 가리키는 대상이 나머지 넷과 <u>다른</u> 것은?

There was a businessman in a park who was deep in debt. Suddenly, an old man appeared before ① <u>him</u>. "I believe I can help," he said. "Take this money and pay me back one year later." The businessman saw in his hand a check for $500,000, signed by John D. Rockefeller, a very wealthy man. Since ② <u>his</u> business was now safe, he decided to try to solve his debt problem without using the check. One year later ③ <u>he</u> was successful. So, he returned to the park with the check ④ <u>he</u> had never needed to use. This time, however, he was met by a nurse. She explained that she was looking for a man pretending to be John D. Rockefeller. When she saw the man, a patient at a local hospital, she ran off to grab ⑤ <u>him</u>. The businessman stood shocked! The check had never even been real.

check 수표

06 밑줄 친 부분이 가리키는 대상이 나머지 넷과 <u>다른</u> 것은?

During their journey across the deserts of North Africa, Amanda had an argument with Margot, and Margot said something hurtful to ① <u>her</u>. Without saying anything, she wrote in the sand, "Today ② <u>she</u> hurt me." Then they walked on until they found an oasis. There Amanda got stuck in some mud, and Margot saved her. ③ <u>She</u> wrote on a stone afterward, "Today my best friend, Margot, saved my life." Margot was curious now, and asked, "After I hurt you, ④ <u>you</u> wrote in the sand, and now, you write on a stone — why?" With a smile ⑤ <u>she</u> replied, "When someone hurts us, we should write it in sand, where the winds of forgiveness can erase it, but when someone does good, we must put it in stone to last forever."

기출로 보는 필수 어법 포인트 12
관계대명사 What

관계대명사 what의 특징

관계대명사 that, which와 마찬가지로 what은 불완전한 문장을 이끌어요. 하지만 관계대명사 what은 선행사를 포함하고 있어서 앞에 수식할 선행사가 나오지 않아요. 또한, 명사절을 이끌어 문장에서 주어, 목적어, 보어 역할을 한답니다.

1. 관계대명사 that[which]과 관계대명사 what의 구분

1) (What)/ That is surprising is that you can find plenty of vitamin C in the white pith. 〈모의 응용〉

pith 중과피 ((오렌지 등의 껍질 안쪽 하얀 부분))

네모 뒤에 주어가 없는 불완전한 절이 이어지고 있죠? 선행사도 없고요. 따라서 주어를 이루는 명사절을 이끌 수 있는 관계대명사가 들어가야 하므로 what이 적절해요.

2) On Mondays there are too many meetings, (which)/ what are not very productive. 〈모의 응용〉

콤마 뒤에 관계사가 이어지는 구조예요. 이를 '계속적 용법'이라고 하는데, 선행사에 대해 더 자세한 내용을 덧붙일 때 쓴답니다. 그런데 관계대명사 that과 what은 계속적 용법으로 쓸 수 없어요. 따라서 선행사 meetings를 보충 설명하는 which가 와야 해요.

2. 접속사 that과 관계대명사 what의 구분

1) It's important to remember (that)/ what good decisions can still lead to bad outcomes. 〈모의〉

접속사 that은 필수 성분을 모두 갖춘 완전한 절을 이끌어요. what은 불완전한 절을 이끈다고 했죠? 뒤를 보니, 완전한 절(good decisions can still lead to ~)이 이어지고 있어요. 따라서 접속사 that이 적절하답니다. 〈모의 응용〉

2) The goal of researchers was to determine that /(what) high-achieving people had in common. 〈모의 응용〉

뒤에 동사 had의 목적어가 빠진 불완전한 구조의 절이 이어지고 있으니까 관계대명사 자리예요. 접속사 that은 완전한 절을 이끈다는 것, 잊지 마세요.

POINT EXERCISE 다음 중 어법상 적절한 표현을 고르시오.

1 Although friends mean different things to people, most people realize that / what friends are important. 〈모의 응용〉

2 To protect your songs from being copied, what / that you have made should be licensed. 〈모의 응용〉

3 Admission is $6 per child, what / which includes snacks for children.

plenty of 많은 **productive** 생산적인, 결실 있는 **decision** 결정, 판단 **outcome** 결과 **high-achieving** 고성과의 **in common** 공통으로

Point Exercise **realize** 알다, 깨닫다 **license** (공적으로) 허가하다 cf. **licence** 자격증 **admission** 입장료; 입장 **include** 포함하다

유형 13 　내용 일치

글을 읽고, 선택지의 내용과 글의 내용이 일치하는지 아닌지를 파악하는 유형이에요.

지시문　○○에 관한 다음 글의 내용과 일치하는[일치하지 않는] 것은?

이 유형 알아보기

Q1. 지문은 보통 어떤 종류의 글인가요?

어떤 인물에 관해 이야기하는 **전기 형식의 글**이나 동식물, 사물 등을 소개하는 **설명문**이 많아요. 잘 알려지지 않은 사람, 사물, 동식물에 관한 내용이 대부분이지만, 일화나 연구(실험) 내용이 나오기도 해요.

Q2. 어떻게 답을 찾아야 하나요?

① 먼저 **지시문을 정확하게 파악**해야 합니다. 선택지와 본문의 내용이 '일치하는' 것을 고르는 문제인지 '일치하지 않는' 것을 고르는 문제인지 반드시 확인하세요.

② 지시문을 확인한 후, **선택지를 먼저 읽으세요.** 본문과 선택지의 내용 일치 여부를 판단하는 문제이므로 선택지를 먼저 읽고 해당 내용이 나오는 곳을 찾는 것이 효율적입니다.

③ 보통 본문에서 설명된 순서대로 선택지가 제시되므로 선택지에 해당하는 내용의 단서를 본문에서 찾도록 합니다.

예제 1　Nathaniel Adams Cole에 관한 다음 글의 내용과 일치하지 않는 것은? ❶

❸ Nathaniel Adams Cole was born in Alabama on March 17, 1919. Cole learned piano from his mother, and both he and his older brother Eddie became professional musicians by their teens. As a teenager Cole organized two musical groups, the Rogues of Rhythm and the Royal Dukes. At 15, he dropped out of school to become a full-time jazz piano player. After he found a job as a pianist at the Century Club in Santa Monica, he formed a trio with Oscar Moore and Wesley Prince in 1939. In 1951, however, the trio officially broke up. After that, Cole emerged as a popular solo vocalist. He released more than forty albums and contributed to the introduction of "race music" to the larger American musical scene. 〈모의 응용〉

❷ ① 어머니로부터 피아노를 배웠다.
② 십 대에 두 개의 음악 그룹을 조직했다.
③ 15세에 학교를 그만두었다.
④ 1951년에 트리오를 결성했다.
⑤ 40장이 넘는 앨범을 발매했다.

❶ **지시문 파악:** 글의 내용과 일치하지 않는 선택지를 찾는 문제

❷ **선택지 확인:** 본문 읽기 전 선택지 내용 파악

❸ **본문 읽으며 정답 선택:** 먼저 읽은 선택지 내용을 바탕으로 본문의 내용과 일치하지 않는 것을 고른다.
→ 1951년에 트리오를 공식적으로 해체했음.

정답 ④

예제 2 ❶ **Moringa에 관한 다음 글의 내용과 일치하는 것은?**

❸ Moringa is a plant that ranges in height from five to twelve meters with an open, umbrella shaped crown, and straight trunk. Native to a tropical climate, this leafy tree can survive almost anywhere in the world. Clusters of white flowers are produced from this tree, which then develop into long narrow seed pods. The fruits(pods) are initially light green, slim and tender, eventually becoming dark green, firm and up to 120cm long, depending on the variety. Moringa cures malnutrition, and contains over-the-top quantities of a host of vitamins and minerals. The dried powdered leaves were found to contain seventeen times the calcium of milk, nine times the protein of yogurt, and twenty five times the iron in spinach. 〈모의 응용〉

pod (완두콩 따위의) 꼬투리

❷
① 줄기가 휘어져 우산처럼 보인다.
② 열대 지역에 한하여 서식한다.
③ 꼬투리가 흰 꽃으로 변한다.
④ 꼬투리는 성장 초기에 짙은 녹색이다.
⑤ 말린 잎의 분말에 우유보다 많은 칼슘이 들어 있다.

❶ **지시문 파악:** 글의 내용과 일치하는 선택지를 찾는 문제

❷ **선택지 확인:** 본문 읽기 전 선택지 내용 파악

❸ **본문 읽으며 정답 선택:** 먼저 읽은 선택지 내용을 바탕으로 본문의 내용과 일치하는 것을 고른다.
→ Moringa의 줄기는 곧은 형태이며, 열대지역뿐만 아니라 세계 어디에서든 서식할 수 있음. Moringa의 흰 꽃이 후에 꼬투리로 변하며, 꼬투리는 연한 녹색에서 짙은 녹색으로 변함.

정답 ⑤

QUICK CHECK! [1~3] Northern Hairy-Nosed Wombat에 관한 다음 글을 읽고, 일치하는 것은 ○, 일치하지 <u>않는</u> 것은 ✕를 고르세요.

This cute creature is one of the rarest mammals in the world. The Northern Hairy-Nosed Wombat is over 39 inches long and a little larger than other wombats. Though it is able to breed faster, the number of them remains small. These animals live in a forest in Queensland, and there are only about 130 Northern Hairy-Nosed Wombats alive.

mammal 포유동물 **Northern Hairy-Nosed Wombat** 북쪽털코웜뱃

creature 동물, 생물
rare 희귀한, 드문
breed 새끼를 낳다
remain 계속 ~이다
alive 살아있는

1. 북쪽털코웜뱃은 희귀 동물이다. (○ / ✕)
2. 북쪽털코웜뱃은 다른 웜뱃보다 크기가 작다. (○ / ✕)
3. 현재 약 130마리만이 살아있다. (○ / ✕)

nickname 별명을 붙이다; 별명
professional 프로의; 전문적인
bat 야구 배트, 방망이
exercise 훈련, 연습; 운동
naturally 선천[천부]적으로;
자연스럽게
system 체계, 시스템; 제도; 장치
high school 고등학교
a great deal 큰, 많이
success 성공
work 노력하다; 노력
indeed 정말, 확실히

01 Ichiro Suzuki에 관한 다음 글의 내용과 일치하지 않는 것은?

Ichiro Suzuki, nicknamed "The Hits Man," is a professional baseball player. Ichiro started playing with a toy ball and bat when he was three. When he was seven, he joined his first baseball team. At the age of 12, Ichiro decided to become a professional player. With his father, he did difficult exercises to become stronger because he wasn't naturally powerful. Ichiro was accepted into the Japanese professional baseball system right after high school. He had a great deal of success in Japan and later in the United States, but he never stopped working to be better and better. Ichiro's story shows that hard work can indeed bring success.

① 세 살 때 장난감 공과 야구 배트로 야구를 시작했다.
② 열두 살 때 프로 야구 선수가 되겠다고 다짐했다.
③ 힘이 세다는 장점을 살리기 위해 아버지와 함께 훈련했다.
④ 고등학교 직후 프로 야구 구단에 선발됐다.
⑤ 일본뿐만 아니라 미국에서도 큰 성공을 거뒀다.

cave 동굴
Lebanon 레바논
discover 발견하다
cf. discovery 발견
truly 정말로
lower 아래쪽의 (↔ **upper** 위쪽의)
sight 광경
flow 흐르다
waterfall 폭포
explorer 탐험가
underground 지하의; 지하에
entrance 입구
formation 형성, 형성물
brightly 밝게
recent 최근의
reopen 다시 문을 열다

02 Jeita Grotto에 관한 다음 글의 내용과 일치하지 않는 것은?

Jeita Grotto, a cave in Lebanon, was discovered in 1836. It is truly one of the wonders of the world. When its lower cave was opened to the public in 1958, visitors were met with an amazing sight. Inside the cave, an underwater river flows over a waterfall and into a lake named "Dark Lake." The same year, after brave explorers climbed over 600 meters above the underground river entrance, a new upper cave was discovered. The upper cave has many stone formations made out of brightly colored rock. It seems that people had lived in the caves during prehistoric times. However, they were lost until their recent discovery. Because of war, they were closed from 1978 to 1995. Since then, the caves have been reopened to the public.

prehistoric 선사 시대

① 세계 불가사의 중 하나이다.
② 아래쪽 동굴에는 강이 흐른다.
③ 위쪽 동굴이 아래쪽 동굴보다 나중에 발견됐다.
④ 위쪽 동굴에서 화려한 색상의 돌들을 볼 수 있다.
⑤ 전쟁 때문에 폐쇄된 후에 다시 개방되지 않았다.

03 Platinum에 관한 다음 글의 내용과 일치하지 <u>않는</u> 것은?

You may have heard of a rich businessman paying for something with his platinum card. Platinum is a metal that symbolizes wealth. It is often mistaken for silver because of its similar color. In fact, it is one of the rarest and most valuable metals in the Earth. Gold is about 30 times more common than platinum. Almost 50% of all platinum is not used to make expensive jewelry. Rather, it is used in the motor industry as a part of a vehicle's exhaust system. Platinum transforms the harmful gases that come out of a vehicle's engine into safer gases. About 80% of the world's platinum comes from South Africa. However, the richest supply of platinum is found on the moon.

platinum card 플래티넘카드 ((백금카드란 뜻으로 기존 골드카드보다 한 단계 더 높은 등급의 카드))
exhaust (자동차 등의) 배기가스

① 색이 비슷해 은으로 혼동되기도 한다.
② 금보다 30배 정도 진귀하며 지구에서 가장 값비싼 금속이다.
③ 50% 이상이 비싼 보석을 만드는 데 사용된다.
④ 자동차 배기 장치로 만들어져 해로운 배기가스를 정화한다.
⑤ 달에서 가장 많은 양을 발견할 수 있다.

rich 부유한; 풍부한
businessman 사업가, 경영인
platinum 백금
metal 금속
wealth 부, 재산
silver 은
similar 비슷한
in fact 사실은
valuable 소중한, 귀중한
common 흔한
jewelry 보석
rather 오히려; 꽤
motor industry 자동차 산업
vehicle 차량, 탈것
transform A into B A를 B로 바꾸다, 변형시키다
harmful 해로운
engine 엔진
supply 비축량

04 Uluru에 관한 다음 글의 내용과 일치하지 <u>않는</u> 것은?

In the center of Australia, Uluru is rising. Uluru is an "inselberg," which means "island mountain." It is the remains of an ancient mountain range that gradually disappeared around it. We can actually only see the tip of Uluru. Most of it is underground. However, about 350 meters of it can be seen. Uluru is incredibly strong, with few cracks; it appears solid and uniform. Most photos show Uluru at sunset, when it looks bright red. Interestingly, the huge formation changes color with the seasons and times of day. It can look silver or even violet on a rainy day.

inselberg 도상 구릉 ((평원 위에 고립되어 솟은 산))

① 호주의 중심부에 있다.
② 오래된 산맥의 남은 부분이다.
③ 350미터 정도의 꼭대기 부분만 볼 수 있다.
④ 금이 많고 단단하다.
⑤ 날씨의 변화에 따라 다양한 색상으로 보인다.

remains 남은 것; 유적
ancient 고대의
mountain range 산맥
gradually 서서히
disappear 사라지다
(↔ appear ~처럼 보이다; 나타나다)
tip 끝; 조언; 팁
incredibly 믿을 수 없을 정도로, 매우
crack 갈라진 금, 틈
solid 단단한
uniform 균일한; 제복
interestingly 흥미롭게도
huge 거대한

be used to v-ing v하는 데 익숙하다
per ~당[마다]
racing driver 경주용 자동차 운전자
fall in love with ~와 사랑에 빠지다
championship 선수권 대회
mark 오점[흔적]을 남기다
still 그럼에도 불구하고; 아직도
allow A to-v A가 v하도록 하다
succeed 성공하다

05   Michael Schumacher에 관한 다음 글의 내용과 일치하는 것은?

Michael Schumacher is used to driving at around 300 kilometers per hour. Like many German racing drivers, Schumacher started out racing karts. His father gave him a kart when he was only four and Schumacher fell in love with driving. He won his first karting championship when he was six! His first F1 race was in 1991 as part of the Jordan-Ford team. In 1994, he won his first F1 Driver's Championship. He won again in 1995, but both seasons were marked by crashes and small mistakes. In 1996, Schumacher joined Ferrari. The Ferrari team wasn't winning many races, and their cars weren't the best. Still, Schumacher's skill allowed him to succeed.

kart 소형 경주용 자동차   **F1** 포뮬러 원 ((배기량 1500–3000cc의 엔진이 달린 경주차))

① 300km 거리의 경주에 익숙하다.
② 6살 때 아버지에게 카트를 선물 받았다.
③ 1991년에 F1 경주에 처음 참가했다.
④ 두 번째 F1 경주 우승에서는 실수를 하지 않았다.
⑤ 1996년에 가장 우승을 많이 차지한 페라리로 이적했다.

volcano 화산
Latin 라틴어
mount 산, 언덕
solar system 태양계
universe 우주
times ~배가 되는
base 아랫부분
cover 덮다; 가리다
peninsula 반도
from A to B A에서 B까지
swallow 삼키다
whole 전체
typical 전형적인, 대표적인
vast 광활한, 어마어마한
drain 물이 빠지다
slight 약간의, 조금의
incline 경사; 경사지다, 기울다

06   Olympus Mons에 관한 다음 글의 내용과 일치하는 것은?

Where is the highest mountain? It's on Mars. The giant volcano Olympus Mons (Latin for Mount Olympus) is the highest mountain not only in our solar system but also in the known universe. At 22.5km high and 536km wide, it is almost three times the height of Mount Everest and so wide that its base would cover the Korean peninsula from the east coast to the west. The crater at the top is around 73km wide and more than 3km deep. It is easily big enough to swallow the whole of London. Olympus Mons doesn't look like the typical picture of a mountain. It has a flat top, like a vast sea drained of water, and its sides aren't even steep. The mountain's slight incline of between one and three degrees means you wouldn't even break a sweat if you climbed it.

crater 분화구   **steep** 가파른, 비탈   **break a sweat** 땀을 흘리다

① 화성에 있는 산으로 태양계에서 가장 높다.
② 높이는 에베레스트 산의 30배이다.
③ 산의 아랫부분의 너비는 런던 전체를 덮을 정도이다.
④ 정상에 물이 흘렀던 흔적이 있다.
⑤ 측면의 경사가 높아, 오르면 땀이 많이 날 것이다.

기출로 보는 필수 어법 포인트 13
완료시제

완료시제란?

완료시제는 어떤 사건이 예전부터 어떤 기준 시점까지 '계속' 영향을 미치고 있음을 뜻해요. 현재완료 시제는 과거의 일이 현재와 관련이 있음을 나타내며, '계속, 경험, 완료, 결과' 등 다양한 의미를 나타낼 수 있답니다.

1. 과거와 현재완료

1) Frank Conroy ⟨(died) / have died⟩ of cancer on April 6, 2005, at the age of 69. 〈모의 응용〉

과거의 사건임을 명확히 나타내는 부사구 on April 6, 2005가 있어요. 현재까지 계속되는 일이 아니기에 반드시 과거시제 died가 들어가야 합니다. 이렇게 과거를 명확히 나타내는 표현이 나오면, 현재완료 시제가 올 수 없어요.

2) The Seed Exchange Event ⟨took place / (has taken place)⟩ every year since 2002. 〈모의 응용〉

⟨since+과거 시점⟩ 부사구가 보이죠? '과거 시점 이래로 (현재까지)'라는 의미로, 현재완료 시제와 함께 자주 쓰이는 표현이에요. 2002년 이래로 (현재까지) 열리는 이벤트라는 의미로 해석할 수 있어요.

3) We sometimes have to work with teammates who we never ⟨(have met) / met⟩ before. 〈모의 응용〉

'예전에 만난 적 없는' 팀원과 함께 일해야 할 때도 있다는 의미의 문장이 되어야 해요. '경험'을 나타내는 현재완료 용법으로, have met이 자연스럽답니다. 그럼 현재완료의 의미에 따라 자주 쓰이는 부사구를 알아볼까요?

※ 현재완료의 의미에 따라 함께 자주 쓰이는 부사구
① 계속: since(~ 이래로), for(~ 동안) 등
② 경험: ever, never, before 등
③ 완료: just, recently, already, yet 등

POINT EXERCISE 다음 중 어법상 적절한 표현을 고르시오.

1 The rate of language change in Iceland ⟨has been / was⟩ slow, ever since the country was ruled by Norwegians. 〈모의 응용〉

2 Last year, Roberta Vinci ⟨have had / had⟩ a tennis match with Serena Williams. 〈모의 응용〉

3 During the last 20 years, some educators ⟨believed / have believed⟩ that children should not experience failure. 〈모의 응용〉

4 He has been homeless since his wife ⟨have died / died⟩ about a decade ago.

---

cancer 암　**take place** 개최되다. 일어나다　**teammate** 팀 동료

Point Exercise **rate** 속도　**Norwegian** 노르웨이 사람; 노르웨이 말 cf. **Norway** 노르웨이　**educator** 교육자　**homeless** 노숙자의; 노숙자　**decade** 10년

도표를 보고 글의 내용과 일치하지 않는 것을 고르는 유형과, 안내문이나 공고문 등의 실용문을 보고
선택지의 내용과 일치하는지 여부를 확인하는 유형을 말해요.

지시문　도표 – 다음 도표의 내용과 일치하지 <u>않는</u> 것은?

　　　　실용문 – ○○○에 관한 다음 안내문의 내용과 일치하는 것은?

이 유형 알아보기

Q1. 도표 유형의 문제는 어떻게 풀어야 하나요?

① 도표의 제목을 보고 무엇에 관한 도표인지 확인하고, 어떤 내용의 글이 이어질지 예상해보는 게 첫 번째예요.

② 선택지의 내용을 순서대로 읽으면서 도표에 나타낸 내용과 일치하는지 확인하고, 선택지 번호 옆에 ○, ×로 표시를 해두었다
　가 정답을 고르면 돼요.

Q2. 실용문 유형의 문제는 어떻게 풀어야 하나요?

선택지를 하나씩 읽으면서 지문에서 해당 내용을 찾아 선택지 번호 옆에 일치하면 ○, 일치하지 않으면 ×로 표시해둡니다. 지문의
내용과 선택지의 내용은 보통 같은 순서이기 때문에 순서대로 따라가면 어렵지 않게 찾을 수 있어요.

Q3. 무엇을 알고 있어야 하나요?

도표 유형의 문제에는 특히 비교나 증가, 감소에 관한 표현이 많이 나오니 이런 표현들을 알아두면 도움이 많이 된답니다.

1) 최상급 표현: the + 형용사[부사] + -est / the most + 형용사[부사] / the least + 형용사[부사]

　e.g. the highest, the lowest, the fastest, the most effective, the least powerful 등

2) 비교급 표현: 형용사[부사] + -er / more + 형용사[부사] / less + 형용사[부사]

　e.g larger, smaller, more popular, less interesting 등

3) 배수 표현: 〈숫자 + times〉를 비교급 또는 〈as ~ as〉와 함께 사용

　e.g. A is twice as many as B. (A는 B보다 두 배 많다)

　　A is three times bigger than B. (A는 B보다 세 배 더 크다)

4) 분수 표현: 분자는 기수, 분모는 서수를 사용하여 표현. quarter, half, %(percent) 등도 사용.

　e.g. one-tenth(1/10), two-third(2/3), one out of four=a quarter(1/4), a half=50%(1/2)

5) 증감 표현: increase, rise (증가하다) / decrease, decline (감소하다)

예제 1 **다음 도표의 내용과 일치하지 <u>않는</u> 것은?**

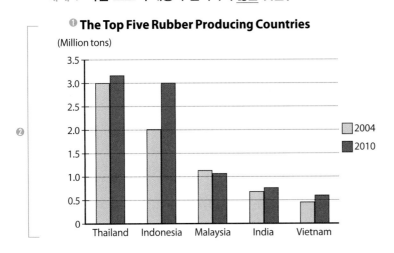

❶ **The Top Five Rubber Producing Countries**

(Million tons)

❶ **도표의 제목 확인:** 5대 고무 생산 국
가

❷ **지문의 내용 예상:** 태국, 인도네시아,
말레이시아, 인도, 베트남 5개국의 생산
량 차이와 2004년과 2010년 생산량 변
화에 관한 내용이 이어질 것으로 예상.

The above chart shows the total amounts of rubber produced by the top five countries in 2004 and 2010. ① Of the five countries above, Thailand was the largest producer of rubber in both years. ② Indonesia achieved the most remarkable increase during this period, which is about one million tons. ③ Malaysia showed a small decrease in 2010 from 2004. ④ As Malaysia did in 2010, India's production also declined. ⑤ Vietnam produced the least amount of rubber among the five countries both in 2004 and 2010. 〈모의 응용〉

❸ 선택지 내용을 읽으며 도표와 일치하는지 확인: ① 태국의 고무 생산량이 2004년과 2010년 모두 가장 높으므로 ○.
② 5개국 중 인도네시아의 생산량 증가가 가장 높으므로 ○.
③ 말레이시아의 생산량은 조금 줄었으므로 ○.
④ 인도의 생산량은 말레이시아와는 달리 조금 늘었으므로 ✕.
⑤ 베트남의 생산량은 2004년과 2010년 모두 가장 낮았으므로 ○.

정답 ④

QUICK CHECK! 다음 도표의 내용과 일치하지 <u>않는</u> 것은?

Top Five After-school Physical Activities among U.S Boys Aged 12-15

■ Percent(%)

The graph above shows the top five after-school physical activities among U.S. boys aged 12-15. ① Basketball was the most popular activity among the five. ② It was followed by running, which was popular with one-third of the boys surveyed. ③ Bike riding came in fifth place, right behind football. ④ The gap in popularity between basketball and running was even larger than that between running and walking.

physical 신체의, 육체의
aged (나이가) ~ 세[살]의
survey 조사하다; (설문) 조사
popularity 인기

01 Adventure Camp에 관한 다음 안내문의 내용과 일치하지 <u>않는</u> 것은?

discover 발견하다
experience 경험하다; 경험
camper 야영객
nature walk 자연 관찰 산책
fishing 낚시
wildlife 야생 동물
explore 탐험[탐사]하다
natural 자연의
surrounding 인근의, 주위의
reserve 보호구역; 예약하다
cf. reservation 예약
advance 사전의; 전진
require 요구[필요]하다
coast 해안
highway 고속도로
information 정보

Adventure Camp

Learn, discover, and experience through this outdoor camp. Campers will enjoy nature walks, outdoor games, fishing, and wildlife as they explore and learn about the natural world surrounding the Flint Peak Nature Reserve.

Dates:
June 26 – June 30 or July 25 – July 29
7:30 a.m. – 3 p.m.

Open to all children ages 8 to 12
Advance reservations are required.

Flint Peak Nature Reserve
3997 Coast Highway

For more information, visit flintpeakadventure.net.

① 산책과 낚시를 즐길 수 있다.
② 5일씩 두 번 진행된다.
③ 오전과 오후 중 선택할 수 있다.
④ 사전 예약 없이는 참여할 수 없다.
⑤ 홈페이지를 통해 문의할 수 있다.

02 다음 도표의 내용과 일치하지 <u>않는</u> 것은?

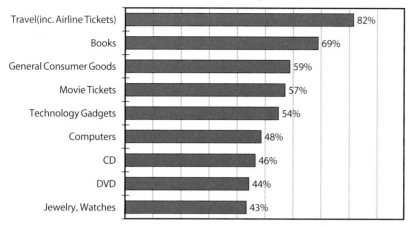

Products / Services Bought Online

The graph above shows the results of a survey asking Malaysians about their various online purchases. ① Over 80% of respondents reported that travel-related products, including airline tickets, were the most common online purchase. ② Coming in at just under 70% were books, the second-most-popular online purchase. ③ General consumer goods, movie tickets, and technology gadgets were all purchased online by over 50% of those surveyed. ④ While the purchase of jewelry and watches online was less than half as common as that of travel-related products, it was still reported by over 40% of those surveyed. ⑤ Slightly more popular was the online purchase of CDs and DVDs, reported by over 43% of respondents.

consumer goods 소비재 ((개인의 욕망을 직접적으로 충족하기 위하여 소비되는 재화. 식료품, 의류, 가구, 주택 등))
gadget 장치[도구]

product 상품
airline ticket 항공권
general 일반적인
technology 기술
jewelry 보석류; 장신구
Malaysian 말레이시아 사람
various 다양한
purchase 구매; 구매하다
respondent 응답자
-related ~와 관련된
including ~을 포함하여
common 흔한
slightly 약간, 조금

03 Tutoring에 관한 다음 안내문의 내용과 일치하지 <u>않는</u> 것은?

Tutoring
After School and Summer Classes Available

Reading Skills / Math Skills / Organization Skills
Help with Projects and Test Preparation

Grades 2-8:
All Subjects

Grades 9-12:
English, Physical and Life Science,
Spanish 1 and 2, Algebra 1, and others

For more information, contact:
Iris Hanover, a special education teacher with over 15 years of
experience,
hanoverprep@netmail.net
734-222-2020

---

① 방과 후와 여름 학기 수업을 받을 수 있다.
② 과제와 시험 대비에 대한 도움을 받을 수 있다.
③ 2학년부터 8학년은 영어를 제외한 과목이 가능하다.
④ 담당자는 15년 이상의 경력을 지닌 선생님이다.
⑤ 전화와 이메일을 통해 문의할 수 있다.

04 다음 도표의 내용과 일치하지 <u>않는</u> 문장은?

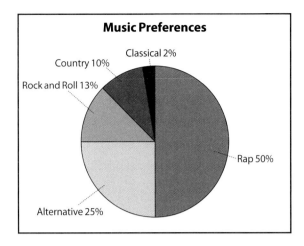

This pie chart shows the music preferences of Canadian college students, according to a recent questionnaire. ① Clearly, rap music was the number one choice, with 50 percent of all students choosing it as their favorite. ② Alternative music came second, but with only half as many fans as rap music. ③ Classical music was least popular with just two percent of the total vote. ④ The difference between rock and roll and country music was eight percentage points. ⑤ Rap music was five times as popular as country music.

percentage point 퍼센트 포인트 ((백분율로 나타낸 수치가 이전 수치에 비해 증가하거나 감소한 양))

classical 클래식 음악
country 컨트리 음악 ((미국 남부 및 서부 지역 전통 음악 스타일의 대중음악))
rock and roll 로큰롤 ((1950년대에 유행한, 강한 비트와 단순한 곡조의 대중음악))
alternative 얼터너티브 음악 ((전자 악기의 음을 강조하여 구성하는 음악))
preference 선호(도)
according to A A에 따르면
recent 최근의
questionnaire 설문지
clearly 분명히
total 총, 전체의

05 National Poetry Day Contest에 관한 다음 안내문의 내용과 일치하지 <u>않는</u> 것은?

National Poetry Day Contest

Young adults (12-19) are invited to enter a poetry contest running from April 1-30 held by the Fairview Public Library. The theme is *What Gives You Wings?* Poems may be on anything: a favorite hobby, music, sports, or even the library.

Poems should be 15 lines or less and will be judged on quality and creativity. Submissions must be original. Printed poems need to be submitted by Thursday, April 30, 2015. Winners will be notified by Monday, May 11, 2015.

First, second, and third place winners will receive Amazon Bookstore gift cards valued at $150, $100, and $50.

To participate, fill out a form at the library or online at www.fplibrary.org.
Poems may also be submitted to the library's Facebook page.

① 공공도서관이 주관하는 시 짓기 행사이다.
② 시는 15줄 이내로 작성되어야 한다.
③ 4월 30일까지 인쇄한 시를 제출해야 한다.
④ 1, 2, 3등은 각각 다른 값어치의 상품권을 받는다.
⑤ 참가 신청은 Facebook에서도 할 수 있다.

기출로 보는 필수 어법 포인트 14
셀 수 있는 명사와 셀 수 없는 명사

셀 수 있는 명사(가산 명사)와 셀 수 없는 명사(불가산 명사)?

우리나라 말과는 달리, 영어는 하나, 둘, 셋 하고 셀 수 있는 물체와 셀 수 없는 물체를 구분해요. 그리고 명사가 셀 수 있느냐 없느냐에 따라 명사를 수식하는 수식어구도 다르답니다.

1. 가산 명사와 불가산 명사의 수식어구

1) By asking ⓐ(a few)/ a little questions, we can give people the chance to explain themselves. 〈모의 응용〉

셀 수 있는 명사는 단수/복수형이 따로 있어서 단수일 때는 앞에 a[an]가 붙고 복수일 때는 뒤에 —s[es]가 붙어요. 반대로 셀 수 없는 명사는 단수/복수형이 따로 없고 a[an]와 같은 관사와 함께 쓸 수 없답니다. 복수형태 questions는 가산 명사겠죠? 이런 가산 명사를 수식할 수 있는 수식어구는 a few랍니다. a little은 불가산 명사를 수식할 수 있어요.

2) Shoppers usually have a limited number /(amount) of money to spend. 〈모의 응용〉

a (great, good, large 등) number of는 셀 수 있는 명사를 수식할 수 있고, a(n) (great, good, large 등) amount[deal] of는 셀 수 없는 명사를 수식할 수 있어요. money는 셀 수 없는 명사기에 a limited amount of가 적절하답니다.

※ 셀 수 있는 명사 수식어구: many, a (great, good, large 등) number of, a few(조금 있는), few(거의 없는)

셀 수 없는 명사 수식어구: much, a(n) (great, good, large 등) amount[deal] of, a little(조금 있는), little(거의 없는)

2. 가산, 불가산 명사 모두 수식하는 어구

You might think that those who earn (a lot of)/ many money would be positive. 〈모의 응용〉

many는 셀 수 있는 명사의 수식어니까, money를 수식할 수 없죠? a lot[lots] of는 가산, 불가산 명사 상관없이 모두 수식할 수 있답니다. 이런 수식어구가 몇 가지 있어요.

※ 셀 수 있는, 없는 명사의 공통 수식어구: a lot[lots, plenty] of, some, any

POINT EXERCISE 다음 중 어법상 적절한 표현을 고르시오.

1 It is generally helpful to drink as many / much water as possible to stay healthy. 〈모의 응용〉

2 A lot / number of effort is required in order to shape a long-term relationship.

3 There are many / much stars in the universe that are much hotter than the sun. 〈모의 응용〉

limited 제한된, 아주 많지 않은   positive 긍정적인
Point Exercise generally 일반적으로   in order to-v v하기 위하여   long-term 장기적인   relationship 관계
universe 우주

200~300단어 내외의 지문으로 앞에서 배운 다양한 유형의 문제를 한꺼번에 푸는 유형이에요.

지시문   주어진 글 (A)에 이어질 내용을 순서에 맞게 배열한 것으로 가장 적절한 것은?

주어진 글 (A)에 이어질 내용을 순서에 맞게 배열한 것으로 가장 적절한 것은?

밑줄 친 (a)~(e) 중에서 가리키는 대상이 나머지 넷과 <u>다른</u> 것은?

위 글의 내용과 일치하지 <u>않는</u> 것은?

위 글의 제목으로 가장 적절한 것은?

위 글의 빈칸에 들어갈 말로 가장 적절한 것은?

이 유형 알아보기

Q1. 문제 구성은 어떻게 되나요?

장문 유형은 세 문제를 묻는 지문과 두 문제를 묻는 지문이 있는데, 요즘에는 3문항 지문과 2문항 지문이 하나씩 출제되고 있어요. **글의 순서 배열, 지칭 대상 파악, 내용 일치, 제목, 빈칸 추론 유형 등**이 나뉘어 출제된답니다.

Q2. 어떻게 답을 찾아야 하나요?

① 먼저 **문제부터 읽고**, 어떤 유형이 있는지 파악합니다.

② 앞에서 배운 유형들이 출제되니까 **기존 유형의 해결 방법**을 하나하나 적용하면서 풀면 된답니다.

예제 **[1~3] 다음 글을 읽고, 물음에 답하시오.**

(A)

Once there were two thieves who worked together. One of the thieves, Jeff, would distract people out on the street while (a) <u>his</u> friend would sneak into their homes and steal clothes from their bedrooms! Socks, shirts, pants, even underwear! One day, they were both caught and taken to a judge. "Which of you did the stealing?" asked the judge. "Um, I did," said Jeff's friend. The judge shook his head and pointed to Jeff. "And you distracted the people?"

(B)

"You just distracted people?" said the judge. "By wasting their time?" "That's right." The judge cleared (b) **his** throat. "All right then, here are your sentences: The one who stole the clothes must return them and give each person an extra piece of clothing in addition to the ones that he took." Jeff's friend nodded as his sentence was announced. The judge continued, "The other man must go to prison for the next ten years."

(C)

"What!" cried the lawyer representing Jeff. "But Your

❶ 문제 유형 파악:

1. 순서 배열

2. 지칭 파악

3. 내용 일치

❷ 순서 문제 해결: 여러 가지 단서와 내용의 흐름을 통해 순서를 파악한다. (A)의 마지막 부분에서 판사가 제프에게 질문을 하고 있는데, (D)에서 제프가 '그 질문'에 고개를 끄덕였다고 했으므로, (A) 뒤에 (D)가 이어져야 한다. 이 뒤에 판사가 제프에게 10년의 형량을 내리는 (B)가 이어지고, 제프의 변호사가 그 형량에 이의를 제기한 후 판사가 판결에 대한 이유를 설명하는 (C)가 마지막에 오는 것이 자연스럽다.

Honor! I don't understand! Why would you give such a harsh sentence to my client? After all, Jeff just wasted people's time! (c) He never even committed a crime!" The judge replied, "His crime was greater! I gave these sentences because your client's partner stole something that could easily be replaced — people's clothes; but your client stole something that can never be repaid — people's time."

(D)

Jeff nodded in response to the question. The judge thought for a moment and then said to (d) him, "So, how did you do it? Tell me about it." Jeff smiled, thinking the judge was going to let him go since (e) he hadn't stolen anything. "Well, Your Honor, I would ask people about the weather, talk about sports scores, and say whatever I could to hold their attention, while that man over there took their things. You see, Your Honor, I never actually stole anything myself."

❸ 지칭 문제 해결: 각각의 대명사가 가리키는 대상을 문맥에서 찾아야 한다. (b)는 판사를 가리키고, 나머지는 모두 제프를 가리킨다.

❹ 내용 일치: ⑤ 선택지부터 먼저 읽은 후, 선택지와 지문의 내용을 비교하며 읽는다.
→ 제프는 자신이 아무것도 훔치지 않았고, 단지 사람들에게 말을 걸어 주의를 돌렸을 뿐이라고 말했으므로 ⑤가 일치하지 않는 내용.

정답 ④, ②, ⑤

---

1 주어진 글 (A)에 이어질 내용을 순서에 맞게 배열한 것으로 가장 적절한 것은?

① (B) - (D) - (C)　　　　② (C) - (B) - (D)
③ (C) - (D) - (B)　　　　④ (D) - (B) - (C)
⑤ (D) - (C) - (B)

2 밑줄 친 (a)~(e) 중에서 가리키는 대상이 나머지 넷과 다른 것은?

① (a)　　② (b)　　③ (c)　　④ (d)　　⑤ (e)

3 윗글의 내용과 일치하지 않는 것은?

① Jeff는 길에 나온 사람들의 주의를 흩뜨렸다.
② Jeff는 10년간 감옥살이를 해야 한다는 선고를 받았다.
③ 판사는 Jeff의 죄가 더 무겁다고 말했다.
④ Jeff는 판사가 자신을 풀어줄 것이라고 생각했다.
⑤ Jeff는 자신이 사람들의 물건을 훔쳤다고 판사에게 말했다.

knock 노크, 두드림
fancy 화려한; 값비싼
demand 요구하다; 강력히 따져 묻다
be in need of ~이 필요하다
slip 놓다, 두다
expect 기대하다
conversation 대화
nearby 인근의, 가까운 곳의
at last 마침내
whether ~인지 (아닌지)
readily 선뜻, 기꺼이
in return (~에 대한) 보답으로

[01~03] 다음 글을 읽고, 물음에 답하시오.

(A)

Once a gentleman was traveling on a train. He felt thirsty, so he got off at a station in search of water. When he found the water, it was already time for the train to leave. He ran back but missed the train. It was getting darker, so he decided to spend the night at the station. The next morning he asked about the next train. (a) He came to learn that he would have to wait another day.

(B)

At night around seven o'clock, the gentleman heard a knock at the door. The owner opened the door. The gentleman saw that a man dressed in fancy clothes entered the shop and demanded the owner pay him some money. Now the gentleman knew that the owner was in need of money. The next morning (b) he slipped something into the drawer of the room and left.

(C)

When the owner opened the drawer, (c) he saw that there was a note addressed to him. It read: "You helped me but did not expect anything from me. Yesterday, I heard the conversation between you and the stranger and came to know that you were in need of money. This should be more than enough."

(D)

He decided to find a place to spend the day. (d) He went to the nearby hotels to ask for a room but found none. It was getting dark again, and he could not find a room. At last he reached a small shop. He asked the owner whether he could stay in his house for a day. The owner readily agreed. That day the owner served (e) him food and gave him a room to stay in. He didn't ask or expect anything in return.

정답 및 해설 p. 82

01   주어진 글 (A)에 이어질 내용을 순서에 맞게 배열한 것으로 가장 적절한 것은?

① (B) - (D) - (C)   ② (C) - (B) - (D)

③ (C) - (D) - (B)   ④ (D) - (B) - (C)

⑤ (D) - (C) - (B)

Q 문제 2의 정답이 가리키는 대상을 본문에서 찾아 동그라미 치시오.

02   밑줄 친 (a) ~ (e) 중에서 가리키는 대상이 나머지 넷과 <u>다른</u> 것은?

① (a)   ② (b)   ③ (c)   ④ (d)   ⑤ (e)

03   윗글의 내용과 일치하지 <u>않는</u> 것은?

① 신사는 기차를 타러 달려갔지만 놓쳤다.
② 신사는 가게 주인이 돈이 필요하다는 것을 알았다.
③ 가게 주인은 책상 위에 신사가 놓고 간 메모를 발견했다.
④ 신사는 가게 주인에게 돈을 줬다.
⑤ 가게 주인은 신사에게 음식과 방을 제공했다.

iron 철, 쇠
valuables 귀중품
cf. valuable 귀중한
return 돌아오다
look after ~을 맡다
for a while 잠시 동안
fool 바보
reward 보상하다
come running 한걸음에 달려오다
terrible 무서운
carry A away A를 가져가 버리다
journey 여정
pretend ~인 체하다
realize 깨닫다, 알아차리다
cheat 속이다
intelligent 현명한, 똑똑한
figure out ~을 알아내다
eat up 다 먹다
a bit of 조금의
concern 우려, 걱정; 걱정하게 하다

[04~06] 다음 글을 읽고, 물음에 답하시오.

(A)

Mohan Das was the son of a rich businessman. When his father died, he was left with an iron box with valuables in it. One day, Mohan Das had to go to the city on some work. So, (a) he took the iron box and gave it to his friend Ramasewak. "Please keep this box. My father gave it to me. I will return from the city after a few days and collect it from you," said Mohan Das to Ramasewak. "You do not have to worry. I will keep this box safe," said Ramasewak.

(B)

The next day, he went to Ramasewak and said, "Friend! Can you send your son with me? I need someone to look after my things." Ramasewak thought for a while. "Mohan Das seems to be a fool. Maybe he will reward my son for looking after (b) his things," thought Ramasewak. So, he agreed and sent his son with Mohan Das. The next morning, Mohan Das came running to Ramasewak and said, "Dear friend, a terrible thing has happened. A hawk has carried your son away."

hawk (새) 매

(C)

Mohan Das started on his journey happily. He knew that his valuable iron box was safe with Ramasewak. A few days later (c) he returned. He went to his friend and asked for the box. Ramasewak pretended to look a little surprised, "Oh, the iron box! The rats ate it up. I just could not stop them," he said. Mohan Das realized that Ramasewak was trying to cheat him. Because he was an intelligent man, (d) he kept quiet. "I must figure out a way to get my iron box back from Ramasewak," thought Mohan Das.

(D)

Ramasewak was very angry and demanded, "How can a hawk carry off my son?" "A hawk can carry off your son in the same way as rats can eat up an iron box," answered Mohan Das. "I am sorry, my friend. I realize my mistake," Ramasewak said with a bit of concern in his voice. (e) He felt ashamed of having tried to cheat his friend. He gave the box back to his friend.

rat 쥐

04 주어진 글 (A)에 이어질 내용을 순서에 맞게 배열한 것으로 가장 적절한 것은?

① (B) - (C) - (D)   ② (B) - (D) - (C)
③ (C) - (B) - (D)   ④ (C) - (D) - (B)
⑤ (D) - (B) - (C)

Q 문제 5의 정답이 가리키는 대상을 본문에서 찾아 동그라미 치시오.

05 밑줄 친 (a)~(e) 중에서 가리키는 대상이 나머지 넷과 <u>다른</u> 것은?

① (a)   ② (b)   ③ (c)   ④ (d)   ⑤ (e)

06 윗글의 내용과 일치하지 <u>않는</u> 것은?

① 모한 다스는 아버지 유품으로 상자를 받았다.
② 라마스왐은 다스의 상자를 안전하게 지켜주기로 했다.
③ 모한 다스는 매가 라마스왐의 아들을 데려가 버렸다고 말했다.
④ 라마스왐은 상자를 도둑맞았다고 했다.
⑤ 모한 다스는 친구에게 상자를 가져올 방법을 생각해 냈다.

Q 글의 주제문을 찾아 밑줄을 그으시오.

---

probably 아마
species 종(種)
tropical 열대 지방의
recognize 알아보다
discovery 발견
basic 기본적인
feature 특징
allow A to-v A가 v할 수 있게 하다
one another 서로
require 필요하다
combination 조합
visual 시각의
perception 지각
memory 기억력
advanced 발달된; 상급의
suggest 말하다; 제안하다
despite ~에도 불구하고
ability 능력

[선택지 어휘]
complex 복잡한
common 공통적인

[07~08] 다음 글을 읽고, 물음에 답하시오.

You probably think your fish doesn't know who you are, but you might be wrong! Scientists at the University of Oxford in the U.K. and the University of Queensland in Australia studied the archerfish, a species of tropical fish that can be found all the way from India to Australia. They found that some archerfish can recognize human faces. The discovery was a big surprise, since recognizing a human face is a _____ task. That's because we all have the same basic features — two eyes sitting above a nose and a mouth. There are only small differences which allow humans to recognize one another. It requires a combination of both visual perception and memory. So researchers believed recognizing a face would require an advanced brain, such as one found in a human, horse, dog, or monkey. The results of the study suggest that despite having tiny brains, some fish may have advanced visual abilities. So, if you think your fish is happy to see you, it just might be!

archerfish (어류) 사수어[물총고기]

07 윗글의 제목으로 가장 적절한 것은?

① How Do We Recognize a Face?
② Which Fish Can Recognize Human Faces?
③ Fish Might Be Smarter Than We Thought!
④ Humans and Fish − More Alike Than Different
⑤ What Do the Smartest Animals Have in Common?

08 윗글의 빈칸에 들어갈 말로 가장 적절한 것은?

① simple
② complex
③ common
④ necessary
⑤ impossible

Sitting in front of the television may be relaxing, but spending too much time in front of the TV may lead to an early death. Researchers found that people who watched an average of six hours of TV a day lived an average of 4.8 years less than those who didn't watch any television at all. In fact, each hour of TV watched shortened the viewer's life by 22 minutes. It is well known that sitting in front of the television is not good for health. The more TV you watch, the less _____. This can lead to various diseases associated with inactivity such as diabetes or heart problems. Lennert Veerman, author of the study, says it's not just the TV itself that shortens lifespans. The junk food promoted in advertisements is harmful too. But Veerman also says that even if we adjust our diet, the link between watching too much TV and lower lifespan still exists. Considering this, doctors might start to worry more about TV time, as well as lack of exercise and an unhealthy diet. Luckily, there's a simple solution, as even light physical activity can improve health.

diabetes 당뇨병
junk food 정크 푸드 ((건강에 좋지 못한 것으로 여겨지는 인스턴트 음식이나 패스트푸드))

relaxing 마음을 느긋하게 해 주는
lead to A A로 이어지다
death 죽음, 사망
researcher 연구원
average 평균의
in fact 사실
shorten 단축하다, 짧게 하다
viewer 시청자
well known 잘 알려진
various 여러 가지의
associated with ~와 관련된
inactivity 활동하지 않음; 무기력
author 저자
lifespan 수명
promote 홍보하다
advertisement 광고
harmful 해로운
adjust 조절하다
link 관련성, 관계
exist 존재하다
consider 고려하다
A as well as B B뿐만 아니라 A도
lack 부족
unhealthy 건강하지 않은
luckily 다행히도
solution 해결책
physical 신체의
cf. physically 신체적으로

[선택지 어휘]
stay away from ~에서 떨어져 있다
medium 매체
focus on 집중하다

09 윗글의 제목으로 가장 적절한 것은?

① Get Active, Get Healthy!
② Junk Food: The Real Killer
③ Stay Away From Television
④ An Hour of TV a Day Is Too Much!
⑤ TV: A Medium of Unhealthy Images

10 윗글의 빈칸에 들어갈 말로 가장 적절한 것은?

① sleep you are getting
② physically active you are
③ concerned with health you are
④ focused on studying you are
⑤ fruits and vegetables you eat

Finland 핀란드
cf. Finnish 핀란드 사람의; 핀란드의
consider A B A를 B로 여기다
education 교육
system 제도, 체제
successful 성공한, 성공적인
cf. success 성과; 성공
exactly 정확히, 꼭
opposite 반대; 맞은편의
several 몇몇의
aspect 측면
possess 보유[소유]하다
select 선발[선택]하다
graduating class 졸업반
divide A into B A를 B로 나누다
development 발달, 성장
have trouble in ~에 곤란을 겪다
shocking 충격적인
unlike ~와 달리; ~와 다른
approach 접근법; 다가가다
rarely 드물게, 좀처럼 ~하지 않는
in conclusion 결론적으로, 마지막으로
emphasize 강조하다
quality 질
quantity 양
element 요소, 성분

[선택지 어휘]
measure 측정하다
ignore 무시하다
trend 동향, 추세
schooling 학교 교육
highly 대단히, 매우
trained 훈련받은
deeply 깊이, 몹시
sensitive 세심한

[11-12] 다음 글을 읽고, 물음에 답하시오.

Finland is often considered as having the best education system in the world. What's interesting is how Finland has become so successful. It's been doing almost exactly the opposite of what most other countries are doing. There are several interesting aspects of Finland's education system. One of them is how teachers are treated. Teachers in Finland must possess a Master's degree, and they are all selected from the top 10% of their graduating class. This means that all Finnish teachers are _____. This brings us to another interesting fact. Students are not divided into "smart" and "slow" student groups. Instead, they are treated as being at different stages of development. If a student is having trouble in class, his teacher will try many things to fix the problem. What people might find most shocking is Finland's idea of testing. Unlike the "test early, test often" approach that most other countries are taking, Finnish students rarely do homework or take exams until their teens. There is no testing for the first six years of a student's education. In conclusion, the success of Finland's education system comes from emphasizing quality over quantity. Finland emphasizes the human element. The results are clear.

Master's degree 석사 학위

11 윗글의 제목으로 가장 적절한 것은?

① Why So Many Finnish Students Are Having Problems
② Designing a Test to Measure School Performance
③ If You Want a Better Teacher, Make a Better School
④ Finnish Schools: Ignoring the International Trends
⑤ Why the World Is Following Finland's Example in Schooling

12 윗글의 빈칸에 들어갈 말로 가장 적절한 것은?

① very successful
② highly trained
③ deeply caring
④ quite unique
⑤ very sensitive

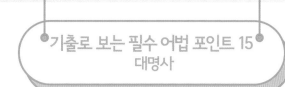

기출로 보는 필수 어법 포인트 15
대명사

대명사의 수일치

대명사 문제는 대부분 단수, 복수형 대명사에서 하나를 고르는 유형이 많아요. 이럴 땐 대명사가 가리키는 명사를 앞에서 찾고, 그 명사가 단수면 대명사도 단수형, 명사가 복수면 대명사도 복수형으로 선택하면 된답니다.

1. 단수와 복수 대명사

1) When children are very young, you first say no to protect it / them from danger. 〈모의〉

대명사가 앞에서 무엇을 가리키고 있는지 살펴봐야 해요. 문맥상 '아이들'을 위험에서 보호하는 것이니까, 복수형 children을 대명사로 받은 them이 적절해요.

2) If a dolphin is wounded, other dolphins group themselves / itself under it, pushing it upward to the air. 〈모의 응용〉

재귀대명사 형태를 물어보고 있어요. 역시 단수형, 복수형을 묻고 있으니까 재귀대명사가 어떤 것을 가리키는지 알아봐야겠죠? 문맥상 '다른 돌고래들'이 스스로 그룹을 지어 다친 돌고래를 도와준다는 내용이어야 하니까, other dolphins를 받는 themselves가 알맞답니다.

2. 부정대명사

My grandfather said that no single bird is the same as other / another. 〈모의 응용〉

부정대명사는 정해지지 않은 불특정한 대상을 가리키는 대명사라고 이해할 수 있어요. 문맥상 네모는 '또 다른 새'를 의미하는 대명사 another가 적합하답니다. another는 형용사로 쓰여서 〈another+단수명사〉로도 쓰일 수 있어요. other는 형용사로, 〈other+복수명사〉의 형태로 쓰여요. 대명사 형태는 others로, '다른 것들'을 뜻하고요. ※ the other(나머지 하나), the others(둘 이상의 나머지)

POINT EXERCISE 다음 중 어법상 적절한 표현을 고르시오.

1 Usually, an octopus takes on the color of its / their surroundings. 〈모의〉

2 Letting go of your anger is something you do for themselves / yourself rather than for other people.

3 I thought that I would be able to find other / another job that was a better match. 〈모의〉

4 Some people avoid making a public presentation because it / they makes them nervous.

〈모의 응용〉

---

wounded 다친, 부상을 입은   **group** (무리를 지어) 모이다   **upward** 위쪽으로

Point Exercise **octopus** 문어   **take on** (색채, 특징 등을) 띠다, 나타내다   **surroundings** 환경 cf. surrounding 인근의, 주위의
let go of ~을 놓다   **presentation** 발표, 프레젠테이션

유형 16 어법

문맥에 따라 올바르거나 틀린 문법 형태를 고르는 문제예요.

지시문 네모 어법 – (A), (B), (C)의 각 네모 안에서 어법에 맞는 낱말로 가장 적절한 것은?

밑줄 어법 – 다음 글의 밑줄 친 부분 중, 어법상 **틀린** 것은?

이 유형 알아보기

Q1. '네모 어법'과 '밑줄 어법'은 어떻게 다른가요?

네모 어법은 네모 안에 있는 두 가지 어법 사항 중 올바른 것을 하나 고르는 유형이에요. 한 문제당 세 개의 네모 상자가 나와요. 밑줄 어법은 다섯 개의 밑줄 친 부분 중 어법상 틀린 표현 하나를 고르는 유형이고요.

Q2. 무엇을 알고 있어야 하나요?

매우 다양한 어법 사항이 있지만, 시험에 자주 출제되는 어법 포인트는 따로 있어요. 각 유형이 끝난 후 나오는 '**기출로 보는 필수 어법 포인트**'를 통해 다양한 어법을 차근차근 함께 배워 봐요.

Q3. 어떻게 답을 찾아야 하나요?

① 어법 문제는 해당 문장만 읽어도 정답을 알 수 있는 경우가 많아요. 글을 처음부터 끝까지 읽기보다는, 해당 문장에 집중하는 게 필요해요.

② 동사/준동사를 묻고 있는지, 수동태/능동태를 묻고 있는지 등, 묻고 있는 어법 사항이 무엇인지 파악해야 해요.

③ 어법 포인트를 확인한 후, 답을 찾을 수 있는 단서를 문장 안에서 찾으면 답을 금방 고를 수 있어요.

예제 1 **(A), (B), (C)의 각 네모 안에서 어법에 맞는 표현으로 가장 적절한 것은?**

In living birds, feathers have many functions other than flight. They help to keep a bird (A) warm / warmly by trapping heat produced by the body close to the surface of the skin. Feathers may also be used to (B) attract / attracting mates. The tail of Caudipteryx carried a large fan of long feathers, a structure that would have made a very impressive display. The rest of the body seems to have been covered in much shorter feathers, (C) which / that would have kept out the cold. A few large feathers were present on the arms, and these might have been involved in display. 〈모의 응용〉

Caudipteryx 깃털공룡

	(A)	(B)	(C)
①	warm	attract	which
②	warm	attracting	which
③	warm	attracting	that
④	warmly	attract	that
⑤	warmly	attracting	which

❶ **어법 포인트 파악:**

(A) 목적격보어

(B) be used to-v와 be used to v-ing

(C) 계속적 관계대명사

❷ **해당 문장의 단서 파악:**

(A) 〈keep+목적어+목적격보어〉의 구조로, 목적격보어 역할을 할 수 있는 것은 형용사이므로 warm이 적절.

(B) be used to-v는 'v하는 데 사용되다'라는 의미이며, be used to 명사(v-ing)는 '~하는 데 익숙하다'는 의미. 문맥상 '깃털은 짝을 유혹하는 데 사용된다'는 의미가 적절하므로 attract가 적절.

(C) 주어가 없는 불완전한 절이 이어지고 있으므로 관계대명사 자리인데, 관계대명사 that은 콤마 뒤에서 계속적 용법으로 쓰일 수 없으므로 which가 적절.

정답 ①

예제 2 다음 글의 밑줄 친 부분 중, 어법상 틀린 것은?

Ying Liu wanted to stop his six-year-old son, Jing, from watching so much TV. He also wanted to encourage Jing to play the piano and ① to do more math. The first thing Ying did was prepare. He made a list of his son's interests. It ② was included, in addition to watching TV, playing with Legos and going to the zoo. He then suggested to his son ③ that he could trade TV time, piano time, and study time for Legos and visits to the zoo. They established a point system, ④ where he got points whenever he watched less TV. Dad and son monitored the process together. As Jing got points, he felt valued and good about ⑤ himself and spent quality time with Dad. 〈모의 응용〉

❶ **어법 포인트 파악:**
① 등위접속사의 병렬구조
② 능동태와 수동태
③ 접속사 that
④ 관계부사 where
⑤ 재귀대명사

❷ **해당 문장의 단서 파악:**
① 등위접속사 and는 같은 문법적 형태를 연결하므로, to play와 같은 to 부정사 형태인 to do가 올바르게 쓰임.
② 뒤에 목적어(playing ~, going ~)가 있으므로, 수동태 was included를 능동태 included로 바꿔야 함.
③ suggest의 목적어 역할을 하는 접속사 that이 올바르게 쓰임. 접속사 뒤에 완전한 구조가 이어지고 있음.
④ where 뒤에 완전한 구조가 이어지고 있으므로, 선행사 a point system을 보충 설명하는 where가 알맞음.
⑤ 주어와 about의 목적어가 같은 대상이므로, Jing을 가리키는 재귀대명사 himself가 올바르게 쓰임.

정답 ②

QUICK CHECK! [1~4] 다음 중 어법과 문맥상 적절한 것을 고르시오.

1. People travel while / during their vacation to take a break.

2. Traveling not only relaxes you, it also to teach / teaches you about different cultures and traditions.

3. To completely / complete enjoy your vacation, try to do something new.

4. The most important thing which / what you have to do before traveling is to make a plan.

relax 긴장을 풀게 하다
completely 완전히
make a plan 계획을 세우다

01 (A), (B), (C)의 각 네모 안에서 어법에 맞는 표현으로 가장 적절한 것은?

The words "dinner" and "supper" can mean different things depending on where in the world you are. However, in the States it's commonly (A) accepting / accepted that dinner is the main meal of the day and supper the last. In general in farming areas and very small towns, dinner is eaten at midday and supper in the early evening. Meanwhile, most city-dwellers (B) consider / are considered dinners as night-time-only meals, and midday meals as lunch. Despite these variations, supper and dinner both (C) refer / refers to the main evening meal in many parts of the States. Furthermore, very special occasions, such as Thanksgiving, are always dinners rather than suppers.

(A)		(B)		(C)
① accepting	……	consider	……	refers
② accepting	……	are considered	……	refer
③ accepted	……	are considered	……	refer
④ accepted	……	consider	……	refer
⑤ accepted	……	consider	……	refers

supper 저녁 식사
depending on ~에 따라
the States (= the United States) 미국
commonly 보통, 흔히
in general 일반적으로
midday 정오
meanwhile 한편; 그 동안에
city-dweller 도시 거주자
variation 차이; 변화
refer to A A를 나타내다
furthermore 그뿐만 아니라
occasion 행사
Thanksgiving 추수감사절

Q 어법상 틀린 부분을 바르게 고치시오.

02 다음 글의 밑줄 친 부분 중, 어법상 틀린 것은?

Everybody can expect to be ignored, pushed aside, or ① turn away in their lifetime, because rejection is a normal part of life. You may not get a job you really wanted, classmates might bully you, somebody you are ② attracted to may not like you at all, and any of these things can hurt very much. That's why, if it happens to you, you shouldn't take it ③ personally. But, even if a person actually dislikes you, don't let it ④ get you down. Keep exploring your opportunities and taking chances, ⑤ knowing that you might be rejected but not being afraid of it, either. Try to meet others, keep smiling, and you will have success.

rejection 거절 **cf. reject** 거절하다

expect 예상하다
ignore 무시하다
push aside ~에 대한 생각을 피하다
turn away ~를 돌려보내다
lifetime 삶
normal 평범한
bully 괴롭히다
personally 개인적으로; 사적으로
dislike 싫어하다
get A down A를 우울하게 만들다
explore 살피다; 모험하다
opportunity 기회
take a chance 모험해보다

03 (A), (B), (C)의 각 네모 안에서 어법에 맞는 표현으로 가장 적절한 것은?

The Salar de Uyuni in Bolivia, South America, is the world's largest salt flat. It is covered with a solid salt crust (A) few / a few meters thick and hides a 20-meter-deep lake of salt water under the surface. The place looks like an area in Antarctica rather than South America, and many visitors find (B) them / it difficult to believe that they are standing on salt, not snow. The salt flat has been a big help to the economy of Bolivia, which is South America's poorest country. It is thought (C) that / what the salt water under the surface has up to 70% of the world's lithium supply. Companies get lithium, which is essential for making batteries, from the Salar by creating small ponds on the surface.

salt flat 소금 평원, 솔트 플랫 ((바닷물의 증발로 침전된 염분으로 뒤덮인 평지))
Antarctica 남극 대륙   **lithium** 리튬 ((알칼리 금속 원소))

	(A)		(B)		(C)
①	few	……	it	……	that
②	a few	……	them	……	that
③	few	……	them	……	what
④	a few	……	them	……	what
⑤	a few	……	it	……	that

be covered with ~으로 덮여 있다
solid 단단한
crust 딱딱한 표층[표면], 껍질
thick 두꺼운; 굵은
surface 표면
economy 경제
up to A A까지
supply 공급
essential 필수적인

04 다음 글의 밑줄 친 부분 중, 어법상 틀린 것은?

Once in a while, we encounter an animal that seems to ① truly understand us. These are some examples. Lukas ② is called "the smartest horse in the world." He's even got a certificate from Guinness World Records to prove it. He can remember numbers surprisingly well. No other horse can compete with him. Then there's Chaser, a dog who has learned quite ③ a few words over the years. She even understands some verbs. "Find," "nose," and "paw" are all actions ④ where she's been taught to perform. Kanzi, a chimpanzee, knows about 450 words. He even makes up new words for new situations. Kanzi speaks using a machine that makes word sounds when he presses a button. He listens to humans and ⑤ responds through this machine.

Guinness World Records 기네스 세계 기록

Q 어법상 틀린 부분을 바르게 고치시오.

once in a while 때때로
encounter 마주치다, 접하다
truly 진정으로, 정말로
certificate 증명서
prove 증명하다
surprisingly 놀랄 만큼
compete 경쟁하다, 겨루다
verb 동사
paw (동물의) 발
perform 수행하다
situation 상황
press 누르다
respond 대답하다

stay connected with ~와 관계를
유지하다
professor 교수
depend on ~을 신뢰하다,
~에 의존하다
on average 대체로
according to A A에 따르면
research 연구, 조사
unfortunately 불행하게도
probably 아마
be similar to A A와 비슷하다
mostly 일반적으로, 주로
nevertheless 그럼에도 불구하고
huge 엄청난
trick A into B A를 속여 B하게 하다

05 (A), (B), (C)의 각 네모 안에서 어법에 맞는 표현으로 가장 적절한 것은?

Since Facebook started in 2004, it (A) $\boxed{\text{has been / was}}$ able to help people stay connected with their friends. However, Robin Dunbar, a professor at the University of Oxford, suggests that most of your Facebook friends (B) $\boxed{\text{are / is}}$ not real friends. Many people have hundreds of Facebook friends. But people can only really depend on four of them, on average, according to his research. Unfortunately, the rest probably wouldn't even feel (C) $\boxed{\text{sadly / sad}}$ about your problems. Those numbers are mostly similar to how friendships work in real life. Nevertheless, the huge number of friends on a friend list can trick people into thinking that they have more close friends than they actually do.

	(A)	(B)	(C)
①	was	are	sad
②	has been	are	sad
③	was	is	sadly
④	has been	are	sadly
⑤	has been	is	sad

**Q 어법상 틀린 부분을 바르게
고치시오.**

resource 자원
use up 다 써버리다
solution 해결책, 해법
construction 건설
green 환경 친화적인
planner 계획가, 설계자
select 선정하다, 선택하다
site 장소, 부지
harm 해, 피해
focus on ~에 초점을 맞추다
process 과정
material 재료
steel 강철
consider 고려하다, 숙고하다
take down ~을 (해체하여) 치우다

06 다음 글의 밑줄 친 부분 중, 어법상 틀린 것은?

The only resource on Earth that we aren't using up is ourselves. Yet we still need things ① <u>to build</u> new houses, and office buildings. There's only one solution to this problem: do more with less. That's what sustainable construction ② <u>is</u> all about. Imagine a city government ③ <u>planning</u> to build a green office building. The first thing these city planners would do is ④ <u>to select</u> a site that does little harm to the environment. Next, they would focus on the building process. Only green materials like wood and steel could be used. Finally, city planners would consider the fact ⑤ <u>which</u> the building will be taken down someday. Therefore, they would use materials that can be reused.

sustainable 지속 가능한

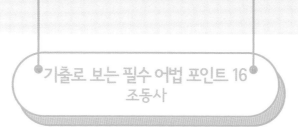

기출로 보는 필수 어법 포인트 16
조동사

조동사의 시제

might, could, should, would는 과거형이지만, '가능성, 추측'의 의미를 나타낼 때는 현재나 미래의 사실에 대해 말하고 있는 것으로 해석할 수 있어요. 〈조동사+ have p.p.〉의 과거완료형이 과거 사실에 대해 말하는 거고요.

1. <조동사+동사원형>과 <조동사+have p.p.>

1) Are you okay? You must have / (have had) a nightmare. 〈모의 응용〉

> 〈must have p.p.〉는 '(과거에) ~했음이 틀림없다' 라는 의미예요. '너 악몽을 꾼 게 틀림없구나' 라는 문맥이 자연스러우니까 과거의 사실에 대한 추측을 나타내는 must have had가 적절해요.

2) We should (use) / have used our resources wisely now, so we will still have more for the future. 〈모의 응용〉

> now를 보아 '현재'에 대해 얘기하고 있다는 것을 알 수 있죠? 〈should have p.p.〉는 '(과거에) ~했어야 하는데 (하지 못했다)' 는 의미라 여기에는 어울리지 않아요. 따라서 '지금 자원을 현명하게 사용해야 한다' 는 문맥의 should use가 적절합니다.

2. 조동사의 의미

I've been looking all over for your house. I must / (should) have been here at 7, but it's already 8! 〈모의 응용〉

> '여기에 7시에 도착했어야 하는데 벌써 8시다' 라는 흐름이 자연스러우니까, 〈should have p.p.〉의 형태가 와야 한다는 것을 알 수 있어요. 이렇게 조동사 두 개 중에 하나를 골라야 할 때는 해석을 해보고 어울리는 것을 고르면 된답니다. ※must have p.p.(~했음이 틀림없다), cannot have p.p.(~했을 리가 없다), would have p.p.(~했을 것이다), may[might] have p.p.(~했을지도 모른다), should have p.p.(~했어야 하는데 (하지 못했다))

POINT EXERCISE 다음 중 어법상 적절한 표현을 고르시오.

1 While reading a book, you should have kept / keep asking yourself what the author's main idea is. 〈모의 응용〉

2 I should call / have called you, but I didn't know your number.

3 It must be / have been 1975 or 1976, as I think I was twelve or thirteen.

4 I must / should have enjoyed it because I immediately wanted to watch more episodes.

---

nightmare 악몽 　**wisely** 현명하게 　**look all over for** ~을 찾아 온통 헤매다
Point Exercise **author** 작가, 저자 　**main idea** 요지 　**immediately** 즉시, 즉각 　**episode** (라디오·텔레비전 연속 프로의) 1회 방송분

문맥에 어울리거나 어울리지 않는 단어를 고르는 문제를 말해요.

지시문 네모 어휘 – (A), (B), (C)의 각 네모 안에서 문맥에 맞는 낱말로 가장 적절한 것은?

밑줄 어휘 – 다음 글의 밑줄 친 부분 중, 문맥상 낱말의 쓰임이 적절하지 <u>않은</u> 것은?

이 유형 알아보기

Q1. '네모 어휘'와 '밑줄 어휘'는 어떻게 다른가요?

네모 어휘는 네모 상자에 있는 두 개의 어휘 중에서 문맥에 맞는 단어를 고르는 유형이에요. 네모 상자는 한 문제당 세 개가 있답니다. 밑줄 어휘 문제는 다섯 개의 어휘 중에서 문맥에 맞지 않는 단어 하나를 고르는 문제고요.

Q2. 어휘 선택지는 어떻게 구성되나요?

① like, dislike처럼 반대되는 뜻의 어휘가 있는 단어가 선택지로 구성되는 경우가 많아요.

② 가끔 발음이나 철자가 비슷해 혼동하기 쉬운 어휘가 선택지가 되기도 해요.

③ 평소에 자주 접하지 못한 어려운 단어가 선택지로 오기도 해서 평소에 어휘 실력을 쌓아야 해요.

Q3. 무엇을 찾아야 하나요?

① 해당 문장의 문맥과 어울리는 어휘와 어울리지 않는 어휘를 찾아야 해요.

② 의미에 영향을 미치는 어구(접속어, 부정어구, less, more 등)를 놓치지 말아야 해요.

③ 해당 문장뿐만 아니라 글의 주제를 파악하면 더 쉽게 어휘의 적절성을 판단할 수 있어요.

예제 1 **(A), (B), (C)의 각 네모 안에서 문맥에 맞는 낱말로 가장 적절한 것은?**

The person who compares himself to others lives in a state of fear. He fears those who he imagines are above him. Believing them to be (A) inferior / superior , he feels he can never achieve their level of competence. He also fears those who are (B) above / below him because they seem to be catching up. He is always looking around him to see who is appearing as a threat. As he rises higher, his fear of falling increases. The only way to get through life, he concludes, is to beat people. But as long as he focuses on rising higher, his life (C) gains / loses its enjoyment. 〈모의 응용〉

competence 능력

① inferior … above … gains
② inferior … below … loses
③ superior … below … gains
④ superior … below … loses
⑤ superior … above … gains

❶ **어휘의 관계 파악:**

inferior ↔ superior, above ↔ below, gains ↔ loses

❷ **주제문을 찾아 의미 파악:**

자신을 다른 사람과 비교하는 사람은 언제나 두려움 속에서 산다는 내용.

❸ **해당 문장의 앞뒤 문맥 파악:**

(A) 다른 사람이 '무엇'이라고 믿는 사람은 자신이 그 사람의 수준까지 '성취하지 못할' 것으로 생각한다고 했으므로 그들을 '우월하다(superior)'고 여기는 것이 적절.

(B) 해당 문장에 also가 있으므로, 우월한 사람뿐만 아니라 자신보다 '밑에 있는(below)' 사람들도 자신을 따라잡을까 봐 두려워한다는 문맥이 적절.

(C) 역접을 나타내는 But으로 시작하고 있고, 글의 주제문과 연관되어야 하므로 다른 사람을 이기려고 생각하는 한 삶은 즐거움을 '잃는다(loses)'는 내용이 적절.

정답 ④

예제 2 다음 글의 밑줄 친 부분 중, 문맥상 낱말의 쓰임이 적절하지 <u>않은</u> 것은?

Unfortunately, many insects don't live through the cold winter.❷ Others, however, have come up with clever plans to ① <u>survive</u> until spring. For example, some flies stay in corners of a warm house over the winter, so it's ② <u>unlikely</u>❶ to see them flying outside. Certain honeybees pack together in a small space and move their wings quickly to produce heat, so that they can keep ③ <u>warm</u>❶. Some mosquitoes, like frogs, ❸sleep through the winter cold. This is because they❸cannot move around when the temperature goes ④ <u>up</u>❶. In spring, the females slowly become ⑤ <u>active</u>❶, flying around looking for food — fresh blood. 〈모의 응용〉

❶ **어휘의 구성 파악:**
unlikely, warm, up, active 모두 반의어가 있는 단어.

❷ **주제문을 찾아 의미 파악:**
어떤 벌레는 겨울 동안 살아남을 수 있음.

❸ **해당 문장의 앞뒤 문맥 파악:**
어떤 모기는 추운 겨울에 잠을 잔다고 했는데, 이는 온도가 '낮아질 때(down)' 움직일 수 없어서일 것이다. 따라서 ④의 up을 down으로 바꿔야 한다.

정답 ④

QUICK CHECK! 다음 글의 밑줄 친 부분 중, 문맥상 낱말의 쓰임이 적절하지 <u>않은</u> 것은?

You probably have some reading habits that slow you down. Becoming a better reader means ① <u>overcoming</u> bad habits. First, turn off the voice in your head. If you pronounce each word in your head as you read, it takes much ② <u>less</u> time than is necessary. Don't read word by word. Practice expanding the number of words that you read at a time. Re-reading is also unnecessary. Just like any skill, the more you practice, the ③ <u>better</u> you'll get at it.

probably 아마
overcome 극복하다
pronounce 발음하다
expand 확대하다
unnecessary 불필요한

point of view 관점
movement 운동, 움직임
guess 추측하다
discourage 막다
(↔ encourage 권장하다)
whole 통째로 된; 온전한
uncooked 익히지 않은, 날것의
a bit 약간
Celsius 섭씨의
result in ~을 야기하다
sickness 질병
loss 감소; 손실
destroy 파괴하다
contain ~이 함유되어 있다
element 요소
digestion 소화

01 (A), (B), (C)의 각 네모 안에서 문맥에 맞는 낱말로 가장 적절한 것은?

"Hey! Get that fire away from my food! Don't you know that cooking food is (A) bad / good for you?" That is the point of view of raw foodists, members of the raw food movement. As you can guess from its name, the raw food movement (B) discourages / encourages people to eat all or almost all of their food whole and uncooked. Food can be heated a bit, but the limit falls between 37 and 47 degrees Celsius. While raw foodists say their food is delicious, the point of the movement is good health. Eating raw foods is said to result in higher energy levels, clearer skin, less sickness, and weight loss. This is because raw foods (C) destroy / contain important elements. It also helps with digestion.

raw foodist 생식주의자

	(A)		(B)		(C)
①	bad	……	encourages	……	contain
②	bad	……	discourages	……	destroy
③	bad	……	encourages	……	destroy
④	good	……	discourages	……	contain
⑤	good	……	encourages	……	destroy

Q 문맥상 적절하지 않은 말을 바르게 고치시오.

population 인구
disorder 장애
turn A into B A를 B가 되게 하다
condition 상태
nervous 불안해하는
physical 신체[육체]의
symptom 증상, 증후
heartbeat 심장박동
shaking 떨림
sufferer 환자; 고통받는 사람
minor 작은, 중요하지 않은
due to A A 때문에
fear 두려움, 공포
treatment 치료
involve 수반하다, 포함하다
force A to-v A를 v하도록 강요하다
patient 환자; 참을성 있는
face 직면하다
uncomfortable 불편한
therapy 치료, 요법
successful 성공적인

02 다음 글의 밑줄 친 부분 중, 문맥상 낱말의 쓰임이 적절하지 않은 것은?

Did you know that 7 to 13 percent of the population suffers from a disorder that can turn a public pool into a ① scary place? It's called Social Anxiety Disorder(SAD). SAD is a condition that makes people feel nervous around other people. They can also have ② physical symptoms, like a faster heartbeat, red skin, and shaking. Some SAD sufferers have a ③ minor problem, like sweating when they give a report at a business meeting. However, others can't lead normal lives due to their fear of social situations. The most common treatment for SAD involves forcing the patient to ④ face his or her problems. At first, this is uncomfortable, but it is an important part of learning to live with the fear. When the therapy is successful, SAD sufferers will often be able to ⑤ avoid social activities again.

Social Anxiety Disorder 사회 불안 장애

03 (A), (B), (C)의 각 네모 안에서 문맥에 맞는 낱말로 가장 적절한 것은?

Suffering minor aches and pains is a normal part of being human. Thus, we usually just (A) ignore / emphasize them. Now imagine being unable to let go of even the tiniest sign of pain in your body. That's the kind of (B) mental / physical suffering that patients of health anxiety, or hypochondria, have to deal with. Sufferers of hypochondria are constantly afraid that they may have a terrible disease and are always checking their bodies for symptoms. To them, even the most (C) harmful / harmless symptoms can fill them with fear, making them crazy with worry. To a sufferer, a cough is sure to be lung cancer and a headache is a brain tumor.

hypochondria 심기증 ((건강 염려증))   **brain tumor** 뇌종양

(A)	(B)	(C)
① ignore	…… mental	…… harmful
② ignore	…… physical	…… harmful
③ ignore	…… mental	…… harmless
④ emphasize	…… physical	…… harmful
⑤ emphasize	…… mental	…… harmless

ache 아픔
thus 그래서
ignore 무시하다
emphasize 강조하다
imagine 상상하다
be unable to-v v할 수 없다
let go of ~을 놓다
mental 정신적인
suffering 고통
anxiety 불안, 염려
deal with ~을 처리하다
constantly 끊임없이
harmful 해로운
(↔ **harmless** 해가 없는)
cough 기침
lung cancer 폐암

04 다음 글의 밑줄 친 부분 중, 문맥상 낱말의 쓰임이 적절하지 <u>않은</u> 것은?

Some people believe that birth order has a ① <u>huge</u> impact on our personalities. According to this theory, first-borns are ② <u>high</u> achievers. They may feel like they are better than others. And they try hard to reach their goals. Middle children are often great listeners, but they may become too dependent on pleasing everyone around them. The youngest of the family is often the most ③ <u>social</u> person. They love people and make friends easily. They love fun, but they can get bored quickly and want to move on to the next fun thing. This can turn into being ④ <u>generous</u>. Think about how your friends and your siblings behave, especially the actions that confuse you. Perhaps knowing their birth order can help you ⑤ <u>understand</u> them.

dependent on ~에 의존하는   **sibling** 형제자매

Q 문맥상 적절하지 않은 말을 바르게 고치시오.

birth order 출생 순서
have an impact on ~에 영향을 주다
personality 성격
according to A A에 따르면
theory 이론
first-born 첫째, 맏이
achiever ~한 성취도를 보이는 사람
reach 이르다, 도달하다
please 기쁘게 하다
turn into ~으로 변하다, ~이 되다
generous 관대한; 너그러운
behave 행동하다
confuse 혼란시키다
perhaps 아마, 어쩌면

an amount of ~의 양
the poor 가난한 사람들
issue 발부하다; 발행하다
unsuccessful 성공하지 못한
poverty 가난, 빈곤
reputation 평판, 명성
increase 올라가다; 증가하다
(↔ decrease 줄이다; 줄다)
original 원래의
purpose 목적
for-profit 이익을 추구하는
imitate 모방하다
respect 존중하다; 존경하다
neglect 등한시하다; 방치하다
feature 특징
support 지원하다; 지지하다
whether ~인지 (아닌지)

Microcredit is a small amount of money usually loaned to women and the poor. It became popular when Grameen Bank started issuing microcredit to the people of a small town in Bangladesh. At first, the system seemed (A) unsuccessful / successful . A study showed that microcredit loans were enough to save someone from poverty in 48% of all cases. However, its reputation has (B) increased / dropped in recent years. The original purpose of the microcredit system was to help poor people. However, many for-profit companies imitated the Grameen model but (C) respected / neglected the features that supported poor communities. Many people now wonder whether microcredit can still work to decrease poverty.

microcredit 소액 대출 **loan** 빌려주다, 대출하다; 대출

(A)	(B)	(C)
① successful	...... increased	...... neglected
② successful	...... dropped	...... respected
③ unsuccessful	...... increased	...... respected
④ successful	...... dropped	...... neglected
⑤ unsuccessful	...... dropped	...... neglected

Q 문맥상 적절하지 않은 말을 바르게 고치시오.

natural 천연의
abundant 풍부한
fuel 연료
cf. fossil fuel 화석 연료
underground 지하에서
benefit 장점, 혜택
widely 널리, 폭넓게
available 이용 가능한
generate 발생시키다, 만들어 내다
electricity 전기
as well as ~뿐만 아니라
release 방출하다
pollution 오염 (물질)
atmosphere 대기
escape 탈출하다
float 뜨다, 떠다니다
disappear 사라지다
accident 사고, 재해

06 다음 글의 밑줄 친 부분 중, 문맥상 낱말의 쓰임이 적절하지 않은 것은?

Natural gas is an abundant natural fuel that burns. It's found underground near oil and where organic matter is rotting. Natural gas has a lot of ① benefits. First, it is ② widely available. It can be used for cooking and generating electricity, as well as for cars, trucks, buses, and even airplanes. Also, it burns cleaner than other fossil fuels. It releases from 30% to 45% ③ less pollution into the atmosphere than oil. And any escaped gas would likely float up into the sky and disappear because it is ④ heavier than air. This ⑤ reduces the chances of an accident.

organic matter (토양비료학) 유기물 **rot** 썩다

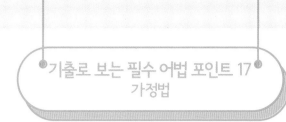

가정법이란?

가정법은 실제 사실을 있는 그대로 표현하는 것이 아니라, 사실과 '반대'되는 것을 가정하는 표현을 말해요.
가정법에서 가장 중요한 핵심 포인트는 '시제'예요. 가정법은 현재 사실의 반대는 '과거 시제'로, 과거 사실의
반대는 '과거완료 시제'로 표현한답니다.

1. 가정법 과거와 과거완료

1) It would be / have been much more useful if the service were available from 8 a.m. 〈모의 응용〉

if절의 동사가 과거형 were이고, '(지금은 사용할 수 없지만) 아침 8시에 서비스를 사용할 수
있다면'이라고 현재 사실과 반대되는 일을 가정하고 있죠? 이를 가정법 과거라고 해요. 〈if+S'+동사의
과거형, S+조동사 과거형+동사원형〉의 형태여야 하므로 would be가 알맞아요.

2) If a fire chief hadn't ordered his team out of a building, the entire team would
have been / be killed. 〈모의 응용〉

if절에 과거완료 had p.p.형태가 쓰였어요. 문맥상 과거의 사실에 반대되는 상황을 가정하고 있으니까,
주절에는 〈조동사 과거형+have p.p.(have been killed)〉가 오는 것이 적절해요. 가정법 과거완료는
〈if+S'+had p.p., S+조동사 과거형+have p.p.〉의 형태로 쓰인답니다.

2. 혼합가정법

If they had doubled the number of their franchises, now they could each have made / make
500 dollars in one day. 〈모의 응용〉

if절의 동사는 과거완료 had doubled인데, 뒤에는 현재를 나타내는 now가 있죠? 과거 사실과
반대되는 가정의 결과가 '현재'에 영향을 미치는 것을 뜻할 때, 〈If+주어+had p.p., 주어+조동사
과거형+동사원형〉로 표현할 수 있어요. '혼합가정법'이라고 할 수 있으며, 네모에는 could make가
적절해요.

POINT EXERCISE 다음 중 어법상 적절한 표현을 고르시오.

1 If developed countries helped / had helped out poorer countries, this could end child labor.

2 If I knew / had known at that time that I had other choices, I would be doing different work now.

3 What might have been different if I had learned / learned that skill earlier in life?

---

order 명령하다; 지시, 명령   **entire** 전체의   **double** 두 배로 만들다; 두 배   **franchise** 체인점, 프랜차이즈
Point Exercise **developed country** 선진국   **labor** 노동, 근로

1 다음 글에서 필자가 주장하는 바로 가장 적절한 것은?

There are over 6,000 languages spoken in the world today. More than 1,000 of them are locked away in the heads of elderly people who cannot pass them on to the future. If the rate of language death continues, from 50 to 90 percent of these languages will be gone by 2050. Professor Wade Davis believes that a language takes a piece of all of us with it when it dies. To him, languages hold the great web of human imagination. We should think of all the world's languages as a storage box of human culture. They tell us stories about where we came from, what it is to be human, and the environment around us.

① 어른들의 언어를 배워야 한다.
② 어려운 언어는 사용하지 말아야 한다.
③ 사라지는 언어를 지키고 보존해야 한다.
④ 다양한 언어를 배워 상상력을 높여야 한다.
⑤ 언어를 인간 문화의 보관함으로 여겨야 한다.

2 다음 글의 주제로 가장 적절한 것은?

Before Howard Gardner's "Theory of Multiple Intelligence's," people thought there was only one kind of intelligence. You could have high, low, or average intelligence, but you could only have one. It was usually measured by IQ tests that focused on logic and math. A high IQ score proved high intelligence, an average score average intelligence, and so on. Gardner disagreed with the logic behind the tests and the idea of one intelligence. He believed that people have many different kinds of intelligence, and different intelligences could be used for different purposes. According to Gardner's theory, someone who is poor at math but good at dancing still shows high intelligence: being good at dancing requires high bodily intelligence.

multiple intelligence 다중지능

① the disadvantages of IQ tests
② methods of measuring intelligence
③ Howard Gardner's controversial theory
④ how multiple intelligences apply to education
⑤ introducing the idea of multiple intelligences

3 다음 글의 제목으로 가장 적절한 것은?

Some people believe that coffee is harmful to our health, but researchers have found evidence that tells a different story. The American Heart Association looked at the health data of over 200,000 people who drank between one and five cups of coffee a day. It showed that coffee drinking reduced the risk of heart disease and other serious illnesses. Since then, researchers have been working hard to analyze exactly what gives coffee its benefits. Still, researcher Dr. Frank Hu said it's unclear. He said, "Coffee is a complex beverage, which makes the question difficult to answer." Researchers also pointed out that added ingredients, such as cream, sugar, and certain types of sweeteners, do not have health benefits. In other words, it's best to drink black coffee with nothing added.

sweetener 감미료 ((설탕 대신 단맛을 내는 데 쓰는 것))
black coffee 블랙커피 ((크림[우유, 설탕]을 넣지 않은 커피))

① Reasons to Stop Drinking Coffee
② Some Like It Sweet, Some Like It Bitter
③ Uncovering the Secret of the Perfect Cup
④ An Unclear Reason, but Coffee Is Good for Health!
⑤ Linking Coffee to Heart Disease and Other Serious Illnesses.

4 다음 도표의 내용과 일치하지 <u>않는</u> 것은?

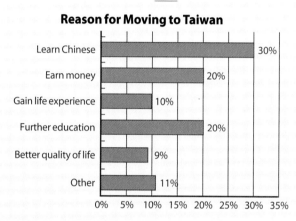

Reason for Moving to Taiwan

The graph above shows the percentages of reasons given for moving to Taiwan. ① We can see that twice as many people moved to Taiwan for money as the number who wanted to gain life experience. ② And more people moved there to learn Chinese than for further education. ③ However, gaining further education was just as popular as moving for money. ④ A better quality of life was the most uncommon reason, and it was right behind "other" reasons. ⑤ The three least popular reasons combined were equal to the popularity of moving to learn Chinese.

5 다음 글의 밑줄 친 부분 중, 어법상 <u>틀린</u> 것은?

The wallaroo is an animal halfway between a wallaby and a kangaroo. The color of a wallaroo ① <u>depends on</u> its habitat. Those that inhabit the rocky hills of eastern Australia are usually black or light grey. Those ② <u>living</u> in the deserts of the west are reddish to hide in their surroundings. In addition, they are the only marsupials that have a hairless, black nose. This makes ③ <u>it</u> easy to tell them apart from kangaroos and wallabies. Wallaroos like to hide from the sun under rocks ④ <u>during</u> the day. Most wallaroos are solitary beings that ⑤ <u>avoiding</u> contact with other animals, especially with humans.

marsupial 유대목 동물 ((캥거루, 코알라처럼 육아낭에 새끼를 넣어 가지고 다니는 동물))

6 다음 글의 내용과 일치하는 것은?

Prior to the 18th century, most Europeans ate with their hands. The wealthy were said to use only three fingers for eating, while commoners used five. When an Italian created a miniature pitchfork for eating, the public response was not welcoming. Men who used a fork were laughed at and considered feminine. Priests spoke out against the new invention by claiming that only human hands were worthy of touching food that God himself provides. One noble woman shocked some priests by eating with a fork she had designed herself and, over dinner, they blamed her for being too excessive. When she later died from the plague, the priests said that her death was God's punishment, and that anyone using a fork would share her terrible fate.

pitchfork 쇠스랑

① 유럽인들은 손으로 음식을 먹는 것을 꺼려했다.
② 상류층은 손가락을 모두 사용하여 식사했다.
③ 사람들은 포크를 남성의 전유물로 생각했다.
④ 성직자들은 포크 사용을 단호하게 반대했다.
⑤ 포크를 만들어 사용한 여성은 처벌받았다.

7 다음 글의 빈칸에 들어갈 말로 가장 적절한 것은?

Your kids probably drink plenty of juice and milk each day. But don't forget about water. Erica Kenney, who is a scientist at Harvard, examined data from a group of 4,000 children. While looking through the survey results, she noticed that more than half of the kids _____. Of that group, boys were 76% more likely than girls to not have enough water in their system. Nearly one quarter of the kids reported drinking no plain water at all. "These findings are significant because they highlight a health issue that has not been given a lot of attention in the past," Kenney said in a statement. "This is an issue that could really be reducing quality of life and well-being for many children and youth."

① needed clearer water
② drank too much water
③ weren't drinking enough
④ suffered health problems
⑤ needed more attention from parents

8 다음 글의 빈칸 (A), (B)에 들어갈 말로 가장 적절한 것은?

Did robots help make your pizza? If you ordered it from Silicon Valley's Zume Pizza, the answer is yes. Inside its kitchen, pizza dough travels down a conveyer belt. Machines spread it and carefully slide the pies into an oven. The restaurant is even planning to add robots that pack the pizzas for delivery. ___(A)___, another company has designed a machine that makes sandwiches while customers watch. It seems that robots can handle simple foods such as pizza, burgers, and sandwiches. ___(B)___, they won't be taking over restaurants anytime soon. That

is because they still struggle with other tasks. "There are many jobs in food service that are so complex that it will be a very long time before we have robots doing them," says Ken Goldberg of the University of California's automation lab.

conveyer belt 컨베이어 벨트

	(A)		(B)
①	Similarly	......	However
②	Besides	......	Therefore
③	For example	......	Nevertheless
④	However	......	Moreover
⑤	Instead	......	As a result

9 글의 흐름으로 보아, 주어진 문장이 들어가기에 가장 적절한 곳은?

> The new options come after years of criticism that Barbie had created unrealistic expectations for girls.

Mattel, the maker of the iconic plastic doll, said it will begin selling Barbie with three new bodies — curvy, tall, and petite. (①) Also, the doll will be available in seven skin tones, 22 eye colors, and 24 hairstyles. (②) *Time* magazine dealt with the topic with the headline, "Now can we stop talking about my body?" (③) Mattel said they have a responsibility to girls and parents to reflect a broader view of beauty. (④) The new toys will allow the product line to be a better reflection of what girls see in the world around them. (⑤) This change is expected to be the first step for a change in the children's market overall.

iconic 우상이 되는
product line 제품 라인 ((일련의 생산 과정으로 생산되는 제품군(群))

10 주어진 글 다음에 이어질 글의 순서로 가장 적절한 것은?

> Have you ever wondered why ancient animals were so big? Though not all ancient animals were huge, a lot of them were.

(A) Another theory is Cope's Rule — the idea that competition leads to the evolution of bigger animals over time. Whatever the reason behind their huge bodies, being big was sometimes a big problem.

(B) This is because being super-sized often meant they were slower to adapt to changing conditions. It's a major cause of their eventual extinction.

(C) It's possible that conditions in the environment caused these large sizes. For example, the cat-sized cockroaches of the Paleozoic era may have been so large because of the extra oxygen in the atmosphere.

cockroach 바퀴벌레 **Paleozoic** 고생대의

① (A) - (C) - (B) ② (B) - (A) - (C)
③ (B) - (C) - (A) ④ (C) - (A) - (B)
⑤ (C) - (B) - (A)

11 다음 글에서 전체 흐름과 관계 없는 문장은?

Some researchers say that cutting up food was an important step in our evolution. By saving early humans as many as 2.5 million chews per year, cutting up food gave us more time to develop language and communicate. ① In contrast, chimpanzees spend half their day chewing, which means they have less time to communicate. ② Chimpanzees are very familiar to humans, perhaps because so much of their behavior is similar to ours. ③ Researchers also say the shape of our face changed because we didn't need to chew as much — our jaws became smaller and our teeth did too. ④ This made room for bigger brains that could handle language and speech. ⑤ It was a simple technology that had a big impact.

evolution 진화

 고난도

12 다음 글의 내용을 한 문장으로 요약하고자 한다. 빈칸 (A)와 (B)에 들어갈 말로 가장 적절한 것은?

Think about the Grand Canyon or a clear, starry night. Taking a moment to stop and appreciate something like this can make you feel like a tiny part of a huge universe. That feeling of being tiny might actually make you a more generous person. Some researchers found that feeling awe might cause people to help each other out more. They showed participants images of nature. Then they asked questions and measured generosity. Those who thought about feeling awe were more generous than those who thought about other things. The researchers' study shows that awe serves a vital social function. "By limiting thoughts about the self, awe helps people to focus on others," said Paul Piff, an assistant professor at UC Irvine.

awe 경외감 **generosity** 너그러움

↓

> Recognizing how ___(A)___ we are in the universe can create a feeling of awe, which can lead us to being more ___(B)___ toward others.

	(A)		(B)
①	good	……	unkind
②	small	……	kind
③	tiny	……	selfish
④	great	……	generous
⑤	special	……	nice

(A)

Stephanie Taylor grew up in a small town in America. She was an animal lover from a young age. Whenever she could, she rescued young animals like chicks, puppies, and kittens from danger. (a) She also took care of injured animals. Of course, her mother was always there to support her. For example, she took Stephanie to every animal show at the local zoo.

(B)

The press soon took notice of her efforts. Stephanie made it to the front page of all leading newspapers. She was shown on several TV channels as well. People from across the country wanted to support her, and money started pouring in. With the money, (b) she managed to buy jackets for the entire team of 100 police dogs. Stephanie won an award from the government for her effort. She now runs mobile clinics for hurt animals.

(C)

Stephanie was determined to get the money for the jackets herself. With the help of her mother, (c) she set up a lemonade stand. She sold lemonade after school and saved the money. Then she told her friend about the plan. (d) She appreciated Stephanie's efforts and spread the word to others. Soon there was a great demand for Stephanie's lemonade. She had to get more friends to help with all the business, and soon she had raised enough for her first jacket. She gave it to the police department, and they bought their first bulletproof jacket for dogs.

bulletproof 방탄의

(D)

One evening, Stephanie and her father were watching the news. There was a story about a police guard-dog named Smokey. Smokey had chased a thief and caught him. But he got shot by the thief before police arrived. Smokey did a brave thing, but he died. The news made Stephanie sad. She called the local police station and asked why the dogs didn't have bulletproof jackets. The police officer was touched by (e) her concern. He agreed with Stephanie, but explained that the police department did not have the money to buy bulletproof jackets for its dogs.

13 주어진 글 (A)에 이어질 내용을 순서에 맞게 배열한 것으로 가장 적절한 것은?

① (B) - (D) - (C)　　② (C) - (B) - (D)
③ (C) - (D) - (B)　　④ (D) - (B) - (C)
⑤ (D) - (C) - (B)

14 밑줄 친 (a) ~ (e) 중에서 가리키는 대상이 나머지 넷과 다른 것은?

① (a)　② (b)　③ (c)　④ (d)　⑤ (e)

15 위 글의 Stephanie에 관한 내용과 일치하지 않는 것은?

① 그녀는 구조할 수 있을 때마다 동물들을 구조했다.
② 신문에 그녀의 이야기가 실렸다.
③ 국가에서 주는 상을 받았다.
④ 학교를 마치고 음료를 팔아 돈을 모았다.
⑤ 경찰은 그녀의 걱정을 무시했다.

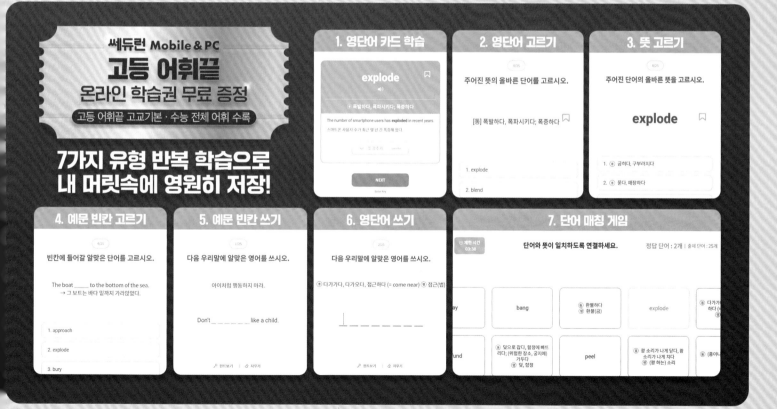

쎄듀런

1 구문
판매 1위 '천일문' 콘텐츠를 활용하여 정확하고 다양한 구문 학습

(끊어읽기) (해석하기) (문장 구조 분석) (해설·해석 제공) (단어 스크램블링) (영작하기)

2 문법·서술형
쎄듀의 모든 문법 문항을 활용하여 내신까지 해결하는 정교한 문법 유형 제공

(객관식과 주관식의 결합) (문법 포인트별 학습) (보기를 활용한 집합 문항) (내신대비 서술형) (어법+서술형 문제)

3 어휘
초·중·고·공무원까지 방대한 어휘량을 제공하며 오프라인 TEST 인쇄도 가능

(영단어 카드 학습) (단어 ↔ 뜻 유형) (예문 활용 유형) (단어 매칭 게임)

4 선생님 보유 문항 이용

(Online Test) (OMR Test)

cafe.naver.com/cedulearnteacher

쎄듀런 학습 정보가 궁금하다면?

쎄듀런 Cafe

· 쎄듀런 사용법 안내 & 학습법 공유
· 공지 및 문의사항 QA
· 할인 쿠폰 증정 등 이벤트 진행

쎄듀 본영어

<쎄듀 종합영어> 개정판

고등영어의
근본을
바로 세운다!

🌱 문법편

1 내신·수능 대비 문법/어법

2 올바른 해석을 위한 독해 문법

3 내신·수능 빈출 포인트 수록

4 서술형 문제 강화

💧 문법적용편

1 문법편에서 학습한 내용을
   문법/어법 문제에 적용하여 완벽 체화

2 내신·서술형·수능으로 이어지는
   체계적인 3단계 구성

독해적용편

1 문법편에서 학습한 내용을
   독해 문제에 적용하여 독해력 완성

2 대의 파악을 위한 수능 유형과 지문 전체를
   리뷰하는 내신 유형의 이원화된 구성

미리 시작해서 꽉 잡는 수능 영어 독해!

첫단추
BASIC

독해편 2

정답 및 해설

첫단추
BASIC

독해편 2

정답 및 해설

정답 및 해설

Chapter ① 큰 그림 파악하기 유형

유형 01 주장·요지
본문 p.14~15

예제 1

⑤

해석

당신이 "내 차가 고장 났어."라고 말할 때, 만약 당신이 차를 두 대가지고 있다면 그것은 그 자체로는 문제가 아니다. 그래서 더 나은 진술은 "나는 오늘 출근할 방법이 없어." 혹은 "내 유일한 차가 고장 나서 오늘은 회사에 지각할 것 같아."일 것이다. 근본적 문제를 명확하게 진술하는 이유는 이 경우에 당신의 목표가 "차를 고치는 것"이 아니기 때문이다. 그것은 출근하는 것이다. 이런 방식으로 그 문제를 진술하는 것은 버스 타기, 친구에게 전화하기, 하루 휴가 내기 등의 다른 선택 사항들을 가능하게 해준다. 문제를 명확하게 진술하는 것은 당신이 그 문제를 해결하는 방법에 맞는 명확한 선택사항을 떠올리는 데 도움이 될 것이다.

정답 풀이

문제를 분명하게 진술해야 그 문제를 해결하는 데 가장 알맞은 해결방법을 떠올릴 수 있다고 조언하고 있다. 따라서 ⑤가 글의 요지로 가장 적절하다.

오답 풀이

①, ③은 지문에서 많이 사용된 어구를 활용한 오답 선지이다.

어휘

broken 고장 난 / **statement** 진술, 서술 cf. state 진술하다; 상태; 국가 / **clearly** 또렷하게, 분명하게 / **root** (문제의) 근원, 핵심; 뿌리 / **open up** ~을 가능하게 하다 / **option** 선택 사항, 옵션 / **take a day off** 하루 휴가를 내다 / **come up with** 생각해내다, 제안하다

구문 풀이

1~2행 When you say "My car is broken," that is not, (**in itself**), a problem if you've got two cars.

in itself가 삽입구로 들어갔다.

4~6행 *The reason* [**to** clearly state the root problem] **is** **that** your goal in this case is not to "fix my car."
　　　　　S　　　　　　　　　　　　　　　V　　　　　　　C

to ~ problem은 the reason을 수식하는 to부정사의 형용사적 용법으로 쓰였고, that이하의 명사절은 보어로 쓰였다.

예제 2

②

해석

당신은 누군가가 "나는 공을 옮겨야 했어."라고 말하는 것을 들어본 적이 있는가? '공을 옮기다'라는 표현은 어떤 것이 완료되는 데에 책임을 진다는 것을 의미한다. 우리는 일상적으로 발화에서 이것과 같은 상투적 문구를 사용한다. 이 표현들은 재미있고, 상황을 묘사할 때 유용하다. 누군가는 '얼음처럼 차가운' 또는 '벌처럼 바쁜' 사람일지도 모른다. 어떤 이야기는 '말도 못하게 재미있을'지도 모른다. 발화에서 이 표현들은 거의 해가 되지 않는다. 그러나 글쓰기에서 상투적 문구는 지루해질 수 있다. 당신의 독자는 이런 표현들을 지나치게 자주 듣고 읽어서 그 표현들이 너무나 빠르게 독자에게서 '맞고 튕겨 나가' 매력을 잃는 경향이 있다. 그러므로 글이 더 강력하고 더 효과적이 되기를 원한다면 상투적 문구를 사용하지 않도록 노력하라. 글쓰기에서 상투적 문구는 궁극적으로 당신의 메시지의 장점과 효과를 감소시킨다.

정답 풀이

일상적인 말하기에서 상투적인 표현들이 사용되는데, 이것이 글쓰기에서는 해가 될 수 있으므로 상투적 문구를 사용하지 않도록 노력하라고 조언하고 있다. 따라서 글의 요지는 ②가 가장 적절하다.

오답 풀이

①, ③, ⑤는 본문에 언급된 바 없는 오답 선지이다.

어휘

carry the ball (어떤 일을) 책임지고 하다 (= take responsibility) / **cliché** 상투적 문구 / **describe** 묘사하다, 말하다[서술하다] / **situation** 상황, 환경 / **do harm** 해가 되다, 손해를 끼치다 / **tend to-v** v하는 경향이 있다 / **appeal** 매력; ((법)) 항소 / **effective** 효과적인 cf. effectiveness 유효성, 효과적임 / **take away from** ~을 깎아내리다

Your reader has heard and read these expressions **so** often **that** they tend to "bounce off" the reader **so** fast **that** they lose their appeal.

⟨so ~ that...⟩ 구문으로 '너무 ~해서 …하다'의 의미이다.

QUICK CHECK!

①, ③, ④

해석

① 다른 사람들의 관점에서 이 문제를 보자.

② 아이들은 이야기를 좋아한다. 그들은 영웅, 거인 또는 용에 관해 듣는 것을 좋아한다.

③ 우리는 더 많은 나무들을 심어야 하고, 종이를 만들기 위해 잘라내는 것을 멈춰야 한다.

④ 콜라 대신 물을 마시면 어떨까요?

⑤ 우리가 정보 혹은 지식 사회에서 산다고들 한다.

유형 집중 문제

본문 p.16~18

01 ⑤　**02** ③　**03** ②　**04** ①　**05** ③　**06** ③

01 ⑤

Q

Therefore, it is advised that instead of allowing social networking sites to hurt your job chances, you should let them work for you.

해석

때로 사람들은 인터넷이 기억력이 좋으며 거대한 관중을 갖고 있다는 점을 망각한다. 일단 무언가가 온라인에 올라가면, 그것이 사라지게 만들기는 어렵다. 어느 조사에 따르면, 취업 면접관의 25%가 특정 사람의 페이스북 페이지 때문에 그들을 면접하지 않기로 결정했다고 한다! 당신의 페이스북 페이지는 당신의 채용을 방해할 수도 있다. 그리고 상사들이 그들 자신과 회사에 관한 (당신의) 부정적 코멘트를 볼 수도 있기 때문에 당신이 해고되도록 할 수도 있다. 그러므로 소셜 네트워크 사이트(SNS, 소셜 네트워크 서비스)가 당신의 취직 기회를 망치게 하는 대신, SNS가 당신에게 유리하게 작동하도록 만들어야 한다. 만약 당신이 다른 언어(외국어)를 말할 줄 안다면, 그 목록을 (SNS에) 올려라. 또 자원봉사를 했다면 그것에 관해 언급하고 글을 올려라. 또한 당신이 자랑스러워하는 어떤 취미나 일이라도 올려라.

정답 풀이

취업 면접관이나 상사가 인터넷에 있는 개인 정보를 보게 될 수도 있으므로 구직 활동에 좋은 영향을 미치는 정보만 올리라고 조언하고 있다. 따라서 ⑤가 글의 요지로 가장 적절하다.

오답 풀이

① 글에서 언급된 취업 면접이라는 어구에서 연상할 수 있는 오답 선지.

② 자원봉사, 취미, 일 등을 언급한 마지막 부분을 활용한 오답 선지.

구문 풀이 8~9행 Therefore, **it** is advised **that** instead of allowing social networking sites to hurt your job chances, you should let them

　　　가주어　　　　　　　　　　　　　　　　　　　　　　　　　　　　　　　　　진주어

work for you.

that이 이끄는 명사절이 진주어, it이 가주어인 문장이다.

02 ③

Q

주제문: For these reasons and more, we should consider reusing a product before recycling it.

단어: should

해석

재사용과 재활용은 비슷하게 들리지만, 매우 다르다. 무언가를 재사용한다는 것은 그 물건이 계속해서 원래의 용도로 사용된다는 것을 의미한다. 예를 들어, 당신이 낡은 오븐을 갖고 있다면, 그것을 누군가 다른 사람에게 줌으로써 그것을 재사용할 수 있다. 반면 재활용을 한다는 것은 오븐을 분해하는 것을 의미한다. 이 오븐 부품들은 새 물건에서 다른 방식으로 사용된다. 재사용은 많은 이점을 갖고 있다. 우선, 그것은 재활용보다 에너지를 적게 사용한다. 그것은 또한 환경 피해를 덜 일으킨다. 왜냐하면, 재활용은 오염을 발생시키는 공장에서 물건 재료들을 분해하거나 녹여야 한다는 것을 종종 의미하기 때문이다. 게다가 재사용은 물건

정답 풀이

재사용과 재활용의 차이점을 제시한 후, 재사용의 이점을 설명하고 있다. 재사용은 재활용보다 더 적은 에너지를 소모하여 친환경적이며, 공유하는 문화를 조성함으로써 공동체를 장려할 것이라 했다. 주제문인 마지막 문장 역시 재활용보다는 재사용을 고려해야 한다고 말하고 있으므로 정답은 ③.

오답 풀이

④ 도입 부분에서 언급한 재사용과 재활용의 차이점을 활용한 오답.

⑤ giving it to someone else를 활용한 오답. 재활용보다 재사용을 먼저 고려하라는 글이지, 물건을 기부하라고 주장하고 있지는 않다.

의 공유를 장려함으로써 공동체를 창조하는 데도 도움을 준다. 그 외에도 여러 가지 이유로, 우리는 물건을 재활용하기 전에 재사용하는 것을 고려해야 한다.

03 ②

Q ③
Q 선택지 해석
① 개의 주인
② 공격적인 개
③ 개의 행동에 가장 큰 영향을 주는 것

해석

어떤 개들은 선천적으로 공격적이다. 예를 들면, 로트와일러는 원래 투견과 사냥개로 길러졌다. 그러나 공격적으로 길러지는 모든 개가 실제로 (모두) 공격적인 것은 아니다. 또한, 몇몇 사납지 않은 품종이 때로는 몹시 공격적일 수 있다는 것도 사실이다. 대개 그것은 낯선 사람을 향해 으르렁거리는 것과 같은 개의 공격적 행위를 칭찬함으로써 주인이 개들을 공격적이 되도록 훈련시켰기 때문이다. 학대받은 개들 또한 특히 공격적인 행동을 보일 수 있다. 일반적으로 말해서, 대부분의 개는, 심지어 전통적으로 공격적인 품종에 속하는 개들조차도, 안전한 환경에서 사랑을 주는 주인에 의해서 길러지면 상냥하고 온순해질 수 있다.

정답 풀이

개의 성향은 선천적인 요인도 있지만, 주인이 개를 대하는 방법과 같은 환경에 의해서 크게 영향을 받는다는 내용이므로 글의 요지로는 '② 개는 후천적 환경에 따라 성향이 변할 수 있다'가 가장 적절하다.

오답 풀이

①, ③ 오답들은 본문에 사용된 어구로 만든 것이지만 글의 요지와는 상관이 없다.
④, ⑤ 글에 언급된 바가 없다.

구문 풀이

2~3행 However, *not all dogs* [raised to be aggressive] really are (*aggressive*).
〈not all ~〉은 '모든 ~가 그러한 것은 아니다'는 의미의 부분 부정 구문이고, really are 뒤에는 aggressive가 생략되었다.

7~8행 *Dogs* [that have been treated badly] also can exhibit particularly aggressive behavior.
관계대명사 that이 이끄는 절(that ~ badly)은 앞의 선행사 Dogs를 수식하는 주격 관계대명사절이다.

8~10행 Generally speaking, / most dogs, / (*even those* traditionally [known to be aggressive]), / can be friendly and gentle
　　　　　　　　　　　　S　　　　　　　↑_____　　　V　　　　C
when (*they are*) raised by loving owners in a safe environment.
주어와 동사 사이에 과거분사구가 삽입되었으며, when이 이끄는 부사절에서 부사절의 주어가 문장의 주어(dogs)와 같아서 〈주어+be동사〉가 생략되었다.

04 ①

Q
주제문: Show your employees that you trust them by leaving them alone.
단어: show (명령문)

해석

처음 교사가 되었을 때 나는 학생들이 절대 내 시야에서 벗어나지 않게 하는 데 엄청난 에너지를 쏟았다. 나는 만약 학생들을 홀로 내버려 두면 그들이 잘못된 행동을 하거나 자칫 다칠 수도 있다고 생각했다. 이것은 엄청난 에너지를 필요로 했을 뿐 아니라 내 학생들의 성장도 제약했다. 다른 선생님으로부터 학생들에게 어느 정도의 자유를 줘보라는 충고를 받은 뒤로 나는 그렇게 시도해 보았다. 그 결과에 나는 놀랐다. 학생들은 책임감을 느꼈으며, 이것은 그들이 더 열심히 공부하고 바른 행실을 갖도록 고취했다. 당신도 관리자로서 비슷한 위치에 있다. 직원들을 내버려 둠으로써 당신이 그들을 신뢰하고 있음을 그들에게 보여주라. 직원들이 나서서 기대에 부응하려고 하면서 당신은 그 결과에 놀랄 것이다.

정답 풀이

오히려 내버려 두었을 때 책임감을 느끼고 성장했던 학생들에 관해 이야기하면서, 부하 직원들 역시 내버려 두면 더욱 성장할 것이라고 관리자에게 조언하고 있다. 따라서 필자의 주장은 ①.

오답 풀이

② 아이들이 성장하도록 '내버려 두라'는 내용이지, 칭찬하라는 말은 없다.
③ 다른 선생님이 조언을 해줬다는 내용에서 연상할 수 있는 오답 선지.

구문 풀이

1~2행 ~, I spent *a great deal of energy* on making sure (*that*) my students were never out of my sight.
<spend A on v-ing>는 'v하는 데 A(에너지, 돈, 시간)를 쓰다'의 의미이며 명사절을 이끄는 접속사 that이 생략되었다.

4~5행 **Not only** did this take a great deal of energy, **but** it **also** limited my students' growth.
〈not only A but also B(A뿐만 아니라 B도)〉 구문이 사용된 문장으로, 부정어구 Not only가 문두에 오면서 주어(this)와 조동사(did)가 도치되었다.

05 ③

The world is full of kind people who love to help those who aren't loved.

해석

내 동생과 내가 어렸을 적에 우리 고양이가 새끼 고양이 일곱 마리를 낳았다. 엄마와 아빠는 우리가 그들을 기를 수 없을 것이라 말씀하셔서 새끼 고양이들이 충분히 자랐을 때 우리는 지역 신문에 광고를 냈다. 광고에는 "훌륭한 집에 무료로 드립니다. 일곱 마리의 사랑스러운 새끼 고양이들입니다."라고 했다. 그러나 3주가 지나도 우리는 여전히 모든 새끼 고양이들을 데리고 있었다(아무도 데려가지 않았다). 그래서 우리는 또 다른 광고를 내기로 결심했다. 광고에는 "훌륭한 집에 무료로 드립니다. 한 마리는 매우 못생기고 수줍음을 타는 새끼 고양이이고 여섯 마리는 사랑스러운 고양이들입니다."라고 했다. 이틀 만에 그 '못생기고 수줍은' 새끼 고양이는 일곱 번이나 선택받았다. 세상은 사랑받지 못하는 자들을 도와주기 좋아하는 친절한 사람들로 가득 차 있다. 우리가 다른 사람들에게서 선량함을 찾는다면 우리는 대개 그것을 발견하게 된다.

정답 풀이

새끼 애완동물을 분양하기 위한 광고를 냈는데, 여러 마리 중 사랑과 보살핌이 더 필요해 보이는 고양이 새끼가 가장 많은 선택을 받았다는 내용이므로, 글의 요지로는 '③ 사람들은 약한 존재를 도와주기를 좋아한다'가 가장 적절하다.

오답 풀이

① 광고 문구를 수정해 다시 광고문을 낸 내용에서 연상 가능한 오답 선지.

④ 상식적으로 그럴듯한 내용의 오답 선지.

구문 풀이 8~9행 The world is full of *kind people* [**who** love to help *those* [**who** aren't loved]].

첫 번째 who부터 문장 끝까지는 kind people을 수식하는 주격 관계대명사절이며, 두 번째 who부터 문장 끝까지는 those를 수식하는 주격 관계대명사절이다.

06 ③

주제문: Problems must be faced, not avoided, even if talking about them is not easy.
단어: must

해석

1986년 1월 28일, 수천 명의 사람들이 우주 왕복선 챌린저호가 이륙하는 모습을 텔레비전으로 지켜보았다. 챌린저호는 발사대에 장착된 다음, 푸른 하늘을 향해 발사되었다. 우리는 지켜보았다. 그다음 겨우 1분이 지났을 때 챌린저호가 산산조각 부서졌다. 사람들은 그날 참극을 경험했으며, 전문가들은 무엇이 잘못되었는지 알고자 했다. 그 재앙은 오링이라는 패킹용 고무 때문에 일어났다. 그날 아침의 차가운 날씨가 오링의 작동을 방해했던 것이다. 사실 엔지니어들은 그 오링에 문제가 있음을 알고 있었지만, 그 문제들은 보고되지 않았다. 챌린저호 참사는 우리에게 할 말은 해야 한다고 가르쳐 주고 있다. 문제는, 비록 그에 관해 말하는 일이 쉽지 않더라도 회피해서는 안 되며 직면해야만 한다. 사람들이 "예"라는 말 외에 어떤 말도 하기 두려워한다면 끔찍한 사고가 일어날 수 있다.

정답 풀이

우주 왕복선 챌린저호의 참사를 예로 들며, 문제가 있을 땐 회피하지 말고 말을 해야 한다고 주장하는 내용이므로 정답으로는 '③ 문제를 발견하면 피하지 말고 밝혀야 한다.'가 가장 적절하다.

오답 풀이

①, ②, ④, ⑤ 모두 글에서 언급된 바가 없다.

구문 풀이 5~6행 People experienced a tragedy that day, and experts wanted to learn **what** went wrong.

and가 두 개의 절(People ~ day, expert ~ wrong)을 이어주고 있으며, 동사 learn의 목적어로 쓰인 what went wrong절에서 의문사 what이 '무엇'의 의미로 사용되었다.

6~7행 The disaster was caused by *something* [**called** an O-ring].

과거분사 called가 이끄는 구는 something을 수식한다.

기출로 보는 필수 어법 포인트 1 – 주어와 동사의 수일치

본문 p.19

1. 주어가 수식받는 경우의 수일치

해석 1) 산비탈 농장의 오래된 건물들은 우리 도처에 있었다.   2) 씨를 뿌리기 위해 땅을 뒤엎으려고 쟁기를 끌던 동물들이 인간보다 훨씬 더 효율적이었다.

2. 주어가 구나 절인 경우의 수일치

해석 1) 당신의 개인적인 그리기 스타일을 탐구하는 것이 중요하다.   2) 당신을 특별하게 만드는 것은 당신의 재능과 능력 그 이상이다.

---

01 lead

해석
우리가 먹는 음식은 우리의 행복 혹은 행복의 결핍으로 이어진다.

해설
we eat은 주어인 The foods를 수식하는 관계대명사절. 주어가 복수이므로 동사도 복수인 lead가 적절하다.

---

02 reduces

해석
같은 종류의 사고의 반복은 그것을 목격하는 것의 충격을 감소시킨다.

해설
of ~ accident가 주어인 The repetition을 수식하고 있다. 주어가 단수이므로 동사도 단수인 reduces가 적절하다.

---

03 is

해석
네가 그것을 좋아하는지 좋아하지 않는지가 내가 가장 궁금해하는 것이다.

해설
주어가 Whether you like it or not으로 절이므로 단수 취급한다. 주어가 단수이므로 동사도 단수인 is가 적절하다.

---

04 is

해석
이 시점에서, 재생 가능한 에너지원을 개발하는 것이 필요하다.

해설
주어가 developing renewable energy sources로 동명사구이므로 단수 취급하여 단수 동사인 is를 쓴다.

유형 02 주제

본문 p.20~21

예제 1

②

해석
"예술은 문제를 해결하지 않지만, 우리가 그것(문제)들의 존재를 알도록 한다."라고 한 조각가가 말한 적이 있다. 그렇지만 예술 교육은 정말 문제를 해결한다. 수년간의 연구에서 그것이 우리가 자녀들을 위해 원하는 거의 모든 것과 연결되어 있다는 것을 보여준다. 예술을 배움으로써 수학, 읽기, 비판적 사고, 그리고 말하기 기술을 습득할 수 있다. 예술을 배우는 것은 또한 동기, 집중력, 자신감, 팀워크 등을 향상시킬 수 있다. 시각 예술에 관한 보고서는 예술 경험의 기쁨과 자극이 한 사람의 삶을 감미롭게 하는 것 그 이상을 한다고 주장한다. 그 보고서에 따르면, 그것들은 "사람들을 세계로 더욱 깊게 연결해주고, 새로운 시각을 열어주어," 사회적 유대감을 견고히 할 수 있는 기반을 만들어 준다.

정답 풀이
예술 교육이 문제를 해결해줄 수 있다고 하면서 예술을 배우는 것의 장점들을 나열하고 있다. 따라서 주제로 가장 적절한 것은 ②.

선택지 해석
① 사회적 상호 작용의 가치
② 예술 교육의 이점들
③ 비판적 사고를 향상시키는 방법들
④ 성공한 예술가들의 특징
⑤ 문제 해결에 있어서 지능의 중요성

어휘
aware of ~을 깨달은, 아는 / **existence** 존재 cf. exist 존재하다 / **sculptor** 조각가 / **be linked to A** A와 연관되다 / **closely** 밀접하게; 바싹 / **critical** 비판적인 / **motivation** 동기, 자극 / **confidence** 자신감; 신뢰 / **visual art** 시각 예술 ((회화, 조각, 건축 등 시각으로 감상할 수 있는 예술)) / **sweeten** 감미롭게 하다, 달게 하다 / **connect** 연결하다, 잇다 / **foundation** 토대, 기초 / **build up** ~을 더 강력하게 만들다, 견고히 하다 / **bond** 유대, 끈 [선택지 어휘] **interaction** 상호 작용 / **promote** 향상시키다 / **characteristic** 특징 / **significance** 중요성 / **intelligence** 지능

구문 풀이 **3~5행** Years of research show **that** it is closely linked to almost *everything* [**that** we want for our children].
　　　　　　S　　　　　　V　　　　　　　O
첫 번째 that이 이끄는 명사절이 show의 목적어로 쓰였다. 두 번째 that이 이끄는 관계대명사절이 everything을 수식한다.

10~13행 ~, they "can connect people more deeply to the world and (can) open them to new ways of seeing," **creating** the
　　　　　　　　　　V₁　　　　　　　　　　　　　　　　　V₂
foundation to build up social bonds.
creating 이하는 부대상황을 나타내는 분사구문이다. (= and they can create ~ bonds.)

예제 2

②

해석

알맞게 보관되지 않으면 많은 약이 쓸모없게 될 것이기 때문에 의약품을 올바르게 보관하는 것은 매우 중요하다. 화장실 약 보관장은 화장실의 습기와 열이 약을 손상하기 때문에 약을 보관하기에 좋은 장소가 아니다. 냉장고에 약을 보관하는 것 또한 냉장고 안 습기 때문에 좋은 생각이 아니다. 어떤 약은 냉장 보관을 요하지만 이러한 약들은 각각 분리해서 보관해야 한다. 빛과 공기도 약에 영향을 주지만, 검은 병과 밀폐 뚜껑으로 이런 영향을 최소화할 수 있다. 아이들의 손이 닿지 않기만 한다면 벽장이 아마도 최고의 약 보관 장소일 것이다.

정답 풀이

첫 문장은 나머지 글 전체의 내용을 포괄하는 주제문이다. 나머지 문장들은 모두 주제문의 포괄적인 어구 Storing medications correctly, if not stored properly 등에 대한 구체적인 내용(바람직하지 않은 보관 장소, 바람직한 보관 장소, 의약품의 손상 등)에 관해 얘기하고 있다. 따라서 정답은 ②이다.

오답 풀이

①, ④ 본문에 등장한 단어를 이용한 오답.

어휘

store 보관하다 / **correctly** 바르게, 정확하게 / **moisture** 수분, 습기 / **spoil** 손상하다, 망치다 / **refrigerator** 냉장고 cf. refrigeration 냉장 / **require** 필요로 하다 / **separately** 따로따로, 각기 / **affect** 영향을 미치다 / **air-tight** 밀폐된 / **cap** 뚜껑 / **minimum** 최소한도 / **closet** 벽장 / **as long as** ~하는 한

구문 풀이　**3~4행**　The bathroom medicine cabinet is not *a good place* [**to** keep medicine] ~.

to keep medicine은 a good place를 수식하는 형용사적 용법의 to부정사이다.

6~7행　Some drugs **do** require refrigeration, but these should be kept separately.

여기서 do는 require를 강조하는 조동사이다.

QUICK CHECK!

①

해석

핀란드에서는 수업 시간이 짧고 학생들은 매일 매시간 야외에서 자유롭게 노는 15분 간의 휴식 시간이 있다. 신선한 공기, 자연, 그리고 규칙적인 신체 활동 휴식이 학습의 동력이라고 여겨진다. 수업 시간에, 아이들은 이따금 즐거운 시간을 보내고, 낄낄거리고, 공상에 잠기는 것이 허용된다. 핀란드 사람들은 문화적인 슬로건들을 실행한다. "아이들이 아이들답게 지내도록 하라", "아이들의 일은 노는 것이다", 그리고 "아이들은 놀이를 통해서 가장 잘 배운다."

선택지 해석

① 핀란드가 교육에 다가가는 방식 ② 공부와 놀이를 결합하는 것의 이점 ③ 몇몇 유명한 격언의 유래

유형 집중 문제

본문 p.22~24

01 ④　**02** ③　**03** ②　**04** ④　**05** ⑤　**06** ①

01 ④

Q ①

Q 선택지 해석

① 왼손잡이
② 네덜란드의 문화
③ 초등학교 교사

해석

왼손잡이는 일상적으로 억압받아 왔다. 중국과 네덜란드는 20세기까지 "손 재교육"으로 특히 유명했다. 그리고 미국에서도 1960년대까지 초등학교 교사들은 왼손으로 글을 쓰려고 하는 아이들을 혼냈다. 그러나 강제적인 변화는 고통스럽고 불필요한 것으로 여겨지게 되었다. 전 세계적으로 사회가 점점 더 왼손잡이를 인정하고 있으며, 이는 세계가 전반적으로 더 개방적이 되어가는 결과이다. 실제로, 왼손과 오른손을 사용하는 사람 모두를 받아들이는 사회가 다른 많은 차이점을 받아들일 가능성이 있다. 한 사회에서 왼손잡이가 차지하는 비율은 한 사회가 얼마나 개방적인지를 나타내는 가장 좋은 신호인지도 모른다.

정답 풀이

왼손잡이에 대해 부정적인 생각이 일상적이었으나, 점차 사회가 개방적으로 변하면서 왼손잡이를 받아들이게 되었다고 서술하고 있다. 마지막 두 문장에서 왼손잡이를 받아들이는 사회일수록 다른 차별도 없을 가능성이 크고, 더욱 개방적일 것이라고 역설하므로 글의 주제로 가장 적절한 것은 ④이다.

선택지 해석

① 왼손잡이 아이들에 대한 사회적 고정관념
② 왼손잡이에 대한 문화적 이견
③ 왼손잡이와 성공의 관계
④ 왼손잡이를 인정하는 사회의 특징
⑤ 왼손잡이가 인정받지 못했던 20세기

② 중국과 네덜란드, 미국 등 나라를 언급한 것에서 연상할 수 있는 오답.

구문 풀이   10~12행 The percentage of left-handedness in a society may actually be one of the best signs of **how** open a society is.
how로 시작하는 명사절이 전치사 of의 목적어 역할을 하고 있다.

---

02 ③

Q ②

Q 선택지 해석
① 코미디언들
② 상황 코미디
③ 웃음

해석
"웃음은 즉각적인 휴가다."라고 코미디언 밀턴 버얼은 말했다. 그래서 많은 텔레비전 채널에서 상황 코미디, 즉 시트콤이 자주 방영되는 것은 놀라운 일이 아니다. 시트콤은 소수의 등장인물이 똑같은 환경을 공유하는 코미디의 한 장르다. 각각의 에피소드에는 짧지만 완전한 이야기가 들어 있으나, 더 큰 이야기도 존재한다. 이 이야기는 (텔레비전 프로그램이 한차례 방영되는) 시즌에 걸쳐서 발전한다. 재치 있는 대화가 대부분의 웃음을 만들어내지만, 등장인물들은 또한 우습고 황당한 상황에 처하기도 한다. 어떤 시트콤은 실제 관객들 앞에서 촬영되지만, 녹음된 관객 웃음소리가 삽입될 수도 있다. 이것은 웃기는 일이 발생하는 순간을 부각시키면서 코믹한 분위기를 자아낸다.

정답 풀이
처음 세 문장("Laughter is ~ a common environment.")은 시트콤에 관해 설명하고 있고, 그다음 문장부터는 시트콤의 특징을 나열하고 있다. 따라서 정답은 ③이다.

선택지 해석
① 스튜디오 관객의 특성
② 큰 웃음을 자아내는 흔한 방법
③ 상황 코미디의 여러 가지 특징
④ 코미디 프로그램 시청의 이점
⑤ 시트콤 제작의 일반적인 방법

오답 풀이
② 지문에서 보이는 단어를 활용한 오답 선지이다.
⑤ 시트콤 제작에 관한 언급도 있지만, 글을 포괄하는 주제는 될 수 없다.

구문 풀이   2~3행 So **it**'s not surprising / **that** situation comedies, or sitcoms, are frequently shown on many TV channels.
　　　　　　　가주어　　　　　　　　　　　　　　　　　　　　　　진주어
It은 가주어이고, 진주어는 that 이하 절이다.

3~5행 ~ *a genre of comedy* [**where** a small cast of characters shares a common environment].
where 이하는 a genre of comedy를 선행사로 하여 수식하는 관계부사절이다.

10~11행 This highlights *the moment* [**when** a joke occurs] and provides a comedic atmosphere.
　　　　S　　V₁　　　　　　　　　　　　　　　　　　　　　　V₂
when ~ occurs는 the moment를 수식하는 관계부사절이며, and는 highlights와 provides를 연결하고 있다.

---

03 ②

Q

A lot of readers keep going back over their reading even when they understand everything, and this slows them down.

해석
글을 읽을 때, 우리는 종종 그 단어와 문장이 무엇을 의미하는지 분명히 알지 못할 때가 있다. 이런 일이 생기면, 우리는 우리가 읽고 있는 것을 확인하고 확실히 하기 위해 이전 문장들을 되짚어 살펴본다. 당신의 눈은 일정하고 조직화된 방식으로 앞으로 나아가지 않는다. 뇌의 통제를 받아, 눈은 당신이 전체 구절을 이해하는 데 필요한 정보를 얻을 수 있도록 페이지 여기저기를 건너뛴다. 이런 습관은 또한 당신이 저자의 의도를 마음에 담아두기 어렵게 만든다. 당신은 나무와 덤불 속에서 길을 잃었기 때문에 숲을 볼 수 없다. 많은 독자들이 그들이 모든 것을 이해할 때조차 이미 자기가 읽은 내용을 계속해서 되짚는데, 이것은 그들의 독서 속도를 늦춘다.

정답 풀이
'의미를 이해하지 못할 때마다 글을 다시 읽는 습관이 독서 속도를 느리게 만든다'는 내용. 마지막 문장(A lot of ~ and this slows them down.)에 글의 핵심이 담겨 있다. 따라서 글의 주제는 ②가 적절하다.

선택지 해석
① 글을 읽는 동안 뇌가 작동하는 방식
② 우리의 독서 속도를 제한하는 습관
③ 당신의 독서 습관이 당신에 대해 말해주는 것
④ 당신의 어휘를 늘리는 최상의 방법
⑤ 특이하나 매우 효과적인 독서 습관

오답 풀이
①, ③, ④, ⑤는 글에 언급된 바 없다.

1~2행 When we read, we are sometimes not sure **what** the words and sentences mean.

sure 뒤에 의문사 what이 이끄는 간접의문문이 와서 '~인지 분명히 하는, 확신하는'의 뜻으로 쓰였다.

4~6행 (**Being**) **Controlled** by your brain, they jump around the page to get the information necessary for you to understand the whole passage.

Controlled ~ brain은 분사구문으로, 앞에 Being이 생략되었다. Being controlled ~ brain은 Because they are controlled ~ brain으로 바꿔 쓸 수 있다.

6~7행 This habit also makes it hard for you to keep in mind the author's intention.

　　　　가목적어　의미상주어　　　　　진목적어

---

04 ④

Q ②

Q 선택지 해석

① 이글루
② 아치형 구조물
③ 현수교

해석

왜 이글루는 사각형 모양이 아니라 돔(반구형 지붕) 모양으로 지어졌을까? 그리고 현수교는 갑판 아래에서 떠받치는 것이 아무 것도 없는데도 어떻게 기차와 차의 모든 무게를 견디는 것일까? 답은 아치형 구조에 있다. 아치는 (외관이) 매력적으로 보이고, 믿을 수 없을 정도로 튼튼하기 때문에 우리는 오랫동안 건축물에 아치형 구조를 사용해왔다. 아치형 구조가 튼튼한 이유는 무거운 하중의 압력을 견딜 수 있도록 수직과 수평으로 밀어 올리기 때문이다. 심지어 계란의 뾰족한 끝도 책 여러 권의 무게를 견딜 수 있는데, 왜냐하면 계란의 곡면이 하중의 부담을 분산시키기 때문이다.

정답 풀이

구조물에 아치를 사용하면 심미적으로 좋을 뿐만 아니라 튼튼해서 유용하다는 것이 글의 핵심이다. 이것이 이글루와 현수교가 아치형으로 만들어지는 이유이다. 따라서 글의 적절한 주제는 ④.

선택지 해석

① 이글루의 과학적 원리
② 사각형의 예술적 기능
③ 아치형 구조의 발전 과정
④ 우리가 구조물에 아치를 사용하는 이유
⑤ 이글루와 현수교의 유사점

오답 풀이

① 첫 번째 문장에 사용된 igloos를 이용한 오답.

구문 풀이 1~2행 Why are igloos built in the shape of a dome **rather than** in the shape of a square?

　　　　　　　　　　　　　　　　　　A　　　　　　　　　　　　　　　　B

〈A rather than B〉는 'B라기 보다는 A'의 의미로 A, B 자리에 전명구가 위치했다.

2~4행 ~ manage to support the weight of trains and cars **when** there is nothing below the decks to hold them up?

여기서 when은 '~인데도 불구하고'로 해석할 수 있다.

---

05 ⑤

Q

However, they seem to feel, smell, and possibly even hear signals from other plants.

해석

식물이 서로 의사소통할 수 있다고 생각하는가? 그들은 입이나 귀가 없다. 그러나 식물은 느끼고, 냄새 맡고, 아마 심지어 다른 식물의 신호도 듣는 것 같다. 잘린 풀의 상쾌한 여름 향기는 사실 그 다친(잘린) 풀에서 나오는 화학 물질로 구성되어있다. 그것은 근처의 다른 식물에게 스스로 보호하라고 알리는 경고이다. 왜 식물이 다른 식물에게 경고하길 원할까? 몇몇 과학자는 식물이 사실 서로에게 이야기하는 것이 아니라 혼잣말하는 것이라 생각한다. 다른 식물이 엿듣는 것은 그저 우연이다. 대답할 많은 질문이 남아있지만, 식물이 할 말이 많다는 것은 분명하다!

정답 풀이

식물의 의사소통 여부에 관한 글로 잘린 풀에서 나오는 화학 물질이 다른 식물에게 경고를 한다는 사실에 대해 몇몇 과학자는 그것이 경고가 아닌 혼잣말이라 생각한다고 설명하고 있다. 따라서 정답은 ⑤.

선택지 해석

① 식물이 협력하는 법
② 우리가 풀을 손상시키는 법
③ 혼잣말하는 것의 이점
④ 최근 발견된 식물의 화학 물질
⑤ 식물 의사소통에 관한 몇몇 사실

오답 풀이

① 잘린 풀이 화학 물질을 내보냄으로써 다른 식물에게 경고를 한다는 세부 내용으로 유추할 수 있는 오답.

구문 풀이 3~5행 The sweet summer smell of cut grass is actually made up of *chemicals* [sent out by the injured grass].

　　　　　　　　　　S　　　　　　　　　　　├──V──┤

과거분사구 sent ~ grass가 chemicals를 후치 수식하고 있다.

5~6행 It's a warning to **let other nearby plants know** to protect themselves.

동사에 〈let+O+동사원형〉 구문이 쓰여 목적격 보어 자리에 know가 위치했다.

7~8행 Some scientists think that plants aren't actually talking to each other **but** (*talking*) to themselves.

〈not A but B〉 구문이 쓰인 형태로 'A가 아니라 B'라고 해석한다.

---

06 ①
Q ③
Q 선택지 해석
① 막대사탕의 가격
② 생산 비용
③ 인플레이션

해석

나는 콜라 한 캔이 25센트였던 때를 기억한다. 우리 부모님은 겨우 1페니에 사탕을 살 수 있었다! 오늘날에는 탄산음료 하나에 1달러를 지불할지도 모르고, 1페니로 살 수 있는 물건은 아무것도 없다. 그렇다면 무슨 일이 일어난 것일까? 그렇다, 인플레이션이다. 거의 대부분 물건의 가격이 상승할 때 인플레이션이라고 한다. 전문가들은 인플레이션이 발생하는 이유에 대해 다양한 견해를 갖고 있다. 인플레이션의 한 가지 이유는 생산 비용의 상승이다. 땅콩이 갑자기 더 비싸지거나 임금이 상승하면 막대사탕 가격이 올라갈 수도 있다. 또 세금이 높아져도 인플레이션이 생길 수 있다. 물건에 세금을 부과하면 물건을 생산하는 사람들은 가격을 올린다. 간단한 답은 없다. 당신이 관심을 두는 제품의 가격을 추적해 보고, 시간이 지나면서 가격이 변한 이유를 이해할 수 있는지 보라.

정답 풀이

인플레이션의 정의에 관해 설명한 후, 그것이 왜 일어나는지에 대한 전문가들의 다양한 견해를 말하고 있다. 생산 비용 상승과 세금의 인상 때문에 인플레이션이 발생할 수 있다고 구체적으로 설명하고 있다. 따라서 글의 적절한 주제는 ①이다.

선택지 해석
① 인플레이션과 그 원인
② 인플레이션을 통제하는 법
③ 과거의 합리적 가격
④ 인플레이션이 일으키는 문제들
⑤ 상품 가격을 추적하는 방법

오답 풀이
③ 지문의 도입 부분을 오답으로 활용한 선지.
⑤ 마지막 부분에 상품 가격을 추적하라고 나오지만, 이는 세부 사항에 해당한다.

구문 풀이 **6~7행** The price of a candy bar may go up if nuts are suddenly more expensive [or] if wages rise.

등위 접속사 or가 두 개의 if 종속절을 연결하고 있다.

10~11행 ~ and see **if** you can understand why they've changed over time.

여기서 if는 see의 목적어절을 이끌고 있으며, '~인지 아닌지'의 의미이다.

기출로 보는 필수 어법 포인트 2 - 항상 단수 / 복수인 표현
본문 p.25

1. 항상 단수로 취급하는 표현
해석 1) 우리들 각자는 삶에서 우리가 자신감을 느낄 수 있도록 용기를 북돋워 주는 사람들이 필요하다.
2) 다이어트를 시작할 때 가장 큰 문제들 중 하나는 동기가 급격히 감소한다는 것이다.

2. 항상 복수로 취급하는 표현
해석 1) 눈과 카메라 둘 다 상의 초점을 맞추기 위한 수단이 있다.
2) 부유한 사람들은 점점 더 부유해지고, 가난한 사람들은 점점 더 가난해진다.

POINT EXERCISE **01** fits **02** tend **03** are

01 fits
해석 당신의 도시에 방문해서 각각의 건물이 전망과 얼마나 잘 어울리는지 보세요.
해설 each는 항상 단수 취급하기 때문에 동사도 단수형인 fits가 적절하다.

02 tend
해석 남성과 여성 모두 팀에서 경기할 때 이기려는 동기부여가 더 많이 된다.
해설 both는 항상 복수 취급하기 때문에 동사도 복수형인 tend가 적절하다.

03 are
해석 연구에 의하면 노인들이 생계를 유지하기 위해 여전히 일하고 있다.
해설 주어가 〈the+형용사〉이므로 복수 취급한다. 따라서 복수 동사인 are가 적절하다.

예제 1

①

해석

모든 자전거에는 브레이크가 있어야 한다고 생각하기 마련이다. 하지만 경륜에 사용되는 자전거는 브레이크 없이 만들어진다. 경륜용 자전거는 무게를 가볍게 유지하기 위해 필수적인 부분만으로 이루어져 있다. 그렇다면, 이 자전거를 어떻게 멈추는가? 바로 이 부분에 장갑이 등장한다. 경륜 선수는 페달을 뒤로 돌린 다음 앞바퀴를 힘껏 손으로 잡는다. 이것이 바퀴가 회전하지 못하게 하여, 자전거는 멈추게 된다. 경륜 선수들이 장갑을 끼는 것은 당연한 일이다. 그렇지 않다면, 매번 멈추려 할 때마다 그들의 손은 심한 상처를 입을 것이다.

정답 풀이

경륜용 자전거에는 브레이크가 없어, 장갑 낀 손으로 앞바퀴를 잡아서 멈춰야 한다고 했다. 따라서 이 글은 궁극적으로 '자전거를 멈추기 위한 장갑'을 말하고 있음을 유추할 수 있다. 제목으로 가장 적절한 것은 ①.

선택지 해석

① 자전거를 멈추기 위한 장갑
② 경륜: 인기 있는 운동
③ 경륜 선수들을 위한 힘든 훈련
④ 자전거 브레이크의 기본적인 구조
⑤ 자전거 장갑: 부의 상징

오답 풀이

② 글의 소재를 이용한 오답 선지.
⑤ 자전거 장갑이 부의 상징이라는 것은 본문에서 찾아볼 수 없다.

어휘

brake 브레이크, 제동장치 / **track racing** 경륜 ((자전거를 타고 달려 빠르기를 겨루는 경기)) / **essential** 필수적인 / **keep A down** A를 낮추다 / **come in** 오다 / **front** (사물의) 앞쪽 / **tight** 단단히 / **spin** (빙빙) 돌다, 회전하다 / **no [little / small] wonder (that)** ~하는 것은 당연하다, 놀랄 일이 아니다. / **terribly** 심하게, 몹시 / **every time** ~할 때마다

구문 풀이   **4~5행**   This is (*the place*) [**where** the gloves come in].

S'   V'

관계부사 where가 이끄는 절이 the place를 수식한다. 일반적으로 많이 쓰이는 선행사인 the place는 이 문장처럼 생략할 수 있다.

8~9행   If they didnt their hands would get terribly hurt **every time** they tried to stop.

〈If+주어+동사의 과거형 ~, 주어+조동사(would)+동사원형〉 가정법 과거 구조가 쓰였다. 또한, 때를 나타내는 접속사 every time은 '~할 때마다'의 의미이다.

예제 2

②

해석

너무 바빠 세탁을 할 수 없다 하더라도 걱정하지 마라. '깨끗한' 상태에 대한 여러분의 정의에 따라 여러분의 청바지는 최소한 깨끗함을 유지할 것이다. 앨버타대 학생인 조쉬 르는 청바지 한 벌을 15개월 동안 세탁하지 않고 입고 다닌 후 그 바지를 직물학자인 맥퀸 박사에게 건네주었다. 그녀는 그 바지에 기생하고 있는 박테리아의 표본을 추출했다. 다음에 르는 그 바지를 세탁했다. 이번에 그는 그 바지를 2주 동안만 입었고, 맥퀸 박사가 표본을 다시 추출했다. 그 결과는? 15개월이든 2주든 박테리아 증식은 거의 같았다. 그러면 냄새는 어떨까? 르는 일주일에 세 번 바지에 바람을 쐬었고 그는 여전히 친구가 많았다.

정답 풀이

옷을 15개월에 한 번 세탁하는 것과 2주에 한 번 세탁하는 것의 박테리아 증식은 비슷했다고 말하고 있으므로 이 글의 제목으로 '세탁을 그렇게 자주 하는 게 필요한가?'를 유추할 수 있다. 따라서 정답은 ②.

선택지 해석

① 세탁하는 것은 환경에 안 좋다
② 세탁을 그렇게 자주 하는 게 필요한가?
③ 박테리아가 악취의 원인인가?
④ 세탁하지 않은 청바지: 박테리아를 위한 집
⑤ 새 청바지: 10대들을 위한 필수품

오답 풀이

① 글의 소재를 활용한 오답 선지이다.
④ 상식적으로 그럴듯해 보이지만, 주제와 거리가 먼 제목이다.

어휘

laundry 세탁 / **jeans** 청바지 / **depending on** ~에 따라 / **definition** 정의 / **a pair of** (옷) 한 벌, 한 짝의 / **hand A to B** A를 B에게 넘겨주다; 물려주다 / **sample** 표본 조사하다 / **growth** 증식; 성장 [선택지 어휘] **must** 필수품

1행 **If** youre **too** busy **to** do laundry dont worry about it.

If 조건절이 사용되었으며, 〈too ~ to-v〉구문은 'v하기에는 너무 ~하다'라고 해석한다.

3~5행 After wearing a pair of unwashed jeans for fifteen months Josh Le a student at the University of Alberta handed

(= After Josh Le wore a pair of unwashed ~.)

them to Dr. McQueen a textile scientist.

After ~ months는 때를 나타내는 분사구문이며 의미를 명확하게 하려고 접속사를 생략 안 하기도 한다. a student ~ Alberta는 삽입구이다.

QUICK CHECK!

①

해석

임신한 많은 여성들이 메스꺼움과 구토 증세로 힘들어 한다. 그들은 생강으로부터 도움을 얻을 수 있다. 한 연구는 생강이 임산부들의 메스꺼움과 구토 증세를 줄여주는 데 매우 도움이 된다는 것을 확인했다.

선택지 해석

① 생강: 임산부의 가장 좋은 친구

② 메스꺼움과 구토의 원인

유형 집중 문제

본문 p.28~30

01 ③   **02** ②   **03** ⑤   **04** ③   **05** ①   **06** ④

01 ③

Q ①

Q 선택지 해석

① 강아지가 우리에게 말하는 방법

② 무엇이 강아지를 화나게 하는가

③ 강아지와 사람의 차이점

해석

이빨을 드러내 보일 때, 우리는 그것을 미소라고 부른다. 강아지에게 있어, 그것은 분노의 표시다. 놀란 강아지는 꼬리를 다리 사이에 둘 것이다. 귀를 납작하게 눕히고, 이를 드러낼 것이며, 땅바닥에 바짝 웅크려 앉을 수도 있다. 상냥하고 호기심 많은 강아지는 인간과 매우 비슷하게 행동한다. 그들의 눈은 크게 떠지고, 귀는 쫑긋 선다. 입은 열리되 이빨은 전혀 보이지 않는다. 이것이 강아지가 미소 짓는 방식이다. 대부분의 강아지는 노는 것을 좋아한다. 강아지가 놀자고 초대하는 몸짓은 분명하게 나타난다. 강아지들은 앞발을 낮춰 자기 앞쪽으로 쭉 뻗는다. 그런 다음 선 자세에서 뒷다리를 위로 들어 올린다. 이것은 "어서 나랑 놀아줘!"라는 말이다. 동물에게 할 말이 전혀 없다고 생각한다면, 다시 생각해보라. 그들은 계속해서 말하고 있다!

정답 풀이

강아지의 분노 표시 방법, 미소 짓는 방법, 사람에게 놀아달라는 표현 방법을 묘사한 다음 마지막 부분에 강아지들은 계속해서 의사 표현을 하고 있다고 말하고 있다. 따라서 글은 궁극적으로 강아지에게 '귀를 기울이라'고 말하고 있음을 유추할 수 있다. 제목으로 가장 적절한 것은 ③.

선택지 해석

① 강아지는 언제 미소 짓는가?

② 강아지가 화가 났는지 알아보는 법

③ 인간의 가장 친한 친구에게 귀 기울이기

④ 강아지의 말 대 인간의 말

⑤ 강아지 훈련시키기: 먼저 강아지의 언어를 배워라

오답 풀이

①, ② 강아지가 의사 표현하는 방법을 묘사한 구체적인 예시일 뿐, 글의 전체적인 내용을 포괄하지 않는다.

02 ②

Q

Ultimately, you should learn to accept stress, and deal with it as it comes.

해석

최근까지만 해도, 건강하기 위해서는 우리의 삶에서 일어나는 모든 스트레스를 제거해야 한다고 일반적으로 믿었다. 그러나 모든 스트레스를 피하는 것은 우리가 새로운 것을 시도하고, 새로운 사람을 만나며, 새로운 직장에 도전하지 못하도록 방해한다. 어떤 경우든, 완벽하게 스트레스 없는 삶을 사는 것은 불가능하다. 예컨대 우리들 각자는 아마도 부모님의 죽음을 맞이해야 할 것이다. 만약 우리가 어느 정도의 스트레스를 우리 삶에 불러들이지 않는다면, 우리는 결국 변화도 없고 목적도 없는 삶을 살게 될 것인데, 이것은 우리에게 좋지 않은 일이다. 결국, 당신은 스트레스를 받아들이고, 그것이 다가왔을 때 처리하는 법을 배워야 한다.

정답 풀이

스트레스를 반드시 제거해야 한다고 여겼으나, 어느 정도의 스트레스는 삶의 일부이며 오히려 좋을 수도 있다는 내용이다. 스트레스를 피하는 것이 오히려 좋은 것을 방해할 수도 있다고 했으므로 글의 제목으로는 ②가 적절.

선택지 해석

① 스트레스: 건강한 삶의 적

② 모든 스트레스가 정말로 해로운가?

③ 긍정적인 생각: 스트레스를 해소하는 비결

④ 스트레스 반응에 대한 새로운 이해

⑤ 더 많은 도전에 직면할수록, 더 강해진다

스트레스는 아픔을 줄 수도 있지만, 또한 좋을 수도 있다. 그리고 스트레스를 받는 것은 모두 우리가 인간으로 살아가는 것의 일부이다.

구문 풀이　**2~4행**　But avoiding all stress prevents us from **trying** new things **meeting** new people and **applying** for new jobs.
3개의 동명사구(trying ~, meeting~, applying~)가 and로 대등하게 연결되어 있다. and로 연결되는 어구는 문법적 성격이 같아야 한다.

6~8행　If we dont invite a certain amount of stress into our lives *we will end up unchanging and aimless* **which** is bad for us.
which 이하는 앞의 we ~ aimless를 선행사로 하여 부연 설명하는 계속적 용법의 관계대명사절이다.

---

03 ⑤

Q
Research suggests that increasing the amount of school time that kids spend in math instruction improves math scores.

해석
연구는 아이들이 수학 공부에 보내는 학교 수업 시간의 양을 늘리는 것이 수학 점수를 향상한다는 것을 시사한다. 연구원인 톰 러브리스는 수학 수업 시간이 더 긴 학교에서 학생들이 더 높은 점수를 받았다고 말했다. 그는 비록 10분의 추가 시간이 많아 보이지 않지만, 실제로 학생들에게는 큰 영향을 주며, 특히 수학에서 그렇다고 말했다. 한 성공적인 사례는 자율형 공립학교이다. 자율형 공립학교의 하루 일과는 오전 7시 30분부터 오후 5시까지로, 다른 학교보다 세 시간이 더 길다. 그리고 이 학교의 학생들은 주(州) 수학 시험에서 평균보다 훨씬 높은 점수를 받고 있다.

정답 풀이
수업 시간과 수학 성적의 관계에 관한 내용이다. 수학 수업 시간이 늘어나면 수학 성적이 향상된다는 연구 결과를 소개하고 있으며, 자율형 공립학교는 이를 뒷받침하는 예시의 하나로 언급되었다. 따라서 글의 제목으로는 ⑤가 적절하다.

선택지 해석
① 수학 시험에서 좋은 성적을 얻는 방법
② 교사가 시험 점수에 얼마나 영향을 미치는가?
③ 학교에서 더 오랜 시간을 보내는 것은 아무런 도움이 되지 않는다
④ 자율형 공립학교의 성공 비밀
⑤ 수업 시간을 늘리면 수학 실력이 좋아진다.

오답 풀이
① 수학 시험에서 좋은 성적을 얻는 방법에 관한 이야기는 지문의 내용보다 너무 광범위하므로 오답.
④ 공부 시간이 길어 수학 성적이 좋아진 예로 자율형 공립학교를 들고 있을 뿐, 제목으로는 적절치 않다.

구문 풀이　**1~3행**　Research suggests // **that** increasing *the amount of school time* [**that** kids spend in math instruction] improves ~.
첫 번째 that은 명사절을 이끄는 접속사이며, 두 번째 that은 목적격 관계대명사로서 선행사 the amount of school time을 수식한다.

---

04 ③

Q ③
Q 선택지 해석
① 이집트 왕
② 두 역사가
③ 로제타석

해석
로제타석은 1799년 이집트 남부 지방에서 발견되어 결국 대영박물관으로 옮겨져 오늘날까지 그곳에 전시되어 있다. 그것은 기원전 196년 시기의 평평한 검은 돌 조각이다. 프톨레마이오스 5세(이집트의 왕)에 관한 이야기가 3개의 다른 언어로 그 위에 적혀 있다. 토마스 영과 장 프랑수아 샹폴리옹이 공동 작업하여, 그것을 이미 알려진 그리스 텍스트와 비교함으로써 새로운 상징의 의미를 밝혀냈다. 이 미약한 시작으로 마침내 고대 이집트의 글 전체 형태를 이해하는 일이 가능해졌다. 로제타석이 발견되기 전에는 아무도 고대 이집트 역사의 신비를 풀 수가 없었다.

정답 풀이
로제타석이 발견되고 해독되는 과정에 대해 말하고 있으며, 이는 로제타석의 중요성을 말하기 위함이다. 또한, 로제타석이 발견됨으로써 이집트의 글을 이해할 수 있었다고 하였으므로 이 글의 제목으로는 ③이 알맞다.

선택지 해석
① 고대 그리스 저술의 발견
② 이집트 문명의 쇠퇴
③ 로제타석의 중요성
④ 고대 이집트 문자의 발명
⑤ 프톨레마이오스 5세의 유적 발견

오답 풀이
⑤ 로제타석이 프톨레마이오스의 유적이라고 착각했을 때 선택할 수 있는 오답 선지.

구문 풀이　**9~10행**　Until the Rosetta Stone was discovered nobody **had been able** to unlock ~.
고대 이집트 역사의 비밀은 로제타석이 발견되기 전(was discovered)까지 밝혀지지 않았으므로, 과거완료(had been able)가 쓰였다.

05 ①

Q ②

Q 선택지 해석

① 훌륭한 발명가

② 유용한 수하물 아이디어

③ 스트레스 받는 공항 경험

해석

공항의 수하물 컨베이어에서 가방이 나타나기를 기다리는 일은 스트레스도 받고 지루하다. 짐이 무사히 도착하는 것을 보는 일은 좋지만, 그러기까지 걸리는 시간은 영원히 지속되는 듯하다. 앉을 수도 없고 다른 데로 가 버릴 수도 없고, 계속해서 지켜보면서 기다려야 한다. 이것이 네이트 린치가 '블루버드' 수하물 태그를 발명한 이유이다. 블루투스 기술을 갖춘 블루버드는 짐이 휴대전화로 신호를 보낼 수 있도록 한다. 짐이 컨베이어로 다가오면 전화기가 당신에게 신호를 보내고, 블루버드의 발광 다이오드(LED)는 짐을 찾아갈 때까지 밝은 파란 불빛을 반짝거린다. 이제 더는 계속해서 지켜보고 기다리면서 다른 모든 사람들의 짐 사이에 있는 당신 짐을 찾으려고 거기 서 있을 필요가 없다.

정답 풀이

블루버드라는 장치를 짐에 부착하면 짐이 컨베이어에 도착할 때까지 장치가 짐을 감시하기 때문에 지루하게 무작정 기다릴 필요가 없다는 내용. 따라서 이 글을 함축적으로 표현한 제목은 ①이다.

선택지 해석

① 블루버드는 당신의 수하물을 계속 지켜보고 있다

② 인터넷으로 분실 수하물 추적하기

③ 공항에서 지루함을 달래는 방법

④ 수하물을 기다리는 동안 해야 할 일

⑤ 블루버드: 구식 휴대전화의 대안

오답 풀이

⑤ 지문의 핵심 어구를 활용한 오답

②, ③, ④ 지문에서 언급하지 않은 오답

구문 풀이

2~4행 **Seeing** your luggage arrive safe and sound **is** great but *the time* [(**which**) it takes to get there] seems to last forever.

        S

주어부에서 동명사 Seeing이 〈목적어(your luggage)+목적격보어(arrive safe and sound)〉를 이끌고 있는 형태. 동명사구 주어는 단수 취급하므로 단수동사 is가 쓰였다. 두 번째 절의 주어 the time은 목적격 관계대명사 which가 생략된 관계대명사절의 수식을 받고 있다.

10~12행 You no longer have to stand there constantly **watching** and **waiting** and **hoping** to spot your luggage among everyone elses.

세 개의 분사가 등위접속사 and로 연결된 병렬구조로, '동시동작'을 나타낸다.

06 ④

Q

Try to have at least one camera with you at every waking moment.

해석

여기 흔한 이야기가 하나 있다. 어느 날 당신은 사진 촬영에 열정을 갖게 되고, 사진을 찍을 모든 기회를 덥석 받아들이는 자신을 발견한다. 당신은 한동안 이것을 지속하지만, 그러다 천천히 흥미를 잃는다. 어떻게 하면 당신은 다시 한 번 사진에 흥미를 느낄 수 있을까? 깨어 있는 모든 순간에 적어도 한 대의 카메라를 지니고 다니도록 해보라. 이런 식으로, 당신은 사진 찍을 수 있는 모든 기회를 이용할 수 있다. 이것은 카메라 폰이 계속해서 발전하면서 매일 점점 더 수월해지고 있다. 하지만 진짜 카메라가 더 좋다. 또한 '모든 곳'이 정말로 모든 곳을 의미하도록 하라(즉, 실제로 모든 곳에 카메라를 들고 다녀라). 이것은 치과나 식료품점, 혹은 심지어 잠깐 자동차를 몰 때도 카메라를 들고 가는 것을 의미한다. 완벽한 사진 기회가 왔는데 카메라가 없다면 그것은 유쾌한 느낌이 아니다.

정답 풀이

세 번째 문장(How can you become excited about photography once again?)을 통해 사진에 대한 열정을 되살리는 방법에 대해 논할 것임을 알 수 있다. 이후 이어지는 명령문(Try to have at least one camera with you at every waking moment)에서 글쓴이의 주장을 강하게 나타내고 있으므로 이 글의 제목으로 가장 적절한 것은 ④.

선택지 해석

① 사진 촬영: 당신 삶의 창의적인 도구

② 초보자를 위한 유용한 사진 기술

③ 카메라 폰이 아직도 시원찮은 이유

④ 동기 부여가 문제인가? 항상 카메라를 들고 다녀라!

⑤ 당신의 오래된 카메라로 전문적인 사진을 찍어라!

오답 풀이

③ 카메라 폰과 진짜 카메라를 비교한 부분에서 유추할 수 있는 오답 선지.

구문 풀이

11~12행 **Seeing** the perfect photo opportunity but not **having** a camera with you is not a pleasant feeling.

                    S   V   C

두 개의 동명사구가 but으로 연결되어 주어 역할을 하고 있다.

기출로 보는 필수 어법 포인트 3 - 능동태와 수동태

본문 p.31

1. 목적어의 유무

해석 연구는 그것이 공표되기 전에 다른 교수에게 평가받아야 한다.

2. 수동태가 될 수 없는 자동사

해석 캐롤은 일찍 도착했고 친구를 기다리며 모퉁이에 서 있었다.

3. 수동태 뒤에 있는 명사

해석 그 피아노 선생님은 피아노 콘서트를 조직하는 임무를 받았다.

POINT EXERCISE   01 seems   02 was asked   03 be calmed

01 seems

해석
강은 경계를 설정하는 데 이상적인 것처럼 보이지만 실제로는 그렇지 않은데, 그 이유는 강의 흐름이 바뀔 수 있기 때문이다.

해설
seem은 목적어를 취하지 않는 자동사이므로 수동태로 쓸 수 없다. 따라서 능동형인 seems가 적절.

02 was asked

해석
인터뷰에서, 그녀는 자신에 대한 몇 가지 질문을 받았다.

해설
그녀가 질문을 '받은' 것이므로 수동태인 was asked가 적절하다.

03 be calmed

해석
몇몇 아기들은 소음과 활동에 의해 진정될 수도 있는 반면, 다른 아기들은 조용한 것을 선호할지도 모른다.

해설
아기들이 '진정되는' 것이므로 수동태인 be calmed가 적절.

제1회 미니 모의고사

본문 p.32~36

1 ④   2 ②   3 ②   4 ⑤   5 ③   6 ⑤   7 ②   8 ②   9 ③   10 ④   11 ④   12 ①   13 ①   14 ⑤

1 ④

해석
요즘, 우리는 이모티콘이라는 기본적인 상징만을 사용해서 많은 것을 말할 수 있다. 하지만 이모티콘이 정말 모두에게 같은 것을 의미할까? 문화는 그들 자신을 표현하는 방식이 같지 않다. 서로 다른 문화는 얼굴의 다른 부분에 초점을 맞춘다. 여러분은 '행복'을 이모티콘에서 어떻게 표현하는가? 서구에서는 :)과 같은 것으로 한다. 초점은 입에 있는데, 미소 짓는 모습이 행복을 의미한다. 하지만, 당신이 동아시아에 산다면, (^_^)과 같은 것을 더 사용할지도 모른다. 초점은 눈에 있는데, 동아시아 사람들은 눈에서 감정을 보기 때문이다. 또 다른 예로, '놀람'에 대한 서구의 이모티콘으로):o가 있다. 눈썹이 올라가고 입은 열려 있지만, 행복을 나타내는 이모티콘에서와 같은 눈이다. 동아시아에서 '놀람'은? *_*이다.

정답 풀이
주제문이 분명히 드러나 있지 않은 글이므로 전체 내용을 요약한 것이 글의 요지가 된다. 나라마다 문화가 서로 다르듯, 이모티콘의 모양도 각 나라의 문화에 맞는 방식으로 만들어졌다는 내용이다. 따라서 글의 요지로 가장 적절한 것은 ④.

어휘
basic 기본적인 / **emoticon** 이모티콘 ((emotion+icon의 합성어)) / **focus on** ~에 초점을 맞추다 / **happiness** 행복 / **emotion** 감정; 정서 / **example** 예, 사례 / **surprise** 놀람 / **eyebrow** 눈썹

구문 풀이

1~2행   ~, we can say a lot **using** only basic symbols: emoticons.
using 이하는 부대상황을 나타내는 분사구문이다. (= while we use only ~.)

4~5행   Cultures aren't the same **in how** they express themselves.
관계부사 how가 이끄는 절이 전치사 in의 목적어로 쓰였다.

8~9행   The focus is on the mouth: **smiling means** happiness.
동명사 주어는 단수 취급하므로 단수 동사 means가 사용되었다.

2 ②

해석

1820년대와 1830년대에 와서 미국 회화는 그 발전 역사에 새 장(章)을 추가했다. 1800년대 전에는 초상화와 역사적 사건을 다룬 그림이 미국 회화의 유일한 유형이었다. 그러나 1800년대 내내, 몇몇 미국의 화가가 풍경과 평범한 사람들의 일상을 그리기 시작했다. 미국의 독립 선언은 부를 가져다주었고, 부는 화가들이 자신들이 처한 주변 환경을 제대로 음미하는 기회를 제공했다. 그들은 보스턴이나 필라델피아 같은 미국 최대의 도시를 떠나 시골을 탐험하기 시작했다. 그 미국적 풍경은 이전에 보았던 무엇과도 달랐으며, 그들은 즉각 그것과 사랑에 빠졌다.

정답 풀이

주로 초상화와 역사적 사건만을 다룬 이전과는 달리 19세기에 화가들의 관심이 풍경과 일상생활로 옮겨갔고, 그것이 미국 회화에 풍경화가 나타나게 된 배경이라고 설명하고 있다. 따라서 주제로 적절한 것은 ②.

선택지 해석

① 독특한 미국 회화의 유형
② 19세기 미국 회화의 변화
③ 증가하는 부의 영향
④ 미국 역사와 회화의 관계
⑤ 초상화가 더 이상 인기가 없는 이유

오답 풀이

⑤ 초상화가 주목받지 않게 된 것은 세부 내용이므로 정답이 될 수 없다.

어휘

development 발전 / **portrait** 초상화, 인물사진 / **historic** 역사적인 / **throughout** ~ 내내, ~ 동안 / **landscape** 풍경 / **wealth** 부, 재산 / **provide A for B** B에게 A를 제공하다 / **opportunity** 기회 / **appreciate** 진가를 알아보다; 인식하다 / **explore** 탐험하다 / **countryside** 시골 지역 / **scenery** 풍경 / **fall in love with** ~에 반하다 [선택지 어휘] **relation** 관계

구문 풀이   9~11행 ~, and wealth provided *the opportunity* for painters [to appreciate their environment].
to 이하는 the opportunity를 수식하는 형용사적 용법의 to부정사다.

3 ②

해석

매년 여름이 시작할 즈음, '선크림을 바르라'는 경고가 나오기 시작한다. 하지만, 많은 전문가들은 우리가 선크림을 일 년 내내 발라야 한다고 생각한다. 햇볕에 타는 것이 장기적인 피해를 일으킬 수 있기 때문이다. 집에서든, 차에서든, 혹은 학교에서든, 해는 언제나 우리를 향해 위험한 광선을 내리쬐고 있다. 이러한 광선이 피부에 닿으면 암 성장으로 이어지는 피해를 일으킬 수 있다. 피부암은 세계적으로 가장 빠르게 늘어나고 있는 암이다. 다행히도, 간단하고 쉬우며, 효과적인 해결책이 있을지 모른다. 오슬로 대학의 새로운 연구는 강력한 선크림(자외선 차단 지수 15 이상)을 매일 사용하는 것이 피부암의 위험을 33% 정도까지 줄일 수 있다고 밝혔다.

정답 풀이

However로 시작하는 두 번째 문장이 글의 주제문이다. 전문가들은 선크림을 일 년 내내 발라야 한다고 말했다고 했으므로, 글의 제목으로 가장 적절한 것은 ②이다.

선택지 해석

① 여름에 대비하는 법
② 매일 선크림을 발라라!
③ 올바른 선크림 고르기
④ 피부암을 치료할 새로운 희망
⑤ 태양은 점점 위험해지고 있다

어휘

expert 전문가 / **year-round** 일 년 내내 / **sunburn** 햇볕에 탐 / **long-term** 장기적인 / **damage** 피해, 손상 / **shoot** 쏘다 / **ray** 광선 / **make contact with** ~와 접촉하다 / **lead to A** A로 이어지다 / **growth** 성장 / **cancer** 암 / **worldwide** 전 세계적인 / **luckily** 다행히, 운좋게 / **effective** 효과적인 / **solution** 해결책 / **research** 연구 / **factor** 지수 / **decrease** 줄이다; 줄다 / **risk** 위험

구문 풀이   6~8행 **Whether** at home in the car **or** at school the sun is always shooting dangerous rays at us.
〈Whether A or B〉는 'A이든 B이든'이라는 의미이다.

4 ⑤

미술 대회

여러분의 그림을 2016 애시 레이크 미술 대회에 출품하세요!

본 대회는 13세 이하의 모든 어린이에게 열려있습니다.

규칙

그림은 가로 8인치, 세로 11인치보다 커서는 안 됨.

그림은 창작품이어야 함.

어린이 한 명당 하나의 출품작만 가능.

상금

1등 - 200달러 상품권

2등 - 100달러 상품권

마감기한 : 2016년 7월 23일 토요일

더 많은 정보를 원하시면 www.ashlakeart.com을 방문하세요.

정답 풀이

마감기한은 2016년 7월 23일 토요일이므로 일치하는 것은 ⑤.

오답 풀이

① 13세 이하의 어린이들이 참가 가능하므로 일치하지 않는 내용이다.

② 그림의 크기는 최대 가로 8인치, 세로 11인치이므로 일치하지 않는 내용이다.

③ 한 명당 한 작품만 제출할 수 있으므로 일치하지 않는 내용이다.

④ 1등은 상품권 200달러를 받으므로 일치하지 않는 내용이다.

어휘

submit 제출하다 / **original** 독창적인; 원래의 / **creation** 창작품; 창조 / **entry** 출품작; 입장 / **per** ~당[마다] / **place** 등위; 장소 / **gift certificate** 상품권 / **deadline** 기한 / **July** 7월 / **information** 정보

---

5 ③

해석

지구를 걸어 다녔던 가장 큰 포유동물 중의 하나는 스텝 매머드이다. 그것은 4.7m의 키에, 무게는 약 9톤이었다. 마지막 빙하기 동안에, 그것은 주로 스텝 평원지대에서 자라는 풀을 뜯어 먹었는데, 그곳은 기온 차가 크고 비가 거의 오지 않는 것이 특징이었다. 그 종은 바로 11,000년 전까지 생존했다고 추정된다. 이 동물이 얼마나 컸는지를 실제로 알기 위해서 현대의 코끼리를 생각해보라. 간단히 말하자면, 스텝 매머드가 실제로 얼마나 더 컸는지 묘사하기 위해 모든 것을 두 배로 해 보라.

정답 풀이

(A) 〈one of the+최상급+복수명사〉에서 주어는 one이므로 단수 동사 was가 적절하다.

(B) 뒤에 주어가 없는 불완전한 절이 이어지고 있으므로 관계대명사 which가 적절.

(C) To really ~ animal was는 부사구이고 문장의 주어가 없으므로, 명령문이 되도록 동사원형 consider가 오는 것이 올바르다. 따라서 어법에 맞는 것은 ③.

어휘

mammal 포유동물 / **mainly** 주로 / **graze** 풀을 뜯다 / **plain** 평원 / **characterize** 특징이 되다, 특징짓다 / **species** 종(種) / **survive** 생존하다 / **huge** 거대한 / **consider** 생각하다; 고려하다 / **modern** 현대의 / **simply** 간단히 / **double** 두 배로 만들다[되다] / **picture** 묘사하다

구문 풀이

4~8행 During the last ice age, it mainly grazed on *the grasses* [**that** grew in *the steppe plains*], **which** were characterized by huge differences in temperature and little rain.

주격 관계대명사 that이 이끄는 절이 the grasses를 수식하고, which는 the steppe plains를 부연 설명하는 계속적 용법의 관계대명사이다.

8~10행 **It is thought that** the species survived until **as late as** 11,000 years ago.

〈It is thought that ~〉은 '~라고 추정된다'라는 뜻이다. as late as는 '바로, ~만큼 최근에'라는 뜻이다.

13~14행 ~, double everything **to picture how** much bigger the steppe mammoth really was.

　　　　　　　　　　　　　　　　V'　　　　　　　　　　O'

to picture는 목적을 나타내는 부사적 용법이고, how 이하는 picture의 목적어 역할을 하는 간접의문문이다.

6 ⑤

패트릭은 그의 마을에 있는 슈퍼마켓에서 쇼핑을 끝냈다. 한낮 태양 아래 그는 차에 가방을 넣으려고 상점가(슈퍼마켓) 뒤의 주차장으로 천천히 걸어갔다. 그는 차로 다가가면서, 차의 잠금장치와 고군분투하고 있는 야구 모자를 쓴 ① 한 소년을 보았다. 패트릭은 말을 꺼내기 전 잠시 동안 그를 지켜보았다. "② 당신(소년)은 어려움을 겪고 있는 것처럼 보이네요."라고 그가 말했다. "오, 맞아요." "이 열쇠가 때론 잠금장치에 끼어서 문을 열지 못할 때가 있답니다."라고 ③ 그(소년)가 밝게 대답했다. "제 열쇠로 한번 시도해보길 원할 것 같네요."라고 패트릭은 호의적으로 제안했다. "왜 ④ 제(소년)가 그렇게 하길 원하죠?"라고 그 소년이 무례하게 물었다. "왜냐하면, 이건 ⑤ 제(패트릭) 차니까요."라고 패트릭이 대답했다.

소년이 패트릭에게 질문했고, 패트릭이 자신의 차라고 대답했다고 했으므로 ⑤는 패트릭을 가리킨다. 나머지는 모두 소년.

midday 한낮, 정오 / **car park** 주차장 / **observe** 보다 / **struggle** 고군분투하다 / **lock** 잠금장치; 잠그다 / **reply** 대답하다 / **get stuck** 꼼짝 못하게 되다 / **perhaps** 어쩌면, 아마 / **suggest** 제안하다 / **rudely** 무례하게 cf. rude 무례한

구문 풀이 5~7행 As he moved towards his car he observed *a young boy* [**wearing** a red baseball cap] [**struggling** with the lock of a car].

두 개의 현재분사구 wearing ~ cap, struggling ~ a car가 a young boy를 수식한다.

---

7 ②

거대 소셜미디어 웹사이트인 트위터는 중요한 역할을 한다. 트위터는 뉴스를 터뜨리기도 하고 만들기도 한다. 뉴스를 터뜨린다는 말은 뉴스 기사를 맨 먼저 (대중에게) 공표한다는 뜻이다. 그런데 트위터는 어떻게 그 일을 할 수 있는 걸까? 주로, 트위터는 사람들이 말을 퍼뜨리게 도와줌으로써 뉴스를 만들어낸다. 전 세계 곳곳의 모임에서, 사람들은 미리 거리에 있는 동안 다른 사람들에게 어디로 가라고 말할 수 있다. 사람들은 트위터를 이용해 어디에 교통량이 많고, 어디가 도로가 한산한지, 또 어느 곳에 경찰이 있을 수도 있는지 서로 이야기한다. 트위터 사용은 사람들이 더 효과적으로 이동하는 데 도움을 주었다. 만약 트위터가 없었다면 사람들이 그렇게 잘, 혹은 그토록 신속하게 조직할 수 없었을 것이다. 사람들은 정보가 곧 권력이라고 말한다. 트위터는 권력을 대중의 손에 쥐여 주는 가장 빠른 방법인지 모른다.

모임이 실제로 일어나고 있는 동안 사람들은 트위터에 글을 올림으로써 어디에 경찰이 있는지, 어떤 길로 쉽게 이동할 수 있는지 서로 소통할 수 있다고 이야기하고 있다. 따라서 트위터는 '② 말을 퍼뜨리게'함으로써 뉴스를 만들어낼 것이다.

① 인기를 얻게
③ 새로운 친구를 사귀게
④ 많은 기사를 읽게
⑤ 태도를 변화시키게

①, ③, ④ 소셜 네트워크 서비스의 역할로서 연상할 수 있는 것들이나 글의 내용과는 상관이 없다.

role 역할 / **publish** 공표하다; (신문 등에) 게재하다; 출간하다 / **mostly** 주로 / **gathering** 모임 / **effectively** 효과적으로 / **organize** 조직[준비]하다; 정리하다 / **information** 정보 [선택지 어휘] **article** 글, 기사 / **attitude** 태도, 사고방식

구문 풀이 8~10행 ~ people could tell others where to go while they were already in the streets.
　　　　　　　　　　　　S　　V　　IO　　DO

10~12행 People used Twitter to **tell** each other **where** traffic was [or] **where** an open street was [or] **where** police might be.

or로 대등하게 연결된 where가 이끄는 세 개의 절이 tell의 직접목적어 역할을 하고 있다.

8 ②

해석

아이들이 어린 나이에 부모님과 유대감을 형성하는 것은 필수적이라고 오랫동안 받아들여졌다. (A) 다시 말해, 많은 사람은 아이를 상당 기간 엄마와 떨어지게 하면 아이의 올바른 발달에 해를 끼칠 수 있다고 믿는다. 그리고 어떤 연구자들은 단기간의 공백 — 예를 들어, 부모가 직장에 가 있는 동안에만 보육 시설에 아이를 맡기는 것 — 도 그와 유사한 해로운 효과를 낼 수 있다고 말한다. (B) 그럼에도, 그 아이가 사랑을 주는 어른들에 의해 잘 보호받는 한, 단기간의 분리는 오직 일시적인 불안만 일으킬지도 모른다. 심지어 오랜 시간 홀로 방치된 아이들이라 해도 결국 충분한 사랑과 관심을 받으면 지속적인 해는 전혀 겪지 않을 것이다.

정답 풀이

(A)의 앞뒤는 모두 '아이들은 어렸을 때 부모님과 함께 있어야 한다'는 내용을 다르게 표현하고 있으므로, (A)에는 환언을 나타내는 That is가 적절하다. (B) 뒤에서는 앞의 내용과 상반되는 내용을 말하고 있으므로, 대조를 나타내는 Nevertheless가 적절하다.

어휘

essential 필수적인 / **bond** 유대감을 형성하다; 접착하다; 유대 / **separate A from B** A를 B에서 떼어 놓다 cf. separation 헤어짐; 분리 / **extended** 길어진, 늘어난 / **harm** 해를 끼치다 / **researcher** 연구자 / **childcare** 보육 / **facility** 시설, 기관 / **similarly** 비슷하게 / **damaging** 해로운 / **temporary** 일시적인 / **anxiety** 불안(감); 걱정거리 / **lasting** 지속적인 / **in the end** 결국

구문 풀이 **3~6행** ~, many people believe // that <u>separating a baby from its mother for extended periods of time</u> <u>can harm</u> the baby's
                           S'   V'
   <u>proper development</u>.
      O'

---

9 ③

해석

중국의 양쉬 현은 매우 독특한 바위 층을 몇 개 가지고 있다. 그 지대는 '카르스트'라고 불리는 것으로 덮여 있다.
(B) 몇몇의 카르스트는 꽤 유명하다. 그것들 중의 첫 번째는 구마화산(九馬畫山)이라고 불린다. 이 지형지물은 리강과 면해 있는 거대한 바위 절벽이다.
(C) 구화마산은 어떤 사람들이 그 바위 문양에서 아홉 마리의 말을 볼 수 있다는 사실에서 이름을 얻었다. 상비산(象鼻山)은 양쉬 현에 있는 또 다른 유명한 카르스트 층이다.
(A) 그것은 리강과 도화강이 만나는 지역에 위치해 있다. 그 아치형 구조물은 강으로부터 물을 마시러 온 코끼리처럼 보인다.

정답 풀이

양쉬 현이 카르스트로 덮여 있다는 주어진 문장 뒤에, 유명한 카르스트 지형에 대해 소개하는 (B)가 이어지는 것이 자연스럽다. 이어 (C)의 It은 (B)에서 언급한 구마화산을 가리키며, 구마화산이 어떻게 이름을 얻게 됐는지 설명하고 있으므로 (C)가 (B) 다음에 오는 것이 올바르다. (A)에서는 (C)의 마지막 부분에서 언급한 또 다른 카르스트 지형인 상비산에 대해 부연 설명하고 있으므로 (A)가 마지막에 오는 것이 적절하다. 따라서 글의 알맞은 순서는 ③ (B) − (C) − (A).

어휘

county 자치주 / **truly** 정말로 / **be covered with** ~으로 덮여 있다 / **be located in** ~에 위치하다 / **arch** 아치형 구조물 / **cliff** 절벽 / **face** 면하다, 향하다 / **trunk** (코끼리의) 코

구문 풀이 **주어진 문장** The land is covered with **what** are called karsts.
     what은 선행사를 포함하는 관계대명사로 the things which[that]으로 대신할 수 있다.
    9~11행 It got its name from **the fact that** some people can see nine horses in the rock patterns.
     the fact와 that절은 동격을 이룬다.

10 ④

'카이트서핑'에 대해서 들어본 적이 있는가? 카이트서핑은 모험 수상스포츠이다. 그것은 물 위에서 보드 위에 있는 자신을 끌고 다니기 위해 커다란 연을 사용하는 것으로 이루어진다. 카이트서핑 뒤에 숨겨진 원리는 간단하다. ① 바람의 힘을 사용해, 연은 파도를 가로질러 서퍼를 끌어당길 수 있다. ② 서퍼의 발은 서핑보드에 붙이고, 밧줄로 연에 묶인 막대는 서퍼가 연을 조종하게 한다. ③ 서퍼는 또한 그 막대에 묶여 있어서, 놓칠 것에 대해 걱정할 필요는 없다. (④ 카이트서핑은 배우는 것이 고가임에도 불구하고 인기 있는 수상스포츠가 되었다.) ⑤ 일단 카이트서퍼가 보드와 연을 조종할 수 있으면, 회전하기, 점프하기, 그리고 보드 잡기 같은 묘기를 배울 수 있다.

카이트서핑의 원리와 타는 방법에 관해 설명하고 있는 글이다. ④는 카이트서핑이 배우는 비용이 비싸도 인기가 많다고 이야기하고 있으므로 흐름과 관계없는 문장이다.

① 앞 문장의 The principles를 설명하는 부분이다.
② His or her는 앞 문장의 the surfer를 가리킨다.
③ The surfer에 대한 내용이 계속 이어지고 있다.

surf 파도타기를 하다 cf. surfer 파도타기 하는 사람 / **consist of** ~으로 이루어지다 / **principle** 원리, 원칙 / **wave** 파도; (손을) 흔들다 / **attach A to B** A를 B에 붙이다 / **surfboard** 서프보드 / **allow A to-v** A가 v할 수 있도록 하다 / **despite** ~에도 불구하고 / **cost** 비용 / **trick** 묘기, 재주 / **spin** 회전하다, 돌다 / **grab** 움켜잡다, 붙잡다

구문 풀이

7~10행 His or her feet are attached to the surfboard, and *a bar* [**attached** to the kite by ropes] allows the surfer to control the kite.

과거분사구 attached ~ by ropes는 a bar를 수식하고 있다.

14~16행 **Once** the kitesurfer is able to control the board and the kite, he or she can learn *tricks*, **like** spinning, jumping, and board grabbing.

once는 '한번(일단) ~하면'이라는 뜻의 접속사이다. like는 '~와 같이'라는 뜻의 전치사로, tricks의 예를 뒤에 덧붙이고 있다.

---

11 ④

언어는 생각을 표현하는 역동적인 수단이다. 새로운 무언가가 한 문화에서 생겨날 때, 사람들은 새로운 단어들을 만들어 내거나, 기존의 단어를 그 상황에서 사용하기 위한 새로운 방법을 생각한다. 이것이 그 문화의 속어이다. 그것은 흥미진진하며 숨은 의미를 지닌다고 알려져 있으므로, 속어는 도움이 되는 동시에 우리를 즐겁게 해줄 수 있다. 여러분이 새로운 속어를 들었을 때, 문맥으로 그것의 의미를 이해하는 것은 종종 가능하다. 하지만, 그 의미가 분명하지 않다면, 책과 온라인상에 여러분을 도와줄 많은 속어 사전들이 있다. 그것들은 여러분에게 각각의 속어에 대한 정보를 줄 뿐만 아니라, 그 용어의 의미 변화도 추적할 것이다.

주어진 문장은 속어의 의미를 문맥을 통해 유추할 수 있다는 내용이다. however가 있는 ④ 뒤에서 의미를 알지 못할 때는 책과 온라인으로 속어 사전의 도움을 받을 수 있다는 내용이 나오고, 이는 주어진 문장의 내용과 역접을 이룬다. 따라서 주어진 문장은 ④에 위치하는 것이 적절하다.

figure out 이해하다 / **context** 문맥, 전후 사정 / **dynamic** 역동적인 / **means** 수단, 방법 / **thought** 생각 / **arise** 생기다, 발생하다 / **consider** 생각하다, 숙고하다 / **existing** 기존의 / **colorful** 흥미진진한; 다채로운 / **hidden** 숨겨진 / **entertain** 즐겁게 해 주다 / **serve (one's) purpose** 도움이 되다 / **unclear** 불확실한 / **plenty of** 많은 / **in print** 인쇄된 / **track** 추적하다, 뒤쫓다 / **term** 용어, 말

구문 풀이

주어진 문장 ~, **it** is often possible **to figure out** its meaning from its context.

it은 가주어이고, to figure out 이하가 진주어이다.

9~11행 If the meaning is unclear, however, there are *plenty of slang dictionaries* **to help** you, both in print and online.

plenty of는 a lot of, lots of, a great[good] deal of 등으로 대신할 수 있으며 셀 수 있는 명사와 셀 수 없는 명사를 수식하는 데 모두 쓸 수 있다. to help는 plenty of slang dictionaries를 수식하는 형용사적 용법이다.

11~14행 They will **not only** give you information about each slang word, **but also** track the changes in meaning of the term.

〈not only A but also B〉는 'A뿐만 아니라 B도'라는 뜻으로, A와 B에 각각 동사구가 왔다.

12 ①

해석

모차르트가 6살이 되었을 때, 그는 이미 유명한 음악천재였고, 마리 퀴리는 4살 때, 프랑스어와 러시아어 읽는 법을 독학했다. (그 외) 다른 많은 위대한 역사적 인물이 어렸을 때부터 훌륭했지만, 또 다른 많은 훌륭한 아이들이 어른이 되었을 때 결코 성공하지 못했다. 아주 어린 아이는 훌륭한 재능을 보일 수 있지만, 진정으로 창의적일 수는 없다. 왜냐하면, 진정한 창의성은 행동 방식과 사고방식의 변화를 포함하기 때문이다. 물론, 이렇게 하는 것은 과거 방식에 대한 완전한 이해가 필요하다. 그것은 그 누구라 할지라도 아주 어린 아이들에게는 불가능하다. 17세의 모차르트는 다른 어떠한 음악가들보다 더 기량이 뛰어났을지도 모르지만, 진지하게 받아들여질 때까지 모차르트는 음악적 역사를 바꿀 수 없었다. 그것이 일어나게끔 하기 위해 모차르트는 이전 작곡가의 작품을 깊이 연구하고 모방하는 데 오랜 세월을 보내야 했다.

↓

뛰어난 아이들은 위대해질 (A) 잠재력이 있지만, 진정한 위대함은 오직 오랜 세월의 (B) 노력을 통해 얻을 수 있다.

정답 풀이

아이들은 재능을 보일 수는 있으나, 진정한 창의성을 보여줄 수는 없다는 것이 글의 요지다. 마지막 부분에 역시 모차르트는 어렸을 때도 뛰어났으나, 오랜 연구를 한 후에야 음악의 역사를 바꿀 수 있다고 했다. 따라서 아이들은 위대해질 (A) '잠재력'은 있지만, 많은 (B) '노력'을 통해 진정으로 위대해질 수 있다는 것이 적절하다.

선택지 해석
   (A)   (B)
② 배경 …… 분투
③ 잠재력 …… 인내심
④ 배경 …… 연습
⑤ 기회 …… 인내심

어휘

noted 유명한 / **genius** 천재; 천재성 / **teach oneself** 독학[자습]하다 / **historical** 역사적 / **brilliant** 훌륭한, 멋진 / **remarkable** 놀랄 만한, 놀라운 / **truly** 정말로 / **creativity** 창의성; 창조성 / **involve** 포함하다 / **naturally** 물론, 자연스럽게 / **require** 필요로 하다, 요구하다 / **accomplished** 기량이 뛰어난, 재주가 많은 / **seriously** 심각하게; 진지하게 / **deeply** 깊이 / **imitate** 모방하다 / **composer** 작곡가 / **greatness** 위대함 [선택지 어휘] **potential** 잠재력 / **background** 배경 / **struggle** 분투 / **patience** 인내심

구문 풀이   **13~17행** Mozart at 17 **might have been** more **accomplished** than any other musician but he **could** not **have changed**
                                         = the most accomplished of all musicians
   musical history until he was taken seriously.
   〈might have p.p.〉와 〈could have p.p.〉는 모두 '과거 사실에 대한 추측'을 나타내는 표현이다.

   17~19행 For that to happen Mozart had to **spend many years** deeply **studying** and **imitating** the works of earlier composers.
   〈spend+시간+v-ing〉는 '시간을 v하는 데 보내다'라고 해석한다. 동명사구 studying과 imitating이 and에 의해 병렬 연결되었다.

13 ①
14 ⑤

해석

슬픈 영화를 보는 것이 바로 의사가 권하는 것일 수 있다. 한 연구는 슬픈 영화가 고통을 다스리는 우리의 능력을 북돋을 수도 있다는 것을 보여준다. 연구원들은 슬픈 영화가 뇌에서 분비되는 엔도르핀의 양을 증가시킬 수 있다고 말한다. 이 화학 물질들은 우리 몸의 천연 진통제이다. 그것들은 육체적 또는 감정적 상처를 완화해준다. 로빈 던바 박사는 사람들이 비극으로 겪는 고통이 엔도르핀 시스템을 활성화하여 우리의 통증을 덜어준다고 말했다. 던바 박사는 슬픈 이야기가 우리에게 미치는 영향을 알아내기 위한 실험을 했다. 한 집단의 사람들은 집이 없는 것, 약물, 술과 싸우는 한 남자에 관한 슬픈 영화를 보았다. 다른 한 집단은 영국의 지질학에 관한 영화를 보았다. 슬픈 영화를 본 사람들이 고통을 다스리는 능력은 13.1%만큼 증가했다. 한편, 다큐멘터리를 본 사람들이 고통을 다스리는 능력은 4.6%만큼 감소했다. 우리가 슬픈 영화를 좋아하는 이유는 엔도르핀에서 얻는 좋은 느낌 때문이다.

정답 풀이

13. 우리가 슬픈 영화를 보면 엔도르핀 시스템이 활성화되어 고통을 완화해준다는 내용이다. 따라서 제목으로 가장 적절한 것은 ①.
14. 빈칸 다음에 이어지는 내용에서, 이러한 화학 물질들(엔도르핀)이 우리의 육체적, 정신적 고통을 완화해준다고 했으므로 빈칸에 들어갈 말로 적절한 것은 ⑤.

선택지 해석
13. ① 슬픈 영화를 봅시다!
② 기분이 나쁜가요? 이야기를 하세요.
③ 무엇이 우리를 슬프거나 행복하게 하는가?
④ 던바 박사의 놀라운 치료법
⑤ 다큐멘터리가 인기 없는 이유
14. ① 가장 큰 적
② 힘의 중심
③ 감각 시스템
④ 스트레스(가 담긴) 통

어휘

order (치료 방법을) 권하다; 명령하다 / boost 북돋우다, 끌어올리다 / handle 다스리다, 처리하다 / increase 증가시키다; 증가하다 (↔ decrease 감소시키다; 감소하다) / amount 양 / release 분비하다; 놓아주다 / chemical 화학 물질; 화학의 / relieve (고통 등을) 완화하다, 덜어주다 / physical 육체의 / emotional 감정의, 정서의 / hurt 상처 / tragedy 비극(적인 사건) / activate 활성화하다, 작동하다 / carry out 수행하다 / homelessness 집 없음, 무주택 / drug 약물, 마약; 약 / alcohol 술, 알코올 / meanwhile 한편 / documentary 다큐멘터리, 기록물 [선택지 어휘] treatment 치료, 처치 / unpopular 인기 없는 (↔ popular 인기 있는) / enemy 적 / strength 힘, 기운 / sensory 감각의 / container 통, 용기 / natural 천연의; 자연 발생적인; 타고난 / painkiller 진통제

구문 풀이

1~2행 <u>Watching sad movies</u> <u>can be</u> just <u>**what** the doctor ordered.</u>
　　　　　　　　S　　　　　　　 V　　　　　　　C
선행사를 포함한 관계대명사 what이 이끄는 명사절이 문장의 보어 역할을 하고 있다.

7~10행 Dr. Robin Dunbar said **that** *the pain* [(*which*[*that*]) people get from tragedy] <u>activates</u> the endorphin system and <u>relieves</u> our pain.
that이 이끄는 명사절이 문장의 목적어 역할을 하고 있다. people ~ tragedy는 관계대명사가 생략된 관계사절로 앞의 the pain을 수식한다. 두 개의 동사 activates와 relieves가 and로 병렬 연결되어 있다.

10~11행 Dr. Dunbar carried out tests to find out *the effect* [(*which*[*that*]) sad stories have on us].
sad 이하는 the effect를 수식하는 목적격 관계대명사절로, 관계대명사가 생략되었다.

Chapter ② 흐름 파악하기 유형

유형 04 흐름 무관 문장

본문 p.38~39

예제 1

④

해석

당신이 위험한 상황에서 두려움을 느낄 때, 몸은 자동적으로 아드레날린이라 불리는 화학 물질을 혈액(피) 안에 만들어낸다. ① 혈액계에 아드레날린이 분비되면, 당신은 실제로 더 강해진 것 같고, 싸울 준비가 갖춰져 있다고 느낀다. ② 그러나 극도로 두려울 때 몸은 너무 많은 아드레날린을 분비한다. ③ 이런 일이 일어나면, 근육은 아주 굳어지고 당신은 전혀 움직일 수 없다는 것을 알게 된다. (④ 그런 이유로 당신은 근육을 강화하기 위해 운동을 하는 것이다.) ⑤ 당신은 너무나 무서워 돌처럼 된다.

정답 풀이

아드레날린이 분비될 때 몸의 변화를 설명하는 글이다. ④는 근육 강화를 위한 운동에 관한 내용이므로 이 글의 내용과 무관하다.

오답 풀이

⑤는 ③에 이어지는 문장으로서, 근육이 굳어지면서 돌처럼 된다는 것을 설명하는 것이므로 문맥상 자연스럽다.

어휘

in danger 위험한 상황에서 / automatically 자동적으로; 기계적으로 / chemical 화학 물질 / absolutely 극도로, 매우 / terrify 무섭게 하다 / find out ~을 알게 되다 / (not) at all 전혀 / frightened 무서워하는, 겁먹은

구문 풀이

1~3행 When you are in danger and feel afraid, your body automatically produces *a chemical*, **called adrenalin**, in your blood.
called adrenalin은 앞의 a chemical을 보충 설명하는 삽입구이다.

8~9행 You are **so** frightened **that** you become like a stone.
〈so ~ that...〉 구문은 '너무 ~해서 …하다'의 의미이다.

예제 2

④

해석

한 스코틀랜드 회사가 '전자 탐지견'이라는 새로운 보안 장비를 개발했다. 이 장비는 레이저를 사용하여 대기 중에 있는 가스 상태의 폭발물질을 식별한다. ① 사람의 몸에 숨겨져 있을지도 모르는 폭발물을 찾아내는 것이 그 목적이다. ② 이 기계는 현재 공항에서 이용되고 있는 금속탐지기와 비슷하게 생겼다. ③ 승객들이 이 기계를 통과해 들어가면 레이저가 주위의 공기를 검사한다. (④ 많은 개들이 승객의 짐에서 폭발물질의 냄새를 맡고 탐지하도록 훈련받는다.) ⑤ 이 회사의 직원들은 이 기계가 초당 한 사람씩 처리할 수 있고, 거의 즉각적인 결과를 산출해 낼 수 있다고 말한다.

정답 풀이

레이저를 사용하여 대기 중에 있는 가스에서 폭발물질을 탐지하는 새로운 보안 장치에 대해 설명하는 글이다. ④는 전자 탐지견 장비가 아니라 폭발물을 탐지하는 개에 관한 내용이므로 이 글의 내용과 무관하다.

오답 풀이

①, ②, ③, ⑤는 새로운 보안 장비인 전자 탐지견에 관한 내용이다.

어휘

Scottish 스코틀랜드의 / **develop** 개발하다 / **security device** 보안 장비 / **electronic** 전자의 / **sniffer** 탐지기 cf. sniff 냄새를 맡다 / **identify** 식별하다, 확인하다 / **explosive** 폭발성의 cf. explosives 폭발물 / **material** 물질 / **purpose** 목적 / **hide** 숨기다 / **similar** 비슷한, 유사한 / **metal** 금속 / **detector** 탐지기 cf. detect 탐지하다 / **airport** 공항 / **passenger** 승객 / **surrounding** 주위의 / **luggage** 짐, 수하물 / **official** 직원, 임원; 공적인 / **immediate** 즉각적인

구문 풀이

1~2행 A Scottish company developed *a new security device* [**called** an "electronic sniffer dog."]
과거분사 called가 이끄는 구가 a new security device를 수식한다.

3~4행 The purpose is to identify *explosives* [**that** may be hidden on a person's body].
　　　　　S　　V　　　　　　　　C
주격 관계대명사 that이 이끄는 절이 explosives를 수식한다.

QUICK CHECK!

③

해석

아이디어로 세상을 더 좋은 곳으로 만든 어린 발명가들이 많이 있었다.
① 판즈워스는 열 네 살 때, 나중에 전자식 텔레비전이 될 그의 첫 스케치를 그렸다.
② 알렉산더 그레이엄 벨이 전화기를 개발하기 시작했을 때, 그는 겨우 열 여덟 살이었다.
③ 어린아이들은 빠르게 성장하기 때문에 건강한 음식을 섭취할 필요가 있다.

유형 집중 문제

본문 p.40~42

01 ③　**02** ②　**03** ④　**04** ②　**05** ④　**06** ②

01 ③
Q ②
Q 선택지 해석
① 내리는 눈
② 빙하 형성
③ 강한 빙하 만들기

해석

빙하는 움직이는 개울이자, 해마다 살아남은 얼음 평원이다. ① 그것은 눈이 내려, 시간이 흐르면서 쌓이고, '만년설'로 단단히 다져지면서 형성된다. ② 만년설은 한 번 이상의 녹는 계절을 겪은 빙하의 위쪽 끝의 거친 바깥층이다. (③ 극지방의 빙하가 녹는 것은 많은 종류의 종이 멸종하는 것을 의미한다.) ④ 만년설이 모이면 몇 센티미터의 길이가 되는 커다란 얼음 결정체로 바뀌어서, 만년설을 밀도가 높고 약간 푸르게 보이게 한다. ⑤ 내리는 많은 눈, 기류, 그리고 진눈깨비는 모두 단단한 빙하를 형성하는 데 필요하다.

정답 풀이

빙하의 형성에 대해 설명하고 있는 글이다. ③은 빙하가 녹는 것과 멸종 사이의 연관성에 대해 말하고 있으므로, 빙하의 형성과는 관계가 없다.

오답 풀이

④는 ②에 나온 neve에 대한 부연 설명이다.

2~3행 They are formed by *snow* [**falling collecting** over time and **compacting** into neve.]

　　and로 병렬 연결된 세 개의 현재분사 falling, collecting, compacting이 snow를 수식하고 있다.

5~6행 **Melting polar glaciers means** the extinction of many kinds of species.

　　Melting polar glaciers는 동명사구 주어로 단수 취급하므로 단수 동사(means)를 썼다.

6~8행 The collection of neve changes into *large ice crystals* [that become several centimeters tall] **making** the neve **dense and slightly blue in color.**

　　making 이하는 분사구문이며, and this makes ~ in color로 바꿔 쓸 수 있다. make의 목적격보어로 형용사구(dense ~ in color)가 쓰였다.

---

02 ②

Q

A Swedish company has discovered how to use an energy source that is all around us yet unused — the heat from the human body.

석유와 가스를 찾기가 더 어려워짐에 따라, 회사들은 에너지와 돈을 절약할 새로운 방법들을 찾으려고 노력하고 있다. ① 한 스웨덴 회사는 우리 주변 어디에나 있지만 아직 사용되지 않는 에너지원, 즉 신체에서 나는 열을 사용하는 방법을 발견했다. (② 우리 인간의 몸은 열 증감 사이에 팽팽한 균형을 유지함으로써 체온을 조절하는 뛰어난 능력을 갖추고 있다.) ③ 그들은 커다란 물탱크를 데우기 위해 수집된 신체 열을 사용하는 난방 시스템을 지하철역에 세웠다. ④ 충분히 뜨거워지면, 물은 100야드를 가로질러 펌프로 퍼 올려서 다른 사무실 건물을 데우기 위해 사용된다. ⑤ 그 시스템은 설치하는 데 단지 미화 3만 달러의 비용이 들었고, 매년 30%까지 에너지 비용을 절감할 것으로 기대된다.

에너지를 절약하는 새로운 방법으로 신체 열을 에너지원으로 사용하는 스웨덴 회사의 사례에 대해 설명하는 글이다. 스웨덴 회사가 신체 열을 사용하는 방법을 발견했다는 내용과 지하철역에 그 난방 시스템을 설치했다는 내용 사이에 '인간의 몸이 체온을 조절하는 능력을 갖추고 있다'는 ②는 글의 내용과 관계없는 문장이다.

③ 뒤의 They는 스웨덴 회사에서 일하는 사람들을 가리킨다.

④ 뒤에서는 앞의 a heating system에 대한 원리를 설명하고 있다.

⑤ 뒤의 The system은 신체 열을 사용하는 난방 시스템을 가리킨다.

1~2행 As oil and gas become *harder* **to find** companies are working to find *new ways* **to save** energy and money.

　　to find는 형용사 harder를 수식하는 부사적 용법이고, to save ~ money는 명사구 new ways를 수식하는 형용사적 용법이다.

2~4행 A Swedish company has discovered **how to** use *an energy source* [that is all around us yet unused ~ body].

　　〈how+to-v〉는 'v하는 방법'이라는 뜻으로, how ~ body가 has discovered의 목적어 역할을 하고 있다.

4~6행 Our human body has *an excellent ability* [**to regulate** its temperature **by keeping** a tight balance between heat gain and loss].

　　to regulate 이하는 an excellent ability를 수식하는 형용사적 용법이다. by v-ing는 'v함으로써'라는 뜻이다.

8~10행 When **it**s hot enough *the water* **is pumped** 100 yards across the street and (*is*) **used** to heat another office building.

　　it은 주절의 주어인 the water를 가리킨다. 두 동사 is pumped와 used가 and로 연결되어 있으며, used 앞에는 be동사 is가 생략되었다.

11~12행 ~ and it is expected to reduce energy costs by 30 percent every year.

　　　　　　 가주어　　　　　　　　　　 진주어

---

03 ④

Q

The Green Wall of China is a government program that aims to build a huge barrier of trees to protect China's cities from desertification.

베이징은 위험에 처해 있는데, 그 위협은 고비 사막에서 비롯된다. 매년 고비 사막은 베이징에 약 15km씩 더 가까워지고 있다. 이런 속도가 계속된다면, 베이징은 8년 안에 사막에 접하게 될 것이다. 중국 정부는 자연으로 자연과 싸우기로 결정했다. ① 중국의 녹색 벽 프로젝트는 사막화로부터 중국의 도시들을 보호하기 위해 거대한 나무 장벽을 세우는 것을 목표로 하는 정부 프로그램이다. ② 이것의 목표는 2050년까지 4,430km의 나무 벽을 심는 것이다. ③ 그때까지, 그들은 숲이 중국의 42%를 덮을 것으로 기대한다. (④ 고비 사막의 확장은 중국의 성장에 큰 손해를 입혔다.) ⑤ 이 거대한 프로젝트는 또한 지구 온난화에 맞서 싸우는 데 도움이 될 것이다.

중국 정부가 녹색 벽을 세워 베이징이 사막화되지 않도록 하려는 계획을 세우고 있다는 내용의 글이다. 나무 벽을 심어 중국의 42%를 덮는 숲을 기대한다는 내용 뒤에 '고비 사막이 중국 성장에 손해를 끼쳤다'는 ④는 흐름과 관계없는 문장이다.

① 뒤의 문장은 앞의 to fight nature with nature에 대한 부연 설명이다.

② 뒤의 Its goal은 녹색 벽 프로젝트의 목표를 뜻한다.

⑤ 뒤의 This huge project는 녹색 벽 프로젝트를 가리킨다.

구문 풀이 **5~7행** The Green Wall of China is *a government program* [**that** aims **to build** a huge barrier of trees **to protect** Chinas cities from desertification].

주격 관계대명사 that이 이끄는 절이 a government program을 수식한다. 첫 번째 to부정사인 to build는 명사적 용법으로 쓰였으며, 두 번째 to부정사인 to protect는 '목적'을 나타내는 부사적 용법으로 쓰였다.

7~8행 Its goal is **to plant a 4,430 km wall of trees by 2050**.

명사적 용법으로 쓰인 to plant ~ by 2050는 is의 보어 역할을 한다.

---

04 ②

Q ③

Q 선택지 해석
① 의사소통
② 인구이동
③ 세계화의 결과

해석

지난 수십 년 동안 전 세계가 연결되어 왔다. 글로벌 커뮤니케이션(전 지구적 통신)은, 문화적으로 분리되는 것을 불가능하게 만들었다. ① 사람들도 점점 더 기꺼이 전 세계를 돌아다니려 하고 있다. 직장을 위해서든, 결혼을 위해서든, 아니면 단순히 더 나은 삶의 질을 위해서든 말이다. (② 아프리카에서 인간이 이주한 역사를 고려할 때, 인간은 오스트레일리아에 약 5만 년 전 처음으로 도착했을 것으로 추정할 수 있다.) ③ 이런 광범위한 국제적 이주의 결과로, 퓨전 요리가 점점 더 흔해지고 있다. ④ 사람들은 새로운 곳에 정착할 때 종종 자신들의 문화도 일부 함께 가지고 온다. ⑤ 한 특정 지역에 흔한 음식과 요리 스타일이, 다른 지역의 스타일과 섞이는 것은 전혀 놀라운 일이 아니다.

정답 풀이

글로벌 커뮤니케이션을 통해 문화가 서로 섞이며 결과적으로 퓨전 요리가 흔해졌다는 내용이다. ②는 오스트레일리아에 인간이 처음 도착했을 때를 추정하는 것이므로 이 글과는 무관한 문장이다.

오답 풀이

③ migration이 ②의 migration과 연결되는 것으로 착각하기 쉬우나, ③의 this ~ migration은 ①의 move across the globe와 이어지는 내용이다.

구문 풀이 **1~3행** Over the last few decades the entire world has become connected global communication **has made it** impossible **to be culturally separated**.
진목적어   가목적어   C

수십 년 동안 연결되어 왔으므로 현재완료(has made)가 쓰였다. it은 가목적어, to ~ separated가 진목적어이다.

5~7행 When considering the history of human migration from Africa it can be estimated that humans first arrived in
(=When we consider ~)   가주어   진주어

Australia about 50000 years ago.

When ~ Africa에서 의미상 주어는 we, you 등의 막연한 일반인을 가리킨다. 이처럼 종속절의 주어가 주절의 주어와 다르더라도 가리키는 대상이 막연한 일반인인 경우에는 종종 생략된다.

---

05 ④

Q
Three hundred million years ago, all seven continents were joined together in one huge landmass called Pangaea.

해석

3억 년 전에는, 일곱 개 대륙 모두가 판게아라고 하는 하나의 거대한 땅덩어리로 합쳐져 있었다. ① 서로 분리되기 전에, 그것은 거의 1억 년 동안 지속되었다. ② 이 지점에서, 당신은 그토록 오래 전에 일어난 일에 대해 우리가 어떻게 알 수 있는지 궁금해할지 모른다. 하지만 (그것에 대해 알 수 있는) 증거가 많이 있다. ③ 고대 식물과 파충류 종(種)의 화석이, 지금은 수천 킬로미터의 바다로 갈라져 있는 대륙에서 발견되고 있다. (④ 화석 발견은 인간의 가계도가 우리가 불과 20여 년 전에 알던 것보다 더 깊은 뿌리를 갖고 있음을 보여주고 있다.) ⑤ 이것은 이 대륙들이 과거에는 하나로 합쳐져 있었으며, 생물 종들이 한 대륙에서 다른 대륙으로 자유롭게 걸어서 이동할 수 있었다는 것을 증명하고 있다.

정답 풀이

지구에 존재하는 대륙 모두 하나의 땅덩어리였다는 것을 설명하는 글이다. ④는 화석 발견이 인간의 가계도가 오래되었다는 것을 보여준다고 말하고 있으므로 글의 흐름과 무관한 문장이다.

오답 풀이

③ 화석이 멀리 떨어진 대륙들에서도 발견되고 있다는 것이 판게아를 증명해주는 설명 중 하나이다.

구문 풀이 **4~6행** ~, you may be wondering **how** we know about *something* [that happened so long ago], // but there is **plenty of**
S₁   V₁   V₂   S₂
evidence.

간접의문문(how ~ long ago)은 may be wondering의 목적어 역할을 하고 있다. plenty of는 셀 수 있는 명사와 셀 수 없는 명사를 모두 수식할 수 있다.

This proves **that** these continents were joined in the past | **and** | **that** species were able to walk freely from one to

S V O₁ O₂ V₂

another.

등위 접속사 and가 prove의 두 목적어절 that ~ past와 that ~ another를 연결하고 있다.

---

06 ②

Q ③

Q 선택지 해석
① 화재
② 천연가스
③ 지옥으로 가는 문

해석

투르크메니스탄의 다르바자 마을 근처에, 거대한 구멍이 새빨갛게 불탄다. 그것은 지옥이 열린 것처럼 보여서 '지옥으로 가는 문'으로 알려져 있다. 그것은 완전히 자연 발생적인 사건은 아니다. ① 1971년에, 러시아 사람들이 그 장소를 드릴로 구멍을 뚫다가, 우연히 천연가스의 거대한 지하 포켓으로 침입했다. (② 이 천연가스의 가장 중요한 용도 중 하나는 건물과 집을 따뜻하게 하는 것이다.) ③ 땅은 무너져 내렸고, 모든 작업은 구멍으로 빠졌다. ④ 유독 가스가 대기 속으로 새어 나가는 것을 막기 위해서, 러시아 사람들은 그것을 태워 없애려고 노력했다. ⑤ 그들은 가스가 며칠 후면 다 타버릴 것으로 생각했지만, 불은 오늘날까지도 여전히 타고 있다.

정답 풀이

투르크메니스탄의 다르바자에 있는 불타는 거대한 구멍이 어떻게 생기게 됐는지 설명하고 있는 글이다. 러시아인들이 천연가스 층을 건드려서, 가스를 태우는 과정에서 불이 붙었다고 말하고 있다. 따라서 '천연가스의 용도'에 대해서 말하고 있는 ②는 글의 내용과 문맥상 관계없는 문장이다.

구문 풀이

5~6행 **One of the most important uses** of this natural gas is **to heat** buildings and homes.

S V C

⟨One of the+최상급+복수명사⟩는 '가장 ~한 것 중의 하나'라는 뜻이다. to heat ~ homes은 is의 보어 역할을 하는 명사적 용법이다.

8~9행 **To prevent** the poisonous gas **from escaping** into the atmosphere Russians tried to burn it off.

⟨prevent A from v-ing⟩는 'A가 v하지 못하게 하다'라는 뜻이며, to prevent는 목적을 나타내는 부사적 용법으로 쓰였다.

9~11행 They thought (**that**) the gas would burn out **in a few days** ~.

thought 뒤에 접속사 that이 생략되어 있다. ⟨in+시간을 나타내는 말⟩은 '~ 후에'라고 해석한다.

기출로 보는 필수 어법 포인트 4 - 동사와 준동사

본문 p.43

1. 동사와 준동사의 구분

해석 사람들 간에 적당한 거리를 유지하는 것은 중요하다.

2. 준동사의 동사적인 성격

해석 1) 때때로 기업들은 제품의 어떤 특징도 나타내지 않고 제품을 광고한다.

2) 잡지 광고들은 신문 광고들보다 기억에 남을 가능성이 더 많다.

POINT EXERCISE   **01** wasting   **02** makes   **03** to go

---

01 wasting

해석
한 젊은이가 5백만 달러의 복권에 당첨되었지만, 돈을 낭비하는 안 좋은 버릇이 생겼다.

해설
전치사는 목적어로 명사형을 취하는데, 목적어 money가 있으므로 wasting이 적절하다.

02 makes

해석
예술은 문제를 해결하지 않지만, 우리에게 그들의 존재를 인지시킨다.

해설
등위 접속사 but이 두 개의 절을 이어주고 있으며, 앞의 동사(does not solve)와 병렬되어야 하므로 makes가 적절하다.

03 to go

해석
당신은 책을 읽을 때 이야기를 따라가며 마음속에 그림을 만들어낸다.

해설
문장 안에 접속사가 한 개만 나오므로 동사는 두 개만 있어야 한다. 따라서 동사가 아닌 준동사 to go가 적절하다.

예제 1

④

해석

쇼핑객들은 보통 지출할 수 있는 돈의 양이 한정되어 있고, 쇼핑할 수 있는 시간도 한정되어 있다. 쇼핑이 사실 정보 검색이라고 깨닫는 것은 중요하다. 여러분은 광고, 친구, 판매원, 라벨, 잡지 기사, 인터넷, 또는 몇몇 다른 출처에서 정보를 얻을 수 있다. 여러분은 또한 옷을 입어보거나, 자동차 시험 운전을 해보거나, 헬스클럽에서 판촉 행사를 이용하는 것 같이 그 제품을 실제로 써보고 정보를 얻을 수도 있다. 그러나 쇼핑객들은 이러한 정보의 출처 중에서 어떤 것을 사용하는 데에는 비용이 든다는 것을 이해해야 한다. 이러한 비용에는 교통비와 시간이 포함될 수 있다. 그 비용을 감수할지 말지는 오직 당사자만이 결정할 수 있다.

정답 풀이

주어진 문장의 these sources는 '광고, 친구, 판매원, 라벨, 잡지 기사, 인터넷, 몇몇 다른 출처, 물건을 직접 사용하는 것'을 가리킨다. 따라서 주어진 문장은 이다음인 ④에 위치하는 것이 적절하다. ④ 뒤에 위치한 these costs는 주어진 문장의 costs를 가리킨다.

오답 풀이

③ ②에 이어 정보의 출처들을 나열하고 있다.

어휘

cost 비용 / **limited** 한정된 / **realize** 깨닫다 / **advertisement** 광고 / **salesperson** 판매원 / **article** 기사 / **several** 몇몇의 / **source** 출처; 원천 / **information** 정보 / **actual** 실제의 / **product** 제품 / **take advantage of** ~을 이용하다 / **include** 포함하다 / **transportation cost** 교통비 / **whether ~ or not** ~인지 아닌지

구문 풀이 2~3행 It is important to realize **that** shopping is really a search for information.
          가주어   진주어
It은 가주어, to 이하가 진주어이며, 접속사 that이 이끄는 명사절이 realize의 목적어로 쓰였다.

예제 2

③

해석

대부분의 경우에, 도시에서 살거나 일하는 사람들은 주차장에서 사무실까지 가기 위해서, 쇼핑하기 위해서, 그리고 용무를 보기 위해서 온종일 걷는다. 택시나 지하철을 기다리는 것보다 몇 블록을 걷는 것은 흔히 더 수월하고 비용이 덜 든다. 이런 식으로 운동은 일상 속 일부분이 될 수 있다. 이것은 교외에 사는 사람들에게는 해당하는 일이 아니다. 교외는 넓게 펼쳐져 있기 때문에 사무실까지 걸어가거나 상점까지 뛰어가기에는 너무 멀다. 버스 정류장까지 걸어가는 것이 적어도 약간의 운동을 제공해 주곤 했지만, 지금은 대부분의 대중교통이 제한적이어서 교외에 사는 사람들은 어디든 운전을 하고 다닌다. 그들이 치러야 하는 대가는 하루 동안 신체적 움직임이 제한적이라는 것이다.

정답 풀이

주어진 문장에서 교외 사람들의 경우에 해당되지 않는 This는 본문에서 '택시나 지하철을 타는 것보다 걸어서 이동하는 것이 더 저렴하며, 이런 식으로 운동하는 것이 일상의 한 부분이 될 수 있다는 것'을 가리킨다. 따라서 주어진 문장은 이 내용 다음인 ③에 위치하는 것이 적절하다. ③ 뒤에서 '교외는 넓게 펼쳐져 있어 걸어가기엔 멀다'는 내용이 나와 주어진 문장과 문맥이 자연스럽게 연결된다.

어휘

throughout 온종일, 내내 / **parking lot** 주차 / **routine** 일상, (일상의) 틀 / **spread** 펼치다 / **provide** 제공하다 / **public transportation** 대중교통 / **physical** 신체의 / **movement** 움직임

구문 풀이 1~3행 For the most part *people* [**who** live or work in cities] walk throughout the day — to go from the parking lot to the office to shop and to run errands.
관계대명사 who가 이끄는 절이 선행사 people을 수식하고 있다. 또한, 세 개의 to부정사구 to go from ~ office, to shop, to run errands가 and로 병렬 연결되었다.

1 (B)
2 ①

본문 p.46~48

해석

바다에서 아름다운 물고기와 산호 사이에서 수영하는 상상을 해본 적 있는가? 지구의 70%는 물이기 때문에 스쿠버 다이빙은 당신이 놓치고 있는 것을 보게 해준다. 물론, 당신은 물 안으로 뛰어들어가기 전에 훈련이 필요하다. 이러한 것들은 잠수복, 장갑, 부츠, 모자 그밖에 많은 것을 포함한다.

유형 집중 문제

01 ④ **02** ⑤ **03** ④ **04** ④ **05** ③ **06** ⑤

---

01 ④
Q ①

해석

우리는 예술을 이용해 생각과 의견, 경험을 전달한다. 예술은 우리가 사람들에게 다가가 그들과 유대를 형성하는 것을 도울 수 있는 무엇이다. 그런데 왜 예술이 펜과 종이에만 한정되어야 할까? 왜 예술이 사방 벽면과 천장을 뒤덮거나 건물 크기만큼 커질 수는 없을까? 그런데 설치 미술에서라면 그것이 가능하다. 설치 미술을, 조각의 개념을 가지고 그것을 역으로 뒤집은 것이라고 생각해 보라. 대개, 조각 작품을 볼 때 우리는 외부에서 (작품을) 들여다보는 입장이다. 그러나 설치 미술의 경우, 미술 작품은 우리 주변의 도처에 존재한다. 어떤 의미에서, 우리가 조각 작품이 된다. 세계가 당신의 캔버스가 된다면 어떤 일이라도 가능하다.

정답 풀이

주어진 문장에 However가 나오므로 앞에는 설치 미술과는 다른 특성을 지닌 미술품에 대한 내용이 나올 가능성이 크다. ④의 앞 문장에서 조각품에 대해 이야기하며, 우리는 외부에서 조각품을 바라보는 입장에 있다고 말하고 있다. 따라서 조각품과는 다르게 벽면이나 천장을 뒤덮어 도처에 존재하는 설치 미술에 대한 이야기는 ④에 오는 것이 적절하며, 뒤의 '우리가 조각품이 된다'는 내용과 자연스럽게 연결된다.

오답 풀이

① 앞, 뒤 문장이 질문과 답으로 이어져 있으므로 적절하지 않다.
②, ⑤ 뒤 문장이 각각 앞 문장을 보충 설명하고 있으므로 적절하지 않다.

구문 풀이 **2~3행** It's *something* [**that** can **help** us reach out 〔and〕 form bonds with other people].

주격 관계대명사 that이 선행사 something을 수식한다. help의 보어로 동사 원형 reach out과 form이 왔다.

5~7행 **Think of** installation art **as** taking the idea of sculpture 〔and〕 turning it inside out.
                                     A   B
〈Think of A as B〉는 'A를 B로 생각하다, 여기다'의 의미이다.

---

02 ⑤
Q ③

Q 선택지 해석
① 태양열 에너지의 이점들
② 거대한 고속도로망
③ 새로운 친환경 도로

해석

미국은 소비자에게 매우 필요한 에너지를 생산하기 위해 어떻게 거대한 고속도로망을 사용할 수 있을지 생각하기 시작했다. 어떤 주들은 도로 옆에 큰 태양 에너지 발전소를 세웠다. 다른 주들은 소리를 차단하는 벽으로 태양 전지판을 사용하는 것을 고려하고 있다. 아마 무엇보다 가장 창의적인 계획은 '솔라 로드웨이즈'라고 불리는 작은 회사의 것이다. 그것의 구상은 대표 스캇 브루소가 태양 전지판이 미국이 필요한 에너지 전부를 생산할 수 있다는 사실을 알았을 때 시작되었다. 이는 회사가 태양 전지판을 단 미국의 도로를 개발하는 것으로 이어졌다. 그것은 도로도 환경 친화적이 될 수 있다는 것을 세상에 보여주는 기회가 될지도 모른다.

정답 풀이

주어진 문장은 회사가 태양 전지판을 설치한 도로를 개발했다는 내용으로, the company가 이루어낸 결과에 해당하는 문장이다. 따라서 주어진 문장은 CEO가 태양 전지판을 사용할 계획을 구상했다는 내용 뒤의 ⑤에 위치하는 것이 적절하다. ⑤의 뒤에서 '도로도 친환경적일 수 있다'는 내용이 나와 주어진 문장과 자연스럽게 연결된다.

오답 풀이

①, ②, ③ 회사에 대한 내용이 나오기 전이다.

구문 풀이 **1~2행** America has **begun to consider how** it can use its huge network of highways **to produce** much-needed energy for
                                                              V′   O′
consumers.

begin은 to부정사와 동명사를 모두 목적어로 취할 수 있으며, 여기에선 to부정사를 취했다. 의문사 how가 이끄는 명사절이 consider의 목적어 역할을 하고 있으며, to produce ~ consumers는 '목적'을 나타내는 부사적 용법이다.

4~5행 **Others** are **considering using** solar panels as *walls* [**to block sound**].

Others는 'Other states'를 뜻한다. consider는 동명사를 목적어로 취하는 동사로, using을 목적어로 취하고 있다. to block sound는 walls를 수식하는 형용사적 용법의 to부정사이다.

7~9행 Its story began when CEO Scott Brusaw learned **the fact that** solar panels could produce *all of the energy* [(that) America needs].

the fact와 접속사 that이 이끄는 절은 동격 관계이다.

9~10행 It might be *a chance* [**to show** the world that roads can be green, too].

V′　　　IO′　　　　　DO′

to부정사구 to show 이하는 형용사적 용법으로 앞의 명사 a chance를 수식한다.

---

03 ④

Q ②

Q 선택지 해석

① 뜨거운 날씨
② 극심한 기후
③ 많은 동물들

해석

타이가는 유라시아와 북아메리카 북부에 전체적으로 걸쳐 있는 큰 숲 지대이다. 경치는 아름답지만, 기후는 극단적인데, 겨울과 여름의 기온 차가 매우 크다. 그곳은 겨울이 길고, 눈이 많이 내리고, 놀랄 만큼 춥다. 찬 북극 공기는 기온을 섭씨 영하 54도까지 내려가게 한다! 타이가는 일 년의 반 이상 동안 (기온이) 영하이다. 이런 이유로, 타이가는 대부분의 동식물 종이 살기에 좋은 장소는 아니다. 하지만 어떤 강한 종들은 그곳에서 살 수 있다. 타이가에서 생존할 수 있는 동물들은 곰, 늑대, 토끼, 그리고 여우와 같은 종이다.

정답 풀이

주어진 문장은 타이가는 대부분의 동식물이 살기에 적절한 장소가 아니라는 내용이며, For these reasons로 보아 앞에 그 이유가 전개되어야 함을 알 수 있다. ④ 뒤의 ones가 가리키는 것이 앞에 없으므로, 주어진 문장은 ④에 위치하여 ones가 주어진 문장의 species를 가리키게 되는 것이 자연스럽다. 주어진 문장의 these reasons는 중반부까지 계속 언급하고 있는 '좋지 않은 기후'임을 알 수 있다.

오답 풀이

②, ③ 가능한 자리로 보일 수도 있지만, 뒤에 다시 기온에 대한 내용이 이어지므로 적절하지 않다.

⑤ 앞에서 타이가 지대에서 살 수 있는 동물이 있다고 이미 언급하였으므로 적절하지 않다.

구문 풀이 **8~10행** *Some of the animals* [**that** are capable of surviving in the taiga] **are** types of bears wolves rabbits and foxes.

S　　　　　　　　　　　　　　　　　　　　　　　　V　　　C

관계사절(that ~ taiga)이 주어인 Some of the animals를 수식한다. Some of와 같은 부분 표현은 of 뒤에 나오는 명사의 수에 동사를 일치시키므로, 복수동사 are가 쓰였다.

---

04 ④

Q ③

Q 선택지 해석

① 독서
② 유명한 시인들
③ 시 낭송 경연대회

해석

1986년에 시카고의 어느 술집에서, 미국 시인인 마크 스미스는 시 낭독에 도움이 좀 필요하다고 판단했다. 그는 청중에게 그의 시를 1점부터 10점까지 점수를 매겨달라고 요청했고, 이는 순식간에 성공을 거두었다. 그것은 시인들이 그들의 작품을 심사단 앞에서 읽는 시 낭송 경연대회의 시작이었다. 대부분의 시 경연대회는 여러 라운드가 계속되고, 5명의 시인들이 라운드마다 시 한 편을 낭송하도록 한다. 청중에서 선발된 5명의 심사원은 각 낭송이 끝나면 점수를 매긴다. 그들의 점수는 그 시인이 자신을 감동하게 했는지 아닌지를 토대로 한다. 이것은 좋은 시 쓰기 기술뿐만 아니라, 그 시를 극적인 방법으로 전달하는 능력도 요구한다.

정답 풀이

주어진 문장은 심사원들이 각각의 낭송이 끝난 후에 점수를 매겼다는 내용이다. 5명의 시인이 라운드마다 한 편씩 시를 낭송한다는 내용 뒤에 주어진 문장이 위치해, ④ 뒤의 Their scores가 주어진 문장의 their scores를, them은 주어진 문장의 Five judges를 가리키게 되는 것이 자연스럽다. 따라서 정답은 ④.

구문 풀이 **2~4행** He asked the audience to rate his poems from 1 to 10, │and│ it became an instant success.

S₁ V₁　O₁　　　　　C₁　　　　　　　　　　　S₂ V₂　　　C₂

두 문장이 and로 병렬 연결되어 있다.

4~6행 It marked the start of *poetry reading competitions* [**where** poets read their work in front of a group of judges].

관계부사절 where 이하는 선행사 poetry reading competitions를 수식한다.

9~10행 This requires **not only** good poetry writing skills, **but also** *the ability* [to deliver the poem in a dramatic way].

〈not only A but also B〉는 'A뿐만 아니라 B도'라는 뜻의 구문이다.

05 ③

Q
them

해석

알폰스 무하는 1860년에 태어났는데, 진지한 화가가 되기 위해서 1884년에 미술학교에 들어갔다. 돈을 벌기 위해서, 무하는 책, 잡지, 그리고 광고에 삽화를 그렸다. 디자인 대부분은 자연의 상징과 패턴을 포함했다. 많은 것들이 아시아의 실크 스크린 날염법을 사용한 회화의 영향을 받았다. 그의 성공에도 불구하고, 무하는 학구적인 화가로서 존경받기를 원했다. 그래서 그는 그가 태어난 체코슬로바키아의 이야기를 다룬 20개의 큰 그림을 만들었다. 그러고 나서 그 그림들을 조국에 선사했다. 무하는 그 이후의 생애 동안 많은 그림들을 그려냈지만, 그것들은 그의 초기 작품만큼 인기를 끌지 못했다. 그럼에도 불구하고, 그의 영향력은 대단해서, 오늘날 우리가 보는 많은 광고에 영향을 끼쳤다.

정답 풀이

주어진 문장이 Thus(따라서)로 시작하므로, 앞에는 알폰스 무하가 체코슬로바키아의 이야기에 대한 그림을 그린 이유가 나와야 한다. ③의 앞에 무하가 학구적인 화가로서 성공하고 싶었다는 내용이 나오고, 그 뒤의 them이 주어진 문장의 twenty large paintings를 가리키므로 주어진 문장은 ③에 오는 것이 자연스럽다.

오답 풀이

⑤ 단순히 Thus라는 연결어 때문에 마지막 부분에 들어간다고 착각할 수 있다.

구문 풀이

1~2행 *Alphonse Mucha*, (**born in 1860**), entered art school in 1884 **to become** a serious artist.
　　　　S　　　　　　　　　　　　V　　　O

삽입된 과거분사구 born in 1860가 Alphonse Mucha를 보충 설명한다. to become은 목적을 나타내는 to부정사의 부사적 용법으로 쓰였다.

8~9행 ~, but they were never **as** *popular* **as** his earlier work.

⟨as+형용사+as ~⟩의 원급 비교 구문으로, '~만큼 …하다'라고 해석한다.

9~10행 Still, his influence has been great, **affecting** *many of the advertisements* [(that) we see today].

affecting ~ today는 분사구문으로, '~하여 (그 결과) …하다'의 의미를 나타낸다.

06 ⑤

Q ③

Q 선택지 해석
① 우주
② 태양의 빛
③ 식(일식, 월식)

해석

달이 태양과 지구 사이로 이동할 때, 달은 지구에 그림자를 만들어 낸다. 그 그림자 안의 사람들은 태양을 달의 전체 또는 일부로 덮인 상태로 보게 되고, 우리는 그것을 '일식'이라고 부른다. 월식에서는, 지구가 태양과 달 사이로 이동하면서, 달에 그림자를 만든다. 보통, 달은 태양의 빛을 반사하기 때문에 빛나지만, 월식에서 지구는 그 빛을 막는다. 하지만 일식이든 월식이든, 과정은 같다. 태양, 달, 그리고 지구가 일직선 상에 있을 때, 가운데 있는 천체가 그림자를 만들어 낸다. 바깥쪽 천체가 그 그림자로 이동할 때, 식이 일어난다.

정답 풀이

주어진 문장은 일식과 월식이 일어나는 상황을 개념적으로 설명한 문장으로, 식(蝕)의 발생 과정에 대해 언급하는 문장 뒤에 들어가는 것이 적절하다. 따라서 주어진 문장은 ⑤에 위치하는 것이 올바르며, ⑤ 뒤의 문장에서 언급하는 that shadow는 주어진 문장의 a shadow임을 알 수 있다.

구문 풀이

2~4행 *Those* [in the shadow] **see** the Sun **as** being covered by all or part of the Moon and we call it a solar eclipse.
　　　　S₁　　　　　　　V₁　　O₁　　　　　　C₁　　　　　　　　　　　　　　　　S₂ V₂ O₂　C₂

those는 '사람들'이라는 뜻이고, ⟨see A as B⟩는 'A를 B로 보다[여기다]'라는 뜻이다

4~5행 In a lunar eclipse the Earth moves between the Sun and Moon **causing** a shadow on the Moon.

causing 이하는 분사구문으로, 'and this causes ~ the Moon'으로 바꿀 수 있다.

기출로 보는 필수 어법 포인트 5 - 준동사 ① to부정사와 동명사

본문 p.49

1. to부정사를 목적어로 취하는 동사

해석 심사숙고 후에, 그들은 해외 아동 4명을 입양하기로 결심했다.

2. 동명사를 목적어로 취하는 동사

해석 제1차 세계 대전 후, 이디스 훠턴은 프랑스에서 〈순수의 시대〉 집필을 끝마쳤다.

3. to부정사, 동명사를 모두 목적어로 취하는 동사

1) 회의를 연기하기로 결정되었다는 것을 알리게 되어 유감입니다.

2) 버스 정류장에 도착하자마자, 나는 내 지갑을 찾기 시작했다.

POINT EXERCISE　　　01 growing　　02 buying

01 growing

해석
발은 스무 살 즈음에 길어지는 것이 멈추는 반면에, 대부분의 발은 나이를 먹으면서 서서히 넓어진다.

해설
동사 stop은 동명사를 목적어로 취하기 때문에 growing이 적절하다.

02 buying

해석
발은 낮 동안 늘어나기 때문에 아침에 신발을 사는 것을 피하라.

해설
동사 avoid는 목적어로 동명사를 취하므로 buying이 적절하다.

유형 06 글의 순서 배열

본문 p.50~51

예제 1

③

해석
나는 (야간 근무의) 보수가 훨씬 더 나았기 때문에 야간 근무를 했다.

(B) 안타깝게도, 밤에 일하는 것은 내가 더는 아내와 아이들과 함께 저녁을 먹을 수 없다는 것을 의미했다. 구내식당의 샌드위치는 집의 따뜻한 식사와 똑같은 것은 아니다.

(C) 어느 날 밤, 아내는 아이들과 저녁 식사를 챙겨서 직장에 있는 나를 보러 와 놀라게 했다. 우리 가족 다섯 명은 구내식당의 식탁에 둘러앉았고 그것은 한동안 내가 했던 식사 중 최고의 식사였다.

(A) 나는 평소보다 약간 더 긴 휴식을 했는데 상사는 그것에 대해 그리 좋아하지 않았다. 그래서 우리는 그것을 아주 자주 할 수는 없었지만, 그들이 올 때는 매우 좋았다.

정답 풀이
주어진 문장의 the night shift가 (B)의 working at night을 가리키므로 주어진 문장 다음에 (B)가 오는 것이 알맞다. 그리고 (A)의 대명사 it과 they는 각각 (C)의 '가족들이 와서 함께 저녁 식사를 하는 것', '가족들'을 가리키므로 (C) 다음에 (A)가 오는 것이 알맞다. 따라서 적절한 글의 순서는 ③ (B) - (C) - (A)이다.

어휘
slightly 약간, 조금 / **usual** 평소의 / **no longer** 더 이상 ~하지 않는 / **pack up** ~을 챙기다

구문 풀이　7~8행　One night, my wife surprised me **by packing up** the kids and dinner and **coming** to see me at work.
〈by v-ing〉는 'v함으로써'라는 의미이며 두 개의 동명사가 and로 병렬 연결되었다.

예제 2

④

해석
탐정 일은 두 부분으로 된 과정이다. 우선 탐정은 단서를 찾아야 한다. 하지만 단서만으로는 사건이 해결되지 않는다.

(C) 탐정은 또한 그 단서를 바탕으로 결론을 도출해야 한다. 이러한 결론은 추론이라고 불리기도 한다. 추론은 근거, 사실, 증거를 바탕으로 한 결론이다.

(A) 똑같은 종류의 과정이 읽기에서도 일어난다. 여러분은 단서를 찾아야 하고 그러고 나서 그 단서를 바탕으로 결론을 도출해야 한다.

(B) 글쓴이가 무엇을 말하고자 하는가? 좋은 결론은 좋은 관찰로부터 나온다. 더 나은 독자가 되기 위해서 셜록 홈스처럼 되라. 즉, 관찰력을 더욱 길러라.

정답 풀이
주어진 문장에서 a detective must find the clues가 나오고 (C)의 The detective must also ~가 나와 둘이 문맥상 자연스럽게 이어진다. 그리고 (A)의 The same sort of process는 (C)의 단서를 바탕으로 결론을 도출하는 과정을 가리키므로 (C) 다음에 (A)가 오는 것이 적절하다. 또한, (B)는 앞에서 나온 절차를 요약하고 있으므로 마지막으로 오는 것이 알맞다. 따라서 적절한 글의 순서는 ④ (C) - (A) - (B)이다.

detective 탐정; 형사 / **clue** 단서 / **sort** 종류, 부류 / **take place** 일어나다 / **conclusion** 결론 / **base on** ~에 근거를 두다 / **come from** ~에서 나오다 / **inference** 추론 / **evidence** 증거

구문 풀이 **7~8행** The detective must also draw *conclusions* [based on those clues].

과거분사구 based ~ clues는 conclusions를 수식한다.

QUICK CHECK!

② 해석

많은 사람들은 지방을 섭취하는 것이 우리를 살찌게 만든다고 생각한다. 그러나, 최근 연구에 따르면 우리가 더 많은 지방을 섭취함으로써 살이 더 빠진다고 한다.

유형 집중 문제

본문 p.52~54

01 ②　02 ④　03 ③　04 ⑤　05 ②　06 ③

01 ②

Q

Despite this fact, swine flu is often reported as something much more dangerous than it actually is in the media.

해석

돼지 독감 바이러스는 보통 돼지만 걸리는 계절성 인플루엔자(감기)이다. 동물과 관련된 바이러스는 때때로 인간을 감염시키지만 이런 경우는 드물다.

(B) 이런 사실에도 불구하고 돼지 독감은 언론에서 실제보다 훨씬 더 위험한 것으로 자주 보도된다. 세계 보건 기구에 따르면 2010년까지 전 세계적으로 돼지 독감으로 인한 사망은 약 12,220건이었다.

(A) 이것이 많은 수처럼 보일지 몰라도 사실은 그렇지 않다. 매년 24만 명에서 50만 명이 일반적인 계절성 독감으로 사망하기 때문이다.

(C) 게다가 돼지 독감에 의한 사망자 대부분은 이미 심각한 건강 문제를 가지고 있었던 사람들이었다.

정답 풀이

(B)의 this fact는 주어진 문장에서 언급한 '돼지 독감이 사람에게 전염되는 것은 매우 드문 일'을 가리키므로 주어진 문장 다음에 (B)가 이어지는 것이 적절하다. 그리고 (B)의 마지막 부분에 나온 12,220 deaths는 (A)에서 this ~ a large number로 표현되었으며, 돼지 독감으로 죽은 사람의 수가 많지 않다는 내용에 대해 사망자는 이미 건강 문제가 있던 사람들이었다고 (C)에서 추가 설명하고 있으므로 (A) 다음에 (C)가 오는 것이 자연스럽다. 따라서 적절한 글의 순서는 ② (B) – (A) – (C)이다.

구문 풀이 **1~3행** **While** this may seem like a large number, **it's really not**, **since** 240,000 to 500,000 people die from the ordinary, seasonal flu each year.

While ~ number와 since ~ year 두 개의 부사절 사이에 주절 it's really not이 위치한 문장으로, While은 대조의 의미로 '~이지만'이라고 해석하고, since는 이유의 의미로 '~ 때문에'라고 해석한다.

4~5행 **Despite** this fact, swine flu is often reported as *something* [(*that is*) much more dangerous than it actually is in the media].

Despite는 '~에도 불구하고'라는 의미의 전치사로, 뒤에 명사(구)가 온다.

5~7행 According to the World Health Organization, **by 2010**, there **had been** *about 12,220 deaths* [caused by the swine flu worldwide].

by 2010이 '(과거부터) 2010년까지'라는 의미이므로 과거완료 시제(had been)가 쓰였다.

8~9행 Moreover, *most of the deaths* [caused by the swine flu] were *people* [who already had serious health problems].
　　　　　　　　　　S　　　　　　　　　　　　　　　V　　　　　　　C

02 ④

Q ③

해석

우리 몸이 듣고, 이해하고, 말을 만들어 내는 방식은 매우 복잡하다. 다른 어떤 복잡한 과정과 마찬가지로, 그것은 때로 바르게 작동하지 않을 수 있다.

정답 풀이

주어진 문장은 언어의 이해와 생산 방식이 잘못 작동할 수 있다고 언급한다. 이러한 잘못된 작동을 '언어 장애'라고 부를 수 있다고 말하는 (B)가 주어진 문장 뒤에 이어지는 것이 자연스럽다. 또한, (C)

(B) 이는 언어 장애라고 불린다. 언어 장애는 발달성과 후천성 두 가지 유형으로 나타난다. 발달 언어 장애는 몇몇 아이들이 성장할 때 선천적으로 생긴다.

(C) 그것은 성대 같은 말과 관련된 신체 부분의 성장이나, 의사소통을 책임지고 있는 뇌의 일부 발달에 문제를 일으킬 수 있다.

(A) 반면에, 후천성 언어 장애는 나이에 상관없이 누구에게나 생길 수 있다. 그것들은 가장 흔하게 머리 외상이나 뇌의 산소 부족에 의해 생긴다.

는 발달 언어 장애가 일으킬 수 있는 문제에 대해 설명하고 있으므로 발달 언어 장애를 짧게 언급한 (B) 뒤에 자연스럽게 연결된다. On the other hand로 시작하여 후천성 언어 장애로 화제를 바꾸는 (A)가 마지막에 오는 것이 적절하다. 따라서 정답은 ④ (B) – (C) – (A).

구문 풀이   **주어진 문장** *The way* [**that** our body hears, understands, and produces speech] is very complex.
　　　　　　　　　　　　　　　　　S　　　　　　　　　　　　　　　　　　　　　　　　V　　　　C

that은 관계부사로, in which로 바꿔 쓸 수 있다.

8~10행 They can cause problems **to** *the growth of speech-related body parts* [such as the vocal chords], ⎕or⎕ (*to*) *the development of parts of the brain* [that are responsible for communication].

---

03 ③

Q ①

Q 선택지 해석
① 박물관
② 중국 왕조
③ 가장 큰 건물

해석

베이징의 중심부에 세계에서 가장 큰 궁 복합 건물인 고궁 박물관이 있다. 그 박물관은 980개의 잔존한 건물로 이루어져 있고 거대한 지역에 걸쳐 있다.

(B) 그것은 명과 청 왕조 당시 왕궁이었고, 또한 '금단의 도시'로 알려져 있다. '금단'이라는 의미는 황제의 허락이 없으면 아무도 궁에 들어가거나 떠나지 못했다는 사실을 말한다.

(C) 하지만, 오늘날에는 물론 금지되어 있지 않다. 그곳은 전 세계의 관광객들에게 개방되어 있다.

(A) 그들은 아름다운 건물들과 미술품, 그리고 다른 멋진 보물들을 즐길 수 있다. 금단의 도시는 세계문화유산으로 유네스코에 등재되어 있다.

정답 풀이

베이징 중심부에 고궁 박물관이 있다는 주어진 글 다음에 옛날에는 그곳이 아무나 들어가지 못하는 금지된 장소였다는 (B)가 먼저 이어진 후, 현재에는 누구에게나 개방되어 있다는 (C)가 이어지는 것이 자연스럽다. (A)의 They는 (C)에서 언급한 tourists를 가리키므로 ③ (B) – (C) – (A)가 적절한 순서.

구문 풀이   **주어진 문장** The Palace Museum, the world's largest palace complex, lies in the center of Beijing.

The Palace Museum과 the world's ~ complex는 동격이다.

5~7행 "Forbidden" refers to **the fact that** no one was allowed to enter or leave the palace unless the emperor said it was okay.

the fact와 that절은 동격 관계이다.

---

04 ⑤

Q

Unfortunately, this rich rain forest is being lost to deforestation.

해석

아마존 열대우림은 울창한 밀림 속 남아메리카의 5백만 제곱킬로미터에 걸쳐 있다. 그것은 수백만 종의 식물과 동물의 서식지이다. 불행하게도, 이 풍부한 열대우림이 삼림 벌채로 인해 손실되고 있다.

(C) 이 삼림 벌채는 목재를 위해 나무를 자르는 사람들, 농부들, 그리고 정착민들의 행동으로 인해 야기되었다. 1970년대 이래로 열대우림의 20%가 잘렸다.

(B) 농부들이 그 문제의 가장 큰 원인이었다. 많은 사람들이 농작물을 위한 공간을 만들기 위해 나무를 잘랐고 불로 땅을 개간했다.

(A) 이것에 관한 문제는, 아마존 토양이 비옥하지 않다는 점이다.

정답 풀이

(C)의 The deforestation은 주어진 문장 마지막에 언급한 deforestation을 가리키므로, 주어진 글 다음에는 (C)가 먼저 이어져야 한다. 그다음으로 (C)에서 언급한 사람들 중 가장 큰 원인이 되는 농부들에 대한 언급이 나오는 (B)가 이어진 후에, 농부들의 땅 개간이 일으키는 문제에 대해 말하는 (A)가 이어지는 것이 자연스럽다. 따라서 글의 순서로 가장 적절한 것은 ⑤ (C) – (B) – (A)이다.

이 땅은 단지 약간의 수확만을 지탱할 수 있다. 일 년 후에, 그 토양 속에 있는 영양분은 사라진다. 그다음에, 한때 열대우림이 있었던 곳에는 빈 땅만 있다.

구문 풀이

주어진 문장 Unfortunately this rich rain forest **is being lost** to deforestation.

is being lost는 〈be동사+being+p.p.〉의 형태로 된 진행형 수동태이다.

3~4행 After that there is just *empty land* [**where** rain forests once stood].

관계부사 where가 이끄는 절이 선행사 empty land를 수식하고 있다.

7~8행 The deforestation **has been caused** by the actions of *people* [cutting trees for wood] farmers and settlers.

완료형 수동태(have[has]+been+p.p.)가 사용되었으며, 현재분사구 cutting ~ wood는 앞의 people을 수식하고 있다.

---

05 ②

Q ③

Q 선택지 해석
① 늘어나는 인구
② 제네바의 역사
③ 제네바 공원 구역

해석

일리노이 주의 제네바에 위치한 제네바 공원 구역은 그 지역 사람들에게 아주 멋진 명소로 여겨진다. (B) 그곳은 주민들의 삶의 질을 개선하는 오락 프로그램, 편의시설, 그리고 열린 공간을 지역 사회의 모든 사람들에게 제공함으로써 이런 명성을 얻었다. 수년에 걸쳐, 그곳은 주변의 늘어나는 인구를 위해 충분한 공간을 가지도록 확장했다. (A) 그곳은 1953년에 네 개의 공원과 몇몇 스포츠 프로젝트로 시작했지만, 지금은 50개의 공원이 있고 매년 3천 개의 프로그램을 4만 명의 사람들에게 제공한다. (C) 이 프로그램은 춤, 운동 경기, 그리고 성인 교육 강습을 포함한다. 게다가, 워터 슬라이드가 있는 수영장과 지역 사회 센터들이 추가되었다.

정답 풀이

제네바 공원 구역이 주민들에게 멋진 명소라는 주어진 문장 다음에, 이런 명성을 얻은 이유가 나오는 (B)가 이어지는 것이 적절하다. 다음에 제네바 공원의 과거와 현재 규모를 설명하는 (A)가 이어지고, (C)의 These가 (A)의 3,000 programs를 가리키므로 적절한 순서는 ② (B) − (A) − (C).

구문 풀이

주어진 문장 *The Geneva Park District*, (**located in Geneva, Illinois**), **is considered** (*to be*) a wonderful attraction by the local people.

과거분사구 located ~ Illinois가 주어 The Geneva Park District 뒤에 삽입되어 주어를 보충 설명한다. 〈consider A (to be) B〉는 'A를 B로 생각하다, 여기다'라는 뜻으로, 여기서는 수동태로 쓰였다.

4~6행 It's earned this reputation **by providing** everyone in the community with *recreational programs, facilities, and open* (= It has) *spaces* [**that** improve the quality of life of residents].

〈by v-ing〉는 'v함으로써'라는 뜻이다. 주격 관계대명사 that이 이끄는 절이 recreational programs, facilities, and open spaces를 수식한다.

---

06 ③

Q ②

Q 선택지 해석
① 스칸듐의 용도
② 희토류 원소
③ 원소 채굴의 문제점

해석

스칸듐 같은 희토류 원소는 사실 전혀 희귀하지 않다. (B) 희토류 원소 중 많은 것이 구리만큼 흔하며, 가장 희귀한 것은 금보다 200배 더 흔하다. 희토류 원소는 흙에서 흔히 발견할 수 있지만, 대개 흙 전체에 얇게 퍼져 있어서 파내기가 어렵다. (C) 그래서 희토류 원소는 대량으로 발견하기 어렵고 이 때문에 희귀하다고 불린다. 그렇기는 하지만 그것들은 배터리와 램프부터 제트 엔진과 인공위성 시스템에 이르기까지 현대 기술의 많은 측면에서 필수적인 부분이다. (A) 희토류 원소는 스마트폰과 냉장고처럼 우리가 당연하게 여기는 물건을 만드는 데도 필수적이다.

정답 풀이

희토류는 사실 전혀 희귀하지 않다는 것이 주어진 문장의 핵심인데, 이어 희토류는 흔하지만, 흙에 얇게 퍼져 있어 파내기 어렵다는 특성에 대해 말하고 있는 (B)가 오는 것이 자연스럽다. 이러한 특성으로 인해 희토류가 희귀하게 여겨진다고 언급하는 (C)가 이어지고, (A)는 (C)에서 말하고 있는 희토류가 필수적으로 사용되는 분야에 대해 추가로 설명하고 있으므로 적절한 순서는 ③ (B) − (C) − (A)이다.

1. 현재분사, 능동형(v-ing)

해석 그는 아들과 함께 연주하는 플루트 연주자로서의 활동을 이어갔다.

2. 과거분사, 수동형(p.p.)

해석 우리 몸에 물이 부족하면, 뇌는 코티솔이라는 호르몬을 분비한다.

3. 분사구문의 태

해석 한 여성이 점점 더 슬퍼하는 것을 본 군인은 가슴이 아파, 그녀를 돕기로 결심했다.

POINT EXERCISE　　**01** spoken　**02** Impressed　**03** living　**04** used

01 spoken

해석
영어는 공적 생활에서 가장 흔히 쓰이는 언어이다.

해설
분사의 수식을 받는 명사는 language이고, lanugage가 '말해지는' 것이 문맥상 자연스럽다. 따라서 spoken이 정답.

02 Impressed

해석
그는 밴드의 음악에 감명받아 그 밴드의 콘서트에 갔다.

해설
분사의 주어가 되는 명사가 he이고, he가 '감명받은' 것이므로 Impressed가 적절하다.

03 living

해석
이 지역에 살고 있는 사람들은 최근 밤에 들리는 고양이 소음에 대해 항의했다.

해설
분사의 수식을 받는 명사가 People이고, People이 '살고 있는'이 문맥상 적절하다. 따라서 정답은 living.

04 used

해석
보석에 사용되는 백금의 양은 해마다 다르다.

해설
The amount of platinum이 분사의 수식을 받는 대상이며, 이것이 '사용되는' 것이므로 used가 적절하다.

유형 07　연결어

본문 p.56~57

예제 1

③

해석
부모의 신체적 접촉이 십대에게 자신들의 애정을 전달하는가? 대답은 예, 아니오 모두이다. 그것은 모두 언제, 어디서, 그리고 어떻게 하느냐에 달려 있다. (A) 예를 들면, 십 대 자녀가 친구들과 함께 있을 때 하는 포옹은 당황스러울 것이다. 그것은 십 대 자녀가 부모를 밀치거나 "하지 마세요."라고 말하게 할 것이다. (B) 하지만, 시합 후 집으로 돌아온 십 대 자녀의 어깨를 마사지하는 것은 애정을 깊이 전달할 수 있다. 학교에서의 실망스러운 하루 후에 사랑이 담긴 접촉은 진실한 부모의 사랑으로 환영받을 것이다.

정답 풀이
부모의 신체적 접촉이 십 대 아이들에게 애정을 전달할 수 있는지는 상황에 따라 다르다고 말한 후, (A) 뒤에 이에 대한 예시가 나오고 있으므로 (A)에는 예시를 나타내는 For instance(예를 들어)가 적절하다. 또한, (B) 앞에서 자녀들은 친구들과 함께 있을 때 부모가 포옹하면 하지 말라고 말한다고 하고 있고, 뒤에서는 시합 후 집으로 돌아온 자녀에게 신체적 접촉을 하는 것은 좋은 결과를 나타낼 수 있다고 말하고 있으므로 대조를 나타내는 However(하지만)가 적절하다. 따라서 정답은 ③.

어휘
physical 신체의 / **communicate** (생각 등을) 전하다, 알리다 / **depend on** ~에 달려있다 / **embarrassing** 당황스러운; 쑥스러운 / **push A away** A를 밀치다 / **deeply** 깊이 / **disappointing** 실망스러운

예제 2

④

우리가 실제로 두 가지 일을 동시에 하고 있을 때 무슨 일이 일어나고 있을까? 그것은 간단하다. 우리의 뇌에는 채널이 있어서 뇌의 부분마다 다른 종류의 데이터를 처리할 수 있다. (A) 그러므로, 말을 하면서 동시에 걸을 수가 있다. 채널 간섭이 전혀 없다. 하지만 두 가지 활동에 다 진정으로 집중하는 것은 아니다. 한 가지 활동은 (뇌의) 전면에서 일어나고 있고 또 다른 활동은 (뇌의) 후면에서 일어나고 있다. 복잡한 기계를 작동하는 방법을 휴대전화로 설명하려고 시도하고 있다면 걸음을 멈출 것이다. (B) 마찬가지로, 계곡 위의 밧줄 다리를 건너고 있다면 아마 말하는 것을 멈출 것이다. 두 가지 일을 동시에 할 수는 있지만, 두 가지 일에 동시에 효과적으로 집중할 수는 없다.

정답 풀이

우리 뇌에 채널이 있어서 뇌의 부위마다 다른 정보를 처리한다는 내용 다음에 말을 하면서 동시에 걸을 수 있다는 내용이 나오고 있으므로 (A)에는 결과를 나타내는 Therefore(그러므로)가 적절하다. 또한, (B) 앞에서 복잡한 기계를 작동하는 방법을 전화로 설명하려고 하면 한 가지 일을 멈춘다는 내용이 나오고, 뒤에서는 이와 비슷한 예가 이어지므로 (B)에 적절한 것은 Similarly(마찬가지로)이다. 따라서 정답은 ④.

어휘

at once 동시에; 즉시 / **interference** 간섭, 방해 / **foreground** 전면 / **background** 후면; 배경 / **operate** 작동하다 / **valley** 계곡 / **effectively** 효과적으로

구문 풀이   7~9행 **If** you were trying to explain on the cell phone how to operate a complex machine you'd stop walking.
〈If+주어+동사의 과거형 ~, 주어+조동사 과거형+동사원형 ...〉 구문으로 '만약 ~ 라면, … 할 텐데'의 의미이다.

QUICK CHECK!

②

해석

(A) 미국 문화에서 시간은 한정된 자원이라 여겨진다. 시간은 절약되거나 낭비되거나 현명하게 사용될 수 있다. '시간은 돈이다'는 미국 문화에서 잘 알려진 속담이다.
(B) 많은 다른 문화들은 시간에 관해 다른 견해를 가지고 있다. 멕시코 사람들, 남미 사람들, 아프리카 사람들, 그리고 아랍 사람들에게 시간은 자유로이 쓸 수 있고 여유 있는 것이다.

선택지 해석
① 예를 들어 ② 대조적으로 ③ 요컨대

유형 집중 문제

본문 p.58~60

01 ② **02** ⑤ **03** ④ **04** ② **05** ② **06** ②

01 ②
Q ②

해석

아멜리아 에어하트는 토론토에서 열린 항공 박람회에서 비행과 사랑에 빠졌다. 그녀는 1920년 23세의 나이에 첫 비행을 했다. (A) 그 이후로 그녀는 계속해서 기록을 경신하는 삶을 이어갔다. 처음에 에어하트는 자신의 실수로, 또는 비행기 결함으로 몇 건의 사고를 당했다. 그래서 다른 비행기 조종사들은 그녀의 비행 기술을 의심했다. (B) 그러나 단 1년의 교습 뒤에 에어하트는 여성의 최고 고도 비행 기록을 갈아치웠다. 1923년 그녀는 비행기 조종사 면허를 획득했다. 1937년에 에어하트는 적도 근처를 따라 세계 일주 비행을 시도했다. 그런데 뉴기니와 하울랜드 섬 사이에서 무언가가 잘못되었다. 에어하트와 그녀의 비행기가 사라졌다. 그녀는 결코 발견되지 못했으나 그녀의 전설은 지금도 살아 있다.

정답 풀이

빈칸 앞뒤 문장의 논리적 관계를 살펴보아야 한다. (A) 앞에서 아멜리아 에어하트가 23세에 첫 비행을 했다는 내용이 나오며, 뒤에는 그녀가 계속해서 비행하며 기록을 경신했다는 내용이 나오므로 (A)에는 시간의 흐름을 나타내는 Thereafter(그 이후로)가 적절하다. 또한 (B) 앞에서는 다른 조종사들이 그녀의 실력을 의심했다고 말하고 있고, 그 뒤에는 그녀가 최고 기록을 경신했다는 내용이 나온다. 따라서 (B)에는 대조를 나타내는 However(그러나)가 적절하므로 정답은 ②.

구문 풀이　**3~4행**　Earhart had some accidents at first, **either** through her error **or** faults in the plane.

A B

〈either A or B〉의 구문으로 'A 또는 B'의 의미이다.

---

02 ⑤

Q ①

Q 선택지 해석

① 라면의 발전

② 라면 국수를 만드는 방법

③ 최초의 인스턴트 국수

해석

1958년에, 인스턴트 국수가 일본에서 발명되었다. 그것들은 중국어에서 유래한 '라면'이라는 이름이 붙여졌다. 라면은 수프에 담긴 일종의 국수이다. 그것은 맛이 풍부하고 만들기 매우 쉽기 때문에, 라면 국수 수프는 빠르게 전 세계에서 인기를 얻었다. (A) 하지만 라면은 그것이 이동했을 때와 똑같이 유지되지 않았다. 문화마다 라면 국수를 발견했을 때, 각각 자신의 고유한 방식과 맛을 더했다. (B) 게다가, 간편한 컵 안에 라면 국수를 넣는 아이디어가 시장에 출시되었다. 세계가 라면 국수에 대한 '맛'을 막 개발하기 시작했을 때, 그것들을 개선하려는 목표는 자연스러운 다음 단계가 되었다.

정답 풀이

라면이 전 세계에서 인기를 끌었다고 말한 후 (A) 뒤에서는 다른 나라에서 라면의 형태가 변했다고 언급하고 있으므로, (A)에는 대조를 나타내는 However(하지만)가 가장 적절하다. 다른 나라에서 라면에 각자 고유한 방식과 맛을 더했다고 말한 후에, (B) 뒤에서는 컵라면이 출시되었다고 추가해서 말하고 있으므로, (B)에는 In addition(게다가)이 가장 적절하다. 따라서 정답은 ⑤.

구문 풀이　**3~5행**　Because it has a rich flavor and is very *easy* **to make**, ramen noodle soup quickly became popular around the world.

이유를 나타내는 부사절 안에 두 개의 절이 and로 연결된 구조이다. to make는 형용사(easy)를 수식하여 '~하기에 …한'이라는 뜻으로 쓰였다.

7~9행　In addition, the idea **of** putting ramen noodles in a convenient cup was brought to the market.

of는 동격어구를 이끌어 the idea를 구체적으로 설명하고 있다.

---

03 ④

Q ②

해석

영어는 끊임없이 변화하면서 외부의 영향을 흡수하는 언어 중 하나이다. 고대 영어에 마지막으로 추가된 것 중 하나는 1066년에 노르만족이 프랑스어를 영국에 가져왔던 때였다. (A) 예를 들어, 'liberty', 'continue', 그리고 'journey'와 같은 프랑스 단어들이 모두 이 기간에 영어에 흡수되었다. 중세 영어 시대는 1100년부터 1500년까지 계속되었다. 그 당시 엘리트층은 프랑스어를 했지만, 서민들은 영어를 했던 시기였다. (B) 그 결과, 중세 영어 문법은 단순하게 되었고, 고대 영어에 존재했던 복잡한 규칙들 중 상당수가 사라졌다. 모음 또한 1350년에서 1500년 사이에 단순해졌다.

정답 풀이

(A) 앞에서 노르만족이 영국에 프랑스어를 들여왔다고 한 후에 (A) 뒤에서 그 예를 언급하고 있으므로, (A)에는 For instance(예를 들어)가 가장 적절하다. 중세 영어 시대 동안 엘리트층이 아닌 일반 사람들이 영어를 사용하게 되면서 결과적으로 영어가 단순해졌음을 말하고 있으므로, (B)에는 So(그 결과)가 적절하다. 따라서 정답은 ④.

구문 풀이　**1~2행**　English is *one of the languages* [that is forever changing and absorbing outside influences].

관계대명사절이 one of the languages를 수식하고 있다.

2~4행　One of the last additions to Old English was **when** the Normans came to Britain in 1066 and brought the French

S V C

language with them.

접속사 when이 이끄는 절이 was의 보어 역할을 하고 있다.

7~8행　It was *a period* [**when** the elites spoke French but the common people spoke English].

when ~ English는 a period를 수식하는 관계부사절이다. when은 in which로 바꿔 쓸 수 있다.

04 ②

Q ①

Q 선택지 해석
① 명상
② 호흡
③ 노화

해석

생각 없이 앉아 있을 때, 여러분은 명상하고 있다. 명상하는 것이 아무것도 하지 않는 것으로 보일지도 모른다. (A) 사실, 그것은 여러분을 진정시키도록 도와주는 많은 행동을 포함한다. 우리는 편안하게 앉아, 천천히 숨을 쉬고, 우리의 마음에서 생각을 비움으로써 명상할 수 있다. 최근 의사와 과학자들은 명상의 효과를 측정할 수 있었고, 명상이 뇌에 좋다는 것을 발견했다. 위스콘신 대학의 연구는 명상이 뇌파를 변화시켜 스트레스를 줄인다는 것을 보여주었다. (B) 게다가, 그 연구는 명상이 심지어 뇌의 노화 징후를 줄일 수 있다는 것을 보여주었다. 하지만, 이러한 이점을 경험하기 위해서는 매일 명상을 연습할 필요가 있다. 만일 여러분이 이 습관을 들인다면 여러분은 놀라운 일에 대처하고, 집중하고, 평정을 유지하는 것을 훨씬 더 잘할 것이다.

정답 풀이

명상이 아무것도 하지 않는 것처럼 보인다고 말한 후에 그와 반대로 (A) 뒤에서는 명상은 많은 행동을 포함한다고 언급하고 있으므로, (A)에는 앞서 한 말에 반대되는 내용을 강조하기 위해서 사용하는 In fact(사실)가 가장 적절하다. (B) 앞에서는 명상이 스트레스를 줄일 수 있다고 했고 뒤에서는 노화의 징후도 늦출 수 있다고 했으므로, (B)에는 첨가를 나타내는 Moreover(게다가)가 적절하다. 따라서 정답은 ②.

구문 풀이　3~5행　We can meditate **by sitting** comfortably **breathing** slowly ⌐and⌐ **clearing** our minds of thoughts.
by 뒤에 동명사구 세 개가 and로 병렬로 연결되어 있다.

05 ②

Q ③

해석

요오드는 우리의 성장 발달에 필수적이지만, 우리는 평생에 걸쳐 약 한 티스푼의 요오드를 먹는 것을 필요로 한다. (A) 하지만, 적절한 시기에 그런 소량을 섭취하는 것은 정상적 발달과 심각한 장애 간의 차이를 만들 수 있다. 요오드의 부족은 치명적인 결과를 가져올 수 있다. 그것은 우울증, 극도의 피로감, 체중 증가, 그리고 저체온을 일으킬 수 있다. 어린아이들에게, 요오드의 부족은 심지어 정상적인 성장을 막을 수도 있다. (B) 요컨대, 우리는 많은 양을 필요로 하지는 않지만, 소량의 요오드는 건강한 생활에서 매우 중요하다. 다행히, 소량의 요오드는 생선, 달걀, 요구르트, 그리고 심지어 바나나 등 우리가 먹는 많은 음식에서 찾을 수 있다.

정답 풀이

요오드는 평생에 걸쳐 소량만 섭취한다고 말한 후에, (A) 뒤에서 소량 섭취가 정상 발달과 장애의 차이를 만든다고 언급하고 있으므로 (A)에는 However(하지만)가 가장 적절하다. (B) 뒤에서 소량의 요오드가 건강에 매우 중요하다는 결론을 요약하여 언급하고 있으므로, (B)에는 In short(요컨대)가 가장 적절하다. 따라서 정답은 ②.

구문 풀이　9~11행　Luckily, tiny amounts of iodine can be found in *many of the foods* [(**which**[**that**]) we eat], **including** fish, eggs, yogurt, and even bananas.
the foods 뒤에는 목적격 관계대명사가 생략되어 있다. including은 전치사로 '~을 포함하여'라는 뜻이다.

06 ②

Q

In short, it seems that languages can expand their vocabulary to suit their speakers.

해석

모든 언어가 똑같은 어휘를 갖는 것은 아니다. 일부 언어가 다른 언어에서 논하지 않는 주제를 다루는 어휘를 개발해온 것은 사실이다. 그리고 이 문제에서 '개발했다'가 중요한 단어이다. (A) 예를 들어, 영어는 핵물리학을 말하는 데 필요한 단어가 많이 있지만, 이 단어들이 항상 존재했던 것은 아니다. 그 단어는 영어를 말하는 핵물리학자들이 그것(어휘)을 필요로 했을 때 언어에 추가되었다. 이런 식으로 영어는 새로운 요구에 응하기 위해 수세기에 걸쳐 여러 방법으로 어휘를 확장해왔다. (B) 요컨대, 언어는 (그 언어) 사용자에게 편리하도록 어휘를 확장할 수 있는 것으로 보인다.

정답 풀이

(A) 앞에서는 다른 언어에서는 논하지 않는 주제를 일부 언어에서는 어휘를 '개발'해서 논한다고 했고, (A) 뒤에서는 그 예로 영어를 말하는 물리학자들이 핵물리학을 말하는 데 필요한 어휘를 추가했다는 것을 예로 들고 있다. 따라서 (A)에는 For example(예를 들어)이 적절하다. (B) 뒤에서는 앞에서 나온 내용을 요약하고 있으므로 In short(요컨대)가 적절하다. 따라서 정답은 ②.

1행 **Not all** languages have the same vocabulary.

Not all은 전체가 아닌 부분 부정으로 '모두 ~한 것은 아니다'라고 해석한다.

1~3행 **It** is true **that** some languages have developed vocabularies to deal with *topics* [that are not discussed in some other
가주어   진주어
languages].

기출로 보는 필수 어법 포인트 7 – 준동사 ③ 목적격보어

본문 p.61

1. 목적어와 목적격보어가 능동 관계일 때

해석 1) 적절히 호흡하는 것은 당신을 편안하게 하고 건강을 유지하게 해줄 것이다.
2) 그녀는 고열이 났는데, 이는 그녀가 시청각 장애인이 되는 원인이 되었다.
3) 에번이 평상시처럼 버스정류장에 있었을 때, 그는 늙은 여인 옆에 앉아있는 자신을 발견했다.

2. 목적어와 목적격보어가 수동 관계일 때

해석 그의 눈은 목록에 쓰여 있는 자신의 이름을 찾을 때까지 유심히 보았다.

POINT EXERCISE   **01** feel   **02** wandering

01 feel   해석
배가 부른 것은 사람들이 만족감을 느끼고 더 행복해지게 만든다.

해설
사역동사 make는 목적격보어로 동사원형을 취하므로 feel이 적절하다.

02 wandering 해석
차 주변을 돌아다니는 사람들을 본다면, 신고해주세요.

해설
지각동사 see는 목적격보어로 과거분사가 아닌 현재분사를 취하므로 wandering이 적절하다.

제2회 미니 모의고사

본문 p.62~66

1 ③   **2** ⑤   **3** ①   **4** ⑤   **5** ③   **6** ⑤   **7** ⑤   **8** ③   **9** ④   **10** ②   **11** ④   **12** ④   **13** ②   **14** ⑤   **15** ⑤

---

1 ③   해석
여러분은 세계에서 가장 큰 쓰레기 매립지가 육지에 있지 않다는 것을 알고 있었는가? 그것은 태평양 거대 쓰레기 지대로, 일본과 캘리포니아 사이의 바다에 있는 해양 쓰레기 더미이다. 이곳은 쓰레기 지대의 플라스틱이 없어지지 않고 있어서 점점 더 커지고 있다. 많은 플라스틱이 작은 조각으로 그저 단순히 부서지기만 한다. 조각들이 더 작아질수록, 물고기와 다른 해양생물이 그것을 음식으로 착각하기 더 쉽다. 이것은 여러분이 먹는 다음 물고기가 태평양 거대 쓰레기 지대에서 몇몇 레고 조각을 먹었을지도 모른다는 것을 의미한다. 우리가 정말 바다를 청소하기를 원한다면, 우리는 너무 많은 플라스틱을 사용하는 것을 멈추고 할 수 있을 때마다 재활용해야 한다.

정답 풀이
분해되지 않는 플라스틱 쓰레기로 인해 태평양 쓰레기 매립지가 점점 더 커지고 있다는 내용이다. 마지막 문장에 필자의 주장이 잘 나타나 있는데, 필자는 바다를 깨끗하게 하기 위해 플라스틱 사용을 줄이고 재활용을 해야 한다고 말하고 있다. 따라서 정답은 ③.

오답 풀이
① 바다에 있는 쓰레기 매립지에 대해 말하고 있으나, 바다에 쓰레기를 버리는 것에 대해서는 언급하지 않았다.

어휘
garbage 쓰레기 (= trash) / **patch** 작은 땅; 조각 / **simply** 단순히, 그저 / **break into pieces** 여러 조각으로 부서지다 / **mistake A for B** A를 B로 착각하다 / **whenever** ~할 때마다

구문 풀이　**4~6행**　It **gets bigger and bigger** because the plastic in the garbage patch is not going away.

〈get+비교급+and+비교급〉은 '점점 더 ~해지다'라는 뜻이다.

8~10행　**The smaller** these pieces get **the easier it** is for <u>fish and other sea life</u> **to mistake** them for food.
A

〈the+비교급 ~, the+비교급 ...〉은 '~할수록, 더 …하다'라는 뜻이다. it은 가주어, to부정사는 진주어, for A는 to부정사의 의미상 주어에 해당한다. them은 앞의 these pieces를 가리킨다.

10~12행　This means that *the next fish* [(*that*) you eat] **may have eaten** some LEGO pieces in the Great Pacific Garbage Patch.

fish 뒤에는 목적격 관계대명사 that이 생략되어 있다. 〈may[might] have p.p.〉는 '~했을지도 모른다'는 의미로, 과거의 일에 대한 가능성 또는 추측을 나타낸다.

---

2 ⑤

해석

세계에서 가장 위험한 동물 중 많은 동물이 바다에 산다. 길이가 3cm밖에 되지 않는 해파리가 있는데, 그것의 독은 3분 안에 사람을 죽일 수 있다. 독은 식초로 치료할 수 있지만, 너무나 빠르게 작용해서 대부분 사람이 해안가에 이르기도 전에 물속에서 죽는다. 또 겨우 골프공 크기만 한 문어도 있는데, 이 문어는 세계에서 가장 위험한 동물 중 하나이다. 이 문어에게는 26명의 사람을 물어 죽일 만큼의 독이 있다. 그러나 당신은 물렸다는 사실조차 인식하지 못할지 모른다. 왜냐하면 그것에 물린 상처는 종종 너무 작아 감지하기 어렵기 때문이다. 그것의 독은 너무나 강력해서 대부분 사람은 몇 분 안에 죽는다.

정답 풀이

위험한 독을 지닌 특정한 해파리, 문어 등의 해양 생물을 소개하고 있다. 따라서 정답은 ⑤.

선택지 해석

① 다양한 종류의 독
② 동물에 물렸을 때 치료법
③ 해파리에 쏘였을 때 살아남는 법
④ 우리가 물을 피해야 하는 이유
⑤ 위험한 독을 가진 해양 생물들

오답 풀이

① 독을 지닌 바다 생물에 대해 이야기하고 있는 글이지, 독 자체에 대한 글은 아니다.
③ 해파리가 사람을 해칠 수 있다고 나와 있지만 '살아남는 법'에 대해서 이야기하고 있지는 않다.

어휘

jellyfish 해파리 / **treat** 치료하다 cf. treatment 치료 / **shore** 해안 / **octopus** 문어 / **realize** 깨닫다, 알아차리다 / **bite** 물다; 무는 행위; 물린 자국 / **within** ~ 이내에 [선택지 어휘] **survive** 살아남다, 생존하다 / **sting** 쏘임

구문 풀이　**6~7행**　~ the venom acts **so** quickly **that** most people die ~.

〈so ~ that ...〉 구문으로 '너무 ~해서 …하다'의 의미이다.

11~13행　However you might not even realize // (that) youve been bitten **as** its bite is often **too** small **to** feel.

여기서 접속사 as는 '~이기 때문에'로 해석하며, 〈too ~ to-v〉구문은 'v하기에는 너무 ~하다, 너무 ~해서 v할 수 없다'라고 해석한다.

---

3 ①

해석

"우유를 마셔요. 건강에 좋아요!" 아마 당신은 저 말을 많이 들었을 것이며 그것은 사실이다. 우유에는 칼슘이 들어있는데, 칼슘은 뼈와 치아를 건강하고 튼튼하게 유지하는 데 필수적인 영양분이다. 미국 정부는 심지어 학교 급식 계획의 일부분으로 우유를 요구하기도 한다. 그러나 최근에 한 의사 단체에서는 정부에 그 계획에서 우유를 삭제하라고 요청했다. 책임 있는 의료를 위한 의사 위원회(PCRM)에서 "우유에는 당분과 지방이 많습니다."라고 말하는데, 두 가지 모두 (건강에) 해로울 수 있다. 그 PCRM에서는 칼슘을 섭취할 수 있는 더 좋고 훌륭한 방법이 있다고 말한다. 이 방법에는 콩, 브로콜리, 시리얼, 두부 섭취가 있다.

정답 풀이

글의 앞부분에서는 우유를 마시면 칼슘을 섭취할 수 있고 건강에도 도움이 된다고 했으나 글의 중간(Recently, ~ program.)부터 우유가 건강에 해로울 수 있다고 말하며 다른 칼슘 섭취 방법을 소개한다. 따라서 글의 제목으로 적절한 것은 ①.

선택지 해석

① 우유가 정말 건강한 음식인가?
② 우유: 칼슘을 섭취할 최적의 방법
③ 뼈와 치아를 건강하게 유지하는 방법
④ 건강한 삶의 비결인 영양분이 많은 점심
⑤ 우유에 관해서는 대중적인 지식(통념)이 승리하다!

어휘

probably 아마 / **contain** ~이 들어있다 / **calcium** 칼슘 / **nutrient** 영양분 cf. nutritious 영양분이 많은 / **require** 요구하다 / **physician** 의사 / **committee** 위원회 / **responsible** 책임이 있는 / **harmful** 해로운 / **include** 포함하다 / **bean** 콩 / **broccoli** 브로콜리 / **tofu** 두부 [선택지 어휘] **when it comes to A** A에 관해서라면

구문 풀이 3~5행 Milk contains *calcium*, **which** is a necessary nutrient for keeping bones and teeth healthy and strong.

관계대명사절 which 이하가 계속적 용법으로 쓰여 calcium을 부연 설명하고 있다.

---

4 ⑤

해석

'루지'는 고속 썰매의 이름이고, 언덕 아래로 그것을 타고 내려가는 스포츠입니다. 의심할 여지 없이, 루지는 얼음이 덮인 언덕의 맨 아래로 가는 가장 빠른 방법의 하나이고, 또한 가장 위험한 겨울 스포츠 중 하나입니다. 만일 여러분이 루지를 시도할 만큼 충분히 용감하다면, 여기 기억할 몇 가지 사항이 있습니다. 우선, 헬멧 없이는 타서는 안 됩니다! 루지를 탈 때는 빠른 속도 때문에 항상 헬멧을 써야 합니다. 또한, 루지가 멈추지 않았다면 여러분의 발을 바닥에 닿게 하지 마십시오, 그렇지 않으면 충돌할지도 모릅니다. 여러분이 건강 상태가 좋은지, 멀미를 하지 않는지, 그리고 다른 신체적 한계가 없는지 확인하십시오. 이러한 안전 지침을 염두에 둔다면, 여러분은 이제 아마추어 루지 선수가 될 준비가 되었습니다!

정답 풀이

루지를 시도하기 전에 기억해야 할 몇 가지 사항이 있다(If you're ~ to remember.)고 말한 후 주의사항을 알려주고 있다. 따라서 글의 목적으로 가장 적절한 것은 ⑤.

② 루지가 위험한 스포츠라는 것을 도입부에서 언급하고 있지만, 세부사항에 불과하다.

어휘

doubt 의심 cf. without a doubt 의심할 여지없이, 틀림없이 / **icy** 얼음이 덮인, 얼음의 / **first of all** 우선 / **at all times** 항상 / **unless** ~하지 않는다면 / **make sure (that)** ~을 확인하다; 확실히 하다 / **free from** ~의 염려가 없는 / **motion sickness** 멀미 / **physical** 신체의 / **limitation** 제한, 한계 / **with A in mind** A를 염두에 두고 / **safety** 안전 / **guideline** 지침 / **amateur** 아마추어의

구문 풀이 2~5행 Without a doubt its **one of *the fastest ways*** [**to get** to the bottom of an icy hill] and also **one of the most dangerous winter sports**.

to get ~ hill은 the fastest ways를 수식하고, 〈one of the+최상급+복수명사〉는 '가장 ~한 (명사) 중의 하나'라는 뜻이다.

5~7행 If youre **brave enough to try** here are *a few things* [**to remember**].

〈형용사+enough+to부정사〉는 '~할 만큼 충분히 …하다'라는 뜻이다. a few는 '조금 있는'이라는 뜻으로, 셀 수 있는 명사 앞에 쓰인다. to remember는 a few things를 수식하는 형용사적 용법으로 쓰인 to부정사구이다.

10~11행 Also do not **let** your feet **touch** the ground unless it is stopped **or** you might crash.

〈명령문, or ~〉는 '…해라, 그렇지 않으면 ~'이라는 뜻이다. 사역동사 let의 목적격보어로 동사원형(touch)이 쓰였다.

---

5 ③

해석

최근, 양서류가 예전보다 더 급속도로 죽어가고 있다. 이러한 양서류의 (A) 죽음은 몇 가지 요인에 의해 일어나고 있는 듯하다. 그중 한 가지가 자연 서식지의 파괴다. 인간이 계속해서 숲을 파괴하고 대신 집을 지으면서, 우리는 동물과 사람, 환경 사이의 관계 균형을 (B) 변화시키고 있다. 지구 온난화 역시 피해를 증가시키고 있다. 개구리와 기타 양서류는 특정 서식지에서 살기 위해 특별한 방식으로 발달했다. 지구 온도의 작은 변화라도 양서류의 생존 능력을 (C) 해칠 수 있다. 문제는 인간만이 아니다. 곰팡이류에 의해 생긴 치명적인 질병이 아메리카와 호주에서 양서류 개체군을 파괴하고 있다.

정답 풀이

(A) 첫 번째 문장에서 양서류가 죽고 있다고 했으므로, 양서류의 '성장'이 아닌 '죽음'이 자연스럽다.

(B) 인간이 숲을 파괴하면 우리와 동물, 환경 사이의 균형은 유지되는 것이 아니라 '변화될' 것이다.

(C) 양서류의 개체수가 적어지는 것에 대한 요인에 대해 계속 말하고 있으므로, 지구 온도의 작은 변화 역시 양서류에게 악영향을 끼칠 것이다. 따라서 생존 능력을 '해치다'라는 문맥이 적절하다. 정답은 ③.

species 종(種) / **die off** 하나씩 죽어가다 / **rapidly** 급속히 / **loss** 죽음; 상실 / **several** 몇몇의 / **factor** 요인 / **destruction** 파괴; 말살 cf. destroy 파괴하다; 말살하다 / **natural** 자연의 / **habitat** 서식지 / **continue** 계속하다; 계속되다 / **tear down** 파괴하다; 해체하다 / **relationship** 관계 / **global warming** 지구 온난화 / **add to A** A에 더하다 / **damage** 피해 / **develop** 발달하다; 발달시키다 / **in order to-v** v하기 위하여 / **specific** 특정한; 명확한 / **ability** 능력 / **deadly** 치명적인 / **population** 개체 수; 인구

구문 풀이 **2~4행** **It** seems **that** this loss of amphibians **is being caused** by several factors.

It은 가주어, that 이하가 진주어이며, that절에서 〈be being+p.p.〉의 현재진행 수동태가 사용되었다.

15행 **It's not** *just humans* **who** are the problem.

〈It is not ~ who(that) ...〉 강조 구문은 '…인 사람(것)은 ~이 아니다'라고 해석할 수 있다.

---

6 ⑤

나바호 인디언에게 모래 그림은 전통적 치유 의식에서 필수적인 요소이다. 의식에서 위대한 영혼들은 아픈 사람을 치유하기 위해서 도움을 부탁받는다. 그 그림들은 인간과 영혼을 연결하는 통로로 여겨졌기 때문에 나바호족 신화에 전해오는 많은 이야기를 상징하는 모습을 보여준다. 그 그림들은 영혼들이 사는 신성한 산을 보여주기도 하고, 전설적인 환영을 묘사하기도 하고, 의식에서 행하는 춤을 (분명하게) 보여주기도 한다. 600개와 1,000개 사이의 독특한 모래 그림 디자인이 있는 것으로 추정되고 있다. 모든 특정 의식에서 수습 과정을 거치고 병에 대한 치유법으로 그림을 선택할 수 있는 허가를 받은 치유사에 의해 하나의 디자인이 선택된다.

의식에 사용되는 그림은 환자가 아니라 수습 과정을 거치고 병에 대한 치유법으로 그림을 선택할 수 있는 허가를 받은 치유사가 선택한다고 하였으므로 일치하지 않는 것은 ⑤.

essential 필수적인 / **element** 요소, 성분 / **healing** 치유[치료] cf. heal 치유하다, 낫게 하다 healer 치유사 / **ritual** 의식 절차, 의례 / **call upon** ~에게 부탁하다 / **path** 통로, 길 / **connect** 연결하다, 잇다 / **figure** 모습 / **symbolic representation** 상징 / **myth** 신화 / **sacred** 성스러운, 종교적인 / **describe** 묘사하다, 서술하다 / **legendary** 전설적인, 아주 유명한 cf. legend 전설 / **vision** 환영; 시야 / **illustrate** (실례 등을 통해) 분명히 보여주다 / **perform** 수행하다 / **estimate** 추정[추산]하다 / **anywhere from A to B** A와 B 사이의 어딘가 / **select** 선택[선정]하다 / **permission** 허가, 허락 / **cure** 치유법; 낫게 하다

구문 풀이 **4~8행** **Seen as** *paths* [**connecting humans and spirits**], the paintings show *figures* [**that** are symbolic representation of many stories from Navajo myths].

Seen ~ spirits의 원래 형태는 The paintings, which are seen ~ spirits이다. paths는 현재분사구 connecting ~ spirits의 수식을 받고 있으며, figures는 주격 관계대명사 that이 이끄는 절의 수식을 받고 있다.

8~11행 They **may show** *the sacred mountains* [**where** the spirits live], (**may**) **describe** *a legendary vision*, **or** (**may**) **illustrate** *the dance* [performed in a ritual].

may show ~ live, (may) describe ~ vision, (may) illustrate ~ a ritual 세 개의 동사구가 등위접속사 or에 의해 병렬 구조로 연결되어 있다.

13~16행 ~, one design will be selected by *a healer* [**who has served** an apprenticeship **and** (**has**) **gotten** permission **to select** paintings as cures for ills].

선행사 a healer는 주격 관계대명사 who가 이끄는 절의 수식을 받고 있다. 동사구 has ~ apprenticeship과 (has) gotten ~ ills는 등위접속사 and에 의해 병렬 구조로 연결되어 있다. to select는 앞의 permission을 수식, 한정하는 형용사적 역할을 하는 to부정사이다.

---

7 ⑤

1902년 사냥 여행 중에 곰 한 마리를 추적해 찾아낸 뒤로, 테오도어 루즈벨트 대통령은 총으로 곰을 쏘기를 거부했다. 대신에 그는 곰을 풀어주었다. 그의 친절한 행동은 많은 미국인들을 감동시켰으며, 어느 유명 신문사는 루즈벨트가 곰을 구해주는 장면을 그린 만화를 싣기도 했다. 브루클린의 어느 가게 주인이 이 만화를 보고는 자신의 가게에서 판매할 장난감 곰을 만들기로 했다. 그는 자신의 장난감에 '테디 베어'라는 이름을 붙여도 좋은지 대통령에게 승낙을 구했다. 왜냐하면 테오도어 루즈벨트를 종종 테디라고 불렀기 때문이다. 지금은 모든 사람이 이런

루즈벨트 전 대통령의 일화를 통해 장난감 곰 인형이 '테디 베어'라는 이름을 갖게 된 유래에 대해 설명하고 있다. 따라서 빈칸에 가장 적절한 것은 ⑤.

선택지 해석

① 전통 방식의 사냥꾼들을 위협했다는

장난감을 테디 베어라고 알고 있지만, 유명한 미국 대통령에게서 그 장난감의 이름을 따왔다는 사실을 아는 사람은 별로 없다.

② 처음으로 신문 만화란에 등장했다는
③ 곰이 1900년대에 이미 멸종 위기에 처했다는
④ 테오도어 루즈벨트 대통령이 훌륭한 곰 사냥꾼이었다는

어휘

track down ~을 추적하다, 뒤쫓다 / **hunting** 사냥 cf. hunter 사냥꾼 / **refuse** 거절하다 / **shoot** (총 등을) 쏘다 / **set A free** A를 풀어주다, 석방하다 / **kindness** 친절, 다정함 / **publish** (기사 등을) 싣다; 출판하다 cf. publishing 출판 [선택지 어휘] **threaten** 위협[협박]하다 / **appear** 등장하다, 나타나다 / **endangered** 멸종 위기에 처한

구문 풀이 1~3행 **Having tracked down** a bear / during a hunting trip in 1902 / President Theodore Roosevelt / refused to shoot it ~.
분사구문이 술어동사보다 더 과거에 일어난 일이어서 완료형 분사구문 Having tracked down이 쓰였다. President Theodore Roosevelt had tracked down a bear ~, and he refused to shoot it; ~와 같은 의미이다.

---

8 ③

해석

많은 아동 식품 제조 회사에서는 비타민과 미네랄이 풍부한 식품을 광고한다. 이 광고는 건강하게 먹으려는 가정의 관심을 끈다. (A) 그러나, 더 많은 것이 항상 더 좋은 것만은 아니다. 한 연구 기관에서 아침 식사용 시리얼 제품 1,556개와 간식용 바 제품 1,025개를 연구했고 많은 양의 비타민 A와 아연을 발견했다. 그 제품 중에 114개의 시리얼 제품이 권장량보다 30% 더 많은 양의 영양분을 함유하고 있었다. 그래서 아이들은 필요한 것보다 더 많은 영양분을 섭취한다. (B) 게다가 아이들은 보통 하루에 시리얼이나 간식용 바를 1인분보다 더 많이 먹는다. 이런 영양분을 많이 섭취하는 것은 아이의 건강에 해로울 수 있다. 지나친 양의 비타민 A는 간 손상을 일으킬 수 있고, 높은 수치의 아연은 병에 맞서 싸우는 신체 능력을 손상시킬 수 있다.

정답 풀이

(A) 앞에서 영양분이 풍부한 제품 광고가 건강하게 먹으려 하는 가정의 매력을 끈다고 했으나 (A) 문장에서 더 많은 것이 항상 좋은 것이 아니라는 상반되는 내용이 나오므로 (A)에는 However가 적절하다. (B) 앞 문장에서 아이들이 필요 이상의 영양분을 섭취하며 (B) 문장에서는 1인분이 넘는 양을 먹는다고 했으므로 (B)에는 부연을 나타내는 Moreover가 적절하다. 따라서 정답은 ③.

어휘

food maker 식품 제조 회사 / **advertise** 광고하다 / **product** 식품 / **rich (in)** (~이) 풍부한 / **vitamin** 비타민 / **mineral** 미네랄 / **appeal to A** A의 관심을 끌다 / **research** 연구 / **institute** 기관 / **amount** 양 / **typically** 보통 / **serving** (음식의) 1인분 / **liver** 간

구문 풀이 2~3행 **This** appeals to *families* [who want to eat healthy].
This는 앞 문장 전체 Many ~ minerals를 받는 대명사이다.

13~14행 **Eating** large amounts of these nutrients can be dangerous to kids' health.
　　　　　　S　　　　　　　　　　　　　　V　　　C
주어 자리에 동명사구가 위치해 문장의 길이가 길어졌다.

---

9 ④

해석

'문화 산업'은 어떤 지역 또는 나라의 문화와 관련된 모든 사업 활동을 나타낸다. 성장하는 문화 산업을 자랑으로 여기는 한 나라는 핀란드이다. ① 2000년대 초에, 핀란드의 문화 산업은 소비자의 여가 시간 증가 때문에 다른 유형의 사업들보다 더 빠르게 성장했다. ② 핀란드의 시민들은 신문을 통해서 세상에 대한 자신들의 관심을 충족하기 위해 시간을 들인다. ③ 신문 출간은 핀란드의 가장 큰 문화 산업으로, 100개 이상의 전국지가 있다. (④ 다양한 레저 활동이 지역 신문에 열거되어 있다.) ⑤ 지방 그리고 전국 방송은 여가 시간을 보내는 더 많은 방법을 제공하는데, 방송은 (모든 산업 중에서) 두 번째로 큰 문화 산업이다.

정답 풀이

글은 핀란드의 신문, 방송 등과 같은 문화 산업에 대해 설명하고 있다. ④에서는 '레저 활동'에 관해 언급하고 있으므로 글의 흐름과 어울리지 않는다.

cultural 문화의 / **industry** 산업 / **refer to A** A를 나타내다 / **business** 사업 / **effort** 활동; 노력 / **increase** 증가; 증가하다 / **leisure** 여가 / **consumer** 소비자 / **citizen** 시민 / **satisfy** 만족시키다 / **local** 현지의 / **broadcasting** 방송(업) / **provide** 제공하다

구문 풀이　**1~3행** "Cultural industry" refers to *all the business efforts* [connected to the culture of an area or country].

과거분사구(connected ~ country)가 all the business efforts를 후치 수식하고 있다.

---

10 ②

해석

발표를 하는 한 심리학자가 잔을 들고 무대에 서 있었다. 그녀는 청중에게 "이 물 잔의 무게는 얼마일까요?"라고 물었다.

(A) 한 소녀가 먼저 대답했다. 그녀는 50g 정도라고 추측했다. 그러자 한 소년이 100g이라고 추측했다. 학생들을 서로를 쳐다보고 나서 심리학자를 바라봤다.

(C) 그녀는 "절대적인 무게는 중요하지 않아요. 무게는 제가 이것을 얼마나 오래 들고 있는가에 달려있어요. 1분 동안 들고 있으면, 문제가 없어요. 하루 동안 들고 있다면, 제 팔은 죽을 것처럼 느낄 거예요."라고 대답했다.

(B) 그녀는 계속했다. "삶에서 느끼는 스트레스와 걱정도 물 잔과 같아요. 잠시만 그것들에 대해 생각하면 아무 일도 일어나지 않아요. 하지만 하루 종일 생각한다면 당신은 간단한 것조차 불가능하다고 느낄 겁니다."

정답 풀이

심리학자가 잔의 무게를 물어봤으므로, 누군가 대답하는 내용이 이어지는 것이 자연스럽다. 따라서 주어진 글 뒤에는 (A)가 이어지고, 그 뒤에 심리학자가 잔의 절대적인 무게보다는 얼마나 오래 들고 있느냐에 따라 무게가 다르게 느껴진다고 설명하는 (C)가, 마지막으로 잔에 빗대어 스트레스와 걱정에 대해 언급하는 (B)가 오는 것이 자연스럽다. 따라서 정답은 ② (A) – (C) – (B).

어휘

psychologist 심리학자 / **presentation** 발표 / **audience** 청중 / **reply** 대답하다 / **absolute** 절대적인 / **depend on** ~에 달려있다

구문 풀이　**11행**　It depends on **how** long I hold it.
　　　　　　　　　　　 V　　　 O
접속사 how가 이끄는 명사절은 동사 depends on의 목적어로 나왔다.

---

11 ④

해석

한 비영리 단체가 거주자와 사업자의 쓰레기통 연구를 시작할 것이다. 왜일까? 왜냐하면 사실 우리가 음식물 쓰레기에 대해 많이 알지 못한다는 것이 드러나기 때문이다. 이 연구는 우리가 음식물을 낭비하는 버릇의 진상을 이해하는 데 도움을 줄 것이다. 보고서는 얼마나 많은 낭비되는 음식이 굶주리는 사람들을 먹이기 위해 복구될 수 있었을지 상세히 알릴 것이다. 이 정보는 관심 있는 모든 도시나 기관에 무료로 제공될 것이다. 그들은 이 자료를 지역 사회의 빈곤한 사람들에게 남은 음식을 주는 것을 시도하는 데 사용할 수 있다. "사람들이 수년간 연구할 첫 번째 발판이 되길 기대합니다." 수석 과학자이자 음식물 쓰레기 전문가인 데이나 군더스가 전한다.

정답 풀이

주어진 문장의 This information이 나타내는 것을 먼저 찾아야 한다. ④의 앞에서 낭비되는 음식이 복구된다면 굶주리는 사람을 얼마나 많이 도울 수 있었을지 보고서가 작성될 것이라고 했으므로, This information은 이 보고서의 내용을 가리킴을 알 수 있다. 또한, ④ 뒤의 They가 가리키는 대상이 앞에는 없으며 주어진 문장의 city or organization을 가리키고 있음을 알 수 있다. 따라서 주어진 문장은 ④에 들어가는 것이 적절하다.

어휘

information 정보 / **offer** 제공하다 / **charge** 요금 / **nonprofit** 비영리적인 / **bin** 통 / **resident** 거주자 / **turn out** 드러나다, 밝혀지다 / **truth** 진실 / **recover** 되찾다; 만회하다 / **the hungry** 굶주리는 사람들 / **data** 자료 / **attempt to-v** v하려고 시도하다 / **the needy** 빈곤한 사람들 / **community** 지역 사회 / **leftover** 남은 음식 / **senior** 고위의

3~4행　Because **it** turns out **that** we don't actually know much about food waste.

　　　　　it은 가주어, that이 이끄는 절이 진주어이다.

5~6행　It will **help** us **to understand** the truth behind our food waste habits.

　　　　　help는 목적격 보어로 동사원형과 to부정사를 모두 취할 수 있고, 여기에선 to부정사를 취했다.

---

12 ④

해석

'라테 요인'은 인기 있는 돈 아끼는 전략이다. 그것은 당신이 매일 마시는 카페 라테 한 잔처럼 작은 것을 줄임으로써 돈을 모으는 것을 포함한다. 하루에 5달러를 아끼는 것도 조금씩 늘어난 다는 데는 의심할 여지가 없다. 하지만, 많은 사람이 이 전략을 실행하지 않는다. 왜일까? 문제 는 당신이 무엇을 포기하고 있느냐이다. '라테 요인'은 물론 커피, 즉 필요하지 않은 것을 지칭한 다. 하지만, 몇몇 사람에게는 일주일에 몇 번 마시는 라테가 행복의 주요한 부분이다. 당신은 그 풍부한 맛에 의지하고, 그 카페인의 힘은 당신의 기분을 힘든 하루 내내 좋게 만들어 줄 수 있 다. 비결은 무엇이 당신의 삶을 진정으로 개선하는지 혹은 무엇이 그렇지 않은지를 알아내는 것 이다. 놀랍게도 당신이 제대로 찾아볼 경우에 발견할 것은 진정한 행복을 가져다주는 게 삶의 사소한 일이라는 것이다.

↓

작고 일상적인 소비를 (A) 그만두는 것은 돈을 아끼는 흔한 전략이지만, 만약 이 전략이 당신을 불행하게 만든다면 이는 (B) 실패할 수 있다.

어휘

money-saving 돈을 아낄 수 있는 / **strategy** 전략[계획] / **involve** 포함하다 / **cut down** 줄이다; 쓰러뜨리다 / **major** 주요한 / **happiness** 행복 / **rely on** ~에 의지하다 / **flavor** 맛 / **caffeine** 카페인 / **lift** 기분을 좋게 하다; 들어 올리다 / **challenging** 힘든 / **figure out** ~을 알아내다[이해하다] / **surprisingly** 놀랍게도; 놀랄 만큼 / **purchase** 소비; 구입 [선택지 어휘] **succeed** 성공하다 / **prevent** 막다

정답 풀이

매일 마시는 라테를 마시지 않는다면 그만 큼 돈을 모을 수는 있겠지만, 많은 사람이 그렇게 하지 않는 이유는 라테가 행복을 주 는 요인 중 하나이기 때문이라고 말하고 있 다. 따라서 작은 소비를 '그만둔다면' 돈을 모을 수는 있지만, 이 때문에 당신의 행복을 희생해야 한다면 이 전략은 '실패할' 것이라 는 내용이 요약문으로 적절하다.

　15~17행　What you'll find (**if you really search**) is that, surprisingly, **it**'s *the small things in life* **that** bring real happiness.
　　　　　　　　　　　　S　　　　　　　　　　　　　　　　　　　　　V　└──── C ────┘

　　　　　주어와 동사 사이에 if가 이끄는 부사절이 삽입되었으며, that이 이끄는 보어절 내에 〈it is ~ that〉 강조구문이 쓰였다.

---

13 ②
14 ⑤
15 ⑤

해석

(A) 아르키메데스는 그리스의 과학자였다. (a) 그(아르키메데스)는 2,000년보다 더 전에 살았 다. 당시 그리스의 왕은 금으로 된 왕관을 갖길 원했다. 그래서 그는 금세공인에게 약간의 금을 주었다. 며칠 뒤 금세공인은 완성한 왕관을 왕에게 가져왔다. 왕관이 진짜 금이라는 것을 확인 하려고 무게를 달았다. 왕관의 무게는 이것을 만드는 데 사용된 금의 무게와 같았다.

(C) 그러나 왕은 금세공인을 믿지 않았다. 왕은 금세공인이 그에게서 금을 빼돌렸다고 생각했 다. 그는 아르키메데스에게 진실을 밝혀달라고 요청했다. 아르키메데스는 그 문제에 관해 밤낮 으로 생각했다. 어느 날 그는 욕조를 채우면서 그 문제에 관해 생각하느라 바빴다. (d) 그(아르 키메데스)는 물로 욕조를 완전히 채우면서 생각하고 또 생각했다. 그가 욕조에 들어갔을 때 바 닥으로 물이 넘쳐흘렀다.

(B) 아르키메데스는 이 현상에 놀랐고, 그러고 나서 갑자기 한 생각이 떠올랐다. (b) 그(아르키 메데스)는 "유레카! 유레카!"라고 소리치면서 욕조 밖으로 뛰어나왔다. 그리스어인 유레카는 "바로 이거야(찾았다)."라는 뜻이다. 아르키메데스는 각기 다른 금속이 서로 다른 무게를 가진 다는 것을 깨달았다. 이는 같은 무게를 지니는 두 가지 다른 금속은 차지하는 공간의 양이 다를 거라는 것을 의미했다. 최종적으로 (c) 그(아르키메데스)는 물 안에서 이것의 무게를 잴 수 있었 다. 그는 두 개의 그릇을 가져왔고 그 그릇에 물을 채웠다.

(D) 그러고 나서 그는 하나의 그릇에 (금으로 된) 왕관을 넣었고, 다른 하나에는 금을 넣었다. 그 무게는 같았지만, 물의 양은 달랐다. 그러므로 그 왕관은 순수 금으로 만든 것이 아니었다! 아르 키메데스는 이 결과를 왕에게 보고했다. (e) 그(왕)는 금세공인에게 가서 진실을 물었다. 그러자

정답 풀이

13. 그리스 왕이 금세공인에게 금으로 된 왕 관을 만들어 달라고 한 내용인 (A)에 이어서 왕이 금세공인을 믿지 못해 아르키메데스에 게 진실을 밝히기 위해 자문을 했다는 내용 인 (C)가 오는 것이 자연스럽다. 그리고 아 르키메데스가 진실을 밝힐 방법을 찾았다 는 내용의 (B)가 온 다음, 왕관에 다른 금속 이 첨가되어 있다는 사실이 밝혀진 (D)로 이 어지는 것이 자연스럽다. 그러므로 이 글의 적절한 순서는 ② (C) - (B) - (D).

14. 금세공인에게 진실을 물은 것은 왕이므 로 ⑤는 왕을 가리킨다. 나머지는 모두 아르 키메데스.

15. 모든 진실을 알게 된 왕이 금세공인에 게 찾아가 진실을 물었다. 금세공인은 자신 의 거짓말을 시인했다고 했다. 그러므로 이 글의 내용과 일치하지 않는 것은 ⑤.

금세공인은 거짓말을 시인했다. 그는 약간의 금을 빼돌렸고 진실을 숨기기 위해 다른 금속들을 첨가했다.

어휘

Greek 그리스의; 그리스어 / **at that time** 당시 / **crown** 왕관 / **equal** 같은, 동일한 / **metal** 금속 / **take up** (시간·공간을) 차지하다, 쓰다 / **measure** 측정하다, 재다 / **steal** 빼돌리다, 훔치다 / **be busy v-ing** v하느라 바쁘다 / **completely** 완전히 / **flow** 흐르다 / **pure** 순수한 / **finding** 결과 / **admit** 시인하다

구문 풀이   **19~20행** He thought (*that*) the goldsmith **had stolen** from him.

금세공인이 금을 빼돌린 것이 그가 생각했던 것(He thought)보다 먼저 일어난 일이므로 과거완료시제(had stolen)가 쓰였다.

23~24행 One day he was busy thinking about the problem **while** (*being*) filling his bath.

(= while he was filling his bath)

while이하는 being이 생략된 분사구문이다.

24~26행 He thought ⏐and⏐ thought **as** the bath filled completely with water.

여기서 접속사 as는 '~하면서'의 의미이다.

Chapter ③ 추론하기 유형

유형 08 빈칸 추론

본문 p.68~69

예제 1

④

해석

맛에 대한 판단은 흔히 음식의 겉모습에 기초한 예측에 의해 영향을 받는다. 예를 들어, 딸기 맛이 나는 음식들은 빨간색일 것으로 예상된다. 그러나 녹색으로 칠해진다면, 그 맛이 매우 강하지 않는 한 딸기 맛으로 알아보기 어려울 것이다. 색의 강도 또한 맛의 인식에 영향을 준다. 더 강한 색깔이 식품에서 더 강한 맛의 지각을 유발할 수도 있다. 질감 역시 오해를 일으킬 수 있다. 더 걸쭉한 음식은 농후제가 음식의 맛에 영향을 주기 때문이 아니라 단순히 그것이 더 걸쭉하기 때문에 맛이 더 풍부하거나 강하다고 인식될 수도 있다.

정답 풀이

빈칸 다음 글에서 '색'과 '질감'을 예로 들면서 이것들이 맛에 대한 판단에 영향을 줄 수 있다고 했으므로 두 가지 예를 모두 포함할 수 있는 말이어야 한다. 따라서 빈칸에 들어갈 말로 적절한 것은 ④.

선택지 해석 ① 근원 ② 요리법 ③ 영양 ⑤ 준비

어휘

judgement 판단 / **flavor** 맛 cf. flavored ~맛이 나는 / **influence** 영향을 주다 (= affect) / **prediction** 예측 / **based on** ~에 근거하여 / **expect** 예상하다 / **identify** 알아보다 / **unless** ~하지 않는 한 / **intensity** 강도 / **perception** 지각, 자각 cf. perceive 인지하다 / **product** 식품 / **texture** 질감 / **misleading** 오해하게 하는 [선택지 어휘] **origin** 근원 / **recipe** 요리법 / **nutrition** 영양 / **appearance** 겉모습 / **arrangement** 준비

구문 풀이   **1~2행** Judgements about flavor are often influenced by *predictions* [based on the appearance of the food].

과거분사구 based ~ food가 predictions를 후치 수식하고 있다.

8~10행 ~ as tasting richer or stronger simply **because** it is thicker ⏐and⏐ not **because** the thickening agent affects the flavor of the food.

두 개의 because절이 and로 병렬 연결되어서 길어진 문장이다.

예제 2

④

해석

스톤 마운틴 주립대학(S.M.S.C.)의 교사들이 주립대학 체제의 다른 대학 교사들보다 더 높은 점수를 주고 있다. 2005년 봄 학기에 부여된 학부 성적의 1/3 이상이 A였고, 1.1%만이 F였다. 대학원 학생들에게 부여된 A의 비율은 심지어 더 높았는데, 거의 2/3가 A였다. 물론, 학생들은 높은 성적을 받아 기쁠지도 모른다. 그러나 이런 경향이 부정적인 결과를 갖고 있다고 증거는 시사한다. 그들이 대학원이나 전문학교에 지원할 때, 입학 사정관은 S.M.S.C.의 A가 다른 대학의 A와 같지 않다고 믿었기 때문에 그들은 불이익을 받았다. 그러므로 성적 인플레이션은 대학원이나 전문학교에 지원할 의향이 있는 S.M.S.C. 학생들에게 피해를 줄 수도 있다.

어휘

state college 주립대학 / **grade** 점수 / **system** 체제 / **award** (상 등을) 주다, 수여하다 / **semester** 학기 / **evidence** 증거 / **apply to A** A에 지원하다 / **professional school** 전문학교 / **disadvantage** 불이익 / **admission office** 입학 사정관 / **equal** 같은 / **inflation** 인플레이션 / **intend to-v** v할 의향이 있다 [선택지 어휘] **decrease** 감소하다 / **quality** 질 / **higher education** 대학 교육 / **neglect** 방치하다 / **attract** 끌어들이다 / **negative** 부정적인 / **consequence** 결과

정답 풀이

빈칸 앞 문장에서 높은 점수를 받은 학생들이 기뻐할 것이라고 했지만, 빈칸 다음 문장에서는 오히려 높은 점수 때문에 학생들이 불이익을 당할 수도 있다고 했다. 따라서 빈칸에 들어갈 말로 적절한 것은 ④.

선택지 해석

① 대학 교육의 질을 떨어뜨리고 있다

② 학생들이 공부를 소홀히 하게 만들고 있다

③ 더 많은 외국인 학생을 끌어들이고 있다

⑤ 다른 주로 퍼지고 있다

구문 풀이　**3~4행** *More than one-third of the undergraduate grades* [awarded in the spring semester 2005] were As ~.

　　　S　　　　　　V　C

　　　　　과거분사구 awarded ~ 2005가 More ~ grades를 후치 수식하고 있다.

10~12행 ~ they had a disadvantage because the admission offices believed (***that***) an A from S.M.S.C. is not equal to an A from other universities.

　　　　　believed의 목적어 자리에 생략된 that이 이끄는 절이 위치했다.

QUICK CHECK!

②

해석

몸에 대한 청소년의 만족감에는 성별 간 차이가 있다. 남자아이들과 비교했을 때, 여자아이들은 보통 자신의 몸에 덜 만족스러워 한다. 또한, 사춘기가 진행되면서 종종 여자아이들은 자신의 몸에 훨씬 더 만족하지 않게 된다. 이것은 아마 몸에 지방이 증가하기 때문일 것이다. 반대로 남자아이들은 사춘기를 지나면서 더 만족하는데, 아마 그들의 근육량이 증가하기 때문일 것이다.

선택지 해석

① 나이 차이　③ 몸무게 문제

유형 집중 문제

본문 p.70~72

01 ②　**02** ②　**03** ①　**04** ②　**05** ⑤　**06** ④

01 ②

Q ①

Q 선택지 해석

① 일광 절약 시간

② 교통사고

③ 시계의 역사

해석

일광 절약 시간(서머타임, DST)은 여름에 낮 한 시간을 아침에서 저녁으로 이동시키기 위해 시계를 조절하는 것이다. 그리고 그것은 역사상 논란이 많았다. 사람들은 DST가 에너지를 절약하고 교통사고를 줄인다고 주장했다. 다른 사람들은 동의하지 않으며, 지난 10년간의 연구는 긍정적, 부정적 결과를 (모두) 발견했다. 미국은 3월의 두 번째 일요일 오전 2시에 시계를 한 시간 빠르게 맞추고 11월의 첫 번째 일요일에 다시 되돌린다. 하지만 몇몇 주에서는 여전히 DST를 사용하지 않는다. 과거에는 심지어 한 주 내에서 몇몇 지역은 DST를 따르지 않고 나머지는 따르기도 했었다.

정답 풀이

빈칸 다음 두 문장에서 사람들이 서머타임에 대해 다른 의견을 가지고 있으며, 서머 타임의 긍정적, 부정적 결과가 모두 발견됐다고 했으므로 빈칸에 들어갈 말로 적절한 것은 ②.

선택지 해석

① 인기있었다　③ 혼란스러웠다

④ 유연했다　⑤ 효율적이었다

02 ②

Q
Attractive faces hold no power over people in love.

해석

매력적인 얼굴은 사랑에 빠진 사람에게는 아무런 영향력을 행사하지 못한다. 실험들은 얼굴이 더 매력적일수록 그 얼굴을 보는 일반적인 사람들의 관심을 더 사로잡는다는 것을 보여주었다. 하지만 (얼굴을) 보는 사람이 사랑에 빠졌다면 무슨 일이 벌어질까? 플로리다 주의 연구원은 사람들 앞에 얼굴 사진을 잠깐 보여주고 그들이 그 모습을 재빨리 알아보게 함으로써 이 사실을 실험했다. 그러나 얼굴을 보기 전에 참가자 절반에게는 연인에 대한 사랑에 관해서 쓰도록 했다. 그리고 나머지 절반에게는 행복한 경험에 관해 쓰도록 했다. 사랑에 관해 쓴 사람은 실제로 매력적인 얼굴에 관심을 두지 않았다. 반면에 행복한 생각에 집중했던 사람은 (그 얼굴에) 더 집중했다. 그러므로 만약 당신의 연인이 "나는 오직 너만 바라봐."라고 말한다면, 그 말은 당신이 생각하는 것보다 더 진실한 것이다.

정답 풀이

매력적인 얼굴과 그 얼굴을 보는 사람의 관심에 대한 글이다. But으로 시작하는 세 번째 문장에서 '사람들은 보통 매력적인 얼굴에 더 관심을 둔다'는 일반적인 우리 생각에 의문을 제기하고 있다. 뒤이어 실험에서 사랑에 빠진 사람들은 매력적인 얼굴에 관심을 두지 않았다는 결과가 나왔다고 하였으므로, 빈칸에 알맞은 말은 글의 핵심을 요약한 ②.

선택지 해석
① 대부분은 친숙한 얼굴이다
③ 긍정적인 피드백을 받을 확률이 높다
④ 매력적이지 않은 얼굴보다 더 균형이 잡혀있다
⑤ 보통 사람들의 관심을 사로잡는다

오답 풀이
⑤ 두 번째 문장(Experiments ~ viewer.)에만 연관이 있는 글이므로, 이 글의 전체 내용을 요약하는 빈칸에 들어갈 말로는 적절하지 않다.

구문 풀이

1~3행 Experiments have shown that **the more** attractive a face is **the more** it captures the attention of the average viewer.
〈the 비교급 ~, the 비교급 ...〉은 '(점점 더) ~ 할수록 더 …하다'라고 해석한다.

5~6행 ~ **by flashing** pictures of faces in front of people |and then| **having** them quickly identify shapes.
having은 접속사 and then에 의해서 by flashing과 병렬로 연결되어 같은 형태로 쓰였다.

03 ①

해석

1980년대 중반 아츠무 오무라라는 일본 연구원이 놀라운 것을 발견했다. 그의 자료에 따르면, 지난 30년간 지구 표면에 도달하는 태양 복사열의 양이 10% 감소했다고 한다. 그는 과학자들이 '지구 흐려짐 현상'이라고 부르는 것을 발견했다. 지구 흐려짐 현상은 적은 양의 햇빛이 지구 표면에 도달하는 것을 말하며, 적은 양의 햇빛은 적은 양의 열기를 의미한다. 과학자들은 탄소와 같은 지구 대기의 특정 오염 물질이 지구 흐려짐 현상을 일으킨다고 믿는다. 그 오염 물질들은 더 큰 구름을 만들고, 더 큰 구름은 더 많은 양의 햇빛을 우주로 다시 반사할 수 있다. 간단히 말해서, 우리 대기의 해로운 오염 물질이 수백 년간 지구를 식혀 왔을지도 모른다.

정답 풀이

아츠무 오무라가 발견한 '지구 흐려짐 현상'은 지구 대기의 해로운 오염물질이 큰 구름을 형성해 햇빛을 우주로 반사하여 결국 지구의 열기가 줄어드는 것을 의미한다. 따라서 빈칸에 들어갈 말로 적절한 것은 ①.

선택지 해석
② 지구 표면을 손상시켜
③ 다른 해로운 오염 물질을 만들어
④ 햇빛의 양을 증가시켜
⑤ 지구 온난화를 악화시켜

구문 풀이

3~4행 ~ *the amount of solar radiation* [reaching the earths surface] had dropped by 10% over the past 30 years.
　　　　　　　　　　　S　　　　　　　　　　　　　　　　　　　　　　　　V
현재분사구 reaching ~ surface가 the amount of solar radiation을 수식하고 있다.

04 ②

해석

모차르트는 가장 훌륭한 작곡가 중 한 명일 뿐만 아니라, 의학적으로 경이로운 현상에 관한 열쇠를 쥐고 있을지도 모른다. 과거의 연구에서 모차르트의 음악이 건강한 뇌에 미치는 긍정적인 영향에 대해 언급했다. 그 연구는 모차르트의 음악이 아기들을 더 똑똑하게 만들고 어른들의 학습 능력을 더 좋게 만든다고 주장했다. 음반 회사들은 그 주장으로 돈을 벌었는데, 아기를 위해 특별히 만들어진 모차르트 음반 시디를 수백만 장 팔았다. 그리고 지금 모차르트의 음악, 특히 피아노 소나타 K448은 또한 질병을 치

정답 풀이

빈칸 문장 뒤에서 모차르트의 소나타를 들은 간질 환자들의 증상이 꽤 줄어들었으며, 모차르트의 소나타가 간질약과 비슷한 효과를 가지고 있다고 했다. 따라서 빈칸에 들어갈 말로 적절한 것은 ②.

선택지 해석
① 마음을 진정시킬
③ 생산성을 고무시킬
④ 희귀 질환을 예방할
⑤ 위험한 약물을 대체할

료할 수 있는 것으로 보인다. 심각한 간질을 앓고 있는 40명의 환자가 뇌 측정 장치를 부착한 채 소나타를 들었는데, 3명을 제외한 모든 환자가 간질 증상에서 의미 있는 감소를 보였다. 그 환자들의 담당 의사는 소나타가 간질약과 비슷한 효과가 있다고 말했다.

④ 질병을 고칠 가능성이 있는 것이지 희귀 질환을 예방할 수 있다는 내용은 언급하지 않았으므로 빈칸에 들어갈 말로는 적절하지 않다.

구문 풀이 　1~2행 　Mozart is **not only** one of the greatest ever composers **but** he may **also** hold the key to a medical wonder.
　　　　　　　　　　　　　　　　　　　　　　　A　　　　　　　　　　　　　　　　　　　　　　　　　　　　　B
〈not only A but also B〉 구문으로 'A뿐만 아니라 B도'라고 해석한다.

9~10행 　Forty patients with serious epilepsy were played the sonata **while** (*being*) **attached to a brain monitor** ~.
while ~ monitor는 접속사 while이 생략되지 않은 분사구문이다. while과 attached 사이에는 being이 생략되어 있으며, 원래 형태는 while they were attached to a brain monitor로 수동태가 쓰인 문장이다.

---

05 ⑤

Q
The drawing on the wall is the artist's creation, as long as we can be certain that the artist's directions were followed to the letter.

해석

그림은 종종 소규모 활동으로 여겨진다. 그러나 많은 예술가는 사람을 시켜 거대한 규모의 그림을 그리게 했다. 그런 작품들은 미술관의 이용 가능한 벽 공간을 채우거나 건물의 측면에 그려졌다. 예술가 솔 르윗은 그림 그 자체가 예술가 외에 다른 사람에 의해 그려질 때 예술가의 원래 생각을 따르는 것이 가장 중요하다고 말한다. 그가 말하길 "예술가는 벽화를 계획하지만, 그 계획은 대규모 그림 그리기 전문가에 의해서 수행됩니다." 최종 결과물은 그것을 (직접) 그린 사람의 손과 눈에서 오지만, 예술품 그 자체는 영원히 예술가의 것이다. 예술가의 지시를 철저히 준수했음을 확신할 수 있는 한, 벽에 그려진 그림은 그 예술가의 창작품이다.

정답 풀이

빈칸 문장 뒷부분에서, 벽화와 같은 대규모의 그림이 예술가가 아닌 다른 전문가에 의해 그려지더라도 그 작품이 예술가의 지시를 철저히 따랐다면 예술가의 창작품으로 봐야한다고 강조하고 있다. 따라서 대규모의 작품을 만들 때는 '예술가의 독창적인 생각'에 충실해야 할 것이므로 빈칸에 가장 적절한 것은 ⑤.

선택지 해석

① 전문가의 기술을 존중하는 것
② 오랫동안 작품을 계획하는 것
③ 작품에 알맞은 재료를 선택하는 것
④ 전문가의 경험을 고려하는 것

① 글에서 언급된 전문가(professional)를 이용한 오답으로, 솔 르윗이 강조하는 것과는 반대되는 내용이다.

구문 풀이 　1~2행 　Many artists, however, have **had their works drawn** on massive scales.
　　　　　　　　　　　S　　　　　　　　　　　V　　　　O　　　　　　　C
작품이 '그려지는 것'이므로 〈have+목적어+p.p.〉의 형태가 쓰였다.

4~5행 　Sol LeWitt, an artist, says that following the artist's original idea is most important ~.
　　　　　　　└─　=　─┘　　　　　　　　　　　　S'　　　　　　　　　　　V'　　C'

---

06 ④

Q
Consumers are sometimes willing to avoid products to punish policies.

해석

소비자들은 때때로 정책을 응징하기 위해 의도적으로 상품 구매를 피한다. 그들은 부당한 정책을 행하는 국가의 제품 불매를 결정할 수 있다. 혹은 그들이 반대하는 생산법이나 포획법과 관련된 제품이나 동물을 거부할 수 있다. 여러 번에 걸쳐 영국 소비자들은 프랑스 정부 조치에 대한 반대로 프랑스산 사과와 와인 구매를 거부했다. 서양의 소비자는 또한 참치 그물이 돌고래를 죽였기 때문에 참치를 사지 않기로 했다. 또한, 전 세계적으로 맥도날드와 네슬레 같은 패스트푸드 회사에 반대하는 활동이 있었다.

정답 풀이

빈칸 뒤에서 소비자들은 부당한 정책을 행하는 국가나 회사의 제품을 불매하는 결정을 내릴 수 있다고 했으며, 이와 관련한 여러 가지 예가 이어지고 있다. 따라서 빈칸에 가장 적절한 것은 ④.

선택지 해석

① 자신들의 구매에 불만을 느낀다
② 상품에 너무 많은 돈을 지불하도록 요구받는다
③ 유명 상표 제품을 구매하도록 독려된다
⑤ 외국 식품을 사는 것에 대해 걱정한다

구문 풀이 　3~4행 　~ reject *items or animals* [involved in *a method of production or capture* [that they oppose]].
items or animals는 과거분사구 involved ~ oppose의 수식을 받고 있으며, a method of production or capture는 목적격 관계대명사절 that they oppose의 수식을 받고 있다.

1. 등위접속사

해석 1) 난 네 편지를 받고, 네가 그 대학교에 합격했다는 것을 알게 되어 기뻤다.
2) 밀은 풍요의 상징인데, 로마 시대에는 신부의 손에 쥐어지거나 목 주변에 둘러졌다.

2. 상관접속사

해석 새로운 시스템은 직원들의 삶을 향상했을 뿐만 아니라, 회사의 브랜드도 강화했다.

POINT EXERCISE   **01** given   **02** are trained   **03** left   **04** make

01 given

해석
당신이 기증하는 모든 신발은 수리되어서 도움이 필요한 아이들에게 기부될 것입니다.

해설
will be repaired와 병렬을 이루므로 given이 적절하다. ~ will be repaired and (will be) given ~.

02 are trained

해석
사람들은 자신들이 보고 싶어 하거나 보도록 훈련받은 것을 보는 경향이 있다.

해설
what they want to see와 (what they) are trained to see가 병렬을 이루는 구조이므로 are trained가 적절하다.

03 left

해석
스티븐스는 코넬 대학교에 입학했지만, 학위를 받지 않고 코넬 대학교를 떠났다.

해설
등위 접속사 but이 두 개의 동사 enrolled와 left를 병렬로 연결하고 있다.

04 make

해석
아기들을 만지는 것은 균을 옮길 수 있고, 아이들을 약해지게 할 수 있다.

해설
등위접속사 and 앞에 동사원형인 spread가 왔으므로, 뒤에도 같은 형태인 make가 와야 한다.

유형 09   요약문   본문 p.74~75

예제 1

②

해석
사람들은 그들이 함께 시간을 보내는 사람들의 태도를 취하는 경향, 즉 다른 사람들의 사고방식, 신념 그리고 난제에 대한 접근 방식들을 알아채는 경향을 가지고 있다. 팀의 누군가가 좋은 행동 때문에 보상을 받게 될 때, 다른 사람들도 비슷한 특성을 드러내려 할 것이다. 지도자가 낙담스러운 상황에 직면해서도 희망을 버리지 않을 때, 다른 사람들도 그 자질을 훌륭하다고 생각하고 그 사람처럼 되기를 원한다. 팀원이 강한 직업윤리를 보여주고 긍정적인 영향을 주기 시작할 때, 다른 사람들도 그를 모방하게 된다. 태도는 전염성이 있다. 사람들은 자기 동료의 좋은 본보기에 분발하게 된다.

↓

긍정적인 태도는 그것이 다른 사람에게 (B) 노출될 때, (A) 확산되는 경향이 있다.

정답 풀이
태도는 전염성이 있으며 사람들은 동료의 좋은 태도에 영향을 받는다는 것이 이 글의 핵심이다. 따라서 (A)에는 spread가, (B)에는 exposed to가 적절하다.

선택지 해석

	(A)		(B)
①	확산되는	……	비판받을
③	변하는	……	노출될
④	변하는	……	비판받을
⑤	발전하는	……	비판받을

어휘
tendency 경향 / **adopt** 취하다[쓰다]; 입양하다 / **attitude** 태도, 자세 / **pick up on** ~을 알아차리다 / **mind set** 사고방식 / **belief** 신념 / **approach** 접근; 접근하다 / **reward** 보상하다 / **deed** 행동 / **be likely to-v** ~할 것 같다 / **display** 드러내다; 보이다 / **similar** 비슷한 / **characteristic** 특징 / **in the face of** ~에도 불구하고 / **discouraging** 낙담시키는 / **circumstance** 상황 / **admire** 존경하다 / **quality** 자질 / **ethic** 윤리 / **positive** 긍정적인 / **impact** 영향 / **imitate** 모방하다 / **catching** 전염성이 있는 / **inspire** 영감을 주다 / **peer** 동료 [선택지 어휘] **criticize** 비판하다 / **expose** 노출시키다, 드러내다 / **develop** 발전하다

1~3행 People have *a tendency* [to adopt the attitudes of *those* [they spend time with]] – to pick up on their mind sets beliefs and approaches to challenges.

to adopt ~ with는 a tendency를 수식하는 형용사적 용법으로 쓰인 to부정사구이다. pick up on의 목적어 자리에 3개의 명사구 their mind sets, beliefs, approaches to challenges가 and로 병렬 연결되어 있다.

예제 2

⑤

해석

동물들은 공평에 대한 개념이 있을까? 연구원들은 '발을 내미는 것'에 대해 개에게 보상을 주는 것으로 이를 실험해 보기로 결정했다. 개는 자신의 발을 내밀도록 반복적으로 요구받았다. 연구자들은 개가 보상을 받지 않을 때 발을 얼마나 빠르게, 얼마나 많이 내미는지를 측정했다. 이러한 발 내밀기의 기준치 수준이 설정된 후에 연구자들은 두 마리의 개를 나란히 앉히고 각각의 개에게 번갈아 발을 내밀게 했다. 그러고 나서 두 마리의 개 중 한 마리는 다른 개보다 더 나은 보상을 받았다. 이에 대한 반응으로 동일한 일에 대해 '보상'을 덜 받고 있던 개는 발을 더욱 억지로 내밀기 시작하였고, 발 내밀기를 더 빨리 멈추었다. 이러한 결과는 개들이 공평에 대한 기초적인 개념 또는 최소한 불평등에 대한 반감을 가지고 있을 수 있다는 매우 흥미로운 가능성을 제기한다.

↓

동일한 행위에 대해 다른 개보다 더 적은 보상을 받은 개가 (A) 마지못해 하는 반응을 보였고, 이것은 개들이 (B) 평등에 대한 개념을 가지고 있을 수도 있음을 암시한다.

정답 풀이

'발 내밀기'에 대한 보상을 주는 실험을 통해 개가 공평성에 대한 개념을 가지고 있는지를 알아본 연구에 대한 글이다. 연구 결과, 보상을 덜 받은 개가 발 내밀기를 억지로 하다 빨리 멈추었다고 했으며 이를 통해 개가 공평성 혹은 불평등에 대한 개념이 있을지도 모른다고 했다. 따라서 (A)에는 unwilling이, (B)에는 equality가 적절하다.

선택지 해석

	(A)		(B)
①	자발적인	……	수치심
②	자발적인	……	목표
③	평범한	……	성취
④	마지못해 하는	……	소유

어휘

sense 감각 / **fairness** 공정성 / **researcher** 연구원 / **repeatedly** 반복적으로 / **measure** 측정하다 / **reward** 보상하다; 보상 / **baseline** 기준치 / **establish** 설정하다 / **in turn** 차례차례 / **in response** ~에 응하여 cf. response 반응; 대답 / **reluctantly** 마지못해 / **finding** 결과 / **raise** 제기하다 / **possibility** 가능성 / **hatred** 반감 / **inequality** 불평등 [선택지 어휘] **willing** 자발적인 / **shame** 수치심 / **normal** 평범한 / **achievement** 성취 / **belonging** 소유 / **equality** 평등

6~7행 ~, the researchers **had** two dogs **sit** next to each other and asked each dog in turn to give a paw.

V₁　　　O　　　C　　　V₂

〈사역동사+O+동사원형〉 구문이 쓰여 목적격 보어 자리에 동사원형 sit이 위치했다.

8~11행 In response, *the dog* [**that** was being "paid" less for the same work] **began** giving its paw more reluctantly and

S　　　　　　　　　V₁

stopped giving its paw sooner.

V₂

주격 관계대명사절 that ~ work가 the dog를 수식하고 있다. 두 개의 동사 began, stopped가 and로 병렬 연결되어 있다.

01 ⑤   **02** ④   **03** ①   **04** ③

---

01 ⑤

Q ②

Q 선택지 해석

① 태양의 온도

② 흑점의 영향

③ 기후 변화

해석

흑점은 태양 표면에 있는 검은 점이다. 그것들은 아주 작거나 수천 마일에 이를 수 있다. 흑점은 어두운데, 주변 지역들보다 더 차갑기 때문이다. 흑점과 지구의 날씨 변화 사이에 관계가 있는지는 확실하지 않지만, 최근 연구들이 관계가 있을지도 모른다는 것을 보여준다. 흑점의 에너지가 대기의 일부를 뜨겁게 하는데, 이는 높은 지역의 바람에 영향을 준다. 이것은 연쇄 반응을 일으켜 따뜻한 지역에 비를 증가시킨다. 어떤 사람들은 이를 통해 지구가 따뜻해지는 것이 대기의 온실가스보다 흑점 때문이라는 것을 의미한다고 받아들이기도 했지만, 이는 근거 없는 믿음이다. 그럼에도 불구하고, 이 이론들이 사실인지 아닌지에 대해 많은 조사가 이루어져야 한다.

↓

흑점은 지구의 (A) 기후에 영향을 줄 수도 있지만, 정확한 영향은 아직도 (B) 알려지지 않았다.

정답 풀이

흑점이 지구의 기후에 영향을 미치는지에 대한 여부는 아직 확실하지 않으며, 여전히 많은 연구가 필요하다는 것이 이 글의 핵심이다. It's unclear if there's a link ~ might be와 Still, there is much research ~ true 두 문장에 글의 핵심이 잘 드러나 있다. 따라서 (A)에는 climate(기후)가, (B)에는 unknown(알려지지 않은)이 적절하다.

선택지 해석

(A)		(B)
① 온도	……	적은
② 땅	……	제한된
③ 구조	……	알려지지 않은
④ 강우량	……	적은

구문 풀이

3~5행 It's unclear **if** there's a link between sunspots and changes in the Earth's weather, but recent studies show [(*that*) there might be (*a link*)].

It이 가주어이고, 접속사 if가 이끄는 명사절(if ~ weather)이 진주어 역할을 하고 있다. if는 '~인지 아닌지'의 의미로, 대신에 whether를 쓸 수 있다. show 뒤에는 접속사 that이 생략되어 있으며, might be 뒤에는 a link가 생략되어 있다.

5~6행 *Energy* [from sunspots] heats parts of the atmosphere, **affecting** high-level winds.

affecting은 which affects로 바꿔 쓸 수 있다.

7~10행 Some have taken **this** to mean that any warming of the Earth is due to sunspots rather than greenhouse gases in our atmosphere, but **this** is a myth.

첫 번째 this는 '흑점이 대기를 따뜻하게 하는 것'을 뜻하며, 두 번째 this는 '지구가 따뜻해지는 것이 흑점 때문이라고 생각하는 것'을 뜻한다.

10~11행 Still, there is *much research* [**to be done**] **on whether or not** these theories are true.

to be done은 much research를 수식하는 형용사적 용법이다. on은 '~에 대하여'라는 뜻의 전치사이며, whether or not은 '~인지 아닌지'라는 뜻으로, whether these theories are true or not의 형태로도 쓸 수 있다.

---

02 ④

Q ③

해석

우리 대부분은 약 3세부터 현재 나이에 이르기까지 우리 삶에 관하여 뚜렷한 기억을 가지고 있다. 이 기억들은 우리의 '장기(長期) 기억'에 저장된다. 그렇다면 3세 이전(의 기억)은 어떠한가? 지그문트 프로이트는 우리가 초기 아동기(에 일어난 일)의 대부분을 망각한다는 사실을 처음으로 발견했다. 심리학자들은 무엇이 이런 기억 상실을 일으키는지에 대해 서로 의견이 다르며, 프로이트 시대 이래로 많은 연구들이 이에 집중되었다. 걸음마를 배우는 아기들을 상대로 한 연구 결과에서 탄생한 매우 훌륭한 이론 하나는, 사건 발생 당시의 언어 능력 결핍이 우리가 그것(사건)을 다른 사람에게 이야기하지 못하게 만든다는 것이다. 기억은 우리 마음속에 존재하지만, 사건이 일어났던 당시에는 말이 그것과 연결되지 않았다. 그러므로 그것은 우리의 삶 이야기의 주제가 되지 않는다.

↓

한 이론에 따르면, 우리는 일어나고 있는 일을 (B) 설명하는 능력을 아직 발달시키지 못했기 때문에 대개는 어린 시절에 일어난 일들을 많이 (A) 기억하지 못한다.

정답 풀이

왜 우리가 3세 이전 어렸을 때 일을 기억하지 못하는지 설명하고 있다. 마지막 세 문장에 이유가 드러나는데, lack of language(언어 능력 부족) 때문에 어렸을 때의 사건을 '설명할' 수 없어서임을 추론할 수 있다. 따라서 정답은 ④.

선택지 해석

(A)		(B)
① 잊어버리지	……	인식하는
② 잊어버리지	……	무시하는
③ 공유하지	……	이해하는
⑤ 기억하지	……	예측하는

오답 풀이

①, ② we forget most of our early childhood라는 말 때문에 (A) forget을 고를 수 있으나, 요약 문장에는 부정어구(don't)가 있으므로 오답이다.

6~9행 *A very good theory*, **born from the results of studies with toddlers**, is **that** lack of language ability at the time of an

S / V / S'

event stops us from describing it to others.

V'

주어와 동사 사이에 삽입된 born ~ toddlers는 주어 A very good theory를 부연 설명한다. 동사 is 다음에 나온 that은 보어절을 이끌고 있고, 이 보어절에서 주어는 lack of ~ event, 동사는 stops이다.

---

03 ①

Q ②

Q 선택지 해석
① 스페인과 미국 간의 전쟁
② 재즈 음악
③ 악기

해석

1898년 스페인과 미국의 전쟁이 끝난 후, 군악대가 해산되고 귀향했을 때 뉴올리언스는 악기들로 넘쳐났다. 이 많은 악기들은 결국 그 도시의 가난한 흑인 시민들의 수중에 들어갔다. 그 결과로, 재즈 음악이 탄생되었는데, 그것은 미국의 가장 사랑받는 창조물 중의 하나이다. 재즈 음악은 뉴올리언스에 나타난 몇 가지 다른 유형에 영향을 주었다고 주장할 수 있다. 패츠 도미노와 닥터 존은 리듬 앤드 블루스 스타일을 만들 때 재즈에 영향을 받았다. 게다가, 재즈와 리듬 앤드 블루스는 둘 다 여전히 인기 있는 문화적 현상인 로큰롤의 탄생에 훗날 영향을 끼쳤다.

↓

(A) 풍부한 군악대 악기들 덕분에, 재즈 음악이 뉴올리언스에서 탄생했고, 후에 다른 인기 있는 음악 유형들로 (B) 발전했다.

정답 풀이

전쟁이 끝난 후 군악대가 해산되자, 많은 악기가 뉴올리언스에 남아 재즈 음악이 탄생했다는 내용이다. 또한, 훗날 재즈 음악은 다른 음악에도 영향을 미쳐 새로운 형식의 음악을 낳았다고 했으므로, 요약문은 (A) '많은' 악기 덕에 재즈 음악이 탄생하고, 이는 다른 음악 스타일로 (B) '발전했다'는 내용이 되어야 한다. 따라서 정답은 ①.

선택지 해석

	(A)		(B)
②	부족한	……	이어졌다
③	풍부한	……	쇠퇴했다
④	부족한	……	발전했다
⑤	부족한	……	쇠퇴했다

구문 풀이 4~5행 As a result *jazz music* was born **which** is one of Americas most loved creations.

which는 계속적 용법의 관계대명사로, jazz music을 부연 설명하고 있다.

6~7행 Jazz music can claim **that** it influenced *several other styles* [**that** emerged from New Orleans].

첫 번째 that은 동사 claim의 목적어 역할을 하는 명사절을 이끄는 접속사이며, 두 번째 that은 several other styles를 수식하는 관계대명사절을 이끄는 관계대명사이다.

9~11행 **What's more** both jazz and rhythm-and-blues later went on to influence the birth of rock and roll *a cultural phenomenon* [that is still popular].

what's more는 '게다가, 더구나'라는 뜻의 첨가를 나타내는 연결어로 in addition으로 대신할 수 있다. rock and roll과 a cultural ~ popular는 동격을 이룬다.

---

04 ③

해석

햄버거는 대단하다. 맛있고, 육즙이 많고, 만족스럽지만, 아무도 햄버거가 몸에 좋다고 주장하지는 않을 것이다. 하지만 언젠가 곧 살찌게 하지 않으면서 아주 맛있는 햄버거가 가게 어디에나 있을지도 모른다. 그리고 건강은 고기를 얻기 위해 동물을 죽이는 대신 연구실의 시험관에서 고기를 배양하는 것의 장점들 중 하나일 뿐이다. 연구실에서 나는 고기는 근육 조직으로 자라게 되는 줄기 세포에서 나온다. 놀랍게도, 그것은 실제 고기 같은 맛이 난다. 현재, 동물로부터의 고기 생산은 우리 생태계를 위협하는 환경적인 피해의 주요 원인들 중 하나이다. 과학자들은 배양육이 이것(생태계)에 큰 도움을 줄 수 있다고 생각한다. 그것은 또한 지구의 식량 부족에 대한 가능한 하나의 해결책이다.

↓

배양육 개발은 환경적 문제와 식량 (B) 부족 모두의 해결책을 제공하면서, 우리를 (A) 건강하게 유지하는 데 도움을 줄지도 모른다.

정답 풀이

배양육은 살찌게 하지 않고 건강하게 하며, 환경적인 피해를 주지 않고, 지구의 식량 부족까지도 해결할 수 있다는 장점을 지닌다고 말하고 있다. (A)에는 '건강한'이란 의미의 fit과 healthy 둘 다 가능하지만, (B)에는 lack(부족)이 들어가는 것이 자연스러우므로 정답은 ③.

선택지 해석

	(A)		(B)
①	건강하게	……	증가
②	특별하게	……	감소
④	만족하게	……	저장
⑤	살찌게	……	생산

7~9행 Currently, <u>meat production from animals</u> <u>is</u> one of the major causes of *environmental damage* [**threatening** our
global ecosystem].

       S   V

현재분사구(threatening ~ ecosystem)가 environmental damage를 수식하고 있다.

기출로 보는 필수 어법 포인트 9 - 형용사와 부사 본문 p.79

1. 형용사와 부사 자리

해석   1) 깃털은 체온을 가둠으로써 새가 따뜻하게 유지할 수 있도록 도와준다.

2) 돼지들이 전통적으로 더러움과 관련이 있었던 반면, 고양이들은 깨끗하다고 여겨졌다.

2. 헷갈리는 형용사와 부사

해석   1) 교통량이 거의 없어서, 우리는 아름다운 풍경을 즐길 수 있었다.

2) 파울 클레는 일생 동안 거의 5천 점의 그림을 그렸다.

POINT EXERCISE   **01** recent   **02** normally   **03** highly   **04** perfect

01 recent

해석
대기오염에 관한 당신의 최근 기사는 저에게 매우 인상적이었습니다.

해설
article을 수식하는 말을 골라야 한다. 명사를 수식하는 것은 형용사이므로 recent가 적절하다.

02 normally

해석
당신은 왜 우리 컴퓨터가 관리 없이도 정상적으로 작동할 거라고 기대합니까?

해설
동사 run을 수식할 수 있는 것은 부사이므로 normally가 적절하다.

03 highly

해석
우리의 생각은 우리 주변의 광고 이미지들에 대단히 영향을 받는다.

해설
동사 be affected를 수식하는 말을 골라야 한다. 문맥상 '매우, 대단히'의 의미를 갖는 highly가 적절하다. high는 형용사로는 '높은', 부사로는 '높이, 높은 곳에'의 의미이다.

04 perfect

해석
그레그는 자신이 모든 것에 완벽할 필요는 없다는 것을 깨달았다.

해설
be동사 뒤에 나오므로 보어 자리이다. 부사는 be동사의 보어로 쓰일 수 없으므로 형용사인 perfect가 적절하다.

유형 10 목적 본문 p.80~81

예제 1

⑤

해석
친애하는 프랭클린 씨,
저는 당신 회사의 일자리 제안과 관련해 이 편지를 씁니다. 이 기회를 주셔서 매우 감사드리며, 그것을 받아들일 것을 적극적으로 고려하고 있습니다. 그러나 저는 2015년 12월 1일까지 답변을 원하는 당신의 요청에 대해서 걱정이 있습니다. 아시는 바와 같이, 이 제안을 받아들이면 제 가족이 몇 개의 주를 건너 이사를 와야 합니다. 저는 초등학생 아이가 있으며 아내는 이곳에 사시는 그녀의 어머니를 돌봐야 합니다. 따라서, 저는 당신의 제안을 일주일 더 고려할 시간을 주실 수 있는지 묻고 싶습니다. 기간 연장이 가능하다면 저에게 알려주시기 바랍니다. 감사합니다.
브래들리 마클 올림

정답 풀이
일자리를 제안받았지만 가족 이주 문제 때문에 생각할 시간을 더 달라고 요청하고 있는 편지글이다. 따라서 글의 목적으로 적절한 것은 ⑤.

오답 풀이
② 글의 앞부분에서 감사함에 대해 언급할 뿐, 이 글 전체의 궁극적인 목적은 아니다.

어휘

regarding ~에 관하여 / **offer** 제안 / **grateful** 감사하는 / **opportunity** 기회 / **consider** 고려하다 / **concern** 걱정 / **request** 요구 cf. require 요구하다 / **several** 몇몇의 / **state** 주(州) / **additional** 추가의 / **extension** 연장

구문 풀이   8~10행 As a result, I would like to ask **if** you might consider giving *an additional week* [to consider your offer].

여기서 if는 '~인지 아닌지'의 뜻으로, whether로 바꿔 쓸 수 있다.

예제 2

⑤

해석

전 세계 13세 이상 작가들에게 동인도 출판사 단편 소설 백일장에 참가할 것을 권합니다. 2017년 3월 1일까지 작품을 제출해야 합니다. 참가비는 없으며, 어떤 장르의 소설도 다 허용됩니다. 이 대회는 다양한 형태의 서적 출판을 전문적으로 하는 동인도 출판사가 후원합니다. 50편 이상의 소설을 출간한, 뉴욕 타임스의 베스트셀러 작가인 데이비드 팔랜드가 심사위원입니다. 더 많은 정보를 위해서는 www.nightingalenovel.com을 방문하세요.

정답 풀이

백일장에 참가하라고 하면서 이 대회와 관련된 정보를 알려주고 있다. 따라서 글의 목적으로 적절한 것은 ⑤.

오답 풀이

②, ④ 본문에 나온 the judge와 sponsored by 등의 단어로 만든 오답

어휘

encourage 장려하다 / **press** 출판사 / **writing contest** 백일장 / **submit** 제출하다 / **entry** 참가 / **fee** 요금 / **genre** 장르 / **sponsor** 후원하다 / **specialize in** ~을 전문적으로 다루다 / **publishing** 출판 cf. publish 출간하다 / **multiple** 다양한 / **format** 형태 / **bestselling** 베스트셀러의 / **author** 작가 / **novel** 소설 / **judge** 심사위원; 판사 / **information** 정보

구문 풀이   1~2행 *Writers* [**aged** over thirteen from all countries] are encouraged to enter ~.

            S   V

과거분사구 aged ~ countries는 writers를 수식한다.

       4~6행 The contest is sponsored by *East India Press* **specializing** in the publishing of books in multiple formats.

현재분사구 specializing ~ formats는 East India Press를 부연 설명하고 있다.

       6~8행 *New York Times* bestselling author David Farland (**with over fifty published novels**) will be the judge.

New ~ author와 David Farland는 동격이다. with ~ novels는 삽입구이다.

QUICK CHECK!

I am sincerely sorry that this unfortunate incident occurred.

해석

고객님께,

지난주 고객님께 보내드렸던 옷걸이가 부서진 상태로 갔다는 걸 알았습니다. 고객님의 요청에 따라 다른 옷걸이를 보내드립니다. 배달이 왔을 때, 기사분에게 부서진 옷걸이를 전달해 주시기 바랍니다. 유감스러운 일이 발생한 것에 대해 진심으로 사과드립니다.

유형 집중 문제

본문 p.82~84

01 ⑤   **02** ③   **03** ③   **04** ④   **05** ②   **06** ①

01 ⑤

Q
Remember whats important and give others your full attention.

해석

당신은 당신의 생일을 축하하기 위해 절친한 친구들과 식당에 있다. 하지만, 아무도 당신에게 관심을 두지 않고 있다. 대신에, 모두가 자신들의 스마트폰을 가지고 노느라 너무 바쁘다. 이 사회적 악몽이 당신에게 일어난 적이 있는가? 그리고 당신이 솔직하다면, 당신 역시 스마트폰을 하던 그 사람들 중의 하나였던 적이 있는가? 당신이 어떻게 느끼느냐에 상관없이, 어떤 사람들은 당신이 그들의 얼굴 대신에 핸드폰 화면을 보고 있을 때 기분이 상한다는 것을 명심해라. 심지어 식탁에 스마트폰을 두는 것도 당신이 함께 있는 사람들보다 스마트폰에 더 집중한다는 것을 보여줄 수 있다. 무엇이 중요한지를 기억하고 다른 사람들에게 충분히 관심을 기울여라. 과학기술의 발전은 놀랍지만, 우리는 그것이 기본적인 예절을 대신하도록 둬서는 안 된다.

정답 풀이

사람들과 만날 때 스마트폰에 집중하는 것은 그들의 기분을 상하게 할 수 있으므로, 폰 화면 대신 상대방 얼굴을 보면서 충분한 관심을 보이라는 내용이다. 따라서 글의 목적으로 가장 적절한 것은 ⑤.

오답 풀이

① 마지막에 언급된 과학기술의 발전은 세부 사항일 뿐, 중심 내용이 아니다.
② 본문에 나온 friend, honest 등의 단어로 만든 오답.
④ 공공장소가 아니라, 사람들과 함께 있을 때 스마트폰 사용을 자제할 것을 말하고 있음.

구문 풀이

2~3행 Instead, everyone **is** too **busy playing** with their smartphones.
〈be busy v-ing〉는 'v하느라 바쁘다'라는 뜻의 관용 표현이다.

5~7행 Regardless of how you feel, keep in mind **that** some people get upset **when** you look at your screen instead of their face.
접속사 that이 이끄는 절은 keep의 목적어 역할을 하고, 그 안에 when으로 시작하는 시간 부사절이 포함되어 있다.

7~9행 Even leaving your smartphone on the table can show (*that*) you are more focused on it than on *the people*
　　　　　　　　　　 S 　　　　　　　　　　　　 V 　　　　　　　 O
(*who*[*that*]) you are with.
show의 뒤에 접속사 that이 생략되어 있으며, the people 뒤에는 이를 수식하는 목적격 관계대명사 who[that]이 생략되어 있다.

10~11행 Technological progress has been amazing, but we **must not let** it **replace** basic manners.
〈must not+동사원형〉은 '~해서는 안 된다'라는 뜻이다. 사역동사 let의 목적격보어로 동사원형 replace가 왔다.

02 ③

해석

최근에, 인간은 우리의 기술적인 한계를 알게 되었다. 우리의 문제들을 위한 새로운 해결책을 고안하려고 애쓰는 대신, 우리는 자연 세계를 지침으로 생각해보고 있다. 한 가지 주요 문제는 깨끗한 물이다. 우리의 수자원을 보호할 해결책은 땅의 가장 습한 지역, 즉 습지일지도 모른다. 습지는 대단해 보이지 않을지도 모른다. 하지만, 습지는 놀라운 역할을 한다. 그것은 물을 여과하여 깨끗하게 할 수 있다. 더러운 물은 습지로 들어가 그 지역을 통과하여, 다른 쪽에서 더 깨끗하게 나타난다. 습지는 물을 깨끗하게 하는 천연 기계와 같다. 전 세계에서, 사람들은 버려진 물을 정수하기 위해 거대하고 더러운 물탱크를 짓는 대신에 습지를 만들고 있다. 그러면 그 물은 다시 사용할 수 있다.

정답 풀이

더러운 물이 습지를 지나가면 천연적으로 정화되어 깨끗한 물을 얻을 수 있다고 말하고 있다. 따라서 글의 목적으로 가장 적절한 것은 ③.

오답 풀이

① 습지 생태 공원에 대한 언급은 나오지 않음.
② 토양 개선이 아니라 물을 정화하기 위해 습지를 만든다는 내용임.
④ 수자원 보호 프로그램을 습지 개발로 이해할 수는 있지만 참여를 권장하는 내용은 없음.

03 ③

Q
I hope to receive a refund and look forward to your reply within a short time.

해석

담당자께.
전 중요한 문제에 당신의 관심을 끌고자 이 편지를 씁니다. 저는 11월 24일에 받았던 서비스에 관해 이야기하는 것이며, 당신 직원들의 업무 수행에 관한 제 느낌을 당신이 알기를 원합니다. 서비스는 느렸고, 직원들은 거의 무관심했습니다. 만족한 손님은 아무도 없었을 것입니다. 저는 당신 식당의 단골손님이었지만, 지금은 매우 실망했습니다. 저는 당신에게 양질의 서비스를 기대하며, 이 문제를 즉시 처리해줄 것을 요청합니다. 저는 환불을 받기 원하며, 빠른 시간 내에 답장이 오기를 기다립니다.
안녕히 계십시오.

정답 풀이

글 초반에 식당에서 받은 직원들의 서비스가 불만족스러웠으며, 자신이 단골손님이었는데 매우 실망했다고 했다. 글 마지막 부분에서 서비스에 대한 환불을 받기 원한다고 했으므로 정답은 ③.

구문 풀이　6행　No customer **would have been** satisfied.

〈would have+p.p.〉는 '~했을 것이다'라는 의미로 과거에 대한 추측을 나타낸다.

8~9행　I expect quality service from you and **request** that you (**should**) deal with this issue immediately.

명령, 요구, 제안, 주장, 필요 등을 나타내는 동사나 형용사 뒤에 오는 that절이 '~해야 한다'는 의미를 갖는 경우, that절에 should가 쓰이는데 이 should는 종종 생략되어 동사원형만 남기도 한다.

---

04 ④

해석

전자책을 여는 더블클릭이 종이(책)를 대체할 만큼 충분히 좋습니까? 대답은 '그렇다'일지도 모릅니다. 종이 위에 하는 인쇄에 대한 가장 최근의 개선은 지금까지는 아주 인상적이지 않았습니다. 아마존 킨들은 배경 조명이 필요하지 않고, 실제로 진짜 인쇄된 페이지와 똑 닮은 디스플레이를 가지고 있습니다. 이것은 한 번에 몇 시간 동안 읽는 것을 편하게 만들었습니다. 그 기기는 휴대전화 네트워크에 접속하여 책을 즉석 구매하고 다운로드할 수 있고, 선택할 수 있는 책이 삼십만 권 이상 있습니다. 이 전차책 기기의 많은 이점은 당신을 놀라게 할 것 같습니다. 한번 해 보세요!

정답 풀이

전자책 서비스 아마존 킨들의 장점을 언급한 글이다. 진짜 책과 비슷한 디스플레이로 장시간 읽기가 편하고, 휴대전화 네트워크 접속으로 구매와 다운로드를 쉽게 할 수 있으며, 보유하고 있는 책의 수도 많다고 말하고 있다. 따라서 글의 목적으로 가장 적절한 것은 ④.

오답 풀이

①, ②, ③ 전자책이라는 핵심 소재가 들어가 있어 혼동할 수 있으나, 이용 방법, 서비스 가입, 선호도에 대한 내용은 언급되지 않았다.

⑤ 전자책의 장점에 대해서만 언급했으므로 오답.

구문 풀이　1행　Is *a double-click* [to open an e-book] **good enough to replace** paper?
　　V　　　　　　　　　S　　　　　　　　　　　　C

〈형용사+enough+to-v〉는 'v할 만큼 충분히 …하다'라는 뜻이다.

3~5행　The Amazon Kindle has *a display* [**that requires** no back lighting ⃞and⃞ actually closely **resembles** a real printed page].

주격 관계대명사절이 a display를 수식하고 있다. that절의 동사 requires와 resembles는 병렬 연결되어 있다.

5~6행　This has **made it comfortable to read** for hours at a time.

〈make+목적어+형용사〉는 '~를 …하게 만들다'라는 뜻이고, it은 가목적어이고 to read 이하가 진목적어이다.

8행　~ and there are more than *300000 books* [**to choose from**].

to choose from은 앞의 300,000 books를 수식하는 형용사적 용법의 to부정사이다.

---

05 ②

Q
Many foods contain vitamins and nutrients that help to reduce unwanted inflammation.

해석

우리의 몸은 끊임없이 바이러스와 박테리아의 공격을 받고 있고, 염증은 그것의 일차적인 방어선입니다. 불행하게도, 이 자연스러운 반응은 때로 득보다는 해를 더 끼칩니다. 운 좋게도, 간단한 해결책이 있습니다. 많은 음식에 원치 않는 염증을 줄이는 것을 돕는 비타민과 영양소가 들어 있습니다. 예를 들어, 연어와 참치같이 지방이 많은 생선류는 함유된 지방산 때문에 꽤 효과적일 수 있습니다. 그다음에 파파야 같은 좋은 과일이 있는데, 이는 염증을 줄이는 효소뿐만 아니라, 비타민 C, E, 그리고 A의 함량이 높습니다. 크랜베리와 블루베리는 염증에 대항하는 맛좋은 또 다른 과일입니다. 우리의 식사에 이러한 음식을 포함함으로써, 우리는 모두 훨씬 더 건강함을 느낄 수 있습니다.

정답 풀이

연어, 참치, 파파야 등 염증을 줄이는 음식들을 소개하고 있다. 따라서 글의 목적으로 가장 적절한 것은 ②.

오답 풀이

① 첫 번째 문장에서 나오는 내용으로, 세부사항일 뿐이다.

④ 비타민과 영양소에 대해 언급하는 부분에서 연상할 수 있으나, 글의 핵심은 '염증을 줄이는 음식'이므로 오답이다.

구문 풀이　6~7행　For example *fatty types of fish* such as salmon and tuna can be quite effective **because of** *the fatty acids*
　　　　　　　　　　　　S　　　　　　　　　　　　　　V　　　C

[(**that**) they contain].

acids 뒤에는 목적격 관계대명사 that이 생략되어 있다. because of 뒤에는 명사구가 이어지는데, 이를 because를 사용하여 표현하면 because they contain the fatty acids가 된다.

8~10행 Then there are *healthy fruits like papayas*, **which** contain high levels of vitamins C, E, and A, **as well as** *enzymes* [that reduce inflammation].

which 이하는 계속적 용법의 관계대명사절로, 선행사 healthy ~ papayas를 부연 설명하고 있다. 〈A as well as B〉는 'B뿐만 아니라 A도'라는 뜻이다.

11~12행 By including these in our diets, we can all feel **a lot** healthier.

a lot은 비교급을 강조하는 부사로 쓰였다. 그 밖에 much, still, far, even 등도 비교급을 강조하는 부사로 쓰인다.

---

06 ①

해석
친애하는 에밀리에게,
제가 오토매틱 데이터의 가족이 된 지 꽤 오래되었습니다. 이 단체에서 일해서 매우 즐거웠습니다. 여기서 5년 넘게 일하면서 저는 개인적으로나 직업적으로 모두 이익을 얻었습니다. 또한, 마케팅과 경영에 대해 많이 배웠습니다. 저는 이제 제 부서에서 상급 역할을 다루기 위한 지식과 필수적인 기술 및 능력을 갖추었다고 생각합니다. 저는 현재 시장추세와 고객 요구 사항을 이해하고 있습니다. 제가 배운 것을 토대로 회사의 이익을 위해 사용하고 싶습니다. 마케팅 부서 관리자 자리에 대한 제 요청을 검토할 때, 이 모든 점을 고려해 주시기 바랍니다.
신시아 라일런트 올림

정답 풀이
다섯 번째 문장(I now believe ~ my department)과 마지막 문장(I hope you ~ Supervisor)을 통해 신시아가 '마케팅 부서 관리자'로 승진하기를 원하는 것을 알 수 있다. 따라서 글의 목적으로 적절한 것은 ①.

구문 풀이 **9~10행** I would like to take **what** I have learned [and] (would like to) use it to benefit the company.
                    ‾‾‾‾‾‾‾‾‾‾‾‾‾‾‾ V₁   ‾‾‾‾‾‾‾‾‾‾‾‾‾‾‾‾‾‾ V₂
두 개의 동사구 would like to take와 (would like to) use가 and로 병렬 연결되어 있다. what은 선행사를 포함하는 관계대명사이며 the things which[that]로 바꿔 쓸 수 있다.

11~12행 ~ **when reviewing** my request for the open position of Marketing Department Supervisor.

when 이하는 분사구문으로, 뜻을 명확하게 하려고 접속사 when을 생략하지 않았다. (= when you review my request ~.)

기출로 보는 필수 어법 포인트 10 - 전치사와 접속사   본문 p.85

1. 전치사와 접속사의 구별

해석 1) 이 기간 동안, 자전거 여행은 세 배로 늘었고, 대중교통을 이용한 여행은 두 배로 늘었다.
2) 대부분의 아이들은 매 여름 방학에 IQ가 떨어지는데, 그 이유는 그들이 뇌를 훈련하지 않기 때문이다.
3) 보상은 매우 긍정적으로 들림에도 불구하고, 종종 부정적인 결과로 이어질 수 있다.

POINT EXERCISE   **01** despite   **02** because of   **03** Although

01 despite
해석
매우 낮은 생존율에도 불구하고 많은 조슈아 트리가 도시 지역에 심어졌다.

해설
네모 뒤에 명사구가 이어지고 있으므로 전치사인 despite가 적절하다.

02 because of
해석
레오파드 상어는 점 때문에 얻은 이름인데, 이 점들은 표범에게서 발견되는 것과 비슷하다.

해설
네모 뒤에 이어지는 its spots는 명사구이므로 because of가 적절하다. which 이하는 its spots를 보충 설명하는 관계대명사절이다.

03 Although
해석
오늘날 kid는 인정되는 단어이지만, 한때는 속어로 간주되었다.

해설
kid가 주어, is가 동사인 절이기 때문에 접속사 Alghough가 알맞다.

예제 1

① **[해석]**

일몰이 늦게 오고 있었다. 온종일 덥고 햇볕이 강한 데다 공기는 무겁고 고요했다. 나는 마을 광장 한가운데 있는 큰 분수대를 보았는데 거기에 물은 없었다. 광장은 무섭고 날카로운 표정으로 나를 응시하는 검은 고양이를 제외하고는 텅 비어 있었다. 가게들은 문을 닫았고 주위에는 아무도 없었다. 어두워지자 나는 불안해지기 시작했다. 건너편 카페로 가서 테이블에 앉으며 옆에 있는 의자 위에 가방을 놓았다. 창가 테이블에 앉은 두 명의 거칠어 보이는 남자들을 제외하고는 카페는 텅 비어 있었다. 그들은 위협적으로 나를 지켜보다가 갑자기 나를 향해 다가오기 시작했다. 나는 정말 도망치고 싶었다.

[정답 풀이]

날은 저무는데 마을 광장과 카페에는 고양이 한 마리와 두 명의 남자와 'I'를 제외하고는 텅 비어 있다. 게다가 거칠어 보이는 두 남자가 'I'를 향해 다가오기 시작했다고 했으므로 'I'의 심경으로 적절한 것은 ①.

선택지 해석

① 무서운 ② 기쁜 ③ 안도하는 ④ 궁금한 ⑤ 무관심한

[어휘]

fountain 분수 / **square** 광장 / **except for** ~을 제외하고는 / **stare at** ~을 빤히 쳐다보다 / **scary** 무서운 / **sharp** 날카로운 / **anxious** 불안해하는 / **rough-looking** 거칠게 보이는 / **observe** 지켜보다 / **threateningly** 위협적으로 / **approach** 다가오다 / **escape** 도망치다 [선택지 어휘] **fearful** 무서운 / **relieved** 안도하는 / **curious** 궁금한 / **indifferent** 무관심한

구문 풀이 **3~5행** The square was empty except for *a black cat* [**staring** at me with a scary, sharp look].
현재분사구 staring ~ look이 a black cat을 후치 수식하고 있다.

6~8행 I walked across to a cafe and sat down at a table, **putting** my bag on the seat beside me.
putting 이하는 부대상황을 나타내는 분사구문이다. (= as I put my bag ~.)

예제 2

④ **[해석]**

이제 다니엘은 최후의 결정을 내려야 했다. "머물러야 할까 아니면 떠나야 할까? 만약 잡히면 어떻게 될까?"라고 그는 생각했다. 그는 가족의 안전이 몹시 염려되었다. 마침내 그는 경비행기를 타고 영국으로 가기로 결심했다. 비행기가 이륙했지만, 그는 그 비행이 성공을 거둘지 확신하지 못했기 때문에 여전히 불안했다. 비행기가 독일군에게 발각되면 그와 그의 가족은 공중에서 목숨을 잃을지도 모른다는 생각이 들었다. 그가 영국에 거의 도착했을 때, 비행기가 갑자기 이상한 소리를 내더니 흔들리기 시작했지만, 그는 어떻게든 간신히 아내와 두 딸과 함께 영국에 안전하게 착륙했다. 그들을 기다리는 영국군을 보았을 때 그의 눈은 기쁨의 눈물로 가득 찼다.

[정답 풀이]

가족을 데리고 경비행기를 타고 영국으로 가는 다니엘은 목숨을 건 비행이었기에 걱정스러운(worried) 상태였을 것이고, 어려운 상황을 헤치고 간신히 영국에 착륙해서 영국군을 보았을 때 기쁨의 눈물을 흘린 것으로 보아 안도했을(relieved) 것이다. 따라서 다니엘의 심경 변화로 적절한 것은 ④.

선택지 해석

① 지루한 → 즐거운 ② 부끄러운 → 자랑스러운 ③ 행복한 → 우울한 ④ 걱정스러운 → 안도하는 ⑤ 흥분한 → 실망한

[어휘]

decision 결정 / **concern** 걱정스럽게 만들다 / **safety** 안전 / **make up one's mind** 결심하다 / **success** 성공 / **discover** 발견하다 / **troop** 군대 / **lose one's life** 목숨을 잃다 / **somehow** 어떻게든 / **manage to-v** 간신히 v하다 / **soldier** 군인 [선택지 어휘] **amused** 즐거운 / **depressed** 우울한 / **relieved** 안도하는 / **disappointed** 실망한

③

해석

어젯밤 나는 처음으로 런던을 관광한다는 흥분 때문에 잠을 잘 수 없었다. 나는 항상 런던을 방문하고 싶었고 마침내 여기 런던에 왔다. 첫 번째로 나는 저녁 공연을 보기 위해 표를 사고 싶었다. 그러나 직원이 표는 이미 매진이라고 했다. 실망한 채로 나는 런던아이로 향했다. 그곳에 도착했을 때, 나는 줄을 서야 한다는 것은 알았지만, 2시간이 걸릴 줄은 몰랐다! 나는 정말 배고프고 피곤했다.

선택지 해석

① 신난 → 편안한 ② 피곤한 → 기쁜 ③ 아주 흥분한 → 우울한 ④ 기쁜 → 무서운

유형 집중 문제

본문 p.88~90

01 ② **02** ⑤ **03** ④ **04** ③ **05** ① **06** ①

---

01 ②

해석

몇 년 전, 나는 눈이 오는 겨울날에 산속 깊이 운전해 갔다. 공기는 맑고 상쾌했으며 잔잔히 내리는 눈은 아름다웠다. 나는 심지어 조용히 길을 건너는 사슴을 발견했고 (그것을) 보기 위해 차에서 내렸다. 차로 돌아와서 나는 젖은 외투를 안으로 던졌고 집에 돌아갈 준비를 했다. 그때 나는 "찰칵" 소리를 들었다. 차가 잠겼다! 열쇠와 함께 외투와 전화기가 (차) 안에 갇혔다. 내리는 눈 속에 서 있는 동안 단 하나의 소리도 들을 수 없었다. 산 너머로 해가 지는 것을 보며 나는 추위로 몸을 떨었다. 몇 시간 동안이나 다른 차를 보지 못했고, 나는 집에서 멀리 수마일 떨어져 있었다.

정답 풀이

눈 오는 날 차에서 내렸다가 열쇠, 핸드폰 등이 있는 차의 문이 잠겨 곤란해진 상황을 그린 글이다. 따라서 'I'의 심경으로 적절한 것은 ②.

선택지 해석

① 활기찬 ② 걱정스러운 ③ 안도하는 ④ 욕심 많은
⑤ 자신감 있는

구문 풀이　3~4행　I even saw *a deer* [**crossing** the road silently] and got out of the car **to watch**.

현재분사구 crossing ~ silently는 a deer를 수식하고 있다. to watch는 to부정사의 '목적'을 나타내는 부사적 용법으로, '~하기 위해서'라고 해석한다.

4~5행　**Returning** to the car, I tossed my wet jacket inside and prepared to return home.

Returning이 이끄는 분사구문은 연속동작을 나타내기 때문에 '~하고 나서'라고 해석한다.

7~8행　**Not a sound** could be heard **as** I stood in the falling snow.

부정어구가 문두에 왔으나, 동사가 아닌 명사 sound를 수식하면서 Not a sound가 '단 하나의 소리도 ~ 않다'라는 하나의 주어를 이루기에 주어와 동사의 도치가 일어나지 않았다. 접속사 as는 '~하는 동안'이라고 해석한다.

8~9행　I shook from the cold **as** I watched the sun sink behind the mountain.

이 문장에서 접속사 as는 '~하면서'라고 해석한다.

---

02 ⑤

해석

매우 많은 과제가 있었지만 오후 11시가 가까워졌을 때, 진은 제시간에 모든 것을 마무리 지을 것처럼 보였다. 그는 그 자신에게 미소를 지으며 생각했다. "내가 진짜 해냈어. 그것도 아주 잘했어." 책상 위에 있는 램프를 끄고 잠자리에 들자 그는 잠들기 시작했다. 갑자기 그는 엄마의 목소리에 잠에서 깼다. "일어나, 진. 아침 먹을 시간이야." 엄마가 커튼을 걷으며 말했다. 창문을 통해 빛이 들어왔고 (그 빛은) 마무리 짓지 못한 과제 더미를 비췄다. 그것은 모두 꿈이었다! 그저 월요일 아침일 뿐이었다. 진은 책상에 머리를 대고 한숨 쉬었다.

정답 풀이

진은 많은 과제를 제시간에 잘 마무리 지었다고 생각하고 잠자리에 들었는데 잠에서 깨어 보니 이는 모두 꿈이었고, 과제는 마무리 안 된 채 그대로였다는 내용이다. 그러므로 진의 심경으로 알맞은 것은 ⑤.

선택지 해석

① 무관심한 ② 마음이 놓이는 ③ 감동받은 ④ 기쁜
⑤ 실망한

구문 풀이　1~2행　~, but **as** 11 p.m. approached, **it** looked like (***that***) Jin was going to finish everything on time.

접속사 as는 '~(했을) 때'라고 해석한다. Jin 앞에는 접속사 that이 생략되어 있다.

4~5행 **Turning off** the lamp on his desk and getting into bed he started to fall asleep.

and에 의해 병렬로 연결된 두 개의 분사구문(Turning off ~ desk와 getting into bed)은 After he turned off ~ and got into bed로 바꿔 쓸 수 있다.

7행 ~ she said **as** she opened the curtains.

as는 접속사로 '~하면서'라고 해석한다.

---

03 ④

해석

"이건 너무 오래 걸리잖아요!" 제이든이 말했다. 제이든과 그의 엄마는 톨게이트에서 긴 줄의 차들 뒤에서 꼼짝도 못 했고 10분 동안 앞으로 거의 움직이지도 못했다. "이러다 우리 팀 결승전에 늦겠어요!" 제이든이 소리쳤다. 엄마는 기분이 좋지 않았지만 제이든을 조금이라도 더 빨리 경기장에 데려다주기 위해 그녀가 할 수 있는 것은 아무것도 없었다. 그런데 갑자기 그 줄의 앞쪽 차들이 움직이기 시작했다. 그것도 빠르게! 다섯 대의 차가 통행료 부스를 곧바로 통과했고, 제이든 엄마 차례였다. 그녀는 이미 통행료 5달러를 낼 준비가 되어있었지만, 통행료 부스 직원이 말했다. "그냥 지나가세요. 앞에 있던 한 운전자분이 뒤 차량 열 대의 통행료를 지급했어요." 제이든과 엄마가 빨리 경기장을 향해 갈 때, 제이든은 기쁨으로 환호했다.

정답 풀이

제이든은 차가 너무 막혀 팀 결승전에 늦을 거라 걱정했다고 했으므로 짜증이 난(irritated) 상태였을 것이다. 그런데 톨게이트에서 앞의 한 운전자가 열 대의 통행료를 지급해 빨리 경기장으로 향할 수 있었으므로 마지막에는 기뻤을(pleased) 것으로 추측할 수 있다. 따라서 제이든의 심경 변화로 적절한 것은 ④.

선택지 해석

① 미안한 → 불안한   ② 행복한 → 만족하는

③ 슬픈 → 혼란스러운   ④ 짜증난 → 기쁜

⑤ 걱정스러운 → 충격을 받은

구문 풀이 **4~5행** ~, but there was *nothing* [(**that**) she could do **to get** Jayden to the stadium any faster].

생략된 관계대명사 that이 이끄는 절이 앞의 nothing을 수식하고 있다. to get은 부사적 용법으로 쓰인 to부정사로, 목적의 의미인 '~하기 위해서'라고 해석한다.

10~11행 Jayden cheered with delight **as** he and his mom sped off towards the stadium.

접속사 as는 때를 나타내며 '~하면서'라고 해석한다.

---

04 ③

해석

그들은 진로를 바꾸었고 수색을 계속했다. 비가 그치자 구름이 하늘에서 사라졌고 달이 나왔지만, 그들은 주위에서 익숙한 것을 아무것도 보지 못했다. 그 거대한 숲에서 나는 유일한 소리는 떨어지는 물소리뿐이었다. 그들은 다시 멈춰 섰고 (완전히) 지쳤으며 마침내 걱정했다. (그때까지) 그들이 걸었던 것들은 그들을 더 혼란스럽게 만들 뿐이었다. 둘 다 어디로 갈지 몰랐고, 두 사람 모두 황야에서 길을 잃는 것이 두려웠다. 그들은 두 가지를 동시에 깨달았다. 첫 번째는 그들의 체력이 조만간 바닥날 거라는 점이었다. 두 번째는 그들이 천마일 이상 걸을 수 있더라도 단 하나의 길이나 단 한 사람도 발견할 수 없을 거라는 점이었다. 그들은 나무에 기대어 땅만 내려다보았다.

정답 풀이

길을 잃은 두 사람이 계속 걷다가 지쳐서 멈췄는데, 조만간 그들의 체력이 다 떨어질 것이고 계속 걷더라도 길이나 사람을 하나도 발견할 수 없을 거라는 점을 깨닫고 나무에 기대 땅만 내려다본다는 내용이다. 따라서 they의 심경으로 알맞은 것은 ③.

선택지 해석

① 활기찬 ② 지루한 ③ 비참한 ④ 만족하는 ⑤ 외로운

구문 풀이 **3~4행** The only sound in the great woods was **that** of falling water.

여기서 that은 앞의 the sound를 가리킨다.

6~7행 **Neither** had any idea of where to go, and **both** were afraid to be lost in the wilderness.

대명사로 쓰인 Neither와 both는 각각 '둘 다 ~이 아닌', '두 사람 모두'라고 해석하며, neither는 단수 취급, both는 복수 취급한다.

05 ①

해석

민은 다리에 대고 손가락을 빠르게 두드렸다. 그는 전에도 시합에서 수영했었지만, 기다리기는 전혀 쉬워지지 않는다. 그가 이미 느끼고 있는 압박감에 더해서, 민은 이번 경기에서 상위 4명 안으로 (시합을) 끝내야 한다는 것을 알았다. 그의 마음은 산만했다. 그는 한 달 전의 경기를 상기했다. 그날 그는 출발 (호루라기) 소리 전에 물에 뛰어들었고, 그것 때문에 졌다. 민은 그의 머리에서 그 생각을 떨쳐내려고 애썼다. 그는 여분의 에너지를 다 써버리기 위해 위아래로 뛰었다. 단지 몇 분 뒤에 그는 물속에 있을 것이다. 그러면 그 끔찍한 생각은 멈출 것이고, 수영이 시작될 것이다.

정답 풀이

수영 시합을 앞둔 민은 다리에 대고 손가락을 빠르게 두드리는 행동을 하고, 압박감, 4등 안에 들어야 한다는 생각, 한 달 전에 졌던 경기 등 여러 생각으로 산만한 상태이며, 위아래로 뛰는 행동을 하고 있다. 따라서 민의 심경을 잘 나타낸 것은 ①.

선택지 해석

① 초조한 ② 감사하는 ③ 화가 난 ④ 차분한 ⑤ 부끄러운

구문 풀이   **2~4행**   **Adding** to *the pressure* [that he already felt] Min knew (**that**) he needed to finish in the top four of this race.

  S V O

Adding ~ felt는 동시 동작을 나타내는 분사구문으로 '~하면서'로 해석한다. knew의 목적어로 쓰인 명사절을 이끄는 접속사 that이 생략되었다.

5~6행   On that day he **had jumped** in the water before the starting whistle and (**had**) **lost because of** it.

  S V₁ V₂

주어 he에 had jumped와 (had) lost 두 개의 동사가 and에 의해 병렬로 연결되어 있다. 이 두 동사는 민이 현재 참여하고 있는 시합보다 이전의 시합에 관해서 설명하고 있으므로 과거완료 〈had+p.p.〉형태로 쓰였다. because of는 뒤에 명사(구)가 오는 전명구이기 때문에 뒤에 명사 it이 왔다. 접속사인 because 뒤에는 절이 온다.

06 ①

해석

어느 날 내가 무언가 바느질을 하던 중 실수로 핀이 가득 든 상자를 쳐서 재봉대에서 떨어뜨렸다. 나는 그 후 40분 동안을 바닥에 엎드려 카펫에서 핀을 골라내는 데 보냈지만, 다 찾았는지 걱정하지 않을 수 없었다. 그리고 며칠 뒤 나는 가게에서 자석을 발견했고 좋은 생각이 떠올랐다. 자석이 손보다 더 빨리 핀을 골라낼 거야! 이제 나는 바느질을 할 때는 항상 자석을 가까이에 둔다. 자석은 카펫에서 핀을 떼어내는 데 좋을 뿐만 아니라, 가구나 재봉틀 안 좁은 곳에서 (핀을) 빼는 데도 유용하다.

정답 풀이

실수로 떨어뜨린 핀을 모두 찾지 못해 걱정을 떨칠 수가 없었다고 했으므로 불안했을(anxious) 것이고, 가게에서 자석을 발견한 뒤 자석이 핀을 손보다 더 빨리 골라낼 수 있을 거라는 사실을 깨달았다고 했으므로 만족스러워(satisfied)졌을 것이다. 따라서 'I'의 심경 변화로 알맞은 것은 ①.

선택지 해석

① 불안한 → 만족하는   ② 짜증이 난 → 분노한

③ 슬픈 → 편안한   ④ 기쁜 → 화난

⑤ 흥미 있는 → 지루한

구문 풀이   **2~5행**   I **spent the next 40 minutes** down on the floor picking pins out of the carpet yet **couldn't help** worry**ing** that I hadnt found them all.

〈spend+시간+v-ing〉는 'v하는 데 시간을 보내다'라고 해석한다. 〈cannot help v-ing〉는 'v하지 않을 수 없다'라고 해석한다.

8~9행   Its **not only** good for getting pins off carpet **but also** (*good for getting pins*) out of little places in furniture

  A B

and sewing machines.

〈not only A but also B〉가 쓰인 구문으로 'A뿐만 아니라 B도'라고 해석한다. A와 B에는 형용사구가 보어로 쓰였는데, B에서는 반복되는 부분이 생략되어 있다.

기출로 보는 필수 어법 포인트 11 – 관계대명사와 관계부사

본문 p.91

1. 절과 절을 연결하는 역할

해석   1) 코코넛 오일로 머리카락을 마사지할 수 있는데, 그것은 흰머리를 되돌리는 데 도움을 줄 수 있다.

2) 존슨은 런던으로 이사를 갔는데, 그곳에서 그는 기사 쓰는 일을 하며 생계를 유지했다.

2. 관계대명사와 관계부사의 구분

해석   1) 그는 가난한 사람들이 적은 비용으로 물건을 살 수 있는 가게를 열었다.

2) 완전히 연료를 공급받은 뇌는 문제를 더 빨리 푼다.

01 why

해석
몇몇 동식물 연구가들은 새들이 알을 낳는 것은 충분한 이유가 있었다고 믿는다.

해설
네모 뒤에 이어지는 절에는 주어(birds), 동사(lay), 목적어(eggs)가 있으므로 완전한 문장 구조를 이루고 있다. 따라서 관계부사 why가 적절하다.

02 that

해석
우리는 가난한 사람들에게 도움을 주는 기관이 더 많이 필요하다.

해설
네모 뒤에 이어지는 절에 주어가 없으므로 주격 관계대명사 자리이다. 따라서 관계대명사 that이 적절.

03 when

해석
당신을 격려해주는 사람이 주변에 아무도 없을 때가 있을 것이다.

해설
네모 뒤에 이어지는 절이 완전한 구조를 이루고 있으므로 관계부사 when이 적절하다.

제3회 미니 모의고사

본문 p.92~96

1 ②　**2** ⑤　**3** ②　**4** ④　**5** ③　**6** ③　**7** ①　**8** ④　**9** ③　**10** ④　**11** ③　**12** ④　**13** ⑤　**14** ③

1 ②

해석
한 사람의 가치는 결코 그의 관심사나 욕구만으로 판단되어서는 안 된다. 더욱이, 점점 다문화되어가는 이 세상에서, 폭넓은 친구 집단을 갖는 것은 과거 어느 때보다 더 중요하다. 그럼에도 우리는 다른 사람의 꿈보다 우리 자신의 꿈에 조금 더 중요성을 둬야 한다. 그래서 당신과 동일한 꿈을 가진 친구가 도움이 될 수 있다. 이것은, 함께 보내는 그 모든 시간이 당신의 목표를 향해 나아가는 시간을 아마도 포함하게 될 것이기 때문이다. 당신의 꿈을 이해하는 친구는 당신이 계속해서 성장하도록 격려할 수 있을 것이다. 그리고 당신들 중 한 사람이 포기하고 싶을 때면 다른 한 사람이 당신 두 사람 모두 다시 바른 길을 가도록 해줄 수 있다.

정답 풀이
동일한 꿈을 가진 친구를 사귀면 서로를 격려하며 함께 목표를 향해 나아가는 데 도움이 될 것이라는 내용이므로 글의 요지로는 '② 같은 목표를 공유하는 친구를 만들어라' 가 가장 적절하다.

오답 풀이
①, ③, ④ 글에 언급된 바 없다.
⑤ 첫 번째 문장을 활용한 오답 선지.

어휘
value 가치(관) / **desire** 욕구, 갈망 / **increasingly** 점점 더 / **slightly** 조금, 약간 / **likely** 아마도; ~할 것 같은 / **involve** 포함[수반]하다; 관련시키다 / **progress** (앞으로) 나아가다; 진행하다 / **encourage** 격려하다 / **give up** ~을 포기하다 / **keep A on track** A가 바른 길을 가도록 하다

구문 풀이　6~8행　Still, we must place slightly more importance on <u>our own dreams</u> than **those** of others.
our own dreams와 those of others가 비교 대상으로 쓰인 비교 구문이다. those는 dreams를 가리킨다.

2 ⑤

해석
의사들은 병원과 진료소에서 향수를 없애길 원한다. 그들은 향수에 천식과 알레르기를 일으키는 화학 물질이 들어있다고 말한다. 절반이 넘는 천식 발병이 향수와 같은 강한 향에 의한 것이다. 맥길 대학의 두 의사는 병원에서 나는 냄새의 위험성에 관해 썼다. 그들은 모든 병원이 환자와 직원 그리고 방문객의 안전을 똑같이 촉진하기 위해 인공적인 향을 제거해야 한다고 말했다. 약 3분의 1에 해당하는 사람이 신체적으로 향에 영향을 받는다고 말한다. 위험에 처한 많은 사람을 위해 의사들이 이 문제를 심각하게 받아들이는 것은 중요하다.

정답 풀이
향수와 같은 인공적인 향은 화학 물질을 포함하고 있어서 위험하므로 의사들이 병원에서 제거하길 원한다는 글이다. 따라서 글의 주제로 적절한 것은 ⑤.

선택지 해석
① 의사가 향수를 뿌려야 하는 이유
② 건강에 해로운 향수
③ 천식과 알레르기 치유에 관한 연구
④ 몇몇 사람이 향에 의해 강한 영향을 받는 이유
⑤ 병원에서 향수를 없애야 하는 이유

① 본문에서 자주 언급된 doctors와 perfumes를 사용해서 만든 오답.

어휘

perfume 향수 / **clinic** 진료소, 병원 / **contain** ~이 들어있다 / **chemical** 화학 물질 / **allergy** 알레르기 / **attack** 도짐[발발] / **artificial** 인공의 / **scent** 향기 / **promote** 촉진하다 / **safety** 안전 / **patient** 환자 / **staff** 직원 / **visitor** 방문객 / **physically** 신체적으로 cf. physical 신체의; 물리적인 / **affect** 영향을 미치다 / **at risk** 위험에 처한 / **issue** 문제 [선택지 어휘] **research** 연구 cf. researcher 연구원 / **cure** 치유하다

구문 풀이 12~14행 For the many people at risk **it** is important **_for doctors_ to** take this issue seriously.

가주어 · 진주어

진주어 to take this issue seriously가 문장의 끝에 가고 주어 자리에 가주어 it이 쓰인 문장이다. for doctors는 to take this issue seriously의 의미상주어이다.

---

3 ②

해석

영국의 몇몇 연구원은 현재 시험에 통과하기 위해 교실에 앉아있는 것에 너무 많은 초점이 가 있다고 말한다. 그들은 야외 학습이 학생의 사회적 기술, 건강, 성장에 중요하다고 말한다. 그래서 연구원은 영국 정부가 야외 학습을 교과과정에 넣길 원한다. 그들은 야외 학습에 많은 장점이 있다고 말한다. 한 가지 장점은 아이들이 나무타기 같은 것들을 경험하면서 자신감을 기를 수 있다는 것이다. 또 다른 장점은 아이들이 자연을 존중하도록 가르친다는 것이다. 또한, 야외 학습은 아이들이 교실에 앉아있거나 비디오 게임을 하는 대신 운동하도록 한다. 매우 많은 이점을 포함한 야외 학습은 교육자와 학생 모두 동의할 수 있는 것일지도 모른다.

정답 풀이

영국의 연구원이 실내 학습 위주에서 벗어나 야외 학습을 교과과정에 포함시켜야 한다고 주장하고 있으며, 그 이유로 야외 학습의 장점을 열거하고 있다. 따라서 글의 제목으로 적절한 것은 ②이다.

선택지 해석

① 자연이 우리에게 가르쳐주어야 하는 것
② 교실에 있지 말고, 밖으로 나가라!
③ 영국 학교: 야외 학습을 받아들이다
④ 자연을 존중함으로써 자신을 존중하라
⑤ 영국 교과과정의 최근 변화

어휘

learning 학습 / **development** 성장, 발달 / **curriculum** 교과과정 / **benefit** 장점 (= advantage) / **confidence** 자신감 / **respect** 존중하다 / **allow A to-v** A가 v하도록 하다 / **rather than** ~ 대신에 / **educator** 교육자 / **agree on** ~에 동의하다 [선택지 어휘] **embrace** 받아들이다 / **recent** 최근의

---

4 ④

해석

3일 만에 세 도시를 방문하고 난 후, 제인은 몸의 모든 근육이 아픈 것 같았다. 대기업의 영업 담당자로서 출장은 일상적인 것이었지만 이번 최근 여행은 특히 힘들었다. 그녀의 발은 그녀에게 신발을 벗으라고 소리치고 있었고 그녀의 팔은 짐을 내려놓으라고 간청했다. 그러나 마침내, 그녀는 아파트의 평화와 고요로 돌아왔다. 그녀는 오래 샤워를 했고 편안한 옷으로 갈아입은 뒤 소파의 푹신한 쿠션 위로 (털썩) 주저앉았다. 그녀는 눈을 감고 그저 숨만 쉬었다. 집에 와서 좋았다.

정답 풀이

처음엔 바쁜 일정으로 힘들었다고 했으므로 피곤했(tired)을 것이고, 출장을 마친 후 평화롭고 조용한 집으로 돌아와 휴식을 취할 때는 편안했(comfortable)을 것이다. 따라서 제인의 심경 변화로 적절한 것은 ④.

선택지 해석

① 기뻐하는 → 걱정하는
② 무서운 → 기뻐하는
③ 신이 난 → 슬픈
④ 피곤한 → 편안한
⑤ 자랑스러운 → 실망한

어휘

sales representative 영업 담당자 / **major company** 대기업 / **traveling** 출장; 여행 / **normal** 일상적인; 평범한 / **scream at** ~에게 소리치다 / **take off** 벗다 / **beg** 간청[애원]하다 / **set down** 내리다 / **luggage** 짐, 수하물 / **quiet** 고요; 조용한 / **sink into** 주저앉다 [선택지 어휘] **horrified** 무서운 / **delighted** 기뻐하는 / **disappointed** 실망한

~, **it seemed to** Jane **that** every muscle in her body was sore.

〈it seems to A that ~〉 구문은 'A가 보기에 ~것 같다'라고 해석한다.

---

5 ③

해석

오늘날의 패스트패션 유행은 환경 ① 친화적이지 못하다. 패스트패션 옷은 고객들이 ② 합리적인 가격에 최신의 패션을 구매하도록 하려고 신속하고 저렴하게 디자인되고 제작된다. 고객들은 싼 가격에 옷을 마련할 수 있기 때문에, 버리는 일이 ③ 괴롭다(→ 괴롭지 않다). 다시 말해, 구매자들은 옷에 ④ 싫증이 나면 주저하지 않고 옷을 버리는 경향이 있다. 이런 패스트패션 문화는 ⑤ 오염의 흔적을 남겨, 잠재적인 환경 문제를 일으킨다. 가장 큰 문제 가운데 하나는, 수천 개의 유독 화학물질이 주로 패스트패션 제조업체들에 의해 사용되고 있다는 점이다.

정답 풀이

패스트패션이 환경에 악영향을 미친다는 내용의 글이다. 패스트패션 의류는 저렴하기 때문에 소비자들은 옷에 싫증이 나면 괴로움 없이 옷을 버릴 수 있을 것이다. 따라서 ③ painful은 painless로 바꿔야 한다.

어휘

trend 유행, 동향 / **clothing** 옷 / **manufacture** 제조[생산]하다 cf. manufacturer 제조자 / **cheaply** 저렴하게 / **consumer** 소비자 / **purchase** 구입하다; 구입 cf. purchaser 구매자 / **latest** 가장 최신의 / **reasonable** 합리적인 / **painful** 고통스러운 / **tend to-v** v하는 경향이 있다 / **get rid of** ~을 없애다, 처리하다 / **hesitation** 주저, 망설임 / **be[become] tired of** 싫증이 나다 / **pollution** 오염 / **footprint** (발)자국 / **generate** 발생시키다 / **potential** 잠재적인 / **environmental** 환경과 관련된 / **toxic** 유독성의 / **mainly** 주로

구문 풀이 2~6행 Fast-fashion clothing *is designed and manufactured* [quickly and cheaply] **to allow** consumers to purchase the latest fashions at reasonable prices.

부사 quickly and cheaply가 동사 is designed and manufactured를 수식하며, 여기서 to allow는 '~하기 위하여'의 부사적 의미로 쓰인 to부정사이다.

10~12행 This fast-fashion culture leaves a pollution footprint, **generating** potential environmental problems.

generating 이하는 부대상황을 나타내는 분사구문으로, and it generates ~ problems로 바꿔 쓸 수 있다.

---

6 ③

해석

작은 도시에 친절하고 부유한 상인이 살고 있었다. 불행하게도, ① 그의 아들은 나쁜 친구들과 어울렸고, 못된 행동을 했다. 그래서 아버지는 산속에 있는 현인(현명한 사람)을 만나도록 아들을 보냈다. 그곳에서 현인은 소년에게 장미를 주었고 ② 그(아들)에게 그 향을 맡아보라고 했다. 그러고 나서 ③ 그(현인)는 낡은 밀 자루 옆에 그 장미를 두었다. 한 시간 후, 그는 그 소년에게 장미와 자루의 냄새를 맡아보라고 했다. "어떤 변화가 있니?"라고 현인은 물었다. "장미는 그 전만큼 산뜻한 향이 나고 자루는 더 좋은 향이 나요."라고 ④ 그(아들)가 대답했다. 그러자 현인은 "애야, 너는 이 장미와 같아야 해. 너의 좋은 자질을 퍼뜨려야 하지만, 나쁜 것이 ⑤ 너(아들)에게 영향을 미치도록 해선 안 돼. 너는 안 좋은 친구들과 있으면서 좋은 성격들을 잃어선 안 돼."라고 말했다. 그 소년은 이해했고, 아버지에게 사과하기 위해 떠났다.

정답 풀이

상인의 아들에게 장미의 향을 맡아 보라고 한 뒤 낡은 밀 자루 옆에 그 장미를 둔 사람은 현인이므로 ③은 현인을 가리킨다. 나머지는 모두 상인의 아들.

어휘

wealthy 부유한 / **merchant** 상인 / **unfortunately** 불행하게도 / **misbehave** 못된 짓을 하다, 비행을 저지르다 / **wheat** 밀 / **reply** 대답하다 / **quality** (사람의) 자질; 질 / **company** 친구들

구문 풀이 10행 "The rose smells **as fresh as** before, ~.

〈as 원급 as ~〉 구문으로 '~만큼 …한'의 의미이다.

12~14행 "Boy, you should be like this rose — **spreading** your good qualities $\boxed{but}$ not **letting** bad ones affect you.

spreading과 letting이 but으로 병렬 연결되었으며, 대시(—)를 통해 앞 문장을 부연 설명한다.

7 ①

19세기 초 영국에서 네드 러드와 그의 추종자들은 기계가 노동자에게서 일자리를 빼앗을 거라고 믿었기 때문에 새로운 기계들을 파괴하고 다녔다. 그들은 그들의 행동에 대해 엄하게 처벌받아 사형을 선고받았다. 그러나 되돌아보면 그들에 대한 처벌은 놀라운 것이 아니었다. 진정한 수수께끼는 왜 그들이 과학기술이 산업을 변화시키는 것을 멈추려고 시도했느냐이다. 이것은 마치 러드와 추종자들이 미래에 대항한 전투에 참여한 것 같다. 분명히 그들의 투쟁은 실패로 끝날 것이었다. 그들의 유일한 지속적인 영향력은 <u>가망 없이 과학기술과 싸우는 사람들</u>을 가리키는 용어로, 오늘날에도 여전히 쓰이는 '러다이트'라는 그들의 이름이다.

빈칸에는 '러다이트'라는 용어의 정의가 들어가야 한다. 네드 러드와 그의 추종자들은 이길 수 없는 과학기술에 대항해 싸우다가 사형을 선고받았다고 했으므로, '러다이트'의 정의로 적절한 것은 ①.

선택지 해석

② 전통적 방식의 처벌을 지지하는
③ 미래가 완전히 디지털화될 것이라 믿는
④ 역사의 그 기간에 대해 지식이 전혀 없는
⑤ 자신의 노동력을 팔아 생활비를 버는

supporter 추종자 / **destroy** 파괴하다 / **machinery** 기계 / **take A away** A를 빼앗다; 치우다 / **punish** 처벌하다 cf. punishment 처벌 / **severely** 엄하게 / **look back** 되돌아보다 / **attempt to-v** v하려고 시도하다 / **stop A from v-ing** A가 v하는 것을 그만두게 하다 / **technology** 과학기술 / **engage in** ~에 참여하다 / **obviously** 분명히 / **struggle** 투쟁; 투쟁하다 / **end in** ~로 끝나다 / **failure** 실패 / **lasting** 지속적인 / **impact** 영향 / **term** 용어 [선택지 어휘] **hopelessly** 가망 없이 / **method** 방법 / **completely** 완전히 / **knowledge** 지식 / **period** 기간 / **earn one's living** 생활비를 벌다 / **labor** 노동

구문 풀이　2~5행　~ Ned Ludd and his supporters went around **destroying new machinery** because they believed **that** the machines would take jobs away from workers.

destroying new machinery는 동시동작을 나타내는 분사구문이다. 명사절 that ~ workers는 동사 believed의 목적어로 쓰였다.

---

8 ④

부러움은 초록색으로 표현되고 분노는 빨간색, 슬픔은 파란색으로 표현된다. 우리는 분명 색과 감정을 관련짓지만, 그 관계 자체는 융통성이 있다. 그것은 개인적인 경험에 달려있다. (A) <u>예를 들어</u>, 차분한 감정은 당신에게 잔잔한 파란 하늘을 연상하게 할지도 모른다. 그러나 다른 사람에게 파란색은 분노와 두려움을 만들어낼지도 모른다. 아마 파란색은 그 사람에게 어린 시절 나쁜 아이의 재킷을 연상하게 할 것이다. 우리가 살고 있는 문화 또한 특정 색을 보는 법에 영향을 미친다. 우리는 종종 하얀색이 순수함과 천진함을 상징한다고 생각한다. (B) <u>그러나</u>, 몇몇 문화에서 하얀색은 상실에서 비롯된 슬픔의 색이다. 우리의 삶과 문화에서 색은 감정과 어떤 관련이 있을까?

(A) 앞 문장에서 색이 개인적인 경험과 관련이 있다고 했고, (A) 문장과 그다음 문장에서 그 예를 들고 있으므로 (A)에는 For example이 적절하다. (B) 앞 문장에서 하얀색은 순수함과 천진함을 나타낸다고 했지만 (B)에서는 하얀색이 상실과 관련된 색이라고 했으므로 (B)에는 대조를 나타내는 However가 적절하다. 따라서 정답은 ④.

envy 부러움 / **represent** 표현하다; 상징하다 / **anger** 분노 / **sadness** 슬픔 / **definitely** 분명히 / **link** 관련짓다; 관계 / **emotion** 감정 (= feeling) / **flexible** 융통성 있는 / **depend on** ~에 달려있다 / **personal** 개인적인 / **calm** 차분한 / **remind A of B** A에게 B를 연상하게 하다 / **perhaps** 아마 / **childhood** 어린 시절 / **certain** 특정한; 확실한 / **purity** 순수 / **innocence** 천진 / **loss** 상실 / **relate to A** A와 관련되다

구문 풀이　1~2행　Envy is represented by green anger (**is represented**) by red ‖and‖ sadness (**is represented**) by blue.

세 개의 절이 and로 연결되어 있으며 뒤의 두 절은 반복된 동사구 is represented가 생략된 형태이다.

9 ③

해석

외교는 잘하면 멋진 직업이지만 단점도 있다. 신변 안전을 예로 들어 보자.
(B) 일부 국가는 다른 나라에 비해 더 위험하다. 그래서 납치에 대한 우려 때문에 자동차로만 다녀야 하고 밤에는 경비원, 개와 경보 시스템을 준비해 놓고 집 안에 틀어박혀 있어야 한다.
(C) 물리적인 환경과 상관없이 외교관은 업무에서 대담하고 신중해야 한다. 대담성이 없으면 국제 정치의 일상과 불가피하게 변경되는 지역, 기후, 문화도 견뎌 낼 수 없을 것이다.
(A) 신중함이 없으면 타인의 관심사나 기분, 성격에 대해 이해하지 못할 것이다. 훌륭한 외교관은 균형을 잡는 것이 필요하다.

정답 풀이

주어진 문장은 신변 안전에 대해 얘기하고 있으므로, 위험한 나라와 납치에 대해 언급하는 (B)가 뒤에 이어지는 것이 자연스럽다. (C)의 the physical environment가 (B)의 내용을 가리키므로 (B) 다음에 (C)가 오고, (C)에서 언급한 신중함에 대해 덧붙이는 (A)가 마지막에 오는 것이 적절하다. 따라서 글의 알맞은 순서는 ③ (B) − (C) − (A).

어휘

profession 직업, 직종 / **disadvantage** 불리한 점 / **security** 보안, 안보 / **carefulness** 신중 cf. careful 주의 깊은 / **kidnap** 납치하다 / **lock oneself in** ~에 틀어박히다 / **guard** 경비원 / **regardless of** ~에 상관없이 / **bold** 대담한; 뚜렷한, 굵은 cf. boldness 대담 / **survive** 견뎌 내다 / **politics** 정치 / **climate** 기후

구문 풀이   1~2행 **Without** carefulness they would not understand ~.
(= If it were not for carefulness)
여기서 Without은 '~이 없다면'의 뜻으로, if가 생략된 조건절 역할을 하고 있다.

12~13행 **Without** boldness they would not survive the everyday ~.
(= If it were not for boldness)

---

10 ④

해석

소코트라 섬은 아라비아 반도에서 남쪽으로 약 380km 떨어진 인도양에 있는 작은 섬이다. ① 섬은 오랫동안 본토에서 떨어져 있었는데, 이는 소코트라 섬을 세계에서 가장 독특한 장소 중 하나가 되게 했다. ② 그곳에는 아주 흥미로운 식물이 있어서 종종 '지구에서 가장 이상하게 보이는 장소'로 묘사된다. ③ 소코트라 섬에 있는 300개 이상의 식물 종은 오로지 그 섬에서만 산다. (④ 씨앗, 나뭇가지, 뿌리 등과 같은 모든 물질을 이 섬에서 수출하는 것은 엄격히 금지된다.) ⑤ 예를 들어, 잔디밭처럼 촘촘한 덮개를 형성하는 위로 자란 가지를 지니는 용의 피나무는 소코트라 이외의 다른 곳에서는 찾을 수 없다.

정답 풀이

소코트라 섬은 본토와 오랫동안 떨어져 있어 매우 독특한 식물이 자라는 장소가 되었다는 것이 글의 내용이다. ④에서는 소코트라에서 모든 수출을 금지한다는 내용이 나오므로 이러한 글의 흐름과는 상관이 없다.

어휘

separate A from B A를 B에서 분리하다 / **mainland** 본토 / **describe** 묘사하다 / **alien-looking** 이상하게 보이는 / **species** 종(種) / **strictly** 엄격히 / **prohibit** 금지하다 / **export** 수출하다 / **material** 물질; 재료 / **branch** 가지 / **upward-sprouting** 위쪽으로 자라는 / **dense** 촘촘한, 밀집한 / **covering** 덮개 / **resemble** 비슷하다 / **lawn** 잔디밭 / **nowhere** 어디에도 / **other than** ~ 외에

구문 풀이   3~6행 *It **has been separated** from the mainland **for** a long time*, **which** has **allowed** Socotra **to become** one of the world's most unique places.

has been separated는 현재완료의 계속적 용법으로, 주로 for(~ 동안)나 since(~ 이후로)와 함께 쓴다. which 이하는 앞 문장 전체를 부연 설명하는 계속적 용법의 관계대명사절이다. allow는 목적격보어로 to부정사를 취한다.

6~8행 It has **such** interesting plant life **that** it is often described as "the most alien-looking place on Earth."

〈such+형용사+명사+that ~〉은 '너무 …한 (명사)라서 ~하다'라는 뜻이다.

8~10행 Over 300 plant species on Socotra only live on the island.
　　　　　　　S　　　　　　　　　　　　　　V　　　부사구

14~16행 ~ create *a dense covering* [**resembling a lawn**], is found nowhere other than Socotra.

현재분사구 resembling a lawn이 a dense covering을 수식하고 있다.

11 ③

해석

매년 수백만 명의 사람들이 희귀종을 관찰하기 위해 자연 보호 구역을 방문하는데, 이것을 생태 관광이라고 한다. 그것은 환경 친화적으로 들릴지도 모르지만, 새로운 보고서는 생태 관광이 자연에 도움이 되기보다는 자연을 훼손한다고 주장한다. 연구원은 관광객이 동물의 자연 서식지에서 동물을 방해한다고 믿는다. 그들은 와서 지켜보는 관광객들 때문에 코스타리카의 바다거북들이 알을 낳는 데 문제를 겪었다는 최근의 일에 대해서 말했다. 연구원은 또한 사람들 주위에 너무 많이 있는 것은 동물을 덜 조심스럽게 만든다고 말했다. 이것은 진짜 포식 동물이 다가올 때 동물을 큰 위험에 처하게 한다. 그 연구원은 다른 종(種)이 사람에게 어떻게 반응하는지를 더 잘 이해하는 것이 필수적이라고 말했다. 그러면 우리는 동물을 위험에 처하게 할 상황을 피할 수 있다.

정답 풀이

주어진 문장은 사람들 주변에 너무 많이 있게 되면 동물이 덜 조심하게 된다는 내용이며, also가 있으므로 주어진 문장 앞에도 비슷한 내용이 나올 것임을 알 수 있다. ③ 앞 문장에서 사람들이 바다거북을 지켜보는 것 때문에 알 낳는 데 문제가 생겼다고 했고, ③ 다음 문장의 This는 주어진 문장에서 언급한 '동물이 덜 조심하게 되는 것'을 가리킴을 알 수 있다. 따라서 주어진 문장이 들어갈 곳은 ③.

어휘

cautious 조심스러운 / natural 자연의 / area 구역 / observe 관찰하다 / rare 희귀한 / environmentally-friendly 환경 친화적인 / damage 훼손하다 / disturb 방해하다 / lay egg 알을 낳다 / predator 포식 동물 / approach 다가오다 / essential 필수적인 / understanding 이해 / respond to A A에 반응하다 / situation 상황

구문 풀이

주어진 문장 The researchers also said **that** being around humans too much makes animals less cautious.
(S′ ... V′)

that절의 주어 자리에 동명사구 being ~ much가 위치했으며, that절의 동사는 makes이다.

1~3행 Every year *millions of people visit protected natural areas to observe rare species* **which** is called ecotourism.

관계대명사절 which 이하는 계속적 용법으로 쓰여 millions of people ~ species 전체를 부연 설명하고 있다.

14~16행 The researchers **said** (that) it was essential to get a better understanding of how different species respond to humans.
(가주어 ... 진주어)

주절의 시제가 과거(said)라서 종속절에도 과거 시제(was)가 쓰였다.

---

12 ④

해석

당신이 매우 강력한 어떤 냄새를 풍기고 있음을 알았는가? 그 냄새는 고약하지 않다. 이런 냄새를 페로몬이라고 부른다. 개와 말은 특히 페로몬에 민감하다. 당신이 두려워하면 개와 말은 당신이 두려워하는 것을 안다. 이는 공포 때문에 우리 몸이 특별한 페로몬을 만들기 때문이다. 우리는 그 냄새를 맡을 수 없지만 개와 말은 맡을 수 있다. 그래서 사람들이 개와 말이 '당신이 두려워하는 걸 냄새 맡을 수 있다'고 말하는 것은 사실이다. 또한 많은 여성들이 슬픔이나 행복의 냄새를 맡을 수 있다는 것도 사실이다! 여러 실험에서, 여성들은 어떤 사람이 슬픈 영화를 봤는지 아니면 코미디 영화를 봤는지에 관해 말하도록 요청받았다. 대부분의 여성은 그 사람을 보거나 그 사람이 말하는 것을 듣지 않고서도 정확한 답을 했다. 대신에, 여성들은 그 사람이 입고 있었던 셔츠의 냄새를 맡고 이렇게 할 수 있었다. 페로몬이 그 감정을 여성들에게 전달했다.

↓

페로몬은 다양한 (A) 감정들에 의해 나오는 냄새이며, 다른 사람들에게 강력한 (B) 메시지를 보낸다.

정답 풀이

이 글은 다양한 감정에 의해 만들어지는 페로몬이 다른 동물들에게 메시지를 전달한다고 설명하고 있다. 따라서 정답은 ④.

선택지 해석

	(A)	(B)
①	사람들	메시지
②	동물들	에너지
③	동물들	경고문
⑤	감정들	경고문

어휘

sensitive 민감한 / fear 공포, 두려움 / several 여러, 몇몇의 / experiment 실험

구문 풀이

0~0행 This is **because** fear **makes our bodies produce** a special pheromone.

because가 이끄는 절에 〈make+O+동사원형〉의 구조가 쓰여 목적격보어 자리에 produce가 위치했다.

0~0행 ~, women were asked to **say whether** a person had just watched a sad movie **or** a funny one.

say의 목적어로 whether가 이끄는 명사절이 왔다. 〈whether A or B〉는 'A인지 B인지'란 뜻이다.

13 ⑤
14 ③

해석

캘리포니아 대학의 2010년 연구는 무거운 배낭이 학생들의 요통을 유발하고 있다는 것을 알아냈다. 같은 연구에서 11세에서 14세의 아이들 중 33%가 요통(이 있다는 것)을 보고했다. 2011년부터 진행된 다른 연구에서 비슷한 결론에 도달했다. 집의 뼈대와 마찬가지로, 척추는 몸을 떠받치는 것이다. 어린 신체가 아직 자라고 있는 동안에 이 뼈대에 너무 많은 무게를 싣는 것은 아이의 자세를 변화시키고 성장을 지연시킬 수 있다고 척추 전문의 롭 다노프는 말한다. "그것은 나중에 다른 부상으로 이어질 수도 있습니다."라고 그는 말한다. 다노프는 척추와 어깨의 압력을 완화하기 위해서는 제대로 된 디자인이 중요하다고 말한다. 당신은 자신의 체격에 맞게 만들어진 배낭이 필요하다. 부드러운 어깨끈과 쿠션이 있는 뒷부분이 또한 통증을 막아줄 것이다. 그뿐만 아니라, 아이들은 자신에게 필요한 것만 가지고 다녀야 한다.

정답 풀이

13. 무거운 배낭으로 인해 많은 아이들이 요통에 시달리고 있으며, 이는 성장을 저해하고 훗날 부상을 야기할 수 있다고 했다. 무거운 배낭으로 인한 문제점들을 이야기하고 있으므로 제목으로 가장 적절한 것은 ⑤.

14. 척추와 어깨의 압력을 줄이기 위해서 무엇이 중요한지 찾아야 한다. 빈칸 문장 바로 뒤에 이어지는 내용에서 체형에 맞는 디자인을 선택하고, 부드러운 어깨끈과 쿠션이 있는 가방이 통증을 예방해줄 것이라고 했으므로 디자인이 제대로 되어 있어야 한다는 말이 적절하다. 따라서 정답은 ③.

선택지 해석

13. ① 아이들이 가지고 다니는 것
② 나쁜 자세는 통증과 마찬가지이다
③ 완벽한 배낭을 디자인하는 것
④ 배낭을 고르는 방법
⑤ 큰 배낭, 큰 문제
14. ① 좋은 자세 ② 더 가벼운 가방
④ 튼튼한 틀 ⑤ 건강한 성장

어휘

back pain 요통, 허리 통증 / **aged** (나이가) ~세의 / **come to A** A에 도달하다 / **similar** 비슷한 / **conclusion** 결론 / **frame** 뼈대, 골격, 틀 / **hold A up** A를 떠받치다 / **posture** (앉거나 서 있는) 자세 / **slow** 속도를 늦추다, 둔화시키다; 느린 / **growth** 성장 / **lead to A** A로 이어지다 / **injury** 부상 / **pressure** 압력, 압박 / **strap** (천, 가죽으로 된) 끈, 줄 / **cushioned** 쿠션이 있는 / **prevent** 막다, 예방하다 / **furthermore** 그뿐만 아니라, 더욱이 [선택지 어휘] **equal** 마찬가지이다, 맞먹다; 동일한 / **proper** 제대로 된, 알맞은

구문 풀이　**7~9행** Putting too much weight on this frame while a young body is still developing **could change** a child's posture and
　　　　　　　　　　　　　　　　　　　　　　　　　S　　　　　　　　　　　　　　　　　　　V₁　　　　　O₁

(***could***) **slow** growth, ~.
　　　　V₂　　O₂

Putting이 이끄는 동명사구가 문장의 주어이고, 동사인 could change와 (could) slow가 and로 병렬 연결되어 있다.

Chapter ④ 세부 내용 이해 및 기타 유형

유형 12 지칭 대상 파악　　　　　　　　　　　　　　　본문 p.98~99

예제 1

⑤

해석

폴 드버가 고등학교 학생이었을 때, 그는 코미디언인 수피 세일즈를 만났고, 그와 친구가 되었다. ① 그(폴)는 심지어 가끔 그 코미디언과 전화통화를 했다. 폴은 그의 고등학교 동급생 친구들에게 ② 그(폴)가 수피 세일즈와 친구라고 말하곤 했으며, 당연히 그들은 그를 믿지 않았다. 어느 날, ③ 그(폴)는 수피에게 부탁을 했다. 폴과 그의 친구들이 연극에 출연하게 되었고, ④ 그(폴)는 수피에

정답 풀이

폴의 연극 광고에 애드리브를 덧붙여 녹음을 한 사람은 수피이므로 ⑤는 수피를 가리킨다. 나머지는 모두 폴.

게 그를 위해 광고 하나를 녹음해 달라고 부탁했는데, 왜냐하면 그 광고가 수피의 목소리로 녹음되면 지역 라디오 방송국이 틀어 줄 것이기 때문이었다. 수피는 단지 쓰인 대로 광고를 녹음하는 것 이상의 일을 했다. ⑤ 그(수피)는 몇몇 애드리브를 덧붙여 그것을 재미있게 만들었다. 물론, 폴의 고등학교 친구들은 폴과 그의 친구들의 연극을 광고하는 수피의 목소리를 라디오에서 듣고는 깜짝 놀랐다.

> **어휘**
> **comedian** 코미디언 / **fellow** 동년배, 친구 / **appear** 출연하다 / **play** 연극 / **advertisement** 광고 / **local** 지역의, 현지의 / **radio station** 라디오 방송국 / **throw in** ~을 덧붙이다 / **ad-lib** 애드리브 / **amaze** 놀라게 하다

구문 풀이 **4~5행** <u>Paul would tell his fellow high school students **that** he was friends with Soupy Sales, ~.</u>
          S   V   IO   DO
Paul ~ Sales는 4형식으로 쓰인 문장으로, 간접목적어 자리에는 명사구, 직접 목적어 자리에는 that절이 위치했다.

11~13행 Of course, Paul's high school friends were amazed **to hear** *Soupy's voice* on the radio [**advertising** Paul and his friends' play].

to hear는 '놀랐다'는 감정이 생기게 된 원인을 나타내는 부사적 역할로 쓰여 '~해서'라고 해석한다. 현재분사구 advertising ~ play가 Soupy's voice를 수식하고 있다.

예제 2

④

> **해석**
> "내 여동생을 발견했어요!" 내가 막 데려온 우리 가족의 새로운 구성원을 엄마가 볼 수 있도록 유모차를 밀면서 나는 자랑스럽게 말했다. 그 당시 나는 세 살이 채 되지 않았고, ① 그녀(아이)의 머리카락이 작은 머리 뒤로 꽉 묶여진 그 아이는 그보다 고작 몇 개월 더 어렸다. 나는 ② 그녀(아이)가 나를 올려다보며 미소 짓고 있던 것을 기억한다. 나는 ③ 그녀(아이)의 웃음을 그 방치된 유모차를 가져가라는 허락으로 받아들였음이 틀림없다. "설마! 아니겠지!" 엄마가 놀라서 헉 하고 숨 쉬며 ④ 그녀(나의 엄마) 자신의 입에 손을 갖다 댔다. 나의 눈물 어린 항의에도 불구하고 그 아기는 걱정하는 ⑤ 그녀(아이)의 엄마에게로 재빨리 돌려보내졌다.

> **정답 풀이**
> 놀란 'I'의 엄마가 본인의 입에 손을 가져간 것이므로 ④는 엄마를 가리킨다. 나머지는 모두 어린아이.

> **어휘**
> **proudly** 자랑스럽게 / **at that time** 그 당시, 그 때 / **quite** 완전히; 꽤 / **toddler** (걸음마를 배우는) 아이 / **tightly** 꽉, 단단히 / **permission** 허락, 허가 / **unwatched** 방치된, 감시를 받지 않는 / **gasp** 헉 하고 숨을 쉬다, 숨이 턱 막히다 / **despite** ~에도 불구하고 / **tearful** 눈물 어린 / **protest** 항의

구문 풀이 **1~3행** I proudly said, **pushing** a stroller around **so that** my mother **could** see *the newest member of our family* [whom I had just taken].

pushing ~ around는 부대상황을 나타내는 분사구문으로 '~하면서'라고 해석한다. (= as I pushed a stroller around) 〈so (that)+S+can〉은 '~하도록, ~하기 위하여'라고 해석하며 〈in order that S〉로 바꿔 쓸 수 있다.

③

> 해석

알렉스는 낚시하며 끔찍한 하루를 보냈다. 그래서 ① 그(알렉스)는 돌아가는 길에 가게에 들러서 송어 네 마리를 주문했다. ② 그(알렉스)는 점원에게 "큰 거로 네 마리를 골라서 저에게 던져주시겠어요?"라고 말했다. "왜 ③ 제(점원)게 그것들을 당신에게 던져달라고 하는 거죠?"라고 점원이 물었다. "④ 제(알렉스) 아내에게 그것들을 잡았다고 솔직하게 말하고 싶거든요."라고 알렉스가 말했다.

유형 집중 문제

본문 p.100~102

01 ④   **02** ⑤   **03** ④   **04** ②   **05** ⑤   **06** ②

01 ④

> 해석

한 남자가 200마일 떨어져 있는 다른 도시에 살고 계신 어머니에게 꽃을 보내기 위해 꽃집에 들렀다. 차에서 내렸을 때, ① 그(한 남자)는 한 소년이 울고 있는 것을 보았다. ② 그(한 남자)는 무엇이 잘못되었는지 소년에게 물었고, 그 소년은 "저희 어머니에게 드릴 장미꽃을 살 돈이 없어요."라고 대답했다. 그 남자는 웃으며, "내가 장미를 사줄게."라고 말했다. ③ 그(한 남자)는 소년에게 장미를 사주었고, 자신의 어머니의 꽃을 주문했다. 그들이 (그곳을) 떠나면서, 그는 소년에게 집으로 데려다준다고 했다. ④ 그(소년)는 "네, 제발요! 당신은 저를 어머니에게 데려다줄 수 있어요."라고 말했다. ⑤ 그(한 남자)는 묘지로 운전해서 갔고, 그곳에서 소년은 무덤 위에 그 장미를 올려두었다. 그 후에, 남자는 (꽃을 보내는) 대신, 꽃을 찾아와서 200마일을 운전하기로 결심했다.

> 정답 풀이

한 남자가 소년에게 집으로 데려다준다고 했고, 이에 그 소년이 대답한 것이므로 ④는 소년을 가리킨다. 나머지는 모두 한 남자.

구문 풀이

2~3행 As he got out of his car, he **noticed** a young boy crying.
O C

동사 notice의 목적어와 목적격 보어는 능동관계이므로 현재분사가 쓰였다.

3~4행 He asked him **what** was wrong, ~.

의문사 what이 이끄는 절은 명사절로서 asked의 직접목적어 역할을 한다.

9~10행 He drove to *a cemetery*, **where** the boy placed the rose on a grave.

where 이하는 a cemetery를 부연 설명하는 계속적 용법의 관계부사절이다.

02 ⑤

Q
Amina

> 해석

에이미의 학교는 컴퓨터를 더 사기 위해 모금 행사를 할 필요가 있었다. 에이미는 그녀의 반 친구들 가족 상당수가 전 세계의 각기 다른 나라 출신이라는 것을 알았다. 그래서 ① 그녀(에이미)는 모든 학생들이 그들이 좋아하는 음식을 가져와 민족 전통적인 저녁 만찬을 열자고 제안했다. ② 그녀(에이미)는 부모님들과 지역 주민들이 전 세계의 음식을 맛보기 위해 기꺼이 돈을 지불할 것이라 생각했다. 에이미의 선생님도 그 생각을 마음에 들어 했다. 에이미는 ③ 자신(에이미)이 가장 좋아하는 음식인 으깬 감자와 닭고기를 가져왔다. ④ 그녀(에이미)의 친구 아미나는 아프리카의 에티오피아에서 왔다. ⑤ 그녀(아미나)는 향신료가 뿌려진 밥과 고기를 가져왔다. 모로코에서 온 이브라힘은 색다른 매운 음식을 가져왔다. 후안은 멕시코 음식을 가져왔고, 기타 등등이 있었다. 모금 행사는 매우 성공적이었다! 모든 사람이 매우 다양한 나라에서 온 음식들을 보고 냄새 맡고 맛보는 것을 즐겼다.

> 정답 풀이

아프리카에서 온 에이미의 친구 아미나가 색다른 음식을 가져왔다고 했으므로 ⑤는 아미나를 가리킨다. 나머지 모두는 에이미.

구문 풀이 **12~14행** Everyone **enjoyed seeing**, **smelling**, | and | **tasting** foods from so many different cultures.

동사 enjoyed의 목적어로 동명사(seeing, smelling, tasting)가 쓰였다.

---

03 ④

해석

늙은 대금업자는 한 농부의 아름다운 딸과 결혼하기를 원했다. 그래서 ① 그(대금업자)는 한 가지 게임을 제안했다. 그는 농부의 딸에게 가방에서 두 개의 돌 중 하나를 꺼내 집으라고 했다. 만약 그녀가 검은색 돌을 꺼낸다면, 그녀는 ② 그(대금업자)의 아내가 될 것이다. 하지만 만약 그녀가 하얀 돌을 꺼낸다면 그와 결혼하지 않아도 되며 농부의 빚은 탕감될(없어질) 것이다. 그들이 대화를 나누는 동안, 그 대금업자는 두 개의 돌을 집기 위해 몸을 구부렸다. ③ 그(대금업자)가 그 돌들을 집었을 때, 그 소녀는 그가 두 개의 검은 돌을 집어서 가방에 넣은 걸 알아차렸다. 단 몇 초간 생각하고 나서, 소녀는 가방 안에 손을 넣어 한 개의 돌을 꺼내 떨어뜨리는 척했다. "오, 바보 같은 행동을 했네!"라고 그녀가 말했다. "하지만 괜찮아요. ④ 내(농부의 딸)가 뽑은 것을 알려면 다른 돌을 확인하면 돼요." "그럼 ⑤ 내(대금업자) 잘못을 인정할 수밖에 없군. 미안합니다."라고 대금업자가 말했다. 농부와 그의 딸은 곤경에서 벗어났다.

정답 풀이

농부의 딸이 돌을 꺼내다 떨어뜨리는 척을 했고, 뽑은 돌의 색을 알기 위해 다른 돌을 확인해보자고 했으므로 ④는 농부의 딸을 가리킨다. 나머지 모두는 대금업자.

구문 풀이 **2~3행** He would **let** the daughter **pick** one of two stones from a bag.
                   S   V   O   C

사역동사 let의 목적격 보어 자리에 동사원형 pick이 위치했다.

8~10행 With only seconds to think, the girl reached into the bag, picked a stone, | and | pretended to drop it.
                                            V₁   V₂   V₃

and는 동사 reached, picked, pretended를 병렬로 연결하고 있다.

---

04 ②

해석

한 노인은 불행했다. 노인의 세 아들은 항상 다퉜다. 어느 날 노인이 ① 그(노인)의 아들들에게 "막대기 한 묶음을 가져오거라."라고 말했다. 세 명의 아들은 그들의 하인에게 가져오라고 부탁했다. 하인은 가지러 갔다. 몇 분 후, ② 그(하인)는 막대기 한 묶음을 가지고 돌아왔다. 그리고 나서 그 노인은 아들들을 불렀다. ③ 그(노인)는 그들에게 "네 앞에 막대기 한 묶음이 있어. 이것을 부러뜨려보렴."이라고 말했다. 그들은 그 묶음을 부러뜨리려고 노력했다. 그들은 실패했다. 그러자 ④ 그(노인)는 "이제 이 묶음을 풀어보렴. 막대기를 한 번에 하나씩 빼거라. 그것을 부러뜨려보렴."이라고 말했다. 아들들 각자 하나의 막대기를 가져갔다. 그 막대기들은 쉽게 부러졌다. ⑤ 그(노인)는 "이제 교훈 하나를 배운 거야. 서로서로 싸우지 말아야 해. 다 함께 살아야 해. 너희는 행복하고 강해질 거야. 뭉치면 서고, 흩어지면 넘어진단다."라고 말했다.

정답 풀이

세 명의 아들이 하인에게 막대기 한 묶음을 가져오라고 했고, 하인이 그것을 가져왔다고 했으므로 ②는 하인을 가리킨다. 나머지 모두는 노인.

구문 풀이 **11행** (**Being**) United we stand, | and | (**being**) divided we fall.

(= If we are united, we stand, and if we are divided, we fall.)

United와 divided 앞에 being이 생략된 조건을 나타내는 분사구문이다. 두 개의 분사구문이 and로 병렬 연결되어 있다.

05 ⑤

공원에 빚이 많은 한 사업가가 있었다. 갑자기 한 노인이 ① 그(사업가) 앞으로 나타났다. 그는 "내가 도와줄 수 있을 것 같네."라고 말했다. "이 돈을 가지고 일 년 후에 나에게 돌려주게." 그 사업가는 노인의 손에 엄청난 부자인 존 D. 록펠러라고 서명되어있는 50만 달러의 수표를 보았다. 이제 ② 그(사업가)의 사업이 안정적이었기 때문에, 그는 수표를 사용하지 않고 그의 빚 문제를 해결하기로 결심했다. 일 년 후, ③ 그(사업가)는 성공했다. 그래서 그는 ④ 그(사업가)가 전혀 사용할 필요가 없었던 수표를 가지고 공원으로 갔다. 그러나 이번에 사업가는 한 간호사를 만났다. 그녀는 존 D. 록펠러인 척하고 다니는 한 남자를 찾고 있다고 설명했다. 그녀가 지역 병원의 환자인 노인을 보았을 때, ⑤ 그(노인)를 잡으려 뛰어갔다. 그 사업가는 충격을 받아 서 있었다! 그 수표는 결코 진짜가 아니었다.

정답 풀이

간호사가 병원 환자인 노인을 보았을 때 뛰어가 그를 잡으려 했으므로 ⑤는 노인을 가리킨다. 나머지는 모두 사업가.

구문 풀이

1행 There was *a businessman* in a park [**who** was deep in debt].

관계대명사 who가 이끄는 절이 a businessman을 수식한다.

4~5행 The businessman saw in his hand *a check for $500,000*, signed by John D. Rockefeller, a very wealthy man.

John D. Rockefeller와 a very wealthy man사이의 콤마는 동격을 나타낸다.

10~11행 She explained that she was looking for *a man* [**pretending** to be John D. Rockefeller].

현재분사 pretending이 이끄는 구는 a man을 후치 수식한다.

12~13행 The businessman stood shocked!
　　　　　　　　S　　　　 V　　 C

06 ②

Q
Margot

해석

북아프리카의 사막을 건너는 여행 중에 어맨다는 마르고와 언쟁을 벌였고, 마르고는 ① 그녀(어맨다)에게 상처 줄 만한 말을 했다. 아무 말 없이 그녀는 모래에 "오늘 ② 그녀(마르고)는 나에게 상처를 줬다."라고 적었다. 그러고 나서 그들은 오아시스를 찾을 때까지 걸었다. 그곳에서 어맨다는 진흙에 빠져 꼼짝 못했고, 마르고는 그녀를 구해주었다. 그 후에 ③ 그녀(어맨다)는 돌에 "오늘 내 가장 친한 친구 마르고는 내 목숨을 구해줬다."라고 적었다. 그때 마르고는 궁금해졌고, "내가 너에게 상처를 준 후, ④ 너(어맨다)는 모래에 글씨를 적었고 지금은 돌에다가 적었어. 왜 그런거니?"라고 물어보았다. ⑤ 그녀(어맨다)는 미소를 지으며, "누군가 우리에게 상처를 줄 때 우리는 그것을 모래에 적어야 해. 그러면 용서의 바람으로 그것을 지울 수 있지. 하지만, 누군가 선행을 했을 때 우리는 이것을 영원히 간직하기 위해 돌에 적어야 해."라고 대답했다.

정답 풀이

어맨다는 마르고와 언쟁을 했고, 이 과정에서 마르고는 어맨다에게 상처를 줬다고 했다. 따라서 어맨다에게 상처를 준 사람인 ②는 마르고를 가리킨다. 나머지는 모두 어맨다.

구문 풀이

9~11행 ~, "When someone hurts us, we should write it in *sand*, **where** the winds of forgiveness can erase it, ~."
　　　　　　　　　　　　　　　　　　　　　　　　　(=, and there the winds of forgiveness ~,)

where ~ it은 sand를 부연 설명하는 계속적 용법의 관계부사절이다.

1. 관계대명사 that[which]과 관계대명사 what의 구분

> 해석 1) 놀라운 것은 그 흰색 중과피에서 풍부한 비타민C를 찾을 수 있다는 점이다.

2) 매주 월요일에 너무 많은 회의가 있는데, 그것들은 그리 생산적이지 않다.

2. 접속사 that과 관계대명사 what의 구분

> 해석 1) 좋은 결정이라도 나쁜 결과로 이어질 수 있음을 기억하는 게 중요하다.

2) 그 연구원들의 목표는 성과가 높은 사람들이 공통으로 가지고 있는 게 무엇인지 결정하는 것이었다.

POINT EXERCISE   **01** that   **02** what   **03** which

01 that

> 해석
친구는 사람들에게 다른 것을 의미하지만, 대부분 사람들은 친구들이 중요하다는 것을 안다.

> 해설
friends are important는 완전한 절이므로 관계대명사 that이 적절하다.

02 what

> 해석
네 노래가 복제되는 것을 막기 위해서, 네가 만든 것을 공적으로 허가받아야 한다.

> 해설
이어지는 절에 목적어가 빠져 불완전하므로 선행사를 포함한 관계대명사 what이 적절하다.

03 which

> 해석
입장료는 어린이 한 명당 6달러이고, 여기에는 아이들을 위한 간식이 포함됩니다.

> 해설
선행사 $6을 보충 설명하는 절이 이어지고 있다. 계속적 용법의 관계대명사로는 which만 쓸 수 있으므로 which가 적절.

유형 13   내용 일치

본문 p.104~105

예제 1

④

> 해석
나다니엘 애덤스 콜은 1919년 3월 17일, 앨라배마에서 태어났다. 콜은 그의 어머니에게 피아노를 배웠으며, 그와 그의 형 에디 둘 다 십 대에 전문적인 음악가가 되었다. 십 대에 콜은 '리듬의 악당'과 '왕족의 공작'이라는 두 개의 음악 그룹을 조직했다. 15세에 그는 풀타임 재즈 피아노 연주가가 되기 위해 학교를 중퇴했다. 샌타모니카의 센추리 클럽에서 피아니스트로 취직한 후 그는 1939년에 오스카 무어와 웨슬리 프린스와 함께 3인조를 결성했다. 그러나 1951년에 그 3인조는 공식적으로 해체했다. 그 후에 콜은 유명한 솔로 보컬리스트로 나타났다. 그는 40장이 넘는 앨범을 발매했고, 더 큰 미국 음악 분야에 '레이스 뮤직'을 도입하는 데 기여했다.

> 정답 풀이
콜의 3인조는 1939년에 결성했고, 1951년에는 공식적으로 해체했다고 했으므로 일치하지 않는 것은 ④.

> 어휘
professional 전문적인 / **teens** 십대 시절 / **organize** 조직하다 / **rogue** 악당[불한당] / **rhythm** 리듬 / **duke** 공작 / **drop out** 중퇴하다 / **full-time** 풀타임의 ((부분적으로가 아니라 정상적인 시간 동안 근무나 공부를 하는)) / **form** 결성하다 / **trio** 3인조 / **officially** 공식적으로 / **emerge** 나오다[모습을 드러내다] / **vocalist** 보컬리스트 / **release** 발매하다 / **contribute to A** A에 기여하다 / **race music** 레이스 뮤직 ((블루스를 기본으로 한 단순한 재즈)) / **scene** 분야; 장면

⑤

해석

모링가는 펼쳐진 우산 모양의 수관과 곧게 뻗은 몸통을 가진 높이가 5m에서 12m 사이인 식물이다. 열대기후 지역이 원산지인 이 잎이 무성한 나무는 전 세계 어디에서든 자랄 수 있다. 이 나무가 피우는 하얀 꽃 무리는 후에 길고 좁은 모양의 씨앗 꼬투리로 변한다. 그 열매(꼬투리)는 처음에는 연한 녹색에 얇고 무르지만, 결국 짙은 녹색으로 변하고 단단해지며 품종에 따라 120cm 길이까지 자란다. 모링가는 영양실조를 낫게 하며 다수의 비타민과 미네랄을 지나칠 정도로 많이 가지고 있다. 말린 잎 가루에는 우유의 17배에 달하는 칼슘, 요구르트의 9배에 달하는 단백질 그리고 시금치의 25배에 달하는 철분이 들어 있는 것으로 드러났다.

어휘

range A from B (길이·양 등의 범위가) A에서 B 사이이다 / **height** 높이 / **shaped** ~의 모양의 / **crown** 수관 ((나무의 가지와 잎이 달려 있는 부분으로 원 몸통에서 나온 줄기)) / **trunk** 나무의 몸통 / **native** 원산[토종]의 / **leafy** 잎이 무성한 / **survive** 생존하다 / **cluster** (함께 자라거나 나타나는) 무리 / **develop** 변하다 / **initially** 처음에 / **tender** 무른 / **eventually** 결국 / **firm** 단단한 / **depending on** ~에 따라 / **variety** 품종 / **cure** 낫게 하다 / **malnutrition** 영양실조 / **contain** ~이 들어 있다 / **over-the-top** 지나친 / **quantity** 양, 분량 / **a host of** 다수의 / **vitamin** 비타민 / **mineral** 미네랄 / **powdered** 가루로 만든 / **times** ~배가 되는 / **calcium** 칼슘 / **protein** 단백질 / **iron** 철분 / **spinach** 시금치

정답 풀이

마지막 문장에서 분말 형태의 말린 잎이 우유가 지닌 칼슘의 17배가 되는 양을 함유하고 있다고 했으므로 일치하는 것은 ⑤.

오답 풀이

① 곧게 뻗은 몸통을 가졌다고 했으므로 일치하지 않는다.
② 원산지가 열대 지역일 뿐 전 세계 어디에서나 서식 가능하다고 했다.
③ 흰 꽃이 꼬투리로 변한다고 했다.
④ 초기에는 연한 녹색이라고 했으므로 일치하지 않는다.

구문 풀이　**4~6행**　*Clusters of white flowers* are produced from this tree, **which** then develop into long narrow seed pods.

주격 관계대명사절 which이하가 계속적 용법으로 쓰여 Clusters of white flowers를 부연 설명하고 있다.

6~8행　The fruits(pods) are initially light green, slim and tender, eventually **becoming** dark green, firm and up to 120cm long, depending on the variety.

eventually becoming ~ 120 cm long은 부대상황을 나타내는 분사구문이다. (= and they eventually become dark ~ 120cm long, ~.)

QUICK CHECK!

1. ○
2. ✕
3. ○

해석

이 귀여운 동물은 세계에서 가장 희귀한 포유동물 중 하나이다. 북쪽털코웜뱃은 39인치가 조금 넘는 길이로 다른 웜뱃들보다 조금 더 크다. 비록 그것이 빠르게 번식할 수 있다고 할지라도, 그들의 수는 계속 적다. 이 북쪽털코웜뱃은 퀸즐랜드의 숲에서 살며 약 130마리만이 살아있다.

유형 집중 문제

본문 p.106~108

01 ③　**02** ⑤　**03** ③　**04** ④　**05** ③　**06** ①

01 ③

해석

'타격 천재'라는 별명이 붙은 이치로 스즈키는 프로 야구 선수다. 이치로는 세 살이었을 때 장난감 공과 야구 배트를 가지고 놀기 시작했다. 그가 일곱 살이었을 때, 처음으로 야구팀에 가입했다. 이치로는 열두 살에 프로 야구 선수가 되겠다고 결심했다. 그는 선천적으로 힘이 세지 않았기 때문에 더 강해지기 위해서 그의 아버지와 함께 힘든 훈련을 했다. 이치로는 고등학교를 졸업한 직후에 일본 프로 야구 체계에 받아들여졌다. 그는 일본에서, 그리고 나중에는 미국에서 큰 성공을 거두었지만, 그는 더 나아지기 위해 노력하는 것을 절대로 멈추지 않았다. 이치로의 이야기는 고된 노력이 정말로 성공을 가져올 수 있다는 것을 보여준다.

정답 풀이

이치로는 선천적으로 힘이 세지 않아서 더 강해지기 위해 아버지와 함께 힘든 훈련을 했다고 했으므로 일치하지 않는 것은 ③.

오답 풀이

① 이치로가 세 살 때 장난감 공과 야구 배트를 가지고 놀기 시작했다는 것은 야구를 시작했다는 것으로 볼 수 있으므로 일치하는 내용이다.

구문 풀이 **1~2행** *Ichiro Suzuki,* (**nicknamed "The Hits Man,"**) is a professional baseball player.
　　　　　　　　　S　　　　　　　　　　　　　　　　　　　　　　　V　　　　　　　　C
nicknamed "The Hits Man"은 삽입 구문으로 Ichiro Suzuki를 보충 설명하고 있다.

5~6행 With his father, he did difficult exercises **to become stronger** because he wasn't naturally powerful.
to become stronger는 to부정사의 부사적 용법 중 목적의 의미로 사용되어서 '~하기 위해서'라고 해석한다.

---

02 ⑤

해석

레바논에 있는 동굴인 제이타 그로토는 1836년에 발견되었다. 그것은 사실 세계 불가사의 중 하나이다. 그것의 아래쪽 동굴이 1958년에 대중에게 공개되었을 때, 방문객들은 놀라운 광경과 마주하게 되었다. 동굴 안에는, 지하 강이 폭포를 건너 '검은 호수'라는 이름의 호수로 흐른다. 같은 해에, 용감한 탐험가들이 지하 강 입구 위쪽으로 600미터를 올라가서, 새로운 위쪽 동굴을 발견했다. 위쪽 동굴에는 화려한 색의 암석으로 된 많은 돌 형성물이 있다. 사람들이 선사 시대에 그 동굴들에서 살았던 것으로 보인다. 그러나, 그것들은 최근 발견되기 전까지 행방불명이었다. 전쟁 때문에 동굴들은 1978년부터 1995년까지 폐쇄되었다. 그 이후로, 그 동굴들은 대중에게 다시 개방되었다.

정답 풀이

마지막 두 문장으로 보아, 제이타 그로토는 전쟁 중에 폐쇄되었다가 이후에 다시 대중에게 개방되었음을 알 수 있다. 따라서 ⑤가 글의 내용과 일치하지 않는다.

오답 풀이

③ 아래쪽 동굴은 1836년에 발견되었고, 위쪽 동굴은 아래쪽 동굴이 개방된 1958년에 발견되었으므로 일치하는 내용이다.

구문 풀이 **4~5행** Inside the cave, an underwater river **flows over** a waterfall ⬚and⬚ (**flows**) **into** a lake [**named** "Dark Lake."]
and 뒤에는 앞에서 나온 flows가 중복되어 생략되었다. 과거분사구 named이하는 a lake를 수식한다.

---

03 ③

해석

당신은 부유한 사업가가 플래티넘카드로 물건값을 낸다는 말을 들어보았을지도 모른다. 백금은 부를 상징하는 금속이다. 그것은 비슷한 색 때문에 종종 은으로 오해받는다. 사실, 그것은 지구에서 가장 드물고 귀한 금속 중 하나이다. 금은 백금보다 약 30배나 더 흔하다. 백금의 거의 50%가 값비싼 보석을 만드는 데 사용되지 않는다. 오히려, 그것은 자동차 산업에서 차량 배기 장치 일부로 사용된다. 백금은 차량의 엔진에서 나오는 해로운 가스를 보다 안전한 가스로 바꿔준다. 전 세계 백금의 약 80%가 남아프리카에서 생산된다. 그러나 백금의 가장 풍부한 비축량은 달에서 발견된다.

정답 풀이

백금의 거의 50%가 보석을 만드는 데 사용되지 않고 오히려 차량 배기 장치 일부로 사용된다고 하였으므로 일치하지 않는 것은 ③.

오답 풀이

② 백금은 지구에서 가장 드물고 귀한 금속 중 하나이며 금은 백금보다 약 30배 더 흔하다고 했으니 일치하는 내용이다.

구문 풀이 **1~2행** You **may have heard** of *a rich businessman* [paying for something with his platinum card].
〈may have p.p.〉는 과거의 불확실한 추측을 나타내며 '~했을지도 모른다'라는 뜻으로 해석한다.

3행 It is often mistaken for silver **because of** its similar color.
because of 뒤에는 명사(구)가 오며, 접속사 because 뒤에는 절이 온다.

4~5행 In fact, it is one of the rarest ⬚and⬚ most valuable metals in the Earth.
등위접속사 and에 의해서 형용사 최상급이 병렬구조로 연결되어 있다.

04 ④

호주의 중심부에 울루루가 솟아 있다. 울루루는 '도상 구릉'인데, 그것은 '섬 같은 산'을 의미한다. 그것은 그 주변에서 점점 사라진 고대 산맥의 잔존물이다. 우리는 실제로 울루루의 꼭대기만 볼 수 있다. 그것의 대부분은 지하에 있다. 하지만, 울루루의 약 350m는 볼 수 있다. 울루루는 매우 강하고 금(갈라진 틈)이 거의 없어서, 단단하고 균일하게 보인다. 사진 대부분은 해 질 녘의 울루루를 보여주는데, 그때 그것은 밝은 붉은색으로 보인다. 흥미롭게도, 거대한 형상은 계절과 하루의 시간에 따라 색이 변한다. 비 오는 날에 그것은 은색이나 심지어 보라색으로도 보일 수 있다.

정답 풀이

울루루는 금이 거의 없으며, 단단하고 균일해 보인다고 했다. 따라서 ④가 글의 내용과 일치하지 않는다.

오답 풀이

③ 울루루의 대부분은 지하에 있으며 우리는 꼭대기의 약 350m만 볼 수 있다고 했으므로 일치하는 내용이다.

구문 풀이 **1~2행** Uluru is an "inselberg," **which** means "island mountain."
계속적 용법의 관계대명사 which가 이끄는 절이 an "inselberg"를 부연 설명하고 있다.

---

05 ③

해석

미하엘 슈마허는 시속 약 300km로 운전하는 데 익숙하다. 많은 독일의 자동차 경주 선수들과 같이, 슈마허는 카트 경주로 시작했다. 그의 아버지는 그가 겨우 네 살일 때 그에게 카트를 주었고, 슈마허는 운전과 사랑에 빠졌다. 그는 여섯 살 때 그의 첫 번째 자동차 경주 선수권 대회에서 우승했다! 조든-포드 팀의 일원으로서 그의 첫 번째 F1 경주가 1991년에 있었다. 1994년에, 그는 처음으로 F1 운전자 대회에서 우승했다. 그는 1995년에 다시 우승했지만, 두 시즌 모두 충돌과 작은 실수들로 오점을 남겼다. 1996년에, 슈마허는 페라리에 합류했다. 페라리 팀은 많은 경주에서 우승하고 있지 않았고, 그들의 차는 최고가 아니었다. 그런데도 슈마허는 기량 덕에 성공할 수 있었다.

정답 풀이

His first F1 race was in 1991 ~ team.으로 보아, 미하엘 슈마허의 첫 번째 F1 경주가 1991년에 있었음을 알 수 있다. 따라서 ③이 글의 내용과 일치한다.

오답 풀이

① 300km 거리의 경주에 익숙한 것이 아니라 시속 300km로 달리는 것에 익숙하다고 했다.

⑤ 페라리 팀은 많은 경주에서 우승하고 있지 않았다고 했으므로 일치하지 않는다.

구문 풀이 **3~4행** His father gave him a kart (when he was only four) and Schumacher fell in love with driving.
　　　　　　S　　V　IO　DO

---

06 ①

해석

가장 높은 산은 어디에 있을까? 그것은 화성에 있다. 거대 화산 올림푸스몬스(라틴어로 올림푸스 산)는 우리 태양계뿐만 아니라 지금까지 알려진 우주에서도 가장 높은 산이다. 높이가 22.5km이고 너비가 536km에 이르는 이 산은 에베레스트 산보다 높이가 거의 세 배 높으며 넓기도 매우 넓어서 아랫부분이 한반도를 동해안에서 서해안까지 덮을 수 있을 정도다. 정상의 분화구는 폭이 약 73km이며, 깊이는 3km가 넘는다. 이는 분명히 런던 전체를 삼킬 수 있을 만큼 크다. 올림푸스몬스는 전형적인 산의 모습으로 보이지 않는다. 그 산은 물이 다 빠진 광활한 바다처럼 평평한 정상을 가지고 있으며, 측면도 (경사가) 가파르지 않다. 1도에서 3도 사이인 이 산의 미미한 경사는 당신이 그 산을 오르더라도 땀 한 방울 흘리지 않을 것을 의미한다.

정답 풀이

화성에 있는 올림푸스몬스는 태양계뿐만 아니라 지금까지 알려진 우주에서도 가장 높은 산이라고 하였으므로 일치하는 것은 ①.

오답 풀이

② 올림푸스몬스는 에베레스트 산보다 높이가 거의 3배 더 높다고 하였으므로 일치하지 않는 내용이다.

③ 산의 아랫부분은 한반도의 동해안과 서해안을 덮을 정도라고 했으므로 일치하지 않는다.

④ 물이 다 빠진 광활한 바다처럼 평평한 정상을 가지고 있다고 하였으므로 일치하지 않는 내용이다.

⑤ 측면의 경사는 1도에서 3도 사이로 산을 오르더라도 땀 한 방울 흘리지 않을 것이라고 하였으므로 일치하지 않는 내용이다.

구문 풀이   **1~4행**   The giant volcano Olympus Mons (Latin for Mount Olympus) is the highest mountain **not only** in our solar system **but also** in the known universe.

not only A but also B는 'A뿐만 아니라 B도'라고 해석하며 A, B 자리에 전명구가 위치했다.

11~13행   <u>The mountain's slight incline of between one and three degrees</u> <u>means</u> *(that)* <u>you wouldn't even break</u>

                                                                S   V   O

<u>a sweat if you climbed it.</u>

기출로 보는 필수 어법 포인트 13 - 완료시제   본문 p.109

1. 과거와 현재완료

해석   1) 프랭크 콘로이는 69세의 나이로 2005년 4월 6일에 암으로 죽었다.

2) 종자 교환 행사가 2002년부터 매년 열렸다.

3) 우리는 때때로 한 번도 만난 적 없는 팀 동료와 함께 일해야 한다.

POINT EXERCISE   **01** has been   **02** had   **03** have believed   **04** died

01 has been   **해석** 노르웨이 사람들의 지배를 받은 이후로 아이슬란드의 언어 변화 속도는 느려졌다.

해설 〈since+과거 시점〉 부사구가 쓰였으므로 현재완료 시제 has been이 적절하다.

02 had   **해석** 작년에 로베르타 빈치는 세레나 윌리엄스와 테니스 경기를 치렀다.

해설 Last year라는 과거를 명확히 나타내는 표현이 있으므로 과거 시제 had가 적절하다.

03 have believed   **해석** 지난 20년간 몇몇 교육자는 아이들이 실패를 겪어선 안 된다고 믿어왔다.

해설 During the last 20 years라는 20년 전부터 현재까지를 나타내는 표현이 쓰였으므로 현재완료 시제 have believed가 적절하다.

04 died   **해석** 그는 약 십 년 전에 아내가 세상을 떠난 후로 노숙자였다.

해설 about a decade ago라는 과거를 명확히 나타내는 표현이 있으므로 과거 시제 died가 적절하다.

유형 14   실용문·도표   본문 p.110~111

예제

④   **해석** 위의 도표는 2004년과 2010년에 고무 총 생산량이 가장 많은 다섯 국가를 보여준다. ① 위의 다섯 국가 중 태국은 두 해 모두 가장 많은 양의 고무를 생산한 국가였다. ② 인도네시아는 이 기간 동안 가장 놀라운 증가를 성취했으며 그 수치는 약 백만 톤이다. ③ 말레이시아는 2004년에 비해 2010년에 약간의 감소가 보였다. ④ <u>말레이시아가 2010년에 그랬듯이 인도의 생산도 감소했다.</u> ⑤ 베트남은 2004년과 2010년 모두 다섯 국가 중 가장 적은 양의 고무를 생산했다.

정답 풀이 인도는 2004년에 비해 2010년에 생산량이 증가했으므로 일치하지 않는 것은 ④.

어휘 **chart** 도표 / **total** 총 / **amount** 양 / **rubber** 고무 / **achieve** 성취하다 / **remarkable** 놀라운 / **increase** 증가; 증가하다 (↔ decrease 감소; 감소하다) / **period** 기간 / **decline** 감소하다

③

〔해석〕

위 그래프는 12~15세의 미국 소년들 사이에서 가장 인기 있는 다섯 가지 방과 후 신체 활동을 보여준다. ① 농구는 다섯 가지 중 가장 인기 있는 활동이다. ② 그다음이 달리기로, 설문 조사를 받은 소년 중 3분의 1에게 인기가 있었다. ③ 자전거 타기는 미식축구 바로 다음인 5위에 올랐다. ④ 농구와 달리기의 인기 격차는 달리기와 걷기의 인기 격차보다도 훨씬 더 컸다.

유형 집중 문제

본문 p.112~116

01 ③　**02** ④　**03** ③　**04** ④　**05** ⑤

01 ③

〔해석〕

모험 캠프

이번 야외 캠프를 통해 배우고 발견하고 경험하세요. 야영객들은 플린트피크 자연 보호구역 인근의 자연을 탐험하고 학습하면서 자연 관찰 산책, 야외 게임, 낚시 그리고 야생 동물을 즐기게 될 겁니다.

일시

6월 26일 ~ 6월 30일 또는 7월 25일 ~ 7월 29일

오전 7:30 ~ 오후 3:00

8세 ~ 12세의 모든 아이들에게 개방

사전 예약 필수.

플린트피크 자연 보호구역

3997 해안 고속도로

더 많은 정보는 flintpeakadventure.net을 방문하세요.

〔정답 풀이〕

캠프 시간은 오전과 오후 중 선택할 수 있는 것이 아니라 오전 7시 30분부터 오후 3시까지이므로 일치하지 않는 것은 ③.

구문 풀이　**4~5행**　~ **as** they explore and learn about *the natural world* [surrounding the Flint Peak Nature Reserve].

as는 이 문장에서 시간을 나타내는 접속사를 쓰여 '~하면서'라고 해석한다.

02 ④

〔해석〕

〈제품 및 서비스 인터넷 구매〉

위의 도표는 말레이시아인에게 다양한 인터넷 구매에 대해 질문한 조사 결과를 보여준다. ① 응답자의 80% 이상이 항공권을 포함한 여행 관련 상품이 가장 흔한 인터넷 구매품이라고 보고했다. ② 70% 조금 못 미치는 구매품은 책으로, 두 번째로 인기 있는 인터넷 구매품이었다. ③ 일반 소비재, 영화 표, 기술 장치는 모두 조사 응답자의 50% 넘는 수가 인터넷으로 구매했다. ④ 보석류와 손목시계의 인터넷 구매는 여행 관련 제품 구매 비율의 절반에도 미치지 못했지만, 그런데도 조사 응답자의 40% 이상이 (구매했다고) 보고했다. ⑤ (이보다) 약간 더 인기 있는 것은 CD와 DVD의 인터넷 구매로 43% 넘는 응답자가 보고했다.

〔정답 풀이〕

도표에서 보석류와 손목시계의 인터넷 구매는 43%로 여행 관련 상품의 인터넷 구매의 반인 41%보다 크다. 그러므로 도표의 내용과 일치하지 않는 것은 ④.

구문 풀이　**5~6행**　Coming in at just under 70% were books, the second-most-popular online purchase.

8~11행　While the purchase of jewelry and watches online was less than **half as common as that** of travel-related products,
A　　　　　　　　　　　　　　　　　　　　　　　B

it was still reported by *over 40% of those* [**surveyed**].

〈배수사+as+원급+as〉는 'A는 B보다 ~배 더 …하다'라고 해석한다. that은 the purchase를 대신하고 있고, 과거분사 surveyed가 over 40% of those를 수식하고 있다.

03 ③

해석

개인교습

방과 후 수업 및 여름 학기 수업 가능

독해 능력 / 수학 능력 / 구성 능력

과제와 시험 대비를 도와드립니다.

2~8학년:

전 과목

9~12학년:

영어, 물리와 생물,

스페인어 1과 2, 대수학 1 외 기타 과목

더 많은 정보는 (여기로) 연락하세요.

이리스 하노버, 경력 15년 이상의 특수 교육 교사.

hanoverprep@netmail.net

734-222-2020

정답 풀이

2~8년은 전 과목 수업이 가능하다 하였으므로 일치하지 않는 것은 ③.

---

04 ④

해석

〈음악 선호도〉

이 파이(원) 도표는 최근 설문지에 따른 캐나다 대학교 학생들의 음악 선호도를 보여준다. ① 분명히, 랩 음악이 첫 번째 순위로, 모든 학생 중 50%가 랩 음악을 그들이 가장 좋아하는 음악으로 선택했다. ② 얼터너티브 음악이 두 번째였지만, 랩 음악(을 선택한 학생)의 반만이 선택했다. ③ 클래식 음악은 총투표의 단지 2%로 가장 인기가 없었다. ④ 로큰롤과 컨트리 음악의 차이는 8 퍼센트 포인트였다. ⑤ 랩 음악은 컨트리 음악의 5배만큼 인기 있었다.

정답 풀이

도표에서 로큰롤과 컨트리 음악 선호도 차이는 3퍼센트 포인트이다. 그러므로 도표의 내용과 일치하지 않는 것은 ④.

구문 풀이

3~4행 ~, with *50 percent of all students* [**choosing** it as their favorite].

현재분사구 choosing ~ favorite가 50 percent of all students를 수식하고 있다.

5행 ~, but with **only half as many fans as rap music**.

〈배수사+as many+명사+as ~〉는 '~의 …배만큼 많은 명사'라고 해석하는데, 여기서는 only half가 쓰였으므로 '겨우 ~의 절반만큼의 명사'라고 해석한다.

8~9행 Rap music was **five times as popular as** country music.

　　　　　A　　　　　　　　　　　　　　　　　B

〈배수사+as+원급+as〉는 '~배만큼 …한'이라고 해석하며, A와 B를 비교하고 있다.

---

05 ⑤

해석

전국 시의 날 경연대회

페어뷰 공공도서관에서 주관하며 4월 1일부터 30일까지 열리는 시 짓기 경연대회에 12~19세의 젊은이들을 초대합니다. 주제는 〈무엇이 당신에게 날개를 달아주는가?〉입니다. 시는 어떤 것에 관해서든 상관없습니다. 좋아하는 취미, 음악, 스포츠, 심지어 도서관에 관해서도 좋습니다.

시는 15줄 이하로 써야 하며, 시의 질과 독창성에 대해 심사받을 것입니다. 제출한 작품은 창작물이어야 합니다. 인쇄된 시를 2015년 4월 30일 목요일까지 제출해야 합니다. 당선자는 2015년 5월 11일 월요일까지 통보받을 것입니다.

1등, 2등, 3등 당선자는 150달러, 100달러, 50달러에 해당하는 아마존 서점 상품권을 받을 것입니다.

참가를 원한다면 도서관이나 온라인으로

정답 풀이

참가 신청은 도서관이나 도서관 홈페이지에서 할 수 있으며, 페이스북 페이지에서는 시를 제출할 수 있다고 했으므로 일치하지 않는 것은 ⑤.

기출로 보는 필수 어법 포인트 14 – 셀 수 있는 명사와 셀 수 없는 명사

본문 p.117

1. 가산 명사와 불가산 명사의 수식어구

해석 1) 질문 몇 개를 함으로써, 우리는 사람들에게 자신을 설명할 기회를 줄 수 있다.
2) 쇼핑객들은 보통 쓸 수 있는 돈의 양이 제한적이다.

2. 가산, 불가산 명사 모두 수식하는 어구

해석 당신은 많은 돈을 버는 사람이 긍정적이라고 생각할지도 모른다.

POINT EXERCISE
01 much **02** lot **03** many

01 much

해석
일반적으로 가능한 한 많은 양의 물을 마시는 것이 건강을 유지하는 데 도움이 된다.

해설
water는 물질 명사로 셀 수 없는 명사이므로 much가 적절.

02 lot

해석
장기적인 관계를 형성하기 위해서는 많은 노력이 요구된다.

해설
effort는 셀 수 있는/없는 명사 둘 다로 쓰이지만, 이 문장에서는 effort를 불가산 명사로 보았으므로 a lot of가 적절.

03 many

해석
우주에는 태양보다 더 뜨거운 별이 많다.

해설
stars는 셀 수 있는 명사이므로 many가 적절.

유형 15 장문

본문 p.118~119

예제

1 ④
2 ②
3 ⑤

해석
(A) 옛날에 함께 일하던 두 도둑이 있었다. 도둑 중 한 명인 제프는 길에 나온 사람들의 주의를 흩뜨렸고 그 와중에 (a) 그(제프)의 친구는 그들의 집으로 몰래 들어가 침실에서 그들의 옷을 훔치곤 했다. 양말, 셔츠, 바지, 심지어 속옷까지! 어느 날 그들 둘 모두 잡혀서 판사에게 보내졌다. "당신들 중 누가 훔치는 일을 했습니까?" 판사가 물었다. "음, 제가 했습니다." 제프의 친구가 말했다. 판사는 고개를 저었고 제프를 가리켰다. "그리고 당신은 사람들의 주의를 흩뜨렸습니까?"
(D) 제프는 질문에 대한 답으로 고개를 끄덕였다. 판사는 잠시 생각을 하고 나서 (d) 그(제프)에게 말했다. "그래, 당신은 어떻게 그 일을 했나요? 그것에 대해 나에게 말해 보십시오." 제프는 (e) 그(제프)가 아무것도 훔친 게 없기 때문에 판사가 자신을 풀어줄 것이라고 생각해 미소를 지었다. "재판장님, 저는 사람들에게 날씨에 대해 묻고, 스포츠 점수에 대해 얘기하고, 그들의 주의를 붙잡아 둘 수 있는 무엇이든 말했고, 그 와중에 저기에 있는 저 사람이 그들의 물건을 훔쳤습니다. 아시겠죠, 재판장님, 저는 실제로는 아무것도 절대 직접 훔치지는 않았습니다."
(B) "당신은 단지 사람들의 주의를 흩뜨리기만 했습니까?" 판사가 말했다. "그들이 시간을 낭비하게 하면서?" "맞습니다." 판사는 (b) 그(판사)의 목청을 가다듬었다. "그렇다면 좋습니다. 선고

정답 풀이
1. (A)의 마지막 문장이 판사가 제프에게 한 질문이므로 그 뒤에 질문에 제프가 고개를 끄덕였다는 내용의 (D)가 오는 것이 적절하다. 그리고 제프의 이야기를 들은 판사가 그에게 10년이라는 형량을 내리는 (B)가 오고, 제프의 변호사가 그 형량에 이의를 제기하자 판사가 그 이유를 설명하는 (C)로 이어지는 것이 자연스럽다. 따라서 이 글의 적절한 순서는 ④ (D) – (B) – (C).
2. 목청을 가다듬은 사람은 판사이므로 ②는 판사를 가리킨다. 나머지는 모두 제프.
3. (D)의 마지막 문장에서 제프는 '저는 실제로는 아무 것도 절대 직접 훔치지는 않았습니다(I never actually stole anything myself).'라고 했으므로 이 글의 내용과 일치하지 않는 것은 ⑤.

를 내리겠습니다. 옷을 훔친 자는 그것들을 돌려주고 각각의 사람에게 훔쳐간 것들 이외에 추가로 옷 한 벌씩을 주어야 합니다." 제프의 친구는 자신의 선고가 내려질 때 고개를 끄덕였다. 판사는 이어갔다. "다른 한 사람은 앞으로 10년간 감옥살이를 해야 합니다."

(C) "뭐라고요!" 제프를 변호하던 변호사가 외쳤다. "하지만 재판장님! 저는 이해가 되지 않습니다! 왜 제 의뢰인에게 그토록 가혹한 선고를 내리십니까? 결국 제프는 단지 사람들의 시간을 낭비했을 뿐입니다! (c) 그(제프)는 범죄를 저지르지도 않았습니다!" 판사가 대답했다. "그의 범죄가 더 컸습니다! 당신 의뢰인의 파트너는 쉽게 대체될 수 있는 것, 즉 사람들의 옷을 훔쳤지만, 당신의 의뢰인은 절대 갚을 수 없는 것, 즉 사람들의 시간을 훔쳤기 때문에 이러한 선고를 내렸습니다."

어휘

distract 주의를 딴 데로 돌리다 / **sneak into** ~에 몰래 들어가다 / **steal** 훔치다 / **underwear** 속옷 / **clear one's throat** 목청을 가다듬다 / **sentence** 선고 / **extra** 추가의 / **clothing** 옷 / **in addition to A** A에 더하여 / **nod** 끄덕이다 / **prison** 감옥 / **represent** 변호하다 / **harsh** 가혹한 / **client** 의뢰인 / **after all** 결국에는 / **commit** 저지르다 / **reply** 대답하다 / **replace** 대체하다 / **repay** 갚다 / **in response to A** A에 답하여 / **whatever** ~한 무엇

구문 풀이   11~13행 "~: *The one* [who stole the clothes] **must return** them and (**must**) **give** each person an extra piece of clothing
          S   V₁   O₁   V₂   IO₂   DO₂
in addition to *the ones* [that he took]."

두 개의 동사구 must return과 (must) give가 and로 병렬 연결되어 있다.

28~29행 Jeff smiled, **thinking** (*that*) the judge was going to let him go **since** he hadn't stolen anything.

thinking ~ go는 이유를 나타내는 분사구문이다. (= because he thought the judge ~ go) 여기서 접속사 since는 '~하기 때문에'라고 해석한다.

30~32행 ~, I **would ask** people about the weather, (**would**) **talk** about sports scores, and (**would**) **say** whatever I could to hold their attention, ~.

세 개의 동사구 would ask, (would) talk, (would) say가 and로 병렬 연결되어 있다.

유형 집중 문제

본문 p.120~126

01 ④   **02** ③   **03** ③   **04** ③   **05** ⑤   **06** ④   **07** ③   **08** ②   **09** ③   **10** ②   **11** ④   **12** ②

01 ④
02 ③
03 ③
Q
the owner

해석

(A) 옛날에 한 신사가 기차 여행을 하고 있었다. 그는 갈증을 느꼈고, 그래서 물을 찾아 정거장에서 내렸다. 그가 물을 찾았을 때 기차는 이미 떠날 시간이었다. 그는 뛰어 돌아갔지만, 기차를 놓치고 말았다. 날이 더 저물어서 그는 기차역에서 하룻밤을 보내기로 했다. 다음 날 아침 그는 다음 기차에 관해 물어보았다. (a) 그(신사)는 하루 더 기다려야 한다는 것을 알게 되었다.

(D) 그는 하루를 보낼 곳을 찾기로 했다. (d) 그(신사)는 방을 구하기 위해 근처의 호텔로 갔지만, 아무것도 찾지 못했다. 다시 날은 어두워졌고 그는 방을 구할 수 없었다. 마지막으로 그는 작은 가게에 도착했다. 그는 가게 주인에게 하루만 그의 집에서 머물 수 있는지를 물어보았다. 그 가게 주인은 기꺼이 동의했다. 그 날 가게 주인은 (e) 그(신사)에게 음식을 제공했고 머물 방을 그에게 주었다. 가게 주인은 답례로 어떠한 것도 요구하거나 기대하지 않았다.

(B) 밤 7시 정도에 그 신사는 문 두드리는 소리를 들었다. 가게 주인은 문을 열어주었다. 그 신사는 화려한 복장을 갖춘 한 남자가

정답 풀이

1. 한 신사가 물을 찾다가 기차를 놓쳤다는 내용인 (A)에 이어서 한 가게 주인이 아무 대가 없이 자신의 집에 그를 머물게 해주었다는 내용인 (D)가 오는 것이 적절하다. 다음으로 신사가 가게 주인에게 돈이 필요하다는 것을 알게 되어 많은 돈을 놓고 떠났다는 내용 (B)에 이어 가게 주인이 그 돈을 발견했다는 내용 (C)가 나와야 흐름상 자연스럽다. 따라서 이 글의 적절한 순서는 ④ (D) – (B) – (C).

2. 서랍을 열어 메모를 발견한 것은 가게 주인이므로 ③은 가게 주인을 가리킨다. 나머지는 모두 신사.

3. 가게 주인은 신사가 놓고 간 메모를 서랍 안에서 찾았다고 했으므로 이 글의 내용과 일치하지 않는 것은 ③.

가게로 들어와서 가게 주인에게 돈을 내라고 요구하는 것을 보았다. 그때 그 신사는 가게 주인에게 돈이 필요하다는 것을 알았다. 다음 날 아침 (b) 그(신사)는 그 방(에 있는) 서랍에 무언가를 놓고 떠났다.

(C) 가게 주인이 그 서랍을 열어보았을 때 (c) 그(가게 주인)는 그에게 온 한 메모가 있는 것을 보았다. "당신은 저를 도와주었지만, 저에게 어떤 것도 바라지 않았어요. 어제 당신과 어떤 남자분이 한 대화를 들었어요. 그리고 당신에게 돈이 필요하다는 것을 알게 되었어요. 이 돈은 충분하고도 남을 것입니다."

구문 풀이

2~3행 When he found the water, it was already time **for the train to leave**.

for the train은 to leave의 의미상 주어이다.

8~10행 The gentleman saw that *a man* [**dressed** in fancy clothes] entered the shop and demanded (**that**) the owner
      S   V   S'   V₁'   O₁'   V₂'   O₂'
(**should**) **pay** him some money.

과거분사 dressed가 이끄는 구가 a man을 후치 수식한다. 요구·주장·제안 등을 나타내는 동사(demand, insist, suggest 등)에 계속되는 that절에는 《(should)+동사원형》을 쓴다.

04 ③
05 ⑤
06 ④
Q
Ramasewak

해석

(A) 모한 다스는 부유한 사업가의 아들이었다. 그의 아버지가 돌아가셨을 때, 그는 안에 귀중품이 든 철(로 된) 상자를 유산으로 받았다. 어느 날, 모한 다스는 업무를 보기 위해 도시로 가야 했다. 그래서 (a) 그(모한 다스)는 철 상자를 가져와 이것을 그의 친구인 라마스왁에게 주었다. "이것을 잘 맡아줘. 아버지께서 나에게 주신 거야. 며칠 후에 도시에서 돌아와서, 너한테서 이것을 가지러 올게." 모한 다스는 라마스왁에게 말했다. "걱정할 필요 없어. 안전하게 맡아 줄게."라고 라마스왁이 말했다.

(C) 모한 다스는 기쁘게 그의 여정을 시작했다. 그는 귀중한 철 상자가 라마스왁과 안전하게 있다고 알았다. 며칠 후 (c) 그(모한 다스)가 돌아왔다. 그는 친구에게 가서 상자에 관해 물었다. 라마스왁은 약간 놀란 것처럼 굴며, "오, 철 상자! 쥐가 다 먹어버렸어. 그 쥐를 막을 수 없었어."라고 그가 말했다. 모한 다스는 라마스왁이 그를 속이려고 하는 것을 알아챘다. 현명한 사람이었기 때문에 (d) 그(모한 다스)는 잠자코 있었다. '나는 라마스왁에게서 내 철 상자를 돌려받을 방법을 생각해내야 해.'라고 모한 다스가 생각했다.

(B) 다음날 그는 라마스왁에게 가서 "친구야! 나한테 너의 아들을 보내줄 수 있니? 내 물건들을 지켜줄 사람이 필요해."라고 말했다. 라마스왁은 잠시 동안 생각했다. "모한 다스는 멍청한 것 같아. 아마 (b) 그(모한 다스)의 물건들을 맡아 준 것에 대해 내 아들에게 보상을 줄 거야."라고 라마스왁은 생각했다. 그래서 라마스왁은 동의했고 그의 아들을 모한 다스에게 보냈다. 다음 날 아침, 모한 다스는 라마스왁에게 달려갔고 "내 친구야, 안 좋은 일이 생겼어. 매가 너의 아들을 데리고 갔어."라고 말했다.

(D) 라마스왁은 매우 화가 났고 "어떻게 매가 내 아들을 데려갈 수 있어?"라고 따져 물었다. "쥐가 철 상자를 먹어 치울 수 있는 것과 같은 방법으로 매가 네 아들을 데려갈 수 있지."라고 모한 다스는 대답했다. "미안해, 친구야. 내 잘못을 깨달았어."라고 라마스왁은 약간 우려하는 목소리로 말했다. (e) 그(라마스왁)는 그의 친구를 속이려고 한 것에 부끄러움을 느꼈다. 라마스왁은 그의 친구에게 그 상자를 돌려주었다.

정답 풀이

4. 모한 다스가 그의 아버지가 남겨준 철 상자를 친구인 라마스왁에게 맡겼다는 내용인 (A)에 이어서 라마스왁이 그 상자에 관해 친구인 모한 다스에게 거짓말을 했다는 내용인 (C)가 오는 것이 적절하다. 다음으로 모한 다스가 그의 상자를 돌려받기 위해 라마스왁에게 그의 아들을 보내줄 것을 요청한 후 매가 아들을 데리고 갔다고 말하는 내용 (B) 후에, 자신의 친구에게 한 행동과 비슷한 상황에 처해지자 라마스왁이 자신의 잘못을 뉘우치고 모한 다스에게 상자를 돌려주었다는 내용 (D)로 이어지는 것이 알맞다. 따라서 이 글의 적절한 순서는 ③ (C) – (B) – (D).

5. 친구를 속이려고 한 것에 부끄러움을 느낀 사람은 라마스왁이므로 ⑤는 라마스왁을 가리킨다. 나머지는 모두 모한 다스.

6. 라마스왁은 모한 다스에게 그의 상자를 쥐가 다 먹어버렸다고 거짓말했다. 따라서 이 글의 내용과 일치하지 않는 것은 ④.

구문 풀이   23~25행 "I must figure out *a way* [**to** get my iron box back from Ramasewak]," thought Mohan Das.

to get ~ Ramasewak은 a way를 수식하는 형용사적 용법이다.

27~28행 "A hawk can carry off your son in the same way **as** rats can eat up an iron box," ~.

여기서 as는 접속사로 '…와 같이[처럼]'의 의미이다.

---

07 ③
08 ②

Q
The results of the study suggest that despite having tiny brains, some fish may have advanced visual abilities.

해석

당신은 아마 물고기가 당신이 누군지 알아보지 못할 거라 생각하겠지만, (그 생각은) 틀렸을지도 모른다! 영국 옥스퍼드 대학교와 호주 퀸즐랜드 대학교의 과학자들이 인도에서 호주(에 이르는 지역에서)까지 발견될 수 있는 열대 지방 어종인 사수어(물총고기)를 연구했다. 그들은 몇몇 사수어가 사람 얼굴을 알아본다는 점을 알아냈다. 그 발견은 엄청 놀라운 일이었는데, 왜냐하면 사람 얼굴을 알아보는 것은 복잡한 일이기 때문이다. 이는 우리는 모두 한 개의 코 위에 두 개의 눈이 있고 한 개의 입이 있는 동일한 기본적인 특징을 가지고 있기 때문이다. 다른 사람을 알아보는 것을 가능하게 하는 작은 차이점만이 있을 뿐이다. 그것은 시각적 지각과 기억력 두 가지의 조합을 필요로 한다. 그래서 연구원은 얼굴을 인지하는 것이 사람, 말, 개 혹은 원숭이에서 발견되는 것과 같은 발달된 뇌가 필요하다고 믿었다. 그 연구의 결과는 작은 크기의 뇌를 가졌음에도 불구하고 몇몇 물고기는 발달된 시각적 능력을 갖췄을지도 모른다고 말한다. 그래서 만약 물고기가 당신을 봐서 행복해하는 것 같다면 그것이 맞을지도 모른다!

정답 풀이

7. 사수어에 관한 글로, 사수어가 사람 얼굴을 알아볼지도 모른다는 점에 관한 연구와 그 결과를 설명하고 있다. 발달된 뇌를 가져야만 얼굴 인지를 할 수 있다는 믿음과는 달리 작은 크기의 뇌를 가진 몇몇 물고기도 얼굴 인지를 할 수 있다고 하는 것으로 보아 이 글의 제목으로 적절한 것은 ③.

8. 빈칸 문장 다음에 우리가 약간의 차이를 제외하고는 똑같이 기본적인 특징을 가지고 있으며 얼굴을 알아볼 때는 시각적인 지각과 기억력 두 가지 모두 필요하다고 언급하고 있다. 발달된 뇌가 필요하다고 믿었던 것으로 보아 얼굴 인지는 '복잡한(complex)' 일임을 알 수 있다. 따라서 정답은 ②.

선택지 해석

7. ① 우리는 어떻게 얼굴을 알아볼까?
② 어떤 물고기가 사람의 얼굴을 알아볼까?
③ 물고기는 우리가 생각하는 것보다 더 똑똑할 수도 있다.
④ 인간과 물고기 – 다르기보다는 비슷한
⑤ 가장 똑똑한 동물의 공통점은 무엇인가?
8. ① 단순한 ③ 흔한 ④ 필요한 ⑤ 불가능한

오답 풀이

7. ① '우리'가 아닌 '사수어'가 사람 얼굴을 알아본다는 점에 관한 글이므로 제목으로 적절하지 않다.

구문 풀이   2~5행 *Scientists* [at the University of Oxford in the U.K. | and | (*at*) the University of Queensland in Australia] studied
the archerfish, *a species of tropical fish* [that can be found **all the way from India to Australia**].

and로 병렬 연결된 두 개의 전명구 at ~ the U.K.와 (at) ~ Australia가 Scientists를 수식하고 있다. 〈all the way from A to B〉는 'A에서 B까지 쭉'이라는 뜻이다.

---

09 ③
10 ②

해석

텔레비전 앞에 앉아있는 것은 마음을 느긋하게 해 줄지도 모르지만, 그 앞에 너무 오래 있는 것은 이른 죽음으로 이어질지도 모른다. 연구원은 하루에 텔레비전을 평균 6시간 보는 사람이 전혀 보지 않는 사람보다 평균 4.8년 적게 살았음을 발견했다. 사실, 텔레비전을 시청하는 매시간은 시청자의 삶을 22분만큼 줄어들게 했다. 텔레비전 앞에 앉아 있는 것이 건강에 좋지 않다는 점은 잘 알려져 있다. 텔레비전을 더 많이 볼수록, 더 적게 신체적으로 활발하다. 이것은 당뇨 혹은 심장 문제와 같은 활동하지 않는 것과 관련된 여러 가지 병으로 이어질 수 있다. 그 연구의 저자인 래닛 비어만은 수명을 줄이는 것이 텔레비전 그 자체만은 아니라고 말한다. 광고에 나오는 정크 푸드도 건강에 해롭다. 하지만 비어만은 또한 우리가 식단을 조절한다 하더라도 TV 시청을 너무 많이 하는 것과 더 낮은 수명 사이의 관련성은 여전히 존재한다고 말한다. 이를 고려했을 때, 의사는 운동 부족과 건강하지 않은 식단

정답 풀이

9. 텔레비전 시청을 할수록 덜 활동적이게 되어서 건강을 해치고 결국 일찍 죽을 수도 있다고 말하고 있다. 따라서 텔레비전을 오래 보는 것은 피하라고 말하고 있음을 유추할 수 있다. 본문의 제목으로 적절한 것은 ③.

10. 빈칸 다음 문장에서 '활동하지 않는 것과 관련된 다양한 병(various diseases associated with inactivity)'이 발생할 수 있다고 했으므로 '텔레비전을 더 오래 보면 신체적 활동이 더 줄어든다'는 내용이 들어가야 한다. 따라서 빈칸에 들어갈 말로 적절한 것은 ②.

선택지 해석

9. ① 활동해서 건강해져라!
② 정크 푸드: 진정한 살인범
③ 텔레비전에서 떨어져라
④ 하루에 한 시간씩 텔레비전 시청은 너무 많다!

뿐만 아니라 텔레비전 시청을 더 걱정해야 할지도 모른다. 다행히도, 가벼운 신체적 활동이 건강을 증진할 수 있는 것과 같은 간단한 해결책이 있다.

⑤ 텔레비전: 건강하지 않은 인상의 매체

10. ① 잠을 잔다

③ 건강을 걱정한다

④ 공부에 집중한다

⑤ 과일과 채소를 먹는다

9. ① 마지막 문장에서 유추할 수 있는 제목으로 글 전체 내용을 포괄하는 제목으로는 적절하지 않다.

구문 풀이 **3~5행** Researchers found that *people* [who watched an average of six hours of TV a day] lived an average of 4.8 years less than

S'   V'

those [who didn't watch any television at all].

found의 목적어 자리에 위치한 that절에서 people이 관계대명사절 who ~ a day의 수식을 받아 주어가 길어졌으며, that절 내에서 동사는 lived 이다.

8행 **The more** TV you watch, **the less** physically active you are.

〈the+비교급 ..., the+비교급 ~〉 구문으로 '…할수록 더 ~한'이라고 해석한다.

---

11 ④

12 ②

Q
There are several interesting aspects of Finland's education system.

해석

핀란드는 종종 세계 최고의 교육 제도를 갖추고 있다고 여겨진다. 흥미로운 것은 핀란드가 어떻게 그렇게 성공하게 되었냐는 것이다. 핀란드는 대부분의 다른 나라들이 하는 것을 거의 정반대로 해왔다. 핀란드의 교육 제도에는 몇몇 흥미로운 측면이 있다. 그 중 하나는 선생님이 대우받는 법이다. 핀란드의 선생님은 석사학위를 소지해야 하고, 졸업반의 상위 10%에서 모두 선발된다. 이는 모든 핀란드 선생님이 고도의 훈련을 받는다는 것을 의미한다. 이 점은 우리에게 또 다른 흥미로운 사실을 보여준다. 학생들은 '똑똑한' 집단과 '느린' 집단으로 나뉘지 않는다. 대신, 다른 발달 단계에 있는 것으로 대해진다. 만약 한 학생이 수업에 곤란을 겪는다면, 선생님은 그 문제를 고치기 위해 많은 것을 시도할 것이다. 사람들이 가장 충격적이라고 생각할지도 모르는 것은 핀란드의 시험에 대한 개념이다. 다른 대부분의 나라에서 취하는 '이른 시기에 자주 치는 시험' 접근법과는 다르게 핀란드 학생들은 10대 때까지 숙제하거나 시험을 치는 일이 거의 없다. 학생 교육에서 첫 6년 동안은 시험이 없다. 결론적으로, 핀란드 교육 제도의 성공은 양보다 질을 강조한 데서 온다. 핀란드는 인간적 요소를 강조한다. 그 결과는 명백하다.

정답 풀이

11. 핀란드가 세계 최고의 교육 제도를 갖춘 나라로 평가받는 이유를 설명하고 있는 글이다. 핀란드는 학생들을 성적에 따라 구분하지 않고, 10대 때 거의 시험을 치르게 하지 않는 등, 대부분의 나라가 채택한 교육법과 반대되는 노선을 취한다고 했다. 따라서 글의 제목으로 가장 적절한 것은 ④.

12. 빈칸에는 핀란드 선생님의 특징을 한마디로 정리한 어구가 들어가야 한다. 빈칸 앞의 두 문장에서 선생님은 석사학위를 소지해야 하는 점과 졸업반의 상위 10%에서 선발된다는 점을 언급한 것으로 보아 빈칸에 들어갈 말로 적절한 것은 ②.

선택지 해석

11. ① 그토록 많은 핀란드 학생들이 문제가 많은 이유

② 학교 성적 평가를 위한 시험 설계 방안

③ 더 좋은 교사를 원한다면 더 좋은 학교를 만들어라

④ 핀란드 학교: 국제적 흐름을 무시하다

⑤ 세계가 핀란드의 학교 교육을 따르는 이유

12. ① 매우 성공적이라는

③ 매우 자상하다는

④ 매우 독특하다는

⑤ 매우 세심하다는

구문 풀이 **2~3행** **What**'s interesting is **how Finland has become** so successful.

What은 선행사를 포함하는 관계대명사로 '~하는 것'이라고 해석한다. how ~ successful은 간접의문문으로 〈의문사+S+V〉의 순서로 쓰였다.

3~4행 It's **been doing** almost exactly the opposite of **what** most other countries are doing.

has been doing은 현재완료 진행형으로 과거에서 시작한 일이 지금도 행해지고 있음을 나타낸다. what은 선행사를 포함하는 관계대명사로 '~하는 것'이라고 해석한다.

1. 단수와 복수 대명사

`해석` 1) 아이들이 매우 어릴 때, 당신은 그들을 위험에서 보호하기 위해 먼저 '안 된다'고 말한다.
2) 한 돌고래가 다치면, 다른 돌고래들이 그 돌고래 아래 모여서 대기를 향해 돌고래를 위로 밀어 올린다.

2. 부정대명사

`해석` 할아버지는 단 한 마리의 새도 또 다른 새와 같지 않다고 말씀하셨다.

POINT EXERCISE   **01** its   **02** yourself   **03** another   **04** it

01 its

`해석`
문어는 보통 근처 환경의 색을 띤다.

`해설`
an octopus를 대신하는 대명사가 와야 하므로 단수형인 its가 적절.

02 yourself

`해석`
분노를 사라지게 하는 것은 다른 사람들을 위해서라기보다 자신을 위해 하는 것이다.

`해설`
'당신 스스로'를 위해 해야 할 일이므로 yourself가 적절.

03 another

`해석`
나는 더 잘 맞는 다른 일을 찾을 수 있을 거라고 생각했다.

`해설`
뒤의 명사가 단수인 job이므로 another가 적절.

04 it

`해석`
몇몇 사람들은 긴장되기 때문에 발표하는 것을 피한다.

`해설`
동명사구인 making a public presentation을 지칭하므로 단수형인 it이 적절.

유형 **16** 어법   본문 p.128~129

예제 1

①

`해석`
살아있는 새의 깃털은 나는 것 외에 많은 기능을 한다. 깃털은 몸의 피부 표면 근처에서 발생하는 열기를 가둠으로써 새를 따뜻하게 유지하는 데 도움을 준다. 깃털은 또한 짝을 유혹하는 데도 사용된다. 깃털공룡의 꼬리는 매우 인상적인 모습을 자랑하는 구조인 긴 깃털로 이루어진 큰 부채모양이다. 몸의 나머지는 훨씬 더 짧은 털로 덮여 있는 것처럼 보이는데, 이는 냉기가 들어오지 못하게 막아준다. 날개에 몇몇 큰 깃털이 있는데, 이것들은 보여주기 위한 것일지도 모른다.

`어휘`
feather 깃털 / **function** 기능 / **other than** ~외에 / **flight** 비행 / **trap** 가두다 / **attract** 마음을 끌다 / **mate** 짝; 친구 / **tail** 꼬리 / **make a display** 과시하다 cf. display 표현[과시] / **cover** 덮다

`정답 풀이`
(A) 〈keep+목적어+목적격보어〉의 구조이다. 목적격보어 역할을 할 수 있는 것은 형용사이므로 warm이 와야 한다.
(B) 〈be used to-v〉는 'v하는 데 사용되다'라는 의미이고, 〈be used to+명사(v-ing)〉는 'v하는 데 익숙하다'는 의미이다. 문맥상 '깃털은 짝을 유혹하는 데 사용된다'는 의미가 적절하므로 attract가 쓰여야 한다.
(C) 주어가 없는 불완전한 절이 이어지고 있으므로 관계대명사 자리이다. 그러나 관계대명사 that은 콤마 뒤에서 계속적 용법으로 쓰일 수 없으므로 which가 와야 한다. 따라서 정답은 ①.

구문 풀이   **5~7행** The tail of Caudipteryx carried a large fan of long feathers, _a structure_ [**that** would have made a very impressive display].

a large fan ~ feathers와 a structure 이하는 동격이다. a structure는 관계대명사절 that 이하의 수식을 받고 있다.

예제 2

②

해석

잉 류는 그의 여섯 살 난 아들인 징이 텔레비전을 그만 보게 하고 싶었다. 그는 또한 징이 피아노를 연주하고 수학 공부를 더 하도록 격려하고 싶었다. 잉이 첫 번째로 한 것은 준비였다. 그는 아들의 관심사 목록을 만들었다. 그것은 텔레비전 시청뿐 아니라 레고를 가지고 노는 것과 동물원에 가는 것도 포함했다. 그러고 나서 그는 아들에게 텔레비전 시청 시간, 피아노 연주 시간, 공부 시간을 레고를 가지고 노는 시간과 동물원에 가는 것과 바꿀 수 있다고 제안했다. 그들은 점수 체제를 확립해서 그가 텔레비전을 더 적게 시청할 때마다 점수를 얻었다. 아버지와 아들은 함께 그 과정을 관찰했다. 징이 점수를 얻었을 때, 그 자신이 존중되고 훌륭하다고 느꼈으며 아버지와 함께 귀중한 시간을 보냈다.

정답 풀이

② It은 앞의 아들의 관심사 목록(a list ~ interests)을 가리키며 뒤에 목적어(playing ~, going ~)가 있으므로 수동태 was included를 능동태 included로 바꿔야 한다.

오답 풀이

① 등위접속사 and는 같은 문법적 형태를 연결하므로, 앞의 to play와 같은 to부정사 형태인 to do가 적절.

③ suggest의 목적어 역할을 하며, 뒤에 완전한 절이 이어지고 있으므로 that은 적절.

④ 뒤에 완전한 절이 이어지고 있으므로 관계부사인 where가 적절.

⑤ 주어와 about의 목적어가 같은 대상인 Jing을 가리키고 있으므로 재귀대명사 himself는 적절.

어휘

encourage 격려하다 / **include** 포함하다 / **in addition to A** A에 더하여, A일 뿐 아니라 / **suggest** 제안하다 / **establish** 확립하다 / **system** 체제, 제도 / **whenever** ~할 때마다 / **monitor** 추적 관찰하다; 화면 / **valued** 존중되는, 귀중한 / **quality time** 귀중한 시간 ((특히 퇴근 후에 부모가 자녀와 함께 보내는 시간))

구문 풀이   8~9행   They established *a point system*, **where** he got points whenever he watched less TV.
계속적 용법으로 쓰인 관계부사절 where 이하는 선행사 a point system을 보충 설명하고 있다.

QUICK CHECK!

1. during
2. teaches
3. completely
4. which

해석

1. 사람들은 휴식을 취하기 위해 휴가 동안 여행한다.

2. 여행은 당신의 긴장을 풀게 해 줄 뿐만 아니라 다른 문화와 전통을 가르쳐준다.

3. 당신의 휴가를 완벽하게 즐기기 위해서는 새로운 것을 시도하라.

4. 여행하기 전에 당신이 해야 할 가장 중요한 것은 계획을 세우는 것이다.

유형 집중 문제

본문 p.130~132

01 ④   **02** ①   **03** ⑤   **04** ④   **05** ②   **06** ⑤

01 ④

해석

'디너(dinner)'와 '서퍼(supper)'라는 단어들은 당신이 세계 어느 장소에 있느냐에 따라 다른 것을 의미할 수 있다. 하지만, 미국에서는 보통 디너는 하루 중의 주요 식사, 그리고 서퍼는 마지막 식사로 받아들여진다. 일반적으로 농촌과 매우 작은 마을에서 디너는 정오에, 서퍼는 이른 저녁에 먹는 것이다. 한편, 대부분의 도시 거주자들은 디너는 오직 저녁 시간에 먹는 것이고, 점심은 런치(lunch)라고 생각한다. 이런 차이에도 불구하고, 서퍼와 디너는 둘 다 미국의 많은 지역에서 주요 저녁 식사를 나타낸다. 그뿐만 아니라, 추수감사절과 같이 매우 특별한 행사는 항상, 서퍼보다는 디너라고 한다.

정답 풀이

(A) 주어 it은 진주어 that절을 대신하는 가주어이다. 문맥상 that절의 내용이 미국에서 '받아들여지는' 것이므로 동사인 accept와 수동관계이다. 따라서 수동태(be p.p.)가 와야 한다.

(B) 〈consider A as B〉는 'A를 B로 생각하다'라는 뜻으로, 'dinner를 저녁 시간에만 먹는 것으로 생각하다'라는 의미가 되기 위해서는 수동태가 아닌 consider가 쓰여야 한다.

(C) 주어인 both는 '둘 다'의 의미로 항상 복수 취급한다. 따라서 복수동사인 refer가 적절하다. 따라서 정답은 ④.

1~2행 The words "dinner" and "supper" can mean different things depending on **where** in the world you are.

where가 이끄는 간접의문문이 depending on의 목적어 역할을 하고 있다.

2~4행 However, (in the States) **it**'s commonly accepted **that** dinner is the main meal of the day and supper (*is the main meal of*) the last.

it은 가주어, that 이하는 진주어이다. supper 뒤에는 앞에 나온 어구 is the main meal of가 중복을 피하기 위해 생략되었다고 볼 수 있다.

02 ①

Q
turn → turned

해석

모든 사람은 살면서 무시되거나, 주목받지 않거나, 혹은 삶 속에서 외면받는 것을 예상할 수 있는데, 왜냐하면 거절은 삶의 정상적인 부분이기 때문이다. 당신이 정말로 원했던 직업을 갖지 못할지도 모르고, 반 친구들이 당신을 괴롭힐지도 모르고, 당신이 관심을 두는 누군가가 당신을 전혀 좋아하지 않을 수도 있으며, 이런 일들 중 어떤 것이라도 당신에게 굉장한 상처를 줄 수 있다. 그것이 바로, 이런 일이 생길 때 당신이 그것을 당신에게만 국한된 것으로 받아들이지 말아야 하는 이유이다. 그러나 그 사람이 진짜 당신을 싫어하더라도 그 사실로 인해 낙담하지 마라. 비록 거절을 당할지도 모른다는 것을 알지만 그것을 두려워하지는 말고, 계속해서 기회를 살피고 모험을 해라. 다른 사람을 만나려고 노력하고 미소를 잃지 마라, 그러면 당신은 성공을 거둘 것이다.

정답 풀이

① to be에 이어지는 ignored, pushed aside와 or로 연결된 병렬구조이므로, turn을 수동태인 turned로 바꿔야 한다.

오답 풀이

② 문맥상 당신이 누군가에게 '끌리게 되는 것'으로 you와 attract는 수동관계이다. 따라서 attracted(p.p.)가 적절.

③ 밑줄은 동사 take를 수식하는 부사가 올 자리이다. 따라서 부사 personally가 적절.

④ ⟨let+목적어(it)+목적격보어(get)⟩의 구조로, let은 목적격보어로 원형부정사를 취하므로 get이 적절. 목적어와 목적격보어의 관계가 수동일 경우, let은 목적격보어로 ⟨be+p.p.⟩형태를 취한다.

⑤ 분사구문의 의미상 주어인 '당신'이 '아는' 것이므로 you와 know는 능동관계이다. 따라서 현재분사 knowing이 적절.

구문 풀이 7~9행 Keep underline{exploring} your opportunities |and| underline{taking} chances, **knowing** that you might be rejected |but| **not being** afraid of it, either.

keep은 동명사를 목적어로 취하는 동사로서, exploring과 taking이 and로 병렬 연결되고 있다. knowing 이하는 분사구문으로, knowing과 not being이 but으로 병렬 연결되어 있다.

9~10행 **Try** to meet others, **keep** smiling, |and| you will have success.

⟨명령문+and ...⟩의 구조로, '~하면 …할 것이다'라고 해석한다.

03 ⑤

해석

남아메리카의 볼리비아에 있는 살라르 데 유우니는 세계에서 가장 큰 소금 평원이다. 그곳은 몇 미터 두께의 단단한 소금 표층으로 덮여 있고 표면 아래에 20m 깊이의 소금물 호수를 숨기고 있다. 그 장소는 남아메리카라기보다는 오히려 남극 대륙의 한 지역처럼 보이고, 많은 방문객들은 그들이 눈이 아니라 소금 위에 서 있다는 것을 믿기 어렵다고 생각한다. 그 소금 평원은 남아메리카의 가장 가난한 나라인 볼리비아의 경제에 큰 도움을 주고 있다. 표면 아래의 소금물은 세계의 리튬 공급의 70%까지 차지한다고 생각된다. 회사들은 표면에 작은 연못을 만듦으로써 배터리를 만드는 데 필수적인 리튬을 살라르에서 얻는다.

정답 풀이

(A) '몇 미터 두께의 단단한 소금 표층'이라는 뜻이 되어야 하므로, '어느 정도'라는 뜻의 a few가 적절하다.

(B) to believe 이하의 내용을 받는 가목적어 it이 적절하다.

(C) 뒤의 문장이 완전하므로, 명사절을 이끌어 목적어 역할을 할 수 있는 접속사 that이 오는 것이 적절하다. 따라서 정답은 ⑤.

오답 풀이

(A) few는 '거의 없는'이라는 뜻으로 문맥상 적절하지 않다.

(B) 가목적어 자리이므로 them은 올 수 없다.

(C) what은 선행사를 포함하는 관계대명사로, what 뒤에는 불완전한 구조의 문장이 와야 한다.

구문 풀이 5~6행 ~, and many visitors find **it** difficult **to believe** that they are standing on salt, not snow.
       S   V   C

it은 가목적어, to believe 이하가 진목적어이다.

6~8행 The salt flat has been a big help to the economy of *Bolivia*, **which** is South America's poorest country.

계속적 용법으로 쓰인 관계대명사 which는 선행사 Bolivia를 부연 설명하고 있다.

8~10행 **It is thought that** the salt water under the surface has up to 70% of the world's lithium supply.

⟨It is thought that ~⟩은 '~라고 생각된다'는 뜻으로, it은 가주어, that절 이하가 진주어이다.

10~11행 Companies get *lithium*, **which** is essential for making batteries, from the Salar by creating small ponds on the surface.

계속적 용법의 관계대명사절 which ~ batteries가 lithium을 부연 설명하고 있다.

---

04 ④

Q

where → that 또는 which

해석

때때로, 우리는 진정으로 우리를 이해하는 것처럼 보이는 동물과 마주친다. 이것들이 몇 가지 사례이다. 루카스는 '세계에서 가장 똑똑한 말'로 불린다. 그는 심지어 그것을 증명하기 위해 기네스북으로부터 인증서도 받았다. 그는 숫자를 놀랄 만큼 잘 기억할 수 있다. 다른 어떤 말도 그와 겨룰 수 없다. 그 다음으로 체이서가 있는데, 그 개는 수년 간 상당수의 단어들을 배웠다. 그녀는 심지어 몇 가지 동사들도 이해한다. '찾다', '코', 그리고 '발'은 그녀가 수행하기를 배운 모든 행동들이다. 침팬지 칸지는 약 450개의 단어를 안다. 그는 심지어 새로운 상황에서 새로운 단어를 만들기도 한다. 칸지는 그가 버튼을 누르면 단어를 소리로 만드는 기계를 사용하여 말한다. 그는 사람의 말을 듣고 그 기계를 통해 대답한다.

정답 풀이

④ perform의 목적어가 all actions인 형태이므로, 관계부사 where를 목적격 관계대명사 that 혹은 which로 바꿔야 한다.

오답 풀이

① 동사 understand를 수식하는 부사 truly가 적절.
② '~로 불린다'라는 의미이므로 수동태가 적절.
③ a few는 '어느 정도'라는 뜻으로, 셀 수 있는 명사(words)를 수식하는 어구로 적절히 쓰임.
⑤ 동사 listens와 등위 접속사 and로 병렬 연결되어 있으므로 적절.

구문 풀이

3~4행 He's even got a certificate from Guinness World Records **to prove it**.

여기서 He's는 he has의 줄임말이다. to prove는 목적을 나타내는 부사적 용법이고, it은 the smartest horse in the world를 가리킨다.

6~7행 Then there's Chaser, *a dog* [**who** has learned quite a few words over the years].

주격 관계대명사 who가 이끄는 절이 a dog을 수식한다. 동물은 보통 관계대명사 which나 that으로 나타내지만, 애완동물에 대해 말하거나 동물을 의인화할 때는 who를 쓰기도 한다.

---

05 ②

해석

페이스북은 2004년에 시작한 이래로 사람들이 친구들과 관계를 유지하는 것을 도울 수 있었다. 하지만, 옥스퍼드 대학교 교수인 로빈 던바는 여러분의 페이스북 친구들 대부분은 실제 친구들이 아니라고 말한다. 많은 사람들이 수백 명의 페이스북 친구들이 있다. 하지만 그의 연구에 따르면, 사람들은 대체로 그들 중 단 4명을 진짜로 신뢰할 수 있다. 불행하게도 그 나머지는 아마 여러분의 문제들에 대해서 심지어 슬퍼하지 않을지도 모른다. 그러한 수치들은 일반적으로 우정이 현실에서 작용하는 방식과 비슷하다. 그럼에도 불구하고, 친구 목록에 있는 엄청난 수의 친구들은 사람들을 속여서 그들이 실제보다 가까운 친구들이 더 많이 있다고 생각하게 할 수 있다.

정답 풀이

(A) 페이스북이 2004년 이후로 지금까지 계속 사용된 것이므로 현재완료 has been이 적절하다.
(B) 부분을 나타내는 말(most of)은 뒤에 나오는 명사(friends)에 수를 일치시켜야 하므로 복수동사 are가 적절하다.
(C) feel의 보어로 형용사 sad가 적절하다. 따라서 어법에 맞는 표현으로 가장 적절한 것은 ②.

구문 풀이

1~2행 ~, it has been able to **help** people **stay** connected with their friends.

help는 목적격보어로 to부정사와 동사원형을 모두 쓸 수 있다.

8~9행 Those numbers are mostly similar to **how friendships work in real life**.

how 이하는 관계부사절로, how는 the way that 또는 the way in which로 바꿔 쓸 수 있다.

10~11행 ~ trick people into thinking that they have more close friends than they actually **do**.

do는 have를 대신하는 대동사이다.

06 ⑤

Q

which → that

해석

우리가 고갈시키고 있지 않은 지구상의 유일한 자원은 우리 자신이다. 그런데도 우리는 여전히 새 집과 사무용 건물을 지을 것들을 필요로 한다. 이 문제에 대한 오로지 하나의 해결책이 있는데, 더 적은 자원으로 더 많은 것을 하는 것이다. 그것이 바로 지속 가능한 건설에 대한 모든 것이다. 친환경적인 사무용 건물을 지을 계획을 하고 있는 도시 정부를 상상해보라. 이 도시 계획자들이 할 첫 번째 일은 가능한 한 환경에 해를 덜 주는 장소를 선정하는 것이다. 다음으로, 그들은 짓는 과정에 초점을 맞출 것이다. 오로지 나무와 철 같은 친환경적인 재료들만 사용될 수 있다. 마지막으로, 도시 계획자들은 건물이 언젠가 해체될 것이라는 사실을 생각할 것이다. 그러므로, 그들은 재사용될 수 있는 재료들을 사용할 것이다.

정답 풀이

⑤ the fact 이하의 내용이 the fact의 내용을 설명하고 있으므로, which는 동격의 절을 이끄는 접속사 that으로 바꾸어야 한다.

오답 풀이

① 앞의 명사 things를 수식하는 to부정사로 적절함.

② 관계사절의 주어가 sustainable construction이므로 단수 동사 is가 적절함.

③ a city government와 plan은 능동 관계이므로 현재분사가 적절히 쓰임.

④ be동사의 보어로 명사적 용법의 to부정사가 쓰인 형태이므로 적절.

구문 풀이　**6~7행**　*The first thing* [(**that**) these city planners would do] is to select *a site* [**that** does little harm to the environment].

　　　　　　　　　　　　　　　　　S　　　　　　　　　　　　　　　　　V　　　　　　　　　　C

주어 부분에서 The first thing을 수식하는 관계사절에 목적격 관계대명사가 생략되어 있다. 보어 부분의 주격 관계대명사 that이 이끄는 절은 a site를 수식한다.

기출로 보는 필수 어법 포인트 16 - 조동사

본문 p.133

1. <조동사+동사원형>과 <조동사+have p.p.>

해석　1) 괜찮아? 너 악몽을 꾼 게 틀림없구나.

2) 우리는 지금 자원을 현명하게 사용해야 한다. 그래야 미래에도 계속 쓸 수 있다.

2. 조동사의 의미

해석　너희 집을 찾아 온통 헤맸어. 7시에 도착했어야 하는데, 벌써 8시야!

POINT EXERCISE　　**01** keep　　**02** have called　　**03** have been　　**04** must

---

01 keep

해석
책을 읽는 동안 당신은 작가의 요지가 무엇인지 계속 질문해야만 한다.

해설
'계속 질문해야 한다'는 의미가 오는 것이 자연스러우므로 keep이 적절.

---

02 have called

해석
너에게 전화했어야 하는데 너의 번호를 몰랐어.

해설
'전화를 했어야 하는데' 번호를 몰랐다는 의미이므로 have called가 적절.

---

03 have been

해석
내가 열두 살 혹은 열세 살이었던 것 같으니까 1975년이거나 1967년이었음이 틀림없다.

해설
'~였음이 틀림없다'라는 의미가 오는 것이 자연스러우므로 have been이 적절.

---

04 must

해석
그 즉시 더 많은 방송을 보길 원했기 때문에 나는 그 방송을 즐겼음이 틀림없다.

해설
'~했음이 틀림없다'라는 의미가 '~했어야 하는데'라는 의미보다 자연스러우므로 must가 적절.

예제 1

④

해석

자신과 다른 사람을 비교하는 사람은 두려운 상태에서 산다. 그가 상상하는 사람들이 그를 앞지르는 것을 두려워한다. 그는 그들이 (A) 우월하다고 믿어서 그가 그들의 능숙한 정도에 절대로 다다를 수 없다고 생각한다. 그는 또한 그를 따라잡을 것처럼 보여서 (B) 아래에 있는 사람도 두려워한다. 그는 항상 누가 위협으로 나타나는지 보기 위해 주변을 살핀다. 그가 높은 자리에 올라갈수록 추락하는 두려움은 증가한다. 그가 결론 내린 삶을 통과하는 유일한 방법은 사람들을 이기는 것이다. 그러나 그가 더 높이 올라가는 데 집중하는 한, 그의 삶은 즐거움을 (C) 잃을 것이다.

정답 풀이

(A) 다른 사람이 '무엇'이라고 믿는 사람은 자신이 그 사람의 수준까지 '성취하지 못할' 것으로 생각한다고 했으므로 그들을 우월하다(superior)고 여길 것이다. 따라서 superior가 적절하다.

(B) 해당 문장에 also가 있으므로, 우월한 사람뿐만 아니라 자신보다 '밑에 있는(below)' 사람들도 자신을 따라잡을까 봐 두려워한다는 문맥이 적절하다.

(C) 역접을 나타내는 But으로 시작하고 있고, 글의 주제문과 연관되어야 하므로 다른 사람을 이기려고 생각하는 한 삶은 즐거움을 '잃는다(loses)'는 내용이 적절하다. 따라서 정답은 ④.

어휘

compare 비교하다 / **state** 상태 / **fear** 두려움; 두려워하다 / **imagine** 상상하다 / **inferior** 열등한 (↔ superior 우월한) / **achieve** 달성하다, 성취하다 / **catch up** 따라잡다 / **appear** 나타나다 / **threat** 위협 / **rise** 올라가다 / **increase** 증가하다 / **conclude** 결론을 내리다 / **as long as** ~하는 한 / **enjoyment** 즐거움

구문 풀이

1~2행 *The person* [who compares himself to others] **lives** in a state of fear.
　　　　　　S　　　　　　　　　　　　　　　　　　V
관계대명사절 who ~ others가 The person을 수식하여 주어가 길어진 문장이다. The person이 단수이기 때문에 단수동사 lives가 쓰였다.

2행 He fears (*that*) those [who he imagines] are above him.
　　　S　V　　　　　　O
목적어 자리에 접속사 that이 생략된 명사절이 위치했다.

3~4행 **Believing** them to be superior, he feels he can never achieve their level of competence.
Believing ~ superior는 이유를 나타내는 분사구문으로 Because he believes them ~ superior로 바꿔 쓸 수 있다.

예제 2

④

해석

불행히도 많은 곤충은 추운 겨울을 넘기지 못한다. 그러나 다른 곤충들은 봄까지 ① 살아남기 위해 영리한 계획을 찾아냈다. 예를 들어 몇몇 파리는 겨울 동안 따뜻한 집 한 모퉁이에 머물러서 밖을 날아다니는 파리를 볼 ② 것 같지 않다. 특정 꿀벌은 작은 공간을 함께 가득 채운 후 그들의 날개를 빠르게 움직여 열을 발생시켜서 ③ 따뜻함을 유지할 수 있다. 몇몇 모기는 개구리처럼 추운 겨울 동안 잠을 잔다. 이 이유는 모기는 온도가 ④ 올라(→ 내려)가면 돌아다닐 수 없기 때문이다. 봄에 암컷 모기는 천천히 ⑤ 활동하며 먹이인 신선한 피를 찾아 날아다닌다.

정답 풀이

추운 겨울을 똑똑한 방법으로 보내는 곤충들에 대한 글이다. 모기는 겨울잠을 자다가 봄이 되면 서서히 활동한다고 했으므로, 겨울에 돌아다닐 수 없는 이유는 온도가 내려가기 때문이다. 따라서 ④ up(올라)은 down(내려)으로 고쳐야 한다.

어휘

unfortunately 불행하게도 / **insect** 곤충 / **come up with** 찾아내다 / **clever** 영리한 / **survive** 살아남다 / **fly** 파리 / **unlikely** ~할 것 같지 않은 / **honeybee** 꿀벌 / **pack** 가득 채우다 / **mosquito** 모기 / **female** 암컷

② ⟨해석⟩

당신은 아마 당신의 속도를 늦추는 읽기 습관을 지니고 있을 것이다. 더 훌륭한 독자가 되는 것은 나쁜 습관을 ① 극복하는 것을 의미한다. 첫 번째, 당신 머릿속 목소리를 꺼라. 만약 (글을) 읽으면서 머릿속으로 각 단어를 읽는다면, 필요한 것보다 시간이 더 ② 적게(→ 많이) 걸릴 것이다. 한 단어 한 단어 읽지 마라. 한 번에 읽는 단어의 수를 늘리는 연습을 해라. 다시 읽는 것 또한 불필요하다. 어떤 기술처럼 더 많이 연습할수록, 그것을 ③ 더 잘하게 될 것이다.

유형 집중 문제

본문 p.136~138

01 ① **02** ⑤ **03** ③ **04** ④ **05** ④ **06** ④

01 ①

⟨해석⟩

"이봐요! 내 음식에서 저 불을 치우세요! 음식을 요리하는 것이 당신에게 (A) 나쁘다는 것을 모르세요?" 이는 생식 운동의 회원인 생식주의자들의 관점이다. 여러분이 이름에서 추측할 수 있듯이, 생식 운동은 사람들이 그들의 모든 음식 혹은 음식 대부분을 통째로 먹거나 익히지 않고 먹는 것을 (B) 장려한다. 음식은 약간 가열할 수 있지만, 섭씨 37에서 47도 사이로 허용치를 낮춘다. 생식주의자들은 (생으로 먹는) 음식이 맛있다고 하지만, 그 운동의 핵심은 좋은 건강이다. 생식을 하는 것은 더 높은 에너지 수준, 더 깨끗한 피부, 더 적은 질병, 그리고 체중 감소를 낳는다고 한다. 이것은 생식이 중요한 성분을 (C) 포함하기 때문이다. 생식은 또한 소화를 돕는다.

⟨정답 풀이⟩

(A) 생식주의자들은 음식을 생으로 먹는 것이 몸에 좋다고 주장하므로, 요리하는 것은 좋지 않다고 생각할 것이다. 따라서 bad가 적절하다.
(B) 생식주의자들은 사람들이 음식을 통째로 먹거나 익히지 않고 먹도록 권장할 것이므로 encourages가 적절하다.
(C) 앞에 열거한 깨끗한 피부, 체중 감소 등은 생식이 중요한 영양 성분을 파괴하기 때문이 아니라, 계속 함유하고(contain) 있어서 얻을 수 있는 장점일 것이다. 따라서 정답은 ①.

⟨구문 풀이⟩ **4~6행** **As** you can guess from its name, the raw food movement encourages people to eat *all or almost all of their food* [whole and uncooked].

여기서 as는 '~듯이, ~하는 것과 같이'라는 뜻의 접속사이다.

9~10행 **Eating raw foods is said to** result in higher energy levels, clearer skin, less sickness, and weight loss.

동명사 주어는 앞의 명사의 수에 상관없이 단수 취급하므로 단수 동사 is가 쓰였다. ⟨be said to-v⟩는 'v라고 한다'라고 해석한다.

02 ⑤

Q
avoid → do 또는 enjoy

⟨해석⟩

여러분은 7~13%의 인구가 공용 수영장을 ① 두려운 장소로 바꿀 수 있는 장애로 고통받는다는 것을 알고 있었는가? 이는 사회 불안 장애(SAD)로 불린다. SAD는 사람들이 주변의 다른 사람들에 불안감을 느끼게 하는 상태이다. 그들은 또한 더 빠른 심장박동, 빨개진 얼굴, 그리고 떨림 같은 ② 신체적 증상을 겪을 수 있다. 어떤 SAD 환자들은 그들이 업무 회의에서 보고할 때 땀을 흘리는 것 같은 ③ 사소한 문제를 가지고 있다. 하지만, 다른 사람들은 사회적 환경에 대한 두려움 때문에 정상적인 생활을 할 수 없다. SAD에 대한 가장 흔한 치료는 환자들에게 그들의 문제들을 ④ 직면하게 하는 것을 수반한다. 처음에는 불편하지만, 이는 두려움과 함께 사는 것을 배우는 중요한 부분이다. 치료가 성공적일 때 SAD 환자들은 종종 사회적 활동을 다시 ⑤ 피할(→ 할) 수 있을 것이다.

⟨정답 풀이⟩

사회적 불안 장애(SAD)의 정의와 그것의 징후, 치료법을 설명하는 글이다. SAD를 겪는 환자들은 문제를 직시하는 치료법으로 증상을 극복할 수 있다고 했으므로, 이 치료가 성공적일 때 환자들은 다시 사회적 활동에 참여할 수 있을 것이다. 따라서 ⑤ avoid(피하다)는 do(하다), 혹은 enjoy(즐기다)로 고쳐야 한다.

1~2행 Did you know **that** 7 to 13 percent of the population suffers from *a disorder* [**that** can turn a public pool into a scary place]?

첫 번째 that은 know의 목적어 역할을 하는 명사절을 이끄는 접속사이고, 두 번째 that은 a disorder를 수식하는 주격 관계대명사이다.

3~4행 SAD is *a condition* [**that makes** people **feel** nervous around other people].

that 이하의 관계사절이 a condition을 수식하고 있다. 사역동사 make의 목적격보어로 동사원형 feel이 쓰였다.

---

03 ③

해석

작은 아픔과 통증에 시달리는 것은 인간의 일상적인 부분이다. 그래서, 우리는 보통 그것을 그냥 (A) <u>무시한다</u>. 이제 몸의 가장 작은 고통의 징후조차 그냥 지나칠 수 없는 것을 상상해보라. 그것은 건강 염려증, 즉 심기증을 앓는 환자들이 처리해야 하는 일종의 (B) <u>정신적</u> 고통이다. 심기증 환자들은 그들이 심각한 병에 걸릴지도 모른다고 끊임없이 두려워해서 항상 증상이 있는지 자신의 몸을 점검하고 있다. 그들에게는, 가장 (C) <u>무해한</u> 증상들조차 그들을 공포로 가득 채울 수 있어, 걱정으로 미치게 한다. (심기증으로) 고통받는 사람들에게 기침은 당연히 폐암이고, 두통은 뇌종양이다.

정답 풀이

(A) 작은 통증을 겪는 것은 일상이라고 했으므로, 우리는 작은 통증을 대개 '무시한다(ignore)'는 것이 적절하다.
(B) 심기증은 작은 징후에도 건강을 염려하는 증상으로, 육체적으로 아픈 것이 아닌 '정신적(mental)' 고통이라 할 수 있다.
(C) 병에 대한 두려움 때문에 해롭지 않은 증상에도 공포감을 느끼고 걱정을 하게 된다는 내용이 되어야 하므로, '해가 없는(harmless)'이 적절하다. 따라서 문맥에 맞는 낱말로 가장 적절한 것은 ③.

1~2행 **Suffering** minor aches and pains **is** a normal part of being human.
S　　　　　　　　　　　　　V　　　C

동명사 주어는 단수 취급하므로, 단수 동사 is가 쓰였다.

4~5행 That's *the kind of mental suffering* [**that** patients of health anxiety, or hypochondria, have to deal with].

목적격 관계대명사절(that ~ deal with)이 the kind of mental suffering을 수식한다.

6~8행 *Sufferers* [of hypochondria] are constantly afraid that they may have a terrible disease and are always checking
S　　　　　　　　　V₁　　　　　　　　　　　　　　C　　　　　　　　　　　　　　　　　V₂
their bodies for symptoms.
O

주어 Sufferers of hypochondria 뒤에 두 개의 절이 and로 병렬 연결되고 있다.

10~11행 To a sufferer, a cough is sure to be lung cancer and a headache is (**sure to be**) a brain tumor.

앞에 나온 말의 반복을 피하기 위해 sure to be가 생략되었다.

---

04 ④

Q
generous → self-centered 또는 selfish

해석

어떤 사람들은 출생 순서가 우리의 성격에 ① 막대한 영향을 준다고 생각한다. 이 이론에 따르면, 첫째들은 성취도가 ② 높은 사람들이다. 그들은 자신들이 다른 사람들보다 더 낫다고 느낄 수도 있다. 그리고 그들은 자신들의 목표에 이르기 위해 열심히 노력한다. 중간에 있는 아이들은 종종 남의 말을 잘 들어주는 사람들이지만, 그들 주변에 있는 모든 사람들을 기쁘게 하는 데 너무 의존하게 될 수도 있다. 가족 중 막내는 종종 가장 ③ 사회적인 사람이다. 그들은 사람들을 사랑하고 친구를 쉽게 사귄다. 그들은 재미있는 것을 좋아하지만, 빨리 지루해할 수 있고 다른 재미있는 것으로 옮겨가고 싶어 한다. 이것은 ④ 관대하게(→ 자기중심적으로) 변할 수 있다. 당신의 친구들과 형제자매들이 어떻게 행동하는지, 특히 당신을 혼란스럽게 하는 행동들에 대해 생각해 봐라. 아마 그들의 출생 순서를 아는 것은 당신이 그들을 ⑤ 이해하는 데 도움을 줄 수 있다.

정답 풀이

출생 순서가 성격에 미치는 영향에 대해 설명한 글이다. 형제자매 중 막내는 빨리 지루해하고 다른 재미를 찾는다고 했는데, 이러한 행동은 관대하기보다는 자기중심적이라고 볼 수 있다. 따라서 ④ generous(관대한)는 self-centered(자기중심적인), selfish(이기적인) 등으로 고쳐야 한다.

3행 They may **feel like** (***that***) they are better than **others**.

feel like는 '~처럼 느끼다'라는 뜻인데, they 앞에는 접속사 that이 생략되어 있다. others는 '다른 사람들'이라는 뜻이다.

10~11행 Think about **how** your friends and your siblings behave, especially *the actions* [that confuse you].

의문사 how가 이끄는 명사절(how ~ confuse you)은 Think about의 목적어 역할을 한다.

11~12행 Perhaps knowing their birth order can **help** you **understand** them.

 　　　　　　　　　S　　　　　　　　　　V　　O　　　　C

help는 목적격보어로 동사원형이나 to부정사를 모두 취하는데, 여기서는 동사원형 understand가 왔다.

---

05 ④

해석

소액 대출이란, 대개 여성과 가난한 사람들에게 대출해 주는 소액의 돈을 말한다. 그것은 그라민 은행이 방글라데시의 작은 마을 사람들에게 소액 대출을 해 주기 시작하면서 널리 알려졌다. 처음에, 그 시스템은 (A) 성공적으로 보였다. 한 연구는 소액 신용 대출이 전체 사례의 48%에서 누군가를 가난에서 충분히 구제할 수 있다는 것을 보였다. 그러나 최근 몇 년 사이에 그것에 대한 평판이 (B) 추락했다. 소액 대출 시스템의 원래 목표는 가난한 사람들을 돕는 것이었다. 그러나 다수의 영리 기업들이 그라민 모형을 흉내 내면서도, 가난한 공동체를 지원한다는 (소액 대출의) 특징을 (C) 등한시했다. 지금은 소액 대출이 가난을 줄이는 데 여전히 효과가 있을 것인지 많은 사람들이 의문을 품고 있다.

정답 풀이

(A) 뒤 문장에서 그라민 은행의 소액 대출이 많은 사람들을 가난에서 벗어나게 했다는 연구가 있다고 말했다. 따라서 이 소액 대출 시스템은 처음에 '성공적(successful)'으로 보였을 것이다.

(B) 해당 문장은 역접을 뜻하는 However로 시작하므로, 처음에는 소액 대출이 성공적으로 보였으나 최근 평판이 '떨어졌다(dropped)'는 흐름이 자연스럽다.

(C) 이 시스템의 평판이 떨어진 이유는 영리 기업들이 가난한 사람들을 지원하는 원래의 목적을 '등한시한(neglected)' 소액 대출을 시행했기 때문일 것이다. 따라서 정답은 ④.

1~2행 Microcredit is *a small amount of money* usually [**loaned to women and the poor**].

 　　　　　　　S　　V　　　　　　　　　　　C

과거분사구 loaned ~ the poor가 a small amount of money를 수식하고 있다.

7~8행 *The original purpose* [of the microcredit system] was **to help poor people**.

to ~ people은 was의 보어 역할을 하고 있는 명사적 용법의 to부정사구이다.

11~12행 Many people now wonder **whether** microcredit can still work to decrease poverty.

여기서 whether은 '~인지 (아닌지)'의 뜻으로, 명사절을 이끌어 wonder의 목적어 역할을 하고 있다.

---

06 ④

Q

heavier → lighter

해석

천연가스는 불에 타는 풍부한 천연연료다. 그것은 석유 가까이에 있는 지하에서, 그리고 유기물이 썩고 있는 지하에서 발견된다. 천연가스는 많은 ① 장점이 있다. 우선, 그것은 ② 널리 이용 가능하다. 그것은 자동차, 트럭, 버스, 그리고 심지어 비행기에서 사용할 수 있을 뿐만 아니라, 요리하거나 전기를 발생시키는 데도 사용할 수 있다. 또한, 그것은 다른 화석 연료들보다 더 깨끗하게 연소한다. 그것은 석유보다 대기로 30%에서 45%까지 ③ 더 적은 오염물질을 방출한다. 그리고 배출된 어떠한 가스든 공기보다 ④ 더 무겁기(→ 더 가볍기) 때문에 하늘로 떠올라 사라질 것이다. 이것은 사고의 가능성을 ⑤ 낮춘다.

정답 풀이

천연가스의 장점을 설명한 글이다. 천연가스는 하늘로 떠올라 사라진다고 했는데, 이는 천연가스가 공기보다 무겁기 때문이 아니라 가볍기 때문일 것이다. 따라서 ④ heavier를 lighter(더 가벼운)로 고쳐야 한다.

1~2행 It's found *underground* [near oil] and [**where** organic matter is rotting].

전명구와 관계부사 where가 이끄는 절이 underground를 수식하고 있다.

4~5행 It can be used for cooking and generating electricity, **as well as** (*it can be used*) for cars, trucks, buses, and even airplanes.

〈A as well as B〉는 'B뿐만 아니라 A도'라는 뜻으로, as well as 뒤에는 앞 문장에 나온 it can be used가 생략되었다고 볼 수 있다.

1. 가정법 과거와 과거완료

해석 1) 그 서비스를 오전 8시부터 이용할 수 있다면 훨씬 더 유용할 텐데.

2) 소방서장이 그의 팀에게 건물 밖으로 나오라고 명령하지 않았다면, 팀 전체가 목숨을 잃었을 것이다.

2. 혼합가정법

해석 그들이 체인점 수를 두 배로 늘렸다면, 지금 하루에 500달러를 벌 텐데.

POINT EXERCISE 　**01** helped　**02** had known　**03** had learned

01 helped

해석
선진국이 더 가난한 국가를 돕는다면, 아동 노동을 끝낼 텐데.

해설
주절의 동사로 could end가 쓰였으므로 가정법 과거이다. 따라서 If절의 동사는 과거형 helped가 적절.

02 had known

해석
그때 내가 다른 선택권이 있다는 것을 알았더라면, 지금 다른 일을 할 텐데.

해설
주절의 동사로 would be doing이 쓰였고, 문장 끝에 now가 있으나, If절에서는 과거의 사실을 가정하고 있으므로 혼합가정법이다. 따라서 If절의 동사는 had known이 적절.

03 had learned

해석
더 젊었던 시절에 그 기술을 배웠더라면 무엇이 바뀌었을까?

해설
주절의 동사로 have been different가 쓰였으므로 가정법 과거완료이다. 따라서 if절의 동사는 had learned가 적절.

제4회 미니 모의고사
본문 p.140~144

1 ⑤　**2** ⑤　**3** ④　**4** ④　**5** ⑤　**6** ④　**7** ③　**8** ①　**9** ②　**10** ④　**11** ②　**12** ②　**13** ⑤　**14** ④　**15** ⑤

1 ⑤

해석
오늘날 세상에는 6천 개 이상의 언어들이 쓰이고 있다. 그 언어들 중 천 개 이상이 그것들을 미래에 넘겨줄 수 없는 나이 많은 사람들의 머릿속에 갇혀 있다. 만약 언어 붕괴율이 계속 이어진다면, 2050년쯤이면 이 언어들의 50~90%가 사라질 것이다. 웨이드 데이비스 교수는 언어가 소멸할 때 우리 모두의 일부도 함께 가져간다고 생각한다. 그에게 있어서, 언어는 인간 상상력의 거대한 망을 이루고 있다. 우리는 세상의 모든 언어를 인간 문화의 보관함으로 생각해야 한다. 언어는 우리에게 우리가 어디에서 왔는지, 인간으로 산다는 것이 무엇인지, 그리고 우리 주변의 환경에 대한 이야기를 해준다.

정답 풀이
후반부의 We should think ~ human culture에 언어를 인간 문화의 보관함으로 생각해야 한다는 필자의 생각이 나와 있다. 따라서 필자가 주장하는 내용은 ⑤.

오답 풀이
③ 언어가 사라지고 있다는 글의 첫 부분에서 연상할 수 있는 오답 선지이나, 언어를 지키고 보존하라고 말하고 있지는 않다.

어휘
more than ~ 이상 / **lock A away** A를 안에 가두다 / **elderly** 나이가 드신 / **pass A on to B** B에게 A를 넘겨주다[전달하다] / **rate** 비율; 속도 / **death** 종말; 죽음 / **continue** 계속 이어지다 / **web** -망 / **imagination** 상상(력) / **storage** 보관; 보관소 / **environment** 환경

구문 풀이　**4~7행**　If the rate of language death continues, from 50 to 90 percent of these languages will be gone **by** 2050.
　　　　　　　　　　　S′　　　　　　　　　V′　　　　　　　　　　S　　　　　　　　　　　　　V
by는 '~쯤에는'이라는 뜻으로 동작이 완료되는 시점을 말한다.

10~12행 We should **think of** all the world's languages **as** a storage box of human culture.
　　　　　　　　　　　　　　　　　　A　　　　　　　　　　　　　　　　B
think of A as B는 'A를 B로 생각하다'라는 뜻이다.

12~14행 They **tell** us *stories* [about where we came from, what it is to be human, and the environment around us].

12~14행 They **tell** us *stories* [about where we came from, what it is to be human, 　and　 the environment around us].

A　　　　　　　　　　　　　　　　　　　　　　　　　　　　　　　　　B

tell A B는 'A에게 B를 말해주다'라고 해석한다.

---

2 ⑤

해석

하워드 가드너의 '다중지능 이론'이 등장하기 전에, 사람들은 오직 한 가지 종류의 지능만이 존재한다고 생각했다. 당신은 높거나 낮거나 아니면 평균적인 지능을 가질 수 있었는데, (그중에서도) 오직 하나의 지능만 가질 수 있었다. 그것은 대개 논리와 수학에 중점을 둔 지능지수 검사로 측정되었다. 높은 지능지수 점수는 높은 지능을 증명했고, 평균 점수는 평균 지능을 증명하는 식이었다. 가드너는 검사 이면의 논리와, 오직 하나의 지능이라는 생각에 동의하지 않았다. 그는 사람들이 서로 다른 많은 종류의 지능을 갖고 있으며, 서로 다른 지능은 서로 다른 목적에 사용될 수 있다고 믿었다. 가드너의 이론에 따르면, 수학에 서툴지만 춤추는 데 능한 사람도 높은 지능을 보인다. 왜냐하면 춤추기에 능하려면 높은 신체 지능이 필요하기 때문이다.

정답 풀이

IQ 테스트는 논리와 수학 중심의 한 지능만을 측정하는데, 하워드 가드너는 이러한 테스트에 동의하지 않으며 지능은 단순히 하나의 잣대로 판단할 수 없다고 주장했다는 내용이다. 다중지능(multiple intelligences) 이론을 압축적으로 소개하고 있으므로 정답은 ⑤이다.

선택지 해석

① 지능지수 검사의 약점

② 지능을 측정하는 방법들

③ 논란이 분분한 하워드 가드너의 이론

④ 다중지능이 교육에 적용되는 방식

⑤ 다중지능지수 개념의 소개

오답 풀이

① 글 초반에 나온 '지능지수'를 활용하여 만든 오답

③ 하워드 가드너의 이론을 소개할 뿐, 그의 이론에 논란이 많다는 언급은 없다.

어휘

theory 이론 / **average** 평균의 / **measure** 측정하다 / **logic** 논리 / **prove** 증명하다 / **according to A** A에 따르면 / **require** 필요로 하다 / **bodily** 신체의 [선택지 어휘] **disadvantage** 약점 / **method** 방법 / **controversial** 논란이 분분한 / **apply** 적용하다

구문 풀이　14~18행 According to Gardner's theory, *someone* [**who** is poor at math but good at dancing] still shows high intelligence:

S　　　　　　　　　　　　　　　V　　　　O

being good at dancing requires high bodily intelligence.

주격 관계대명사 who가 이끄는 절이 선행사 someone을 수식하여 주어부분이 길어졌다. 콜론(:) 이하는 앞 문장을 보충 설명하기 위해 쓰였다.

---

3 ④

해석

몇몇 사람들은 커피가 건강에 해롭다고 믿지만, 연구원들은 (이와) 다른 이야기를 하는 증거를 찾았다. 미국 심장 협회에서 하루에 한 잔에서 다섯 잔 사이의 커피를 마시는 200,000명이 넘는 사람의 건강 정보를 검토했다. 그것은 커피를 마시는 것이 심장병과 다른 심각한 병의 위험을 낮추는 것을 보여주었다. 그 이후로 연구원은 정확히 무엇이 커피에 그런 이점을 주는지 분석하려고 애써오고 있다. 그런데도 프랭크 휴 박사는 그것이 분명하지 않다고 말했다. 그는 "커피는 복잡한 음료라서 질문에 답하기 어렵게 만들어요."라고 말했다. 연구원은 또한 크림, 설탕, 특정 종류의 감미료와 같은 첨가된 재료가 건강상의 이익이 없다고 지적했다. 다시 말해, 아무것도 넣지 않은 블랙커피를 마시는 것이 최고라는 것이다.

정답 풀이

커피를 마시는 것이 병의 위험성을 낮추는 데 도움이 되지만, 그 이유는 정확히 알 수 없다고 말하고 있다. 따라서 이 글의 제목으로 적절한 것은 ④.

선택지 해석

① 커피 마시는 것을 그만두는 이유

② 어떤 사람은 단 것을, 어떤 사람은 쓴 것을 좋아한다

③ 완벽한 컵의 비밀을 알아내다

④ 분명하지 않은 이유, 하지만 커피는 건강에 좋다!

⑤ 커피를 심장병과 다른 심각한 병에 관련 짓다

오답 풀이

⑤ 커피가 심장병과 다른 심각한 병의 위험을 낮추는 데 도움이 된다는 문장(It showed ~ illnesses)을 사용해서 만든 오답.

어휘

harmful 해로운 / **researcher** 연구원 cf. research 연구 / **evidence** 증거 / **association** 협회 / **look at** ~을 (자세히) 검토하다 / **data** 정보, 자료 / **risk** 위험 / **heart disease** 심장병 / **analyze** 분석하다 / **exactly** 정확히 / **benefit** 이점, 이익 / **unclear** 분명하지 않은 (↔ clear 분명한) / **complex** 복잡한 / **beverage** 음료 / **point out** 지적하다 / **ingredient** 재료 / **certain** 특정한 / **in other words** 다시 말해서 [선택지 어휘] **bitter** 맛이 쓴 / **uncover** 알아내다 / **link** 관련짓다

구문 풀이

3~7행 The American Heart Association looked at the health data of *over 200,000 people* [who drank **between** one **and** five cups of coffee a day].

〈between A and B〉 구문을 포함하고 있는 관계대명사절 who ~ a day가 over 200,000 people을 수식하고 있다.

12~14행 He said, "Coffee is *a complex beverage*, which makes the question difficult to answer."

관계대명사절 which ~ to answer가 계속적 용법으로 쓰여 a complex beverage를 부연 설명하고 있다.

14~17행 Researchers also pointed out that added ingredients, such as cream, sugar, and certain types of sweeteners, do not have health benefits.

added ingredients를 보충 설명하는 동격 어구 such as ~ sweeteners가 중간에 삽입되었다.

---

4 ④

해석

〈대만으로 이주하는 이유〉

위의 도표는 (사람들이) 대만으로 이주하는 이유의 백분율을 보여준다. ① 우리는 삶의 경험을 얻길 원해 대만으로 이주한 사람의 두 배 많은 사람이 돈을 벌기 위해 대만으로 이주했다는 것을 알 수 있다. ② 그리고 추가적인 교육을 받기 위해서 이주한 사람보다 더 많은 사람이 중국어를 배우기 위해 이주했다. ③ 그러나, 추가적인 교육을 받기 위해 이주한 것은 돈을 벌기 위해 이주한 것과 인기가 거의 비슷했다. ④ 더 나은 삶의 질을 위해 이주한 것은 가장 흔하지 않은 이유였고, 그것은 '기타' 이유 바로 다음이었다. ⑤ 가장 인기 없는 세 가지 이유를 합친 것은 중국어를 배우기 위해 이주한 것의 인기와 같았다.

정답 풀이

대만으로 이주한 이유 중 '기타'는 11%, '삶의 경험을 얻으려고'는 10%, '더 나은 삶의 질을 위해'는 9%로, '기타' 이유 다음으로 흔하지 않은 이유는 '삶의 경험을 얻으려고'이다. 따라서 도표의 내용과 일치하지 않는 것은 ④.

오답 풀이

⑤ 가장 흔하지 않은 세 가지 이유의 백분율을 합하면 30%로, 중국어를 배우기 위해 이주한 비율과 같으므로 도표와 일치하는 내용이다.

어휘

move to A A로 이주하다 / **earn** (돈을) 벌다 / **further** 추가의; 더 멀리에 / **education** 교육 / **quality** 질 / **percentage** 백분율 / **uncommon** 흔하지 않은, 드문 (↔ common 흔한; 보통의) / **combine** 결합하다 / **equal** 같은[동일한] / **popularity** 인기

구문 풀이

1~2행 The graph above shows *the percentages of reasons* [**given** for moving to Taiwan].

과거분사구 given ~ Taiwan은 the percentages of reasons를 수식하고 있다.

2~5행 We can see that **twice as *many people*** [**moved to Taiwan for money**] **as** *the number* [who wanted to gain life experience].

〈배수사+as+many+명사+as ~〉는 '~의 …배만큼 많은 명사'라고 해석한다. moved ~ money는 many people을 후치 수식하고 있고, 관계사절 who ~ experience는 the number를 수식하고 있다.

11~13행 *The three least popular reasons* [**combined**] **were** equal to the popularity ~.

S / V / C

과거분사 combined는 The three least popular reasons를 수식하고 있다. 이 문장의 동사는 were다.

5 ⑤

해석

왈라루는 왈라비와 캥거루 사이 중간쯤에 있는 동물이다. 왈라루의 색깔은 그것의 서식지에 달려 있다. 호주의 동쪽 바위산에 사는 것들은 보통 검은색이거나 밝은 회색이다. 서쪽 사막에 살고 있는 것들은 주위 환경에 숨기 위해서 불그스름하다. 게다가, 왈라루는 털이 없는 검은색 코를 가진 유일한 유대목 동물이다. 이는 왈라루를 캥거루, 왈라비와 구별하기 쉽게 만든다. 왈라루는 낮 동안에 바위 아래에서 태양으로부터 숨기를 좋아한다. 대부분의 왈라루는 혼자 있기를 좋아하는 생물이라서 다른 동물들, 특히 사람들과 접촉하기를 피한다.

정답 풀이

⑤ 주격 관계대명사 that이 이끄는 절에서 동사가 되어야 하므로, solitary beings에 수를 일치시켜 avoiding을 avoid로 바꿔야 한다.

오답 풀이

① 주어가 The color이므로 단수 동사 depends on이 적절.

② 수식받는 명사 those는 wallaroos를 뜻한다. 왈라루는 '살고 있는' 주체이므로 능동관계를 나타내는 현재분사형 living이 적절.

③ 진목적어 to tell ~ and wallabies를 대신하는 가목적어이므로 적절.

④ 뒤에 명사(the day)가 나오므로 전치사 during이 적절.

어휘

halfway 중간쯤에 / **depend on** ~에 달려 있다 / **habitat** 서식지 / **inhabit** 살다, 서식하다 / **rocky** 바위로 된 / **eastern** 동쪽에 위치한 / **reddish** 불그스름한 / **hide** 숨다 / **surroundings** (주위) 환경 / **in addition** 게다가 / **hairless** 털이 없는 / **tell A apart from B** A를 B와 구별하다 / **solitary** 혼자 있기를 좋아하는, 혼자 하는 / **avoid** 피하다 / **contact** 접촉

---

6 ④

해석

18세기 이전에, 대부분의 유럽인은 손으로 (음식을) 먹었다. 부유한 사람들은 먹는 데 오직 세 손가락만을 사용했으며, 반면에 평민들은 다섯 손가락을 사용했다고 한다. 한 이탈리아인이 식사를 위한 축소 모형 쇠스랑을 만들었을 때, 대중들의 반응은 좋지 않았다. 포크를 사용하는 남자들은 비웃음을 받았으며 여성스럽다고 여겨졌다. 성직자들은 오직 인간의 손만이 하느님이 주신 음식을 만질 자격이 있다고 주장하면서 그 새로운 발명품에 대해 반대하는 의견을 공개적으로 말했다. 한 귀족 여성은 자기 스스로 디자인한 포크로 식사해서 몇몇 성직자들에게 충격을 주었고, 저녁 식사 동안 그들은 그녀의 지나침에 대해서 비난했다. 나중에 그녀가 전염병으로 죽었을 때, 성직자들은 그녀의 죽음이 하느님의 처벌이라고 말했으며, 포크를 사용하는 누구든 그녀의 끔찍한 운명을 함께할 것이라고 말했다.

정답 풀이

성직자들은 오직 인간의 손만이 하느님이 주신 음식을 만질 자격이 있다고 주장하며 포크를 반대했다고 했으므로, 글의 내용과 일치하는 것은 ④.

오답 풀이

② 상류층은 세 손가락을 이용했다고 했으므로 일치하지 않는 내용.

③ 포크를 사용하는 남자들은 여성스럽게 여겨졌다고 했으므로 일치하지 않는 내용.

⑤ 포크를 만들어 사용한 여성의 죽음에 대해 성직자들이 하느님의 처벌이라고 말했을 뿐, 여성이 처벌받았다는 내용은 없으므로 일치하지 않는 내용.

어휘

prior to A A 전에 / **century** 세기; 100년 / **the wealthy** 부자들 / **be said to-v** v라고 한다 / **commoner** 평민, 서민 / **miniature** 축소 모형 / **response** 반응; 대답 cf. respond 반응하다; 대답하다 / **laugh at** ~을 비웃다[놀리다] / **consider** 여기다[생각하다]; 고려하다 / **feminine** 여성스러운, 여자 같은; 여성의 / **priest** 성직자; 사제[신부] / **speak out** ~을 공개적으로 말하다 / **invention** 발명품 / **claim** 주장하다 / **worthy** 자격이 있는; 훌륭한 / **noble** 귀족의; 고결한, 고귀한 / **blame A for** ~에 대해 A를 비난하다 / **excessive** 지나친, 과도한 / **die from** ~으로 죽다 / **plague** 전염병 / **punishment** 처벌, 벌 / **fate** 운명

구문 풀이 **6~8행** _Men_ [**who** used a fork] were laughed at and (_were_) considered feminine.

주격 관계대명사 who가 이끄는 절이 선행사 men을 수식하고 있다. 수동태로 쓰인 동사 were laughed at과 (were) considered가 접속사 and에 의해 병렬 연결되어 있다.

16~18행 ~, and that _anyone_ [**using a fork**] would share her terrible fate.

현재분사구 using a fork는 앞의 anyone을 꾸며주고 있다.

7 ③

당신의 아이는 아마 많은 주스와 우유를 매일 마실 것이다. 그러나 물에 대해서 잊지 마라. 하버드의 과학자인 에리카 케니는 4000명의 아이들 무리에게 얻은 자료를 조사했다. 조사 결과를 검토하면서 그녀는 반 이상의 아이들이 (물을) 충분히 마시고 있지 <u>않다</u>는 것을 알아냈다. 그 그룹 중에서 남자아이들은 여자아이들보다 76%나 더 그들의 몸에 (필요한) 충분한 물을 마시지 않는 것 같았다. 아이들의 거의 4분의 1은 맹물을 아예 마시지 않는다고 알렸다. "이런 결과는 과거에는 많은 주목을 받지 못했던 건강 문제를 강조하기에 중요합니다."라고 케니는 성명을 통해 말했다. "이건 많은 아이들과 청소년들의 삶의 질과 행복을 정말 낮출 수 있는 문제예요."

정답 풀이

빈칸 뒤의 문장에서 남자아이들이 여자아이들보다 물을 더 많이 마시지 않는다는 내용이 나오며, 맹물을 아예 마시지 않는 아이들에 관해서도 언급하고 있다. 따라서 에리카 케니는 아이들이 물을 '③ 충분히 마시고 있지 않다'는 것을 발견했을 것이다.

선택지 해석

① 더 깨끗한 물을 필요로 한다
② 물을 너무 많이 마신다
④ 건강상의 문제로 고통받는다.
⑤ 부모로부터 좀 더 많은 관심을 필요로 한다

어휘

probably 아마 / **plenty of** 많은 / **examine** 조사하다 / **look through** ~을 검토하다 / **survey** (설문) 조사 / **notice** 알다 / **more likely than to-v** ~보다 좀 더 v할 것 같은 / **nearly** 거의 / **one quarter** 4분의 1 / **plain water** 맹물 / **finding** 결과 / **significant** 중요한 / **highlight** 강조하다 / **issue** 문제; 쟁점 / **statement** 성명; 성명서 / **youth** 청소년 [선택지 어휘] **suffer** 고통받다, 시달리다

구문 풀이　11~14행 "These findings are significant because they highlight *a health issue* [**that** has not **been given** a lot of *attention* in the past]," ~.

that은 a health issue를 수식하는 관계대명사절을 이끌고 있으며, 관계사절 안에는 4형식 동사 give가 수동태로 쓰여 뒤에 직접목적어 a lot of attention이 남은 형태다. a lot/lots of는 가산 명사와 불가산 명사 모두 수식할 수 있다.

---

8 ①

해석

로봇이 피자를 만드는 걸 도왔을까? 실리콘밸리의 줌피자에서 주문했다면, 그 답은 '그렇다'이다. 그 주방에서는 피자 반죽이 컨베이어 벨트를 타고 내려간다. 기계가 그 반죽을 펴서 조심스럽게 오븐으로 밀어 넣는다. 그 식당은 심지어 배달을 위한 피자를 포장하는 로봇을 추가할 계획이다. (A) 마찬가지로, 또 다른 회사에서 고객들이 지켜보는 동안 샌드위치를 만드는 기계를 만들었다. 로봇은 피자, 햄버거, 샌드위치 같은 단순한 음식을 다룰 수 있는 것처럼 보인다. (B) 그러나 로봇이 식당을 곧 장악하지는 않을 것이다. 왜냐하면 로봇이 다른 작업과 여전히 씨름하고 있기 때문이다. 캘리포니아 대학 자동화 연구소의 켄 골드버그는 "음식 서비스에는 매우 복잡한 일이 많아서 로봇이 그 일을 하게 하는 것은 많은 시간이 걸릴 것입니다."라고 말한다.

정답 풀이

(A) 앞 문장에서 줌피자는 포장을 위한 로봇을 추가할 예정이라고 했고, (A) 문장에서는 또 다른 회사가 샌드위치를 만드는 로봇을 만들었다고 했으므로 (A)에는 비교를 나타내는 Similarly가 적절하다. (B) 앞 문장은 로봇이 단순한 음식을 만들 수 있다고 했지만, (B) 문장에서 식당을 바로 장악하지는 못한다고 했으므로 대조를 나타내는 However가 적절하다. 따라서 정답은 ①.

어휘

order 주문하다 / **dough** 밀가루 반죽 / **pack** 포장하다 / **delivery** 배달 / **customer** 고객 / **handle** 다루다, 처리하다 / **take over** ~을 장악하다 / **anytime soon** 곧 / **struggle with** 씨름하다 / **automation** 자동화 / **lab** 연구소

구문 풀이　15~17행 "There are many jobs in *food service* [**that** are **so** complex **that** it will be a very long time before we have robots doing them]," ~.

첫 번째 that은 food service를 수식하는 관계대명사절을 이끌고 있으며, 두 번째 that은 〈so 형용사 that ...〉 구문의 that으로, '너무 ~해서 …이다'라고 해석한다.

9 ②

우상이 되는 플라스틱 인형의 제조사인 마텔사는 굴곡이 뚜렷한, 키가 큰, 그리고 자그마한 세 가지의 새로운 몸(형태)을 가진 바비를 팔기 시작할 것이라고 말했다. 또한 그 인형은 일곱 가지의 피부색, 스물두 가지의 눈 색, 스물네 가지의 머리 모양으로 이용할 수 있을 것이다. 그 새로운 선택권은 바비 인형이 여자아이들에게 비현실적인 기대를 만들었다는 수년간의 비판 후에 나왔다. 타임지는 "이제 제 몸에 관해 그만 이야기하면 어떨까요?"라는 표제로 그 화제를 다뤘다. 마텔사는 그들이 여자아이와 부모에게 더 넓은 의미의 관점을 반영할 책임이 있다고 말했다. 새 인형은 그 제품 라인이 여자아이들이 그들 주변 세계에서 보는 것을 더 잘 반영하도록 할 것이다. 이 변화는 전반적인 아동 시장에서 변화를 위한 첫 번째 단계로 기대된다.

정답 풀이

주어진 문장의 The options는 바비 인형에 새롭게 추가되는 몸의 형태, 피부색, 눈 색, 머리 모양 등을 가리킬 것이다. 또한, ② 뒤의 문장에서 타임지가 다룬 the topic이 가리키는 것은 바비 인형이 많은 비판 후 결국 새로운 모습을 가지게 되었다는 주어진 문장의 내용이므로, 주어진 문장이 들어갈 곳으로 가장 적절한 것은 ②이다.

어휘

option 선택권 / **criticism** 비판 / **unrealistic** 비현실적인 / **expectation** 기대 cf. expect 기대하다 / **curvy** 굴곡이 많은 cf. curve 곡선, 커브 / **petite** 자그마한 / **available** 이용할 수 있는 / **tone** 색 / **deal with** ~을 다루다 / **headline** 표제 / **responsibility** 책임 / **reflect** 반영하다 cf. reflection 반영 / **broad** 넓은 / **allow A to-v** A가 v하게 하다 / **overall** 전반적인

구문 풀이　**1~3행**　Mattel, the maker of the iconic plastic doll, said it will begin selling *Barbie* [with three new bodies — **curvy, tall, and petite**].

Mattel과 the maker ~ doll은 동격이며 curvy, tall, and petite는 three new bodies의 구체적인 예이다.

10 ④

해석

왜 고대 동물이 그렇게 컸는지 궁금해한 적이 있는가? 비록 모든 동물이 거대했던 것은 아니지만, 그들 중 다수가 컸다.

(C) 환경 상태가 이러한 거대한 크기를 야기했을 가능성이 있다. 예를 들어 고생대의 고양이만 한 크기의 바퀴벌레는 대기의 더 많은 산소 때문에 그렇게 컸을지도 모른다.

(A) 또 다른 이론은 코프의 법칙인데, 시간이 지나면서 경쟁이 더 큰 동물의 진화로 이끈다는 견해이다. 그들의 거대한 몸 뒤의 이유가 무엇이든 거대하다는 것은 때때로 큰 문제였다.

(B) 이는 엄청난 크기가 종종 그들이 변화하는 환경에 더 느리게 적응했다는 것을 의미했기 때문이다. 이것은 그들의 최종적인 멸종의 주요한 원인이다.

정답 풀이

주어진 글에서 고대의 큰 동물에 관해 의문을 가진 적 있냐고 질문을 하고 있으므로 그 질문에 대한 답으로 (C)가 이어지는 것이 적절하다. (C) 다음으로 코프의 법칙이라는 다른 이론을 제시하고 있는 (A)가 와야 하며, (A)에서 거대한 것이 큰 문제였다는 내용에 이어서 거대한 몸이 환경에 천천히 적응하게 해서 결국 멸종의 원인이 되었다는 내용이 오는 것이 적절하다. 따라서 이 글의 알맞은 순서는 ④ (C) – (A) – (B).

어휘

ancient 고대의 / **though** 비록 ~이긴 하지만 / **huge** 거대한 / **competition** 경쟁 / **evolution** 진화 / **whatever** 어떤 ~이든 / **sized** 크기가 ~한 / **adapt** 적응하다 / **condition** 환경; 상태 / **major** 주요한 / **eventual** 최종적인 / **extinction** 멸종 / **era** 시대 / **oxygen** 산소 / **atmosphere** 대기

구문 풀이　**3~5행**　**Whatever** *the reason* [behind their huge bodies] (*was*), being big was sometimes a big problem.

이 문장에서 Whatever는 부사절을 이끄는 복합관계대명사로 '어떤 ~이든'이라고 해석하며 No matter what으로 바꿔 쓸 수 있다.

10~11행　It's possible that conditions in the environment caused these large sizes.

가주어　　진주어

11~13행　For example, the cat-sized cockroaches of the Paleozoic era **may have been** so large ~.

S　　　　V

〈may have p.p.〉는 과거의 불확실한 추측을 나타내는 구문으로 '~이었을지도 모른다'는 의미이다.

11 ②

해석

몇몇 연구원들은 음식을 잘게 자르는 것이 우리의 진화에서 중요한 단계였다고 말한다. 초기 인류가 해마다 250만 번 씹는 것을 피하게 함으로써, 음식을 잘게 자르는 것은 언어와 의사소통을 발전시킬 더 많은 시간을 우리에게 주었다. ① 반대로, 침팬지들은 하루의 반을 음식을 씹는 데 보내는데, 이는 그들이 의사소통할 시간이 더 적다는 것을 의미한다. (② 침팬지들은 인간에게 매우 익숙한데, 아마도 그들의 많은 행동이 우리의 행동과 비슷하기 때문일 것이다.) ③ 연구원들은 또한 우리가 그만큼 많이 씹을 필요가 없었기 때문에 우리의 얼굴 모양이 변했다고 말한다. 우리의 턱이 작아졌고 치아도 역시 그렇다(작아졌다). ④ 이는 언어와 말을 처리할 수 있었던 더 큰 뇌를 위한 공간을 만들어주었다. ⑤ 큰 영향을 미친 것은 단순한 기술이었다.

정답 풀이

우리가 음식을 잘게 자르게 되면서 씹는 횟수가 현저히 줄어들었고, 턱과 치아가 작아지면서 뇌가 커져서 언어와 말하기가 더욱 발달했다는 내용의 글이다. ②는 인간과 침팬지의 차이점을 서술한 바로 앞 문장에 나온 단어 '침팬지'가 포함되었을 뿐 글의 흐름과 맞지 않는다. 따라서 정답은 ②.

어휘

cut up 잘게 자르다 / **chew** 씹기, 깨물기; (음식을) 씹다 / **familiar** 익숙한, 친숙한 / **behavior** 행동 / **similar** 비슷한 / **jaw** 턱 / **room** 공간, 자리 / **technology** 기술 / **impact** 영향

구문 풀이

2~5행 By **saving** <u>early humans</u> <u>as many as 2.5 million chews per year</u>, <u>cutting up food</u> gave us *more time* [**to develop** language and communicate].

〈save A B〉는 'A가 B를 피하도록(하지 않아도 되도록) 하다'의 의미. 또한, 여기서 to부정사는 '~할, ~하는'이라는 뜻의 형용사적 용법으로 쓰여 앞의 more time을 수식한다.

6~8행 In contrast, *chimpanzees spend half their day chewing*, **which** means they have less time to communicate.

which 이하는 앞의 절 chimpanzees ~ chewing 전체를 보충 설명하는 관계대명사절이다.

16~17행 It was *a simple technology* **that** had a big impact.

〈It is[was] ~ that ...〉 강조 구문으로, a simple technology를 강조하고 있다. 원래 문장은 A simple technology had a big impact.

---

12 ②

해석

그랜드캐니언이나 맑게 갠, 별이 총총한 밤하늘을 생각해라. 멈춰서 이것과 같은 것을 감상하는 시간을 가지는 것은 당신이 거대한 우주의 아주 작은 부분인 것처럼 느끼게 할 수 있다. 아주 작은 존재라는 느낌은 사실 당신을 더 너그러운 사람으로 만들지도 모른다. 몇몇 연구원은 경외감을 느끼는 것이 서로 더 돕게 할지도 모른다는 것을 발견했다. 그들은 참가자에게 자연 사진을 보여주었다. 그러고 나서 그들은 질문하고 너그러움을 측정했다. 경외감을 느끼는 것에 관해 생각했던 사람이 다른 것에 관해 생각한 사람보다 더 너그러웠다. 연구원의 연구는 경외감이 필수적인 사회적 기능을 하는 것을 보여준다. "자신에 관한 생각을 제한함으로써 경외감은 다른 사람에게 중점을 두도록 돕습니다."라고 어바인 대학 조교수인 폴 피프가 말했다.

↓

우리가 우주에서 얼마나 (A) 작은지 인식하는 것은 경외감을 느끼게 할 수 있는데, 이것은 우리가 다른 사람에게 더 (B) 친절하도록 할 수 있다.

정답 풀이

이 글은 경외감을 가지고 우리가 아주 작은 존재라는 사실을 인지하면 더 너그러운 사람이 된다는 것에 관해 설명하고 있다. 따라서 정답은 ②.

선택지 해석

	(A)	(B)
①	좋은 …	불친절하도록
③	작은 …	이기적이도록
④	훌륭한 …	너그럽도록
⑤	특별한 …	잘하도록

어휘

starry 별이 총총한 / **appreciate** 감상하다; (진가를) 알아보다, 인정하다 / **universe** 우주 / **generous** 너그러운 / **help A out** (특히 곤경에 처한) A를 도와주다 / **participant** 참가자 / **vital** 필수적인 / **function** 기능 / **thought** 생각 / **focus on** ~에 중점을 두다 / **assistant professor** 조교수 / **recognize** 인식하다 [선택지 어휘] **selfish** 이기적인

구문 풀이

2~4행 <u>Taking a moment to stop [and] (to) appreciate something like this</u> can **make** you feel like a tiny part of a huge universe.

주어 자리에 and로 병렬 연결된 to부정사구(to stop, (to) appreciate ~ this)를 포함한 동명사구가 위치했다. 〈make+O+동사원형〉 구문이 쓰여 목적격보어 자리에 feel이 위치했다.

요약문 Recognizing how small we are in the universe can create *a feeling of awe*, **which** can lead us to being more kind

<u>S</u>　　　　　　　　　　　　　　　　　　<u>V</u>

toward others.

주어 자리에 동명사구 Recognizing ~ universe가 위치했으며, 동사는 can create이다. 관계대명사절 which 이하가 계속적 용법으로 쓰여 a feeling of awe를 부연 설명하고 있다.

---

13 ⑤
14 ④
15 ⑤

해석

(A) 스테파니 테일러는 미국의 작은 마을에서 자랐다. 그녀는 어렸을 때부터 동물 애호가였다. 할 수 있을 때마다 스테파니는 병아리, 강아지, 새끼 고양이 같은 어린 동물들을 위험에서 구조했다. (a) <u>그녀(스테파니)</u>는 상처를 입은 동물들도 돌봤다. 물론 그녀의 어머니는 그녀를 항상 지지해주었다. 예를 들어 그녀는 지역 동물원에서 하는 모든 동물 공연에 스테파니를 데려갔다.

(D) 어느 날 밤, 스테파니와 그녀의 아버지는 뉴스를 시청하고 있었다. 그 뉴스엔 스모키라는 이름의 경찰 경비견에 관한 이야기가 나왔다. 스모키는 도둑을 뒤쫓아 잡았다. 하지만 경찰이 도착하기 전 도둑이 쏜 총에 맞았다. 스모키는 용감한 행동을 했지만 죽고 말았다. 이 소식으로 스테파니는 슬퍼했다. 그녀는 지역 경찰서에 전화를 걸어 왜 경찰견들은 방탄조끼를 입지 않는지 물어보았다. 경찰은 (e) <u>그녀(스테파니)</u>의 걱정에 감동받았다. 그는 스테파니 말에 동의했지만, 경찰서는 경찰들을 위한 방탄조끼를 살 돈이 없다고 설명했다.

(C) 스테파니는 조끼를 사기 위해 자신이 돈을 모아야겠다고 결심했다. 어머니의 도움으로 (c) <u>그녀(스테파니)</u>는 레모네이드 가판대를 설치했다. 그녀는 방과 후에 레모네이드를 팔아 돈을 모았다. 그러고 나서 그녀의 계획을 친구에게 말했다. (d) <u>그녀(친구)</u>는 스테파니의 노력을 인정했고 다른 사람들에게 홍보했다. 곧 그 레모네이드는 잘 팔렸다. 그녀는 모든 업무를 도와줄 더 많은 친구들을 모아야만 했고, 곧 첫 조끼를 (사기) 위한 충분한 돈을 모았다. 그녀는 경찰서에 이 돈을 줬고, 그들은 경찰견들을 위한 첫 번째 방탄조끼를 구매했다.

(B) 곧 언론은 스테파니의 노력을 알아봤다. 그녀는 모든 주요 신문의 제1면에 나왔다. 몇 번의 TV 채널 출연도 했다. 전국의 사람들은 그녀를 지원해주기를 원했고, 돈이 쏟아져 들어오기 시작했다. 그 돈으로 (b) <u>그녀(스테파니)</u>는 100마리의 경찰견 팀 전체를 위한 조끼를 용케 샀다. 스테파니는 정부로부터 그녀의 노력에 대한 보상으로 상을 받았다. 그녀는 현재 다친 동물들을 위한 이동식 진료소를 운영하고 있다.

정답 풀이

13. 동물 애호가 스테파니 테일러를 설명하는 내용인 (A)에 이어서 스테파니가 방탄조끼를 입지 않은 경찰견이 도둑을 쫓다가 죽었다는 소식을 접한 후, 경찰서에 방탄조끼를 살 돈이 없다는 것을 알게 되었다는 내용 (D)가 오는 것이 적절하다. 그다음으로 스테파니가 경찰견을 위한 방탄조끼를 사기 위해 돈을 모았다는 내용 (C)와, 이어서 사람들에게 그녀의 노력을 인정받고 정부로부터 상을 받았다는 내용 (B)가 와야 자연스럽다. 따라서 이 글의 적절한 순서는 ⑤ (D) – (C) – (B).

14. 스테파니의 친구가 스테파니의 계획을 홍보했으므로, ④는 스테파티의 친구를 가리킨다. 나머지는 모두 스테파니.

15. 경찰은 스테파니의 걱정에 감동을 받았다고 했다. 그러므로 이 글의 내용과 일치하지 않는 것은 ⑤.

어휘

rescue 구조하다 / **chick** 병아리 / **kitten** 새끼 고양이 / **take care of** ~을 돌보다 / **injure** 부상을 입다 / **support** 지지하다 / **local** 지역의 / **press** 언론, 신문 / **take notice of** ~을 알아차리다, 주의하다 / **effort** 노력 / **several** 몇몇의 / **pour** 쏟다 / **manage to-v** 용케[간신히] v하다 / **entire** 전체의 / **run** 운영하다 / **mobile** 이동식의, 이동하는 / **clinic** 진료소 / **be determined to-v** v하기로 결심하다 / **set up** 설치하다, 세우다 / **stand** 가판대 / **spread the word** 말을 퍼뜨리다 / **demand** 수요 / **police department** 경찰서 / **guard** 경비 / **chase** 뒤쫓다 / **concern** 걱정, 우려

구문 풀이　3~5행　**Whenever** she could, she rescued young animals like chicks, puppies, and kittens from danger.

(= At any time when she could, ~)

Whenever는 '~할 때마다'의 의미이다.

40~43행 He agreed with Stephanie, | but | explained **that** the police department did not have *the money* [**to** buy bulletproof

S　　V₁　　　　　　　　　　　V₂　　　　　　　　　　　　　O

jackets for its dogs].

접속사 that이 이끄는 절은 동사 explained의 목적어이며 to buy ~ its dogs는 the money를 수식한다.